金融业气候风险管理研究

刘志洋　著

中国金融出版社

责任编辑：贾　真
责任校对：孙　蕊
责任印制：丁淮宾

图书在版编目（CIP）数据

金融业气候风险管理研究／刘志洋著 . -- 北京：中国金融出版社，
2024. 11. — ISBN 978 - 7 - 5220 - 2585 - 8

Ⅰ. F832

中国国家版本馆 CIP 数据核字第 2024F14R31 号

金融业气候风险管理研究
JINRONGYE QIHOU FENGXIAN GUANLI YANJIU

出版
发行　**中国金融出版社**

社址　北京市丰台区益泽路 2 号
市场开发部　（010）66024766，63805472，63439533（传真）
网 上 书 店　www. cfph. cn
　　　　　　　（010）66024766，63372837（传真）
读者服务部　（010）66070833，62568380
邮编　100071
经销　新华书店
印刷　涿州市般润文化传播有限公司
尺寸　169 毫米 ×239 毫米
印张　20.75
字数　324 千
版次　2024 年 11 月第 1 版
印次　2024 年 11 月第 1 次印刷
定价　65.00 元
ISBN 978 - 7 - 5220 - 2585 - 8
如出现印装错误本社负责调换　联系电话（010）63263947

前　　言

党的十九大报告指出，生态文明关系到中华民族的永续发展。以习近平同志为核心的党中央，准确把握时代发展脉搏，从理论与实践结合的视角系统地回答了新时代如何坚持和发展中国特色社会主义。为了继续走生产发展、生活富裕、生态良好的文明发展道路，中国特色社会主义道路建设需要正确认识生态文明，知晓为什么建设生态文明，明晰如何建设生态文明。作为社会发展的物质基础，经济建设与生态文明建设相互配合、相互推动。作为现代经济体系的核心，金融体系在经济社会向生态文明转型过程中将会扮演举足轻重的角色。习近平总书记指出，"金融活，经济活；金融稳，经济稳。经济兴，金融兴；经济强，金融强。经济是肌体，金融是血脉，两者共生共荣。"① 经济社会发展转型势必会冲击金融体系，而流转顺畅的金融系统也会将新鲜血液输送至经济肌体的各个部位。党的十九大报告要求要守住不发生系统性风险的底线，这既是在工业文明发展的背景下对金融体系的要求，更是向生态文明社会转型过程中对金融体系的要求。

2020 年 9 月 22 日，习近平主席在第七十五届联合国大会一般性辩论上表示，为应对全球气候变化，中国将实施"碳达峰""碳中和"战略（"双碳"战略）。2020 年 12 月 12 日，习近平主席在气候雄心峰会上的讲话指出，新冠疫情触发对人与自然关系的深刻反思，全球气候治理的未来更受关注。2022 年 1 月，习近平总书记在中共中央政治局第三十六次集体学习时强调，推进"碳达峰碳中和"工作要注重处理好以下四对关系：发展和减排、整体和局部、长远目标和短期目标、政府和市场。党的二十大报告指出，到 2035 年我国的总体目标包括"广泛形成绿色生产生活方式，碳排放达峰后稳中有降"。

---

① 2019 年 2 月 22 日，习近平总书记主持中共中央政治局第十三次集体学习。

降低碳排放，实现"碳达峰碳中和"，是中国应对气候风险的必然选择。党的二十大报告进一步强调，要"积极稳妥推进碳达峰碳中和""积极参与应对气候变化全球治理"。

气候风险对人类社会的影响具有非线性特征和不可预测性，其来源包括自然界本身的碳循环破坏、陆地生物圈与环境相互机制受到破坏、极端天气的变化、格陵兰岛冰川融化、海洋环流的突然变化、永久冻土融化导致二氧化碳和甲烷释放增加等。应对气候风险，中国金融业应有所作为。一方面，金融业应以服务实体经济为使命，积极支持实体经济低碳转型；另一方面，中国金融业自身也要有效应对气候风险的冲击，守住"不爆发系统性金融风险的底线"。本书就是在这样的时代背景下所开展的研究工作。在研究过程中，东北师范大学经济与管理学院解瑶姝副教授、徐索菲老师对项目的完成给予了很大的帮助，东北师范大学经济与管理学院硕士研究生马欣頔、杨璐、牛亚楠、丁洋、张静、肖易阳、岳琳琳、杨松霖、闫祝融及金融学专业本科生鞠和圆也作出了重要贡献，作者在此一并表示感谢。

金融业气候风险管理是一个庞大的课题，而本书内容只涉及该领域的冰山一角。希望本书能为中国金融业管理气候风险提供政策建议支持。因能力限制，本书难免存在不足，希望读者批评指正并将意见和建议发送至作者邮箱：liuzy100@ nenu. edu. cn，在此作者表示感谢！

目　　录

第 1 章

引　言

1.1　研究背景

气候变化是当前全球经济发展所面临的重大风险。2020 年 9 月 22 日，习近平主席在第七十五届联合国大会一般性辩论上表示，为应对全球气候变化，中国将实施"碳达峰""碳中和"战略（"双碳"战略）。2020 年 12 月 12 日，习近平主席在气候雄心峰会上的讲话指出，新冠疫情触发对人与自然关系的深刻反思，全球气候治理的未来更受关注。"双碳"战略将会深刻地重构中国经济社会的发展方式，是关系到中华民族可持续发展的重大战略。虽然助力绿色发展的"绿色金融"理念提出由来已久，但绿色金融更多地强调金融系统对实体经济绿色项目的金融支持，具有先行性特征，且对气候环境因素反作用于金融系统的机制研究相对不足。"双碳"战略目标不仅仅是能源问题，其涉及经济系统的方方面面，因此应对"绿色金融"进行升级，关注金融系统，应对实现"双碳"战略目标过程中所产生的金融风险。作为现代经济的核心，金融体系扮演了金融资源配置和金融风险配置的双重角色；作为风险定价的场所，金融体系应在应对气候相关风险中起到定价气候相关风险的作用。正如Nordhaus（2019）指出，当前，在气候相关风险的研究中，金融的角色存在明显的缺失。作为现代经济关系的核心体现，金融业应发挥其社会治理功能和资源约束功能来改变人与人之间的社会关系，进而引导全球资源配置方向。因此金融业的气候风险管理一方面是应对全球生态变革引发社会关系重塑所带来的经济社会发展不稳定因素，另一方面也应包括积极主动地通过治理机制功能的发挥来帮助社会经济发展方式实现绿色转型。因此金融业气候风险管理的核心要义是变革"人与人"之间的社会关系进而实现"人与自然界"之间的和解，具有自然生态和社会生态的双重属性。

金融业作为现代经济的核心，市场化导向明显，开放程度较高，在承担着经济体风险配置角色的同时，也势必会受到全球气候变化及低碳转型经济政策的冲击。市场化导向明显、开放程度高意味着中国金融业在应对气候变化风险过程中，提高政治站位、明确指导思想至关重要。中国金融业应以习近平新时代中国特色社会主义理论为指导，深入领会习近平总书记的生态文明思想，主动远离和摒弃西方资本主义的市场原教旨思潮，立足于中国发展实际，既承担起服务实体经济增长的重任，又要顶住气候风险的冲击，守住不爆发系统性金融风险的底线。

1.2 金融业气候风险的含义

2018 年诺贝尔经济学奖获得者 Nordhaus 是气候变化经济学的奠基人，Nordhaus 于 1982 年的著作也被认为是气候变化经济学的开山之作。在 Nordhaus 等学者研究的基础上，学者们提出了金融体系的气候相关风险（Climate Related Risks）（"绿天鹅"）的概念，主要是指干旱、大雨、大雪、高温等一般性天气事件，洪涝、冰雹、飓风、热浪等灾难性天气事件，海平面上升、生态系统退化等生态系统事件向金融系统的风险溢出。赵红军（2019）给出了"中国当代气候变化"的定义，即"过去 30～50 年时间内发生在中国领土和地理范围内的所有气候变化现象"。在《巴黎协定》签订之前，许多学术研究已经表明，气候变化能引发金融风险，会影响资产价格形成机制，进而产生风险溢价，会给金融体系带来结构性的影响并引发金融危机（中国人民银行，2020）。

英格兰银行行长和金融稳定委员会主席 Mark Carney（2015）将气候相关风险分为三类：物理风险（Physical Risks）、转型风险（Transition Risks）和债务责任风险（Liability Risks）。而中国人民银行（2020）认为，由于债务责任风险在风险特征上与物理风险基本一致，因此应将债务责任风险划归到物理风险中。气候风险影响人类整体的社会经济活动。这种整体性体现在以下两个层面：第一，气候风险影响地球所有的生物，这是气候风险具有系统性特征的第一个层面；第二，气候风险会在国家间、金融体系间发生传染，每个人都无法置身事外。因此气候风险能够引发系统性金融风险。

目前，金融业普遍认为，气候风险引发的金融风险主要包括物理风险和转型风险两个类型。物理风险主要是指气候变化导致实体资产出现损失，进而降低企业偿付能力和保险公司赔偿压力，从而引发的金融风险。转型风险是指实体经济低碳转型所带来的相关金融风险的增加。气候风险如何引发金融风险与经济主体对未来的预期密切相关。比如，如果私人部门认为当前《巴黎协议》会迅速实施，则高排放企业的资本成本就会迅速上升，进而转型风险上升。全球各国中央银行负有稳定金融体系和金融监管的职责，因此在 2015 年开始着手研究气候风险可能给全球金融风险带来的负面影响。2017 年 12 月，由法国、中国、荷兰等 8 个国家的中央银行和金融监管机构联合发起成立了"中央银行与监管机构绿色金融网络"（Central Banks and Supervisors Network for Greening the Financial System，NGFS），该组织在理论、实践和社会发展层面对气候风险可能引发的金融风险进行分析、评估，并给出应对措施。各国中央银行认为：气候变化会导致财产损失，而洪水、飓风、高温热浪等引发的财产物理损失可以由保险公司赔偿，增加保险公司的偿付能力风险；但没有被保险的财产损失会影响家庭和企业的偿债能力，继而引发金融风险。

转型风险对金融风险的影响更具有系统性。经济社会的低碳转型会引发资源的重新配置，引发"搁置资产"（Stranded Asset）风险。比如，为了实现《巴黎协定》"2 摄氏度"目标，未来将会有大量的石油、煤炭和天然气埋藏于地下，进而影响这些能源公司的资产负债表。此外，发电企业、房地产业、交通运输业等碳密集行业的公司资产负债表均会受到这种转型风险的冲击。在此基础上，一方面，转型风险会溢出至这些行业职工的收入水平，影响这些行业的职工的偿债能力和消费力，将风险传导至宏观经济；另一方面，转型风险会影响投资于这些行业的投资者收益，将风险传导至金融体系。一些国家的中央银行启动了评估金融体系的气候风险的敞口工作。比如，荷兰银行（De Nederlandsche Bank）的评估结果显示，虽然荷兰金融体系对化石能源企业的风险敞口较小，但对其他碳密集行业的风险敞口较大，且引发系统性风险的概率极高。英格兰银行的评估结果显示，英国的银行和保险业对气候相关风险的敞口极大。欧洲系统性风险委员会（European Systemic Risk Board，ESRB）及瑞典、法国等中央银行纷纷采取气候压力测试，测算投资者在向低碳社会转型时可以容忍多少损失。

在应对机制上，Nordhaus（2006）认为，以碳税为代表的价格机制能够避免《京都议定书》的数量控制型框架存在的效率不足问题。气候相关风险来自市场失灵，本质上具有外部性特征，因此 Auffhammer（2018）及 Fried 等（2019）也建议使用碳税矫正市场失灵。然而，中国人民银行（2020）认为，仅仅依靠价格手段，很难解决如此影响深远的问题，中央银行应在应对气候相关风险中扮演重要角色。2017 年，NGFS 发布的首份综合报告《行动呼吁：气候变化是金融风险来源》明确，应对气候相关风险是各国金融监管机构的职责。随着各国金融监管当局的努力，各国学者在将气候相关风险纳入金融监管框架方面已经基本达成共识。具体的政策措施包括根据气候场景进行情景分析和压力测试、在巴塞尔资本协议"三支柱"框架中引入气候风险、宏观审慎评估（MPA）引入绿色信贷考核机制、宏观审慎监管与财政政策、货币政策密切合作等措施。

1.3　本书研究内容

本书分为 7 章，具体如下。

第 1 章为引言，提出本书的研究背景，并给出本书的核心概念——金融业气候风险的含义。

第 2 章为中国金融业应对气候风险的理论指导优势。本章认为，以新古典增长模型为基础的气候变化（Climate Change）综合评估模型（Integrated Assessment Models，IAMs）在帮助人类制定应对气候变化风险政策方面作出了巨大的贡献。虽如此，由于全球气候系统的复杂性，IAMs 也存在一些局限性：IAMs 存在价值观判断问题；模型假设过于理想化，难以模拟现实；无法权衡国家和代际之间的效用；技术创新的角色定位不清晰；模型有效性评估问题。

之后，本章提出，金融业以金融资源约束机制发挥社会治理和生态治理的功能。金融业气候相关风险是"人与人"社会关系异化所引发的"人与自然界"关系的失调。作为现代经济社会的核心，金融业不可避免地处于应对气候变化的前沿位置。根据马克思主义生态哲学，金融业气候风险管理的核心要义应是变革"人与人"之间的社会关系来实现"人与自然界"之间的和解，具有自然生态和社会生态的双重属性。以马克思主义生态哲学"自然—社会"双重架构为研究逻辑起点，本章从坚持"红线"、守卫"绿线"、构筑"防线"、创建"高压线"等方面对中国金融业气候风险管理具有重要指导价值。最后，本章从马克思主义立场出发，从本体论、唯物论、矛盾论、文明观、全球观、系统观、底线观、价值观、制度观、发展观等方面，多维度、全方位论述习近平生态文明思想对中国金融业应对气候风险的指导价值。

第 3 章为金融业气候风险管理国际实践。首先，本章立足于宏观微观结合视角，认为全球金融体系气候风险管理形成了"国际主要组织的宏观引领 + 微观三大工具具体实施"的实践框架。本章详细分析了国际主要金融组织应对全球气候风险的核心职能，并从气候风险评估、压力测试和信息披露三个方面详细梳理和分析各国实践经验。本章从风险认识论、中央银行之间的国际合作、气候风险审慎监管框架制定、压力测试实施及信息披露等方面，为中国金融业气候风险管理提供政策建议。其次，本章针对欧洲中央银行的实践经验，指出欧洲中央银行长期秉持市场中性理念实施货币政策，在基准利率近乎为零的条件下，欧洲中央银行为应对经济衰退发起了资产购买计划，其结果是碳密集行业收益颇多，不利于经济绿色低碳转型。本章从法理依据与实践效果两个角度论述了市场中性理念在应对气候风险方面不适合用来指导货币政策。在金融市场无法有效对长期气候风险进行定价的现实下，货币政策坚持市场中性原则无助于金融资源配置，且会增加金融体系风险。本章认为，中国货币政策的实施不应以市场中性理念为指导，而应立足于"双碳"战略的现实需求，将气候风险纳入货币政策框架，积极推动中国经济绿色低碳转型。再次，本章研究全球适应性金融发展的气候正义问题。从某种意义来讲，当前全球的气候问题是发达国家在历史发展过程中的大量温室气体排放所引发的，而气候变化的后果却由很多没有享受到发展利益的发展中国家来承担，因此全球气候变化风险本身就蕴含了气候正义问题。为了帮助发展中国家应对气候风险，全球金融业提出了适应性金融（Adaptive Finance）理念。虽然发达国家对发展中国家提供了一些金融支持，帮助其适应和度过应对气候风险变化期，但本章认为，在维护气候正义方面，适应性金融并没有完全彰显气候正义，在一些方面存在不足：发达国家金融支持落实欠缺导致补偿性正义难以实现；发展中国家在金融资源分配机制方面难以达成共识导致分配性正义难以实现；金融治理存在不完善导致过程性正义难以实现。最后，本章从生态市场主义视角对西方金融业应对气候风险进行评判。本章指出：生态市场主义在机制逻辑上过于强调市场机制的价格引导作用，进而导致绿色投资形成不足；生态市场主义在政策逻辑上过于依靠有效市场理论，进而导致企业碳排放的负外部性难以内部化；在技术逻辑上，资本市场难以达成对气候风险定价的共识，无法提供技术底层支持。中国特色社会主义制度的制度优势在于：第一，中国共产党领导是中国特色社会主义最本质的特征，是中国特色社会主义制度的最大优势，也是实现中国式现代化的根本保障；第二，在机制逻辑上，中国特色社会主义制度突破资本主义生产资料私人占有制，引导绿色投资；第三，在政策逻辑上，中国特色社会主义制度立足经济社会发展的客观现实制定经济政策，避免市场失灵问题；第四，在技术逻辑上，有为政府激发了市场主体积极应对气候风险的识别和评估动力。

第4章为金融市场对气候风险定价实证研究。本章分为两个部分，分别从物理风险和转型风险两个维度展开。首先，本章认为，明晰气候风险对股票收益率的影响是理性因素主导还是非理性因素主导，探索气候风险影响股票收益率的理论机制对于资产定价理论发展具有重要意义。本章以2011年至2021年中国上市公司数据为研究样本进行实证分析，结果表明：第一，气候风险越高，股票收益率越低，且基于国有企业与非国有企业、高污染企业与低污染企业、规模等因素的异质性检验均支持此结论；第二，中介机制检验表明，气候风险上升会导致企业债务水平下降、风险承担上升、机构投资者持股比例下降，进而导致股票收益率降低；第三，在高温变化的频段中，分析师关注度越高，企业股票收益率越高，而在低温变化的频段中，分析师关注度越高，企业股票收益率越低。本章实证结果表明，气候风险对股票收益率的影响具有理性特征，而不是单纯的短期投资者情绪化行为，因此为气候风险因子纳入资产定价模型提供了理论和实证支持。或许也可以说，短期影响特征可以在行为金融学框架之下来解释，但长期影响似乎仍旧是股票市场理性消化市场信息的结果。其次，在转型风险方面，本章以碳排放作为上市公司转型风险的表示变量进行实证分析。实证结论表明：第一，同期回归结果显示，碳排放风险越高的企业，股票收益率越高，即投资者需要更高的风险溢价补偿，表现出风险溢价特征；第二，滞后一期及长期回归结果表明，碳排放风险越高的企业对投资者的吸引力越小，表现出风险折价特征，且该结论通过了一系列的稳健性检验；第三，异质性检验表明，高污染、小规模、非国有企业的同期碳排放风险溢价现象表现得更为明显；第四，融资约束机制表明，碳排放风险越高的企业融资约束越强，投资者会要求更高的股票收益率实现风险溢价补偿；第五，市场关注度机制表明，碳排放量越高的企业受到的市场关注度越高，增加了企业碳排放风险溢价水平。本章的研究结果意味着，企业需迅速实现低碳转型以吸引投资者。

第 5 章重点分析转型风险对银行业的风险溢出特征及中国银行业管理转型风险的有效性问题。本章首先将低碳转型相关行业分为高碳行业和低碳行业，在时间维度和截面维度上分别使用 TVP - VAR 模型和马尔可夫区制转换模型，分析"双碳"战略背景下这些行业对银行业的风险溢出特征，得出结论：第一，在高风险状态下的风险溢出效应普遍显著高于低风险状态；第二，"双碳"战略增加了各低碳转型相关行业对银行业的风险溢出效应，但随时间发展有所缓和；第三，高碳行业的正向风险溢出效应主要表现为，在"双碳"战略提出节点的近期，持续时间短暂而影响力度较大，而低碳行业的正向风险溢出更加持久且影响力度较小。其次，本章指出，商业银行有效管理该转型风险的主要办法是降低对高碳排放企业的风险敞口。二氧化碳主要来自化石能源的使用，而经济低碳转型会增加传统化石能源的价格，进而增加高碳排放企业的化石能源成本，因此企业资产估值和偿付能力受传统化石能源价格的冲击，进而形成了商业银行搁浅资产风险敞口。本章从化石能源价格对商业银行搁浅资产风险敞口的角度研究了中国商业银行管理气候风险的有效性问题。具体来讲，本章实证结论表明：第一，中国商业银行整体上相对有效地管理了气候风险引致的转型风险，但各家商业银行的表现存在差异。第二，面对气候风险引致的转型风险，商业银行会通过增加绿色信贷规模来降低搁浅资产风险敞口，进而提升气候风险管理的有效性。第三，本章使用面板平滑转移回归模型

（Panel Smooth Transition Regression Model，PSTR），检验商业银行气候风险管理有效性存在差异的原因，发现当商业银行流动性创造比例超过约33%时，气候风险引致的转型风险并不会激励商业银行开展绿色信贷业务，此时商业银行搁浅资产风险敞口会上升，气候风险管理的有效性下降。

第6章从宏观视角研究了气候风险对金融体系稳定的影响。首先，在国内方面，本章使用纽约大学 Stern 商学院波动率实验室发布的从搁浅资产风险视角计算的全球金融机构气候风险指标，以中国商业银行为研究样本进行实证分析。其结论表明：第一，商业银行气候风险越高，其系统性风险贡献度越大，银行业系统性风险上升；第二，上述结论通过了异质性检验、分位数回归、动态面板回归、替换指标等稳健性检验；第三，调节效应实证结论表明，当商业银行信用风险和资产负债率越高时，气候风险对系统性风险的影响程度越大，资产收益率越高时气候风险对系统性风险的影响越小；第四，中介效应机制分析表明，商业银行绿色信贷余额存在遮掩效应，遮掩了气候风险增加银行业系统性风险的作用。其次，在国际方面，鉴于外债水平会显著影响国家金融体系的稳定，因此本章以发展中国家为研究样本，实证分析气候风险对发展中国家外债水平的影响。具体来讲，本章使用德国 German-watch 开发的全球气候风险指数，以 2007 年至 2019 年全球发展中国家为样本，研究了气候风险对发展中国家外债水平的影响和作用机制。实证结论表明：第一，气候风险将导致发展中国家公共外债和公共担保私人外债存量、发展中国家长期外债存量显著增加；第二，分位数回归结果显示，极端的气候风险会使发展中国家外债水平显著增加；第三，基于发展中国家样本的调节效应模型显示，整体宏观制度环境好的发展中国家在应对气候风险时外债水平较低；第四，中介效应模型表明，气候风险会导致发展中国家政府财政支出增加，进而引起本国外债的上升。

第7章根据气候风险的独特特征讨论了金融业如何制定应对气候风险的相关政策。本章认为，在奈特不确定性理论框架下，气候风险的不确定性特征更为显著。本章首先在奈特不确定性理论框架下，分析了气候风险的不确定性特征。在此基础上，本章进一步分析气候相关金融风险（Climate Related Financial Risk，CRFR）的物理风险与转型风险和风险折现因子所表现的不确定性特征，并分析这种不确定性对气候相关金融风险管理的影响。其次，本章在

Heimann（1993）提出的建构理性和生态理性决策理论框架下，认为应对 CRFR 时气候金融政策路线似乎显现出"必要性上的建构理性与过程性的生态理性"的相矛盾的两难状态。应对 CRFR 的紧迫性决定了Ⅰ类错误产生的内生性，因此 CRFR 不确定性特征要求政策制定者要降低犯 Heimann（1993）提出的Ⅰ类错误概率。CRFR 的不确定性特征要求金融业在应对气候风险时，既要以建构理性的方式迅速采取政策行动，又要以生态理性的方式来实施政策，实现二者的折中与融合，相互补充，互为借鉴。最后，本章提出了在不确定性视域下气候金融政策的设计理念和原则。在此基础上，为了实现应对气候风险的整体性，本章提出，中国金融业应以宏观审慎监管应对气候风险。并对相关宏观审政策工具进行了初步设计和讨论。

1.4　创新及不足之处

本书的主要创新之处如下。

第一，本书突出强调并论述了中国金融业应对气候风险的理论指导优势及中国特色社会主义制度优势。第 2 章在论述西方相关理论局限性的基础上，着重突出了马克思主义生态文明观和习近平生态文明思想对中国金融业应对气候风险的指导价值。第 3 章在批判性地梳理西方金融业应对气候风险国际实践基础上，论述了中国特色社会主义的制度优势。项目组认为，理论指导优势和中国特色社会主义制度优势是中国金融业能够有效应对气候风险的最大优势。

第二，在实证分析方面，第 4 章首先以中国上市公司为研究样本，从物理风险和转型风险两个维度展开，研究气候风险是否被股票市场定价，得出应将气候风险因子纳入资产定价风险因子框中的结论。第 5 章着重研究了转型风险对银行业的影响。同时，从搁浅资产风险敞口出发，从化石能源价格对商业银行搁浅资产风险敞口的角度研究了中国商业银行管理气候风险的有效性问题，整体结论表明，转型风险会溢出至银行业，但中国商业银行整体有效地管理了转型风险。

第三，本书直接给出了气候风险影响金融稳定的实证证据。虽然学术界与实务界均意识到气候风险会影响金融稳定，但给出直接证据的文献不是很多。

本书从国内和国外两个维度出发，验证了气候风险会影响中国银行业系统性风险及发展中国家的金融稳定。

第四，本书指出，金融业应对气候风险的主要手段是数字化转型。本书首先论述数字经济自带的绿色基因，之后从金融功能论视角分析了金融科技促进绿色发展的微观机制。在此基础上，本书使用分位数向量自回归模型，实证分析了数字金融对绿色金融的正向促进作用，然后实证分析验证了金融科技有助于商业银行应对气候风险。

第五，本书在奈特不确定性理论框架下分析了气候风险具有独特的不确定性特征。这种不确定性特征会冲击金融业整体稳定状态，因此其决定了金融业应对气候风险既要具有系统性，又要具有前瞻性，所以宏观审慎监管是金融业应对气候风险的有效监管方式。本书初步探讨了不确定性视域下，如何设计气候金融政策，也给出了可以使用的宏观审慎监管工具的初步想法。

本书的不足之处在于：受限于数据可得性，无法从更加微观的渠道分析气候风险向金融风险转化的具体机制。在政策设计方面，由于缺少必要的数据支撑与实践经验，难以设计出非常具有针对性的监管框架。

第 2 章

中国金融业应对气候风险的
理论指导优势

应对气候风险是全人类共同的责任。金融业在经济体系中具有的特殊功能决定了其在人类应对气候风险进程中要发挥关键作用。这就需要金融业有正确的指导思想来指引其应对气候风险的作为。本章认为，在技术层面，虽然气候变化综合评估模型被广泛用于评估气候风险引发的经济金融风险，但其还存在较大的局限性。中国金融业在应对气候风险时，应克服西方气候变化综合评估模型的局限性，从更高的层面认知人与自然的关系，还应以马克思主义生态文明观和习近平生态文明思想为理论指导，制定应对气候风险的战略方向和实施方法。

2.1 西方气候变化综合评估模型的局限性

人类经济行为消耗的石油、煤炭、天然气和生物燃料会排放大量的二氧化碳、一氧化碳、甲烷等温室气体。自然科学已经证明，温室气体排放会影响全球气候，进而影响人类的经济发展和财富增长，因此人类需要应对全球气候变化带来的负面影响，具体方法包括降低温室气体排放量、逐渐适应气候变化、通过工程技术改变太阳辐射到地表的热量。由于气候变化不仅发生在生态系统，还会通过人类行为影响到经济系统，因此众多复杂的系统化模型被开发出来，以研究气候变化对经济系统的影响并提供政策建议。在这些模型中，最为著名的是以新古典增长模型为基础的全球气候变化（Climate Change）综合评估模型（Integrated Assessment Models，IAMs）。

IAMs 是研究人类行为与气候变化互动关系的主要工具。IAMs 能够提供系统性的方法和视角帮助分析人类经济行为对气候变化的影响。当前国际许多具有影响力的分析报告的结论都是依据 IAMs 得出的，如国际能源署（International Energy Agency，IEA）的世界能源展望（World Energy Outlook，WEO）报告、政府间气候变化专门委员会（Intergovernmental Panel on Climate Change，IPCC）的新能源报告等。基于 IAMs，欧盟制定了 2050 能源行业发展路径图，并成为欧盟就全球气候问题与各国谈判的主要决策依赖工具。从这些实践可以看出，IAMs 在各国评估气候变化、制定气候政策方面具有举足轻重的作用，无论是学术界、还是政策制定者，均需要正确认识 IAMs 的假设及模型的局限性。

2.1.1　自然科学与经济学的融合——IAMs 框架提出

人类经济行为导致的气候变化会带来灾难性的后果，这在自然科学层面已经没有异议。该结论通过详细刻画和模拟自然界气候变化路径、分析历史气候数据等大量的计算机运算得出，基于此方法的研究模型在自然科学领域被称为一般循环模型（General Circulation Models，GCMs）。GCMs 根植于物理定律和自然法则，从理论和实证两个维度对气候变化的路径进行了详细预测。

由于气候变化会影响经济系统的经济行为，因此经济学家还开发了多方程的计算模型并提出应对气候变化的政策建议。这些模型被称为气候变化综合评估模型。IAMs 的目的是，在 GCMs 基础上，评估气候政策的成本与收益并研究最优政策执行路径。IAMs 的提出将全球应对气候所面对的问题从自然科学领域转移至社会科学领域，或者具体来说转移至经济学领域。以往，自然科学家提出，应对气候风险的最佳办法是激进地降低温室气体排放，但是以 Nordhaus 为代表的经济学家则认为，降低温室气体排放是一个循序渐进、力度逐渐增强的过程。根据 Nordhaus（2007）的 DICE 模型，最优的温室气体减排降低力度应为：期初 14%，2050 年达到 25%，到 2100 年达到 43%。相较于自然科学家，经济学家认为，如果到 2050 年，碳排放降低 50% 至 80% 会带来大量的经济福利损失。正如 OECD 经济研究部门的主要学者 Tol 在 2002 年指出，"激进的降低温室气体减排会带来正义的问题"。

从某种意义来讲，自然科学家的政策与经济学家的政策存在一定的矛盾。自然科学家更多地关注气候变化所带来的实体资产灾难性损失，而经济学家关注的是气候政策实施所带来的经济成本。IAMs 既考虑了自然科学的分析结论，又考虑了政策实施的社会影响。随着时间推移，自然科学与社会科学在应对气候变化方面的观点也逐渐融合。Hall 和 Behl（2006）特别提到，要重点关注气候不稳定所带来的经济后果。Lenton 等（2008）归纳了气候系统影响经济系统的核心元素。面对气候风险，自然科学家也提出了"容忍度窗口"（Tolerable Window）、"安全着陆"（Safe Landing）、"成本有效性分析"（Cost - effective Analysis）等政策理念。总之，面对气候风险将会带来的影响，自然科学领域和经济领域目前基本达成统一，既要进行技术创新降低温室气体排放，又要采取循序渐进的法则防止激进的减排政策给经济增长带来冲击。

2.1.2　IAMs 在气候政策领域的贡献

所有的 IAMs 模型都对温室气体排放的自然过程和经济过程进行建模。在自然过程方面，温室气体排放会影响全球碳循环，改变大气成分，继而导致海平面上升和气候出现异常变化。在自然界出现变化的基础上，IAMs 假设自然对人类是有价值的，并将自然的变化纳入人类经济系统中研究人类的经济行为方式。一些 IAMs 仅仅用较为简单的方程式模拟地球生态和经济系统（Nordhaus，2014），一些 IAMs 则借鉴物理、化学、生物和经济等多学科理论，构建了包含上千个方程的系统模型（Reilly 等，2012）。Weyant（2017）将 IAMs 分为两类：基于细节描述（Detailed Process，DP）的 IAMs 和成本收益分析（Benefit - Cost，BC）IAMs。这两类模型均研究降低温室气体排放的成本，并提出政策建议，但是在研究气候变化影响方面存在显著差异（Weyant，2017）。

2.1.2.1　DP - IAMs 应用领域

DP - IAMs 早期在传统全球能源经济、经济系统、大气或者生态系统的模型中加入了简化的碳循环过程（Edmonds 等，1994）。正如名称所示，DP - IAMs 更关注于描述和刻画细节，研究气候变化对区域和行业的影响，比如关注气候变化如何影响农作物生长，进而测算如何影响地区经济发展及海平面上升如何影响土地使用等问题。从短期来看，气候风险会导致物理风险（Physical Risks），即气候变化导致实体资产出现损害、无法使用丧失价值的风险。

DP – IAMs 能够从微观视角研究某一个地区的某一个产业（比如农业）受气候条件变化带来的经济损失。从局部和短期来讲，气候变化所带来的直接后果的区域往往局限在某一地区或者某一城市，因此 DP – IAMs 所提供的政策建议针对性会更强，有助于为区域经济应对气候变化提供政策支持。

DP – IAMs 主要用来评估气候政策效果。IPCC（2014）使用 DP – IAMs 分析和对比了 1000 余种气候风险情景下气候政策的作用效果。模拟分析效果显示，《巴黎协定》2℃温升控制目标、温室气体浓度不超过 450ppm 目标等均符合全球多数国家长远利益。基于 DP – IAMs 模型，Weyant（2008）得出结论：第一，气候风险缓释成本很高，且充满不确定性；第二，气候风险缓释成本测算对模型假设非常敏感，比如政策的实施路径等；第三，DP – IAMs 能估计气候风险缓释成本区间；第四，基于 DP – IAMs，可以提出降低气候风险缓释成本的策略和政策。这意味着，虽然 DP – IAMs 不能计算精确的气候风险缓释成本，但能够帮助政策制定者在各类不同政策之间进行权衡，分析在不同政策假设和技术进步假设下的施策成本（Kriegler 等，2014）。Weyant（2008）认为，为了保证气候政策的经济效率，最主要的原则是目标宽泛和政策灵活。目标宽泛的含义是，可以将降低温室气体排放的主体放到个体、区域、行业、经济部门等各个层面来制定策略。政策灵活是指，为了降低气候风险缓释成本，执行什么政策、在哪个地区执行、如何执行、何时执行都可以具体问题具体分析，温室气体排放权可以在市场进行交易等。Riahi 等（2015）指出，DP – IAMs 最大的贡献是证明了应对气候风险政策越早实施，实施成本就越低；如果人类一直等待技术突破再进行温室气体减排，则人类将会付出高昂的经济成本。

2.1.2.2 BC – IAMs 应用领域

将 DP – IAMs 的结论汇总就可以得到 BC – IAMs 希望得到的结论。BC – IAMs 具有整体视角，测算应对气候变化所需要付出的宏观经济成本，部门、行业和区域在 BC – IAMs 中仅仅被看作个体。因此 BC – IAMs 在宏观气候政策制定中使用颇多。但是 BC – IAMs 非常依赖于 DP – IAMs 的分行业和部门测算结果，这些具有微观导向的计算结果对评价气候政策的成本与收益非常重要。

BC – IAMs 常被用来制定温室气体减排政策。最优的温室气体减排政策应是边际温室气体减排成本与边际温室气体带来的破坏损失相等的政策。基于此理念，征收碳税被视为最优的温室气体减排手段，碳税的数额应等于边际减排成本。在 BC – IAMs 框架下，比较著名的模型包括 Nordhaus（2007）的 DICE（Dynamic Integrated Climate – Economy）模型、Anthoff 和 Tol（2013）的 FUND（Framework for Uncertainty，Negotiation and Distribution）模型、Hope（2011）的 PAGE（Policy Analysis of the Greenhouse Effect）模型。FUND 模型的估计结果是每吨 CO_2 征收 10 美元的碳税，DICE 模型是 18 美元，PAGE 模型则高达 71 美元。估计结果不同的原因是对极端气候事件的损失分布假设存在差异：FUND 模型没有考虑极端损失事件，DICE 模型的极端损失事件占比达 70%，而 PAGE 模型的损失分布具有显著的厚尾特征。此外，FUND 模型还假设人类对气候变化具有适应性（Adaptive）行为。这说明，模型估计结果的好坏与建模者对气候风险的认知密切相关。虽然模型估计结果差异巨大，但 Nordhaus（2013）认为，BC – IAMs 的最大贡献或许是明确影响气候政策作用效果的主要驱动因素，并将最新的技术进步纳入模型分析框架。当没有有效实施最优温室气体减排政策时，Nordhaus（2007）的测算结果显示，相较于最优减排测算结果，非最优政策的成本要增加，数值为全球收入的 1%，但损失降低数值只有全球收入的 0.3%。

此外，美国政府还使用 BC – IAMs 框架计算碳社会成本（Social Cost of Carbon，SCC）。美国政府旗下的 IWG（Interagency Working Group）组织使用 BC – IAMs 的损失分布模块计算 SCC，发现不同模型的计算结果差异非常大，PAGE 计算的结果最高，而 FUND 计算的结果最低。

2.1.3　IAMs 的局限性

IAMs 的优势在于提供了一个系统的方法和视角，研究人类经济行为与生态气候之间的作用关系。但 IAMs 仍旧饱受争议，主要问题在于，IAMs 存在价值观判断问题；模型假设过于理想化，难以模拟现实；无法权衡国家和代际之间的效用；技术创新的角色定位不清晰；模型存在有效性评估问题。

2.1.3.1　IAMs 存在价值观判断问题

经济学分析关注成本与收益之间的货币数值计算。虽然应对气候风险的成本可以用所花费的货币来计算，但获得良好的生态环境所得到的效用是无法用货币来衡量的。即使人类能够精确预测未来气候的演变路径，但如何用货币衡量人类的健康、生命、良好的居住环境也是一个悬而未决的问题。比如，我们如何衡量在恶劣环境下工作的人的生命的价值？我们如何根据一份在非常理想假设下，人们愿意为规避风险所支付的价格的调查问卷来确定人的健康的价值？我们能够调研人们为了良好的生态环境所愿意支付的价格吗？对于非经济专业来讲，这明显是一个价值观的问题，但经济学家往往希望用货币来衡量价值观。此外，IAMs 模型对应对气候风险成本的估计是以占 GDP 总量百分比的形式呈现的。IPCC 第四次评估报告显示，应对气候变化需要付出 3% 的 GDP 的成本。对于美国来讲，GDP 的 3% 意味着每一个美国公民将付出 1170 美元。但是 IAMs 无法给出每个美国公民是否应该花费 1170 美元来应对气候风险。

在当前全球气候治理体系下，发达国家在气候政策制定方面往往会忽略广大发展中国家的利益。西方经济学家往往会将个体价值与国家收入水平关联起来（Ackerman 等，2009）。比如，IPCC 在 1996 年发布的第二次评估报告中认为，不同收入水平国家的个人的价值是不平等的，这个表述在当时引发了巨大争论，因此在第三次评估报告中，这种不当的观点被 IPCC 所规避。但是 IAMs 隐约假设了高收入水平国家的个体价值高于低收入水平国家的个体价值（Tol，2002）。

2.1.3.2　模型假设过于理想化，难以模拟现实

IAMs 模型从经济学理论出发，研究在约束条件下人类的行为选择，以便达到最优的效果，实现效用最大化。在 IAMs 框架下，气候变化作为影响行为主体的元素被纳入效用函数，而最优政策点是以行为主体主观性的效用高低为评价标准的，而不是客观的气候状态和环境。

第一，模型决策机制难以模拟客观现实环境。首先，模型参数和输出结果难以达成共识。在模型输入参数不确定性方面，人类经济行为引致的气候变化及不同类型的气候应对政策的效果是不确定的，因此 IAMs 的参数设定和模型输入参数无法达成统一，核心参数（如长期经济增长率、技术进步速度、热量从大气传导至海洋深处的时间等）无法达成共识导致 IAMs 的输出结果具有不一致性。IAMs 通常假设这些核心参数服从某种分布，通过使用蒙特卡洛模拟得出输出结果的分布。此外，由于人类对气候和环境问题的评价带有很强的主观性，而 IAMs 对该问题的处理方式仅仅是设定损失分布函数。该损失分布函数是气温的二次函数。但通过蒙特卡洛模拟，Stern Review（2006）却认为损失分布应是气温的三次函数。其次，IAMs 模型往往根据人类对未来的期望

值来进行决策，因此用期望的形式刻画未来的状态。但气候政策在未来需根据最新可得信息进行更新，因此政策决策具有序贯决策特征。这说明，人类需要解决的问题是当前所面临的最坏情景下的问题，而不是根据某一时间点的期望值来进行决策。气候政策的显示路径可能不是按照期望的路径演进，而是按照最坏情景变化的路径演进。最后，未来气候变化的结果具有不可预测性。我们只知道全球气候变化是一个非线性的系统，科学家也只能给出未来的可能情景的分布，但 IAMs 以最可能出现的情景为研究假设（Nordhaus，2007），这与 Stern Review（2006）的观点完全相悖。

第二，IAMs 在假设决策者风险偏好方面过于简单。现代决策理论认为，决策者虽然地位重要，但还不足以影响所有个体的财富水平，因此 IAMs 模型常常使用指数效用函数，理由是指数效用函数的决策结果不会影响现实中所有个体的财富水平。但是在气候风险应对方面，决策者的专业水平无疑会影响所有个体的效用和财富水平。IAMs 模型假设所有个体的风险偏好具有同质性，这会导致低估全社会对最差情景的风险厌恶程度，从而采取低减排水平的政策，无法达到预期目标。

第三，模型无法有效刻画未来气候变化和经济增长的不确定性。在经济学方法框架下，表示未来不确定性的做法是使用合适的折现率来折现，折现率为时间偏好系数与相对风险厌恶系数和生产性商品消费增长率乘积的加和（Ackerman 等，2009）。一般来讲，时间偏好系数和相对风险厌恶系数均为正数，但出现极端气候变化时，生产性商品消费增长率可能为负值，因此可能会出现折现率为负的情况。另外，如果把环境消费品纳入消费品的范畴，则环境消费品与生产性商品之间存在替代效应，进而造成生产性商品消费增长率为负值，导致折现率进一步下降，甚至为负值。当将未来不确定性纳入该模型框架中时，折现率还需要减去风险调整项，理由是未来气候变化与经济增长不确定性的关系仍旧不清晰。Weitzman（2009）指出，未来气候灾难虽然出现概率低，但影响大，在制定理性气候政策时必须要考虑此低频高损事件。这说明，气候相关风险与经济增长风险具有正相关性。根据投资组合分散化理论，真正的风险来自资产之间的协方差，因此正相关性风险会增加风险调整项的数值，进而进一步导致折现因子下降，出现负值的可能，无法形成价格，市场投资者也不愿对这种高相关性风险出具高价格。

第四，模型没有涵盖极端风险。在经济学模型中，往往假设随机变量是连续的，没有断点。但气候变化对经济影响不可回溯，极具破坏力，因此经济变量受气候风险影响会呈现断点特征，出现极值。虽然 PAGE 模型和 DICE 模型均考虑了极端情况，但并没有给出极端情景的具体识别规则，除依靠专家判断外，极端情况爆发的概率、损失数量、可能的时间点均无法在模型中得到有效刻画。虽然专家在判断气候风险方面具有优越性，但 Clemen 和 Winkler（1986）认为，由于专家所受到的学术训练具有同质性，因此即使汇总各位专家的意见，也难以保证对极端事件判断的相互独立性。此外，Weitzman（2013）也指出，模型没有有效考虑变量的尖峰厚尾特征，外加经济体在感知气候风险方面存在严重的信息不对称，因此 IAMs 模型会低估气候风险损失。

2.1.3.3 无法权衡国家和代际之间的效用

在公平与效率之间，IAMs 更多地关注经济效率，而几乎很少考虑为了实现经济效率而牺牲的代际之间的公平、国家和区域之间的公平问题。然而，应对气候风险需要国际间的政治对话，而公平问题恰恰是政治对话的核心议题之一。

第一，IAMs 无法权衡代际之间的效用。IAMs 无法衡量未出生人口的效用。我们无法认为当代人所作出的有关气候政策方面的抉择符合未来子孙后代对生态系统的要求。首先，代际之间效用重要性无法评判。在 IAMs 框架下，社会福利通过代表性参与者将未来效用折现来表示，未来的效用通过时间偏好系数（$0 < \beta < 1$）折现到当前时间点，且该 β 系数以年度为单位。这种模型设定方式是经济学的常规设定方式。但是对气候变化的分析涉及人类未来，因此，$\beta < 1$ 意味着后代子孙效用没有当代效用重要。如果按照一代人为 35 年来计算，则下一代人的效用仅仅为当代人效用的 3% 左右，无论从伦理上还是从现实中来看，这都不符合实际。其次，IAMs 直接将社会福利在代际之间加总。这种加总仅仅关注消费品总量，而没有考虑消费品的分布，这是经济学模型应对模型在数学上能够求解出最优政策路径的需要，但不是解决现实问题的需要。因此 Frederick 等（2002）指出，基于这种加总所得到的政策路径并没有被现实印证。虽然通过将折现的办法应用于模型中具有伦理的缺陷（Stern，2007），但低折现率确实能够保证人类尽快采取措施应对气候风险，因为气候带来的损失正在不断积累。

第二，IAMs 无法对国家和地区的不平等问题进行建模。传统经济学模型在刻画效率方面具有优势，但难以将"公平"引入经济学理论模型中。经济学模型的代表性参与者概念将各个国家按照一定的模型规则进行了加总，因此很难刻画国家之间存在的异质性问题。这种国家之间的加总会导致一些问题：首先，模糊每个国家在应对气候风险中所应尽的职责和责任，模糊了各类气候风险的优先应对级别；其次，低收入国家由于参与全球经济活动较少，因此基于 IAMs 政策制定会忽略低收入国家所遭受的气候风险；再次，对于低收入国家，能源可得性或许更加重要，而 IAMs 加总做法没有考虑到各个国家不同发展阶段导致的国家战略目标不一致性问题；最后，加总的做法没有考虑各个行业和国家之间气候政策之间的影响。总之，IAMs 基于市场经济模型制定气候政策，模型加总个体的做法模糊了发达国家和发展中国家的责任关系，因此对低收入国家和发展中国家在应对气候风险方面的利益考虑不足，政策的结果往往对于发展中国家来讲存在不公平的问题，忽略了发展中国家的利益诉求。

2.1.3.4　技术创新的角色定位不清晰

技术创新在人类应对气候变化方面至关重要，但技术创新不仅是自然科学领域的事情，我们需要在社会科学层面认知技术创新将会给人类带来的变革性的影响。虽然 IAMs 将技术创新纳入模型，但由于技术创新存在巨大不确定性，因此 IAMs 对技术相关问题的建模要么过于僵硬，要么过于保守。

第一，IAMs 存在高估技术创新成本的倾向。首先，不可否认，为了提高能源的使用效率，太阳能、风能等各种降低温室气体排放的技术创新将会消耗巨大的资金。但是在人类进行技术创新过程中，"干中学"（Learning by Doing）的反馈机制会大幅度降低技术创新的成本。其次，IAMs 假设经济体处在生产可能性边界上，因此技术创新需要大量的人力和物力投入。但现实中，企业并不是完全理性的，许多具有潜在盈利的创新并没有被开发，因此存在大量的、成本很低的创新领域，在增加经济效率的同时降低经济运行成本，提高社会生产率。比如制度创新、组织结构创新就是在不改变生产技术的情况下，通过对个体行为的约束来实现低碳转型。

第二，出现技术创新悖论。在 IAMs 框架中，研究往往假设存在一个固定的或者是可预测的能源利用率提升速度和技术创新进步速度，这意味着随着技术的不断创新，应对气候变化和降低温室气体排放将会变得越来越容易。鉴于气候变化问题具有长期性，因此最优的政策似乎是"等待"，直到技术创新完全能够解决气候问题时再采取行动。然而在现实中，技术创新是路径依赖的，因此人类需要现在计划未来的技术发展路径。如果单纯静等技术创新，而不采取任何政策行动，则人类未来所面临的境况无疑是严峻的，成本无疑是高昂的。

2.1.3.5　模型存在有效性评估问题

对于环境问题，所有模型都不是真实的（Schwanitz，2013），但正如IAMs，对于生态环境与经济发展的建模可以采取实用主义态度（Pragmatic Realism），而不必担心方法论的问题。但是由于没有考虑到方法论的问题，在IAMs可验证性方面存在巨大的局限性。正如Oreskes等（1994）指出，一个模型可以被验证的前提是模型是封闭的（Closed），且主体的行为方式不存在不确定性。

第一，IAMs是开放的模型体系。首先，IAMs无法清晰界定其研究范围，即无法清晰描述自然生态系统与经济系统之间的边界。这意味着，每一个建模者均有权根据自己的偏好来设定模型研究边界。其次，经济活动与自然生态环境的互动机制仍不明晰。IAMs对未来气候变化的情景进行假设，但是即便如此，对相关参数的设置仍旧存在巨大的争论。试想一下，如果我们都无法清晰关联人类已有历史活动与气候变化之间的关系，我们如何在模型中假设未来人类经济活动与气候变化之间的关系。最后，IAMs考虑因素庞杂。在方法上，宏观模型的微观基础是什么，应采取自下而上还是自上而下的方法，或是混合二者来建模？在主体上，个体、气候组织、企业、政府，每一个主体扮演什么角色？在国家层面，各个国家应履行何种责任？在时间维度上，究竟应该考虑多长的期限？日度、月度数据对于研究气候变化来讲意义何在？以上这些问题，对于IAMs来讲都需要纳入分析框架，因此在可验证性方面将会存在巨大局限。

第二，IAMs的主体行为具有很高的不可预测性。IAMs对未来进行情景分析，并根据最可能发生的情景来制定政策。但是当前的所有实际数据都无法模拟未来可能发生的事情，经济主体也不会根据未来的期望演变路径来决策。在实际经济运行中，IAMs需要不断地将各种社会变化和制度变迁纳入模型，来调整对未来的预期。以对世界电力需求的预测为例，WEO对电力需求的预测存在不断高估和调整的现象，不断抬高2020—2030年、2030—2040年及2040

年以后的电力需求。IAMs 不仅考虑几十年以后的事情，还需对百年以后的事情进行分析和预测，社会制度变迁会不断影响 IAMs 的预测结果。或许对于 IAMs 模型的评价应更多地关注模型的解释力度，而不是关注其预测能力。

2.2　"自然与社会双重结构"理论视角下的马克思主义生态文明观的指导价值

金融业以金融资源约束机制发挥社会治理和生态治理的功能。金融业气候相关风险是"人与人"社会关系异化所引发的"人与自然界"关系的失调。作为现代经济社会的核心，金融业不可避免地处于应对气候变化的前沿位置。根据马克思主义生态哲学，金融业气候风险管理的核心要义应是变革"人与人"之间的社会关系来实现"人与自然界"之间的和解，具有自然生态和社会生态的双重属性。马克思主义生态哲学以"自然—社会"双重架构为研究逻辑起点，从坚持"红线"、守卫"绿线"、构筑"防线"、创建"高压线"等方面对中国金融业气候风险管理具有重要指导价值。

2.2.1　逻辑起点：马克思主义生态哲学的"自然—社会"双重架构

马克思主义生态哲学站在"人与自然"和"人与人"的双重生态正义立场，推动社会主义国家向生态文明转型。马克思主义生态哲学将自然界与人类社会紧密结合，为从自然与社会双重立场解决生态危机提供了思想武器。当前，全球社会已经认识到气候变化给人类发展带来的巨大风险，但问题在于改变世界，需要以实践的方式变革人类社会的发展方式，以应对气候变化带来的巨大风险。金融业是现代经济的核心，风险是金融的本质属性。金融业在社会发展的实践变革中扮演了管理风险、配置风险的角色。人类社会经历了商品化社会，基本度过了货币化社会，正在向金融化社会迈进，社会变革中的所有风险都会体现在各类资产的价格波动中，并且这种波动会迅速传染至其他经济部门，且风险同时向社会传导，增加社会的不稳定性。这意味着，这场生态革命会将自然界与人类社会紧密关联，风险会扩展至人类社会，金融业会首当其冲。气候变化风险会迅猛地向金融业溢出，进入人类社会。因此，金融业如何守好气候相关风险这道防线，对稳定金融体系、稳定经济增长都具有至关重要的作用。

第一，自然生态与社会生态的辩证统一。马克思主义生态哲学在思考人与自然界关系的基础上，从人与人之间的社会经济关系出发提出了解决人与自然界矛盾的办法。可以说，马克思主义生态哲学并重"人与自然"和"人与人"。在马克思主义生态哲学中，自然界具有人的本质，"自然界成为人"，自然趋向于人化；在研究"人"的方面时，马克思主义生态哲学会表达"人成为自然界""人的对象化""人的自然主义"等。这说明，人与自然界的关系依赖于人与人之间的关系，是在人与人之间的中介之下实现的，不是相互分离的，而是互为中介的。这说明，人与自然界矛盾关系的解决需要诉求于人与人之间的关系，人和自然界的和解需要人与人之间关系的和解。气候变化风险本身就是人类活动对自然界影响的产物，从反面体现了人与人经济关系向人与自然界关系的溢出，因此解铃还须系铃人，应对气候变化风险还需要根本上改变人与人之间的经济关系。人与人之间的和解则需要改变人与人之间的物质变换关系，生产、交换、分配、消费，各个经济关系都需要变革，而作为支持这些经济活动的金融体系，势必也要经历经济活动变革可能引发的风险的增加。因此马克思主义生态哲学包含的自然生态与社会生态的辩证统一理论决定了金融业必然会经历气候变化风险。

第二，生态正义和生态理性要求经济生态化发展。马克思主义生态哲学的生态正义要求人类的一切经济活动既要符合自然生态之理，又要符合社会生态之理。自然生态正义要求人与自然和谐相处，而社会生态正义要求发展应满足人类社会的生存需要，这说明生态化发展并不是不要经济发展，而是要求人类转变经济增长方式，实现从工业经济向生态经济过渡，这既是生态正义要求，也是生态理性的选择。马克思主义生态哲学的特质在于将人与自然界的关系本质化为人与人之间的社会关系。气候变化风险也是人与人之间社会关系的异化造成的。私人资本为了过度追求盈利，不顾自然环境的承载力，大肆排放温室气体，造成全球气候变暖，人类暴露在巨大的气候风险之下。这种现象背后体现的是人与人之间的生产关系，劳动与资本的对立所产生的"异化劳动"将自然环境排斥在经济体系之外。只有改变人与人之间的生产关系，才能从根本上扭转气候与人之间的矛盾关系。而作为人与人之间社会关系最常见、最普遍的金融契约关系，也会在劳动与资本的对抗中成为破坏自然环境的帮凶。金融资本依靠其巨大的资源调配能力辅助工业资本，将人类引至生态危机边缘，金融资本与劳动一样，作为生产要素，出现了"异化"。在以应对气候变化风险为代表的生态文明变革中，势必需要将"异化"的金融资本拯救到生态正义的轨道上，金融体系也势必要随着生态变革而经历阵痛式的变革，引发系统性风险的可能性上升。

第三，实现"生态—社会"双重革命。人与人关系的社会革命能够和解人与自然之间的矛盾。马克思主义理论中特别强调生产力与生产关系之间的相互作用。马克思对生产力的强调体现了人与自然界之间的物质交换，而生产关系则更多地关注人与人之间的关系如何影响生产力的发展。这在马克思主义生态哲学中体现为，通过人类社会的生态文明变革来和解人与自然界的关系。当前，人类社会所面对的气候变化风险既体现了自然属性，又体现了社会属性，因此只有从社会经济关系入手，将违背社会生态的劳动与资本之间的对立打破，才能够从根本上解决社会矛盾导致的人与自然界之间的矛盾。在这场文明变革中，作为社会变革的感知器，金融业也要实现自身的革命，从工业资本的桎梏中解放自己，将稀缺的金融资源配置至新兴的绿色产业，助力生态革命。气候变化风险的解决要求金融业要与传统高耗能产业割裂，停止向其输送金融资源，这意味着金融业盈利水平的降低、资产风险的加大、经营战略的调整，金融业整体会面临巨大的不确定性。作为现代经济体系的资源配置中心和风险管理中心，金融业需积极贯彻绿色理念，引导金融契约关系的重建，通过改变人与人之间的金融关系引导金融资源配置，并妥善处理和应对生态革命转型过程中引致的巨大不确定性，助力实现人类社会与气候的和解。

2.2.2　坚持"红线"：社会主义国家控股实现金融资本生态觉醒明确气候相关风险容忍度

马克思主义生态哲学对资本主义的生态批判指出，资本主义生产方式本质上是反生态的，私人资本既剥削劳动力，又剥削生态环境，因此只有社会主义国家资本才能有效地解决生态危机，也只有社会主义国家控股的金融资本才能将服务生态文明作为资本理性的核心。生态兴则文明兴，生态衰则文明衰，这是习近平总书记在文明史观范畴下对生态文明规律的高度概括。习近平生态文明思想继承并发展了马克思主义生态哲学，将生态文明与经济建设、政治建设、文化建设和社会建设全面融合，提出了"五位一体"的发展理念，指导中国经济发展要尊重自然、顺应自然、保护自然。

第一，资本主义私人资本对气候风险的无限容忍。正如马克思主义生态哲学所讲，解决生态问题的根本方式是实现社会生产方式的变革。马克思的资本主义生态批判理论细微和深刻地论证了资本主义资本在应对生态环境问题所存在的局限性。在资本主义社会，资本唯一的兴趣在于剩余价值，因此资本主义工业社会在剥削劳动力的同时，还要最大限度地剥削自然界，其结果就是生态恶化的现实，人与自然关系也出现了异化。这种异化以温室气体排放导致的全球变暖为代表，为全球长期发展蒙上阴影。在资本主义社会，金融资本与产业资本的本质相同，都是最大化剩余价值的剥削，以最大化利润为目标，因此资本主义社会的金融资本为了其根本目标，必然与自然界的解放产生矛盾。一旦在考虑气候变化风险后资本主义金融体系无法实现其剩余价值目标，那么资本主义金融资本就会对气候相关风险充满无限的容忍度。

第二，"人与自然"辩证关系理论指导国有金融资本不会过度容忍气候相关风险。人类经济社会发展与自然界息息相关。"整个所谓世界历史不外是人通过人的劳动而诞生的过程"[1]"自然界，就它本身不是人的身体而言，是人的无机的身体。人靠自然生活"[2]。作为经济社会下的人，归根结底是自然界的产物。在《1844年经济学哲学手稿》中，马克思通过全方位研究人与自然的关系阐述了劳动异化理论，科学地揭示了人化自然与自然人化的本质统一的规律。马克思人与自然关系理论实质为"实践的人化自然观"，而人类的实践则投影至经济社会的全方位发展。这里"人化"的含义也应是具有人类实践痕迹的自然。作为现代经济社会的核心，金融业像毛细血管一样将金融养料输送至经济肌体的每一个角落，而作为"人化"的自然，也理应与金融业建立密切双向关联。马克思主义生态哲学对资本主义工业与农业的生态批判证明气

---

① 马克思，恩格斯. 马克思恩格斯全集：第42卷［M］. 中共中央马克思恩格斯列宁斯大林著作编译局，译. 北京：人民出版社，1979：131.
② 马克思，恩格斯. 马克思恩格斯全集：第42卷［M］. 中共中央马克思恩格斯列宁斯大林著作编译局，译. 北京：人民出版社，1979：95.

候相关风险引致金融风险的制度内生性，这意味着依靠资本主义实现金融资本的生态觉醒是空中楼阁。资本主义金融资本从根本上否定了通过重塑人与人之间的社会关系来变革人与自然关系的正确路径，因此也就否定了人与自然界之间的辩证关系。社会主义国家以马克思主义为指导，承认人与自然界之间的辩证关系，认识到"自然界是人的无机身体"，因此能够将人与人之间的关系拓展至人与自然之间的关系。在经济建设中，社会主义国家控股的金融资本以马克思"人化自然"和"自然的人化"辩证理论为指导，将气候相关风险纳入金融决策中，规定了金融业的价值取向，积极实现经济体的低碳转型，并制定风险管理办法和规章规范金融机构应对气候相关风险，要求金融机构树立"实践的人化自然观"，站在改变人与人之间的社会关系的高度管理气候相关风险，助力生态文明变革，嫁接经济社会与自然界。

第三，国有控股金融资本有动机和能力承担经济体低碳转型引致的系统性金融风险。资本主义是以破坏"生产的自然条件"为前提的，因此空想资本主义金融资本来承担经济社会低碳转型可能引致的金融风险是不可能的，因为资本的私人属性与生态福利的公共属性本质上是矛盾的。国有控股形式的金融资本能够超越私人金融资本局限性，有动机承担气候相关风险。2008 年国际金融危机也从侧面证明了私人金融资本在应对系统性金融风险时存在局限性。私人金融资本在开展金融业务时难以把经营产生的负外部性纳入决策函数，而只会考虑短期利益。当人类社会走向生态文明社会时，需要一股力量将金融从"工业"拉向"自然"，该过程就是发展关键期、改革攻坚期、矛盾凸显期，经济社会转型存在系统性金融风险。这种生态转型引致的系统性金融风险需要全社会资本来共同承担，否则就会出现无人承担的悲剧。只有社会主义国家才能制定绿色、循环、低碳的经济发展理念，从根本上和长期上使金融资本承担和规避气候相关风险。这种把金融业纳入气候风险管理框架的实践符合马克思主义生态哲学的"自在"自然与"人化"社会统一的系统论要求，具有自然系统与社会系统相统一的全局观。

2.2.3　守卫"绿线"：社会主义国家宏观调控引导金融资源生态投放缓释气候相关风险

马克思"自然生产力"思想要求金融业回归实体经济，因为自然生产力制约社会生产力，金融业的盈利来源根本上是来自实体经济的增长。人类社会是自然界的人类社会，所有人类社会的产出归根结底来自自然界，因此为了实现经济社会的可持续增长，金融业也需要将资源投放至低温室气体排放的企业和项目中，以全社会福利为目标，降低气候变化可能引致的损失，缓释气候相关风险。

第一，辩证统一"生态"与"发展"两条底线，宏观调控金融资本投向，实现生态理性与增长理性。中国"碳达峰""碳中和"战略（"双碳"战略）是马克思主义生态哲学在当代经济社会的回响。"双碳"战略本质上也是人与自然界互为对象的互动战略，是马克思人与自然界的辩证生态一体论的重要应用。资本主义生产方式引致的生态危机将人类社会同时实现生态理性和增长理性的任务提前。作为现代经济的核心，金融业满足增长与生态要求的唯一办法就是增加"绿色"资产的持有比例。一味地被动应对"棕色资产"风险不是长久战略，增长难以维系，也无法达到生态社会要求。只有积极地通过向绿色企业、低碳项目配置金融资源，才能从根本上铲除气候相关风险产生之源，使金融资产"绿色化"，同时实现增长理性与生态理性。

第二，在生产环节，宏观激励金融资本"绿化"人与自然界的物质变换。人类为了自身的生存与发展，需要从自然界获取资源。在资本主义生产方式下，自然资源是无价的，可以任意掠夺，因此为了实现资本的无限增值，金融资本也必定忽略人类不当的生产行为所引起的碳排放增加，导致全球变暖。这是一种"盲目力量"统治的生产，不是合理的人与自然界之间的物质变换。在这种生产方式下，金融资本也无法"绿化"这种生产方式，因为此时金融资本的收益来自这种盲目的生产。而在马克思主义所认定的生产方式中，生产是节约的、符合人性的，是在社会化的生产方式下，以人与自然界普遍联系的和具有辩证统一性的理论为指导进行的生产，因此金融资本也能够在这种生产方式下配置金融资源，发展绿色金融，以低碳绿色项目和企业为主的资金配置对象，从根本上来应对气候变化可能引致的转型风险。

第三，在消费环节，宏观引导金融资本"绿化"人与人之间的物质交换，助力绿色消费。资本主义社会追求尽可能的消费，消费出现极端异化和两极分化。资本主义社会消费方式不仅消费当下的资源，还在金融资本的助力下消费未来，透支未来，造成能源的过度消耗，温室气体排放大量上升。这种极端异化的消费行为产生的根本原因是资本主义制度。金融资源在异化消费行为中的唯一结果就是风险的爆发，因为这种异化行为所产生的金融杠杆不能自我偿付。在马克思主义理论中，国家宏观调控经济主体的经济行为，解决生态问题的方式是"社会所有制"，金融资本按照社会的要求，在"按需分配"的原则下促进合理消费。这里的"按需"是"合理""健康"之意，自然是符合生态标准的"需"。在这种"社会所有制"的制度下，金融资本不会助长过度消耗能源的奢靡消费，不会以杠杆率过高的形式鼓励高耗能消费，因此从需求端的消费行为上控制了供给端的反生态产品和服务供给，在满足人与人之间的生态化的物质变换基础上，有效地规避了气候相关风险。

2.2.4　构筑"防线"：社会主义国家金融机构秉承生态正义制定气候相关风险管理战略

金融体系社会和生态治理功能的落地实施需要以微观金融机构为载体。作为承担风险、获取收益的企业，金融机构的社会责任在于通过风险管理功能的发挥，使经济体内部的风险承担最优化。在经济体低碳转型过程中，金融机构既暴露于气候相关风险的敞口之下，又是践行金融气候治理功能的主要微观主体。在发挥金融约束功能实现社会经济增长方式变革、推动经济社会低碳转型过程中，金融机构气候相关风险管理战略是马克思主义生态哲学和习近平生态文明思想的生动微观体现。通过金融机构风险管理战略这一作用机制，经济体在金融资源的获取激励和约束机制下有动机改变生产、生活方式，从而实现人与自然的和谐发展。

第一，生态道德底线明确金融机构的风险容忍度。风险容忍度体现底线思维和问题导向。马克思主义生态哲学要求金融机构对气候相关风险的容忍度极低，因此金融机构会以最大的力度降低气候相关风险的风险预算。当前金融机构风险管理主要机制包括内部控制、风险对冲和经济资本配置。气候相关风险管理要求内部控制机制要规避一切气候相关风险、对冲机制转移气候相关风险、经济资本配置机制要最大限度降低风险偏好水平，这些机制背后所体现的均是风险容忍度的降低。只有在生态道德的约束下，金融机构才不会罔顾生态正义来增加自身盈利；只有在生态文明社会下，金融机构才会将生态风险和气候相关风险纳入自身风险管理战略制定中。在金融风险管理理论中，风险容忍度决定了金融机构的风险承担水平；在生态社会下，金融机构的风险容忍度将极度不容忍气候相关风险，因此会以极大的动力规避气候相关风险。如果每家金融机构都制定如此的风险管理战略，则经济体唯一获取金融资源的出路就是低碳转型，从而争取金融资源的支持。这种倒逼激励机制有效地推动了人类生产生活方式的变革，积极发挥了金融业的风险治理智慧。

第二，绿色金融是应对气候相关风险的核心战略和根本方法。中国绿色金融发展以顶层推动为主要特征。马克思主义生态哲学对资本主义生态批判启示我们，绿色金融与资本主义根本上不兼容。不可否认，资本主义国家也有绿色金融形态，但其缺乏顶层设计和顶层推动，是零散的环保主义者环保运动的产物，无法形成强大的合力应对气候变化风险。社会主义国家的绿色金融以全人类公共福利为出发点，以国有控股金融机构为主要实施主体，在各种政策的指导下迅速发展，成为金融业应对气候相关风险的核心战略和根本方法。发展绿色金融，一方面贯彻了国家发展战略，完善了国家治理体系建设；另一方面，绿色金融引导资源配置，从而改变微观企业和个人的生产生活方式，发挥了金融的治理功能，"绿化"了金融机构资产负债表，根本上规避了金融业所面对的气候相关风险。可以说，绿色金融能够将气候相关风险对金融业影响的"危"转化为未来金融业发展之"机"。这种转"危"为"机"的发展理念将以战略风险的姿态引领金融机构的日常风险管理工作，从战略高度明确了应对气候相关风险的根本办法。

第三，正确选择目标风险与非目标风险。目标风险是金融机构善于管理并且能够从管理风险活动中获取收益的风险类型。非目标风险是金融机构不擅长管理、承担该风险无法带来收益的风险类型。对于目标风险，金融机构的核心风险管理策略是承担，而对于非目标风险，金融机构核心的风险管理战略是规避。在马克思主义生态哲学指导下，金融机构的目标风险选择应以能够美化"绿水青山"的业务作为风险承担载体，因为这些业务能够生出"金山银山"；金融机构要对新能源、环保低碳、科技创新型企业和项目倾斜金融资源，通过改变金融契约签订对象来变化风险承担对象，并从承担这些风险中获取收益。而金融机构的非目标风险则是破坏环境、高耗能、污染生态的企业和项目。这些风险，即使会带来巨额的短期收益，金融机构也要摒弃，因为这会将自身暴露在长期低碳转型风险之下，所带来的损失将是巨大的。

2.2.5　创建"高压线"：社会主义国家生态政府行使生态公权设计气候相关风险监管框架

气候风险治理政策的落地实施需要大量资金，因此金融机构的资金支持在全球气候治理中必不可少，这也将金融业与全球气候变化风险关联起来。气候风险治理资金一方面来自政府的财政支持，另一方面则来自以商业银行为代表的金融机构。金融监管的气候治理功能也主要体现在规范金融业经营活动，要求金融体系的业务开展限制于绿色制度框架内。金融监管应规定，商业银行在对企业进行授信时，应把资源消耗、环境损害、生态效益、碳排放强度等指标纳入企业评级系统，建立最严格的绿色评级制度。绿色金融监管以金融资源约束为抓手，倒逼企业积极开展低碳减排技术创新，使生产活动低碳化，从根本上降低金融业所面临的气候相关风险。

第一，气候相关风险监管框架以金融资源约束为治理手段，强化生态政府的国家治理。金融业作为现代经济的核心，应将金融的资源配置和风险管理功能提升至治理层面，在应对气候相关风险中发挥更高层面的作用。作为微观主体，金融机构有动机为了短期盈利而牺牲长期利益，且金融危机的爆发也证明个体理性行为的加总并不必然产出整体理性结果。为了实现宏观最优，金融机构需要在监管指导和约束下开展绿色金融业务，否则极易出现为了盈利而放松绿色标准的现象。一旦绿色金融监管对金融业的经营行为形成约束，企业为了获取金融资源支持就会实施以低碳环保为导向的生产行为，也就达到了金融监管治理气候相关风险的目的。这为国家治理在微观层面设计了一套传导机制，强化了国家治理手段。具体而言，为实现社会变革改善人与自然关系的目的，应该重点做好以下几项工作：一要增强国内各相关部门间的协调性，以保证绿色金融相关政策在实施过程中畅通无阻。二要加强国内外的合作交流，以掌握最前沿的指导理念和最先进的科学技术。三要强化绿色金融的宣传工作，以提升金融机构对气候变化风险的认知程度。我国金融监管部门要重视相关专业人才培养，切实加大相应的资金供给，引导金融机构、社会组织培养专业人才，并鼓励金融机构将气候相关风险融入公司发展战略和投资决策流程，如此才能够形成良好的文化铺垫。四要完善相关制度的建设，让制度成为保障环境安全的刚性约束和不可触碰的高压线。同时，中国人民银行和国家金融监督管理总局可以强化激励约束机制政策组合，引导金融机构加大低碳投资，还要尽快更新绿色信贷、绿色债券标准；证监会要加强碳期货的研究并适时启动，借助碳期货的套期保值功能，增强金融机构对碳市场和低碳发展的信心。

第二，气候相关风险监管框架以实现人与自然平衡、和谐发展为监管目标。马克思主义生态哲学的"自然"与"社会"双结构视角启示我们，只有通过社会制度改变，才能实现人与自然的和解。这说明，人与自然界关系的变化不能依靠人与自然界之间的"沟通"，而应依靠人与人之间的沟通来解决。气候相关风险监管是通过约束金融机构的业务行为来规范金融机构的经营，进而将这种约束机制传递到实体企业，推动实体企业的绿色转型。其最终目的是实现实体经济的绿色、生态发展，人与自然界的矛盾实现和解。实体经济是根，金融体系是茎和叶，实体经济绿色低碳转型能从根本上降低金融业的气候相关风险，这意味着管理气候相关风险是一个闭环行为，外部监管的正向推动可以形成该闭环的良性循环，从而实现人与自然和谐、平衡、公平的发展。气候相关风险监管框架是形成这样一套良性机制的助推器，所以要以法治精神施行最严格的绿色金融监管，建立有效信息披露制度引导金融资源流动，通过人类之间的和解达到人与自然的和解。

第三，气候相关风险监管框架以激励金融业创新绿色金融产品为主要抓手。监管的目的是更好地开展业务，更好地规范发展。应对气候相关风险的核心在于实体经济的低碳化转型。气候相关风险监管框架在控制金融机构"棕色"资产的同时，也要建立扩张"绿色"资产的激励机制，通过监管豁免、监管激励等手段指导金融机构针对实体经济低碳转型过程中的金融需求设计金融产品，创新金融服务，加快实体经济低碳转型进程。金融机构的"绿色"资产增加了，气候相关风险自然就会得到降低，降低过程具有可持续性和内生性。通过激励金融业的绿色金融产品创新，气候相关风险监管框架也就实现了塑造人类经济生产行为的目的，达到了人与自然和谐共生的生态文明要求。

2.3 习近平生态文明思想的指导价值

习近平生态文明思想理论内涵丰富，直面中国和世界在经济发展过程中所面对的有关生态文明建设和人类社会发展的重大理论和现实问题，并从本体论、认识论、实践论、价值论等各个维度高屋建瓴地提出了一系列指导中国经济社会发展的深刻见解，在马克思主义实践观、世界观、辩证法、真理观、价值观、发展观、群众史观等各个方面提出了系列重要观点，闪烁着马克思主义辩证唯物主义和历史唯物主义的理论光辉，是发展中国特色社会主义的行动指南。学习研究习近平总书记有关生态文明和"碳达峰""碳中和"战略的相关理论和观点，有助于清晰地认知中国经济发展的全景全貌，明确中国绿色金融发展的指导理论来源，制定中国绿色金融的发展战略，规范中国绿色金融的发展路径，引导中国绿色金融发展潮流。

2020 年 9 月 22 日，在第七十五届联合国大会一般性辩论上的讲话中，习近平主席郑重宣布中国"碳达峰""碳中和"战略（"双碳"战略），并在 2020 年 12 月 12 日的气候雄心峰会上向世界承诺，为实现《巴黎协定》作出积极贡献，中国将采取更加有力的政策措施实现中国"双碳"战略，应对全球气候风险。"双碳"战略的本质是实现中国经济发展的全面绿色低碳转型，是"创新、协调、绿色、开放、共享"的新发展理念在中国经济发展实践中的全面、综合贯彻，核心是中国经济高质量发展。"金融活，经济活；金融稳，经济稳"，作为现代经济的核心，"金融要为实体经济服务，满足经济社会发展和人民的需求"。这要求中国绿色金融全面贯彻新发展理念，加大对"双碳"战略及中国生态文明建设的支持力度，满足人民对生态产品的金融服务需求。2022 年 1 月，习近平总书记在中共中央政治局第三十六次集体学习时强调，推进"碳达峰碳中和"工作要注重处理好以下四对关系：发展与减排、整体与局部、长远目标与短期目标、政府与市场。党的二十大报告也指出："尊重自然、顺应自然、保护自然，是全面建设社会主义现代化国家的内在要求。必须牢固树立和践行绿水青山就是金山银山的理念，站在人与自然和谐共生的高度谋划发展。"中国金融业应积极全面贯彻落实习近平总书记对金融业提升服务实体经济能力的要求，在服务中国生态文明建设中提高政治站位，找准服务突破点，精准支持符合国家生态文明建设战略需求的重大项目工程。

2.3.1　发展与减排的关系：助力绿色低碳，夯实发展基础

习近平总书记指出，"减排不是减生产力""是要走生态优先、绿色低碳

发展道路"。正确处理好发展与减排的关系,与习近平总书记生态文明思想一脉相承。习近平生态文明思想在正确处理发展与减排的矛盾方面提出了全新的方法和视角,以辩证法的高度有效地解决了经济发展与减排之间的矛盾关系。对于处在现代经济核心的金融业来讲,减排意味着支持实体经济增长方式的创新,要通过金融资源的配置变化来精准支持符合绿色低碳发展的生产力要素,并遏制高耗能、高排放的实体经济生产力扩张,以全新的、金融业所内蕴的生态治理功能实现中国经济的低碳绿色发展。

在本体论方面,习近平生态文明思想提出要"尊重自然、顺应自然、保护自然,探索人与自然和谐共生之路",这就要求绿色金融的政策制定、金融机构的战略经营方案、金融资源的具体流向都要以是否有助于生态环境保护、是否顺应自然规律、是否促进经济发展绿色低碳为主要参考评价标准。尊重自然,要求金融业认识到,经济发展要在人类改造自然环境的实践基础之上,因此自然是人类的生身父母。如果生态环境持续恶化,最终人类将会受到惩罚,经济发展就会成为空中楼阁,金融业也将不复存在。顺应自然要求人类的经济发展实践要按照自然规律,金融业对实体经济的支持也要仔细评判未来金融资源的支持项目是否顺应了自然规律,金融资源要优先流向节约资源、保护生态环境的项目。在工业文明阶段,人类创造了巨大的物质财富,改变了人类在自然面前无能为力的局面,似乎扭转了在原始社会和农业社会中自然与人类的对立关系。然而,以资本主义生产方式为代表的工业文明并没有实现人与自然生态系统的平衡与稳定,大量温室气体的排放将人类社会带入了巨大的气候风险之中。以资本为代表的金融力量的唯一目标是资本增值,无限度地追求剩余价值,因此其结果是生态环境恶化、自然灾害频发,人与自然环境之间的对立关系紧张到极点,气候变化成为威胁人类文明生存的重要风险因素。资本主义生产方式下的金融资本无法与自然环境共荣,因此社会主义国家的金融资本要以"人与自然和谐共生"的理念和胸怀,全面支持善待环境的绿色项目、低碳项目、循环项目,以金融资本的力量助力经济发展与生态环境的协调和共生。

在唯物论方面,习近平总书记指出,"保护环境就是保护生产力,改善生态环境就是发展生产力"。生产力是人类改造自然实践的能力,体现了人与自然的关系。习近平生态文明思想进一步拓展了生产力的内涵,突破了传统认识框架的束缚,辩证地将自然生态作为生产力的重要组成部分。中国金融业,要正确认识生态环境作为生产力要素在绿色发展、低碳发展和循环发展的独特作用，要全面支持有助于环境生产力生成的项目和企业。生态环境作为生产力要素，体现了经济的可持续发展来源，充分地体现了自然环境的经济社会效益，因此作为以获取收益为主要目的的金融资本，如何辩证统一保护自然环境和获取盈利之间的关系是一个重要课题。习近平总书记的"生态环境生产力论"为现代金融业指明了战略发展方向，答案就是要将金融资源投放至提升环境生产力的领域，让绿水青山发挥经济效益，实现中国特色金融事业和中国特色实体经济发展的良性循环。

在矛盾论方面，习近平总书记的"两山论"一针见血地指出了经济发展与环境保护之间的关系。习近平总书记指出："我们既要绿水青山，也要金山银山。宁要绿水青山，不要金山银山，而且绿水青山就是金山银山。"[①] 党的二十大报告继续强调，"必须牢固树立和践行绿水青山就是金山银山的理念"。传统的掠夺自然、破坏生态的经济发展方式难以持续；为了赚取巨额利润，金融业在传统的破坏自然的生产方式过程中也将大量的金融资源投入高耗能、高污染行业。"两山论"以平实的语言，朴素地回答了经济高质量发展的效益源泉，重新认识了社会经济财富的表现形式。在以盈利为主要存在基础的金融业，金融资本无时无刻都面临着利润的诱惑。在面对巨额盈利机会与自然生态保护相矛盾时，习近平的"两山论"告诉我们，金融资本应选择绿水青山，而放弃金山银山。同时，为了实现中国特色金融事业可持续发展，金融资本要善于把握机遇，从绿水青山中获得金山银山。"如果其他各方面条件都具备，谁不愿意到绿水青山的地方来投资、来发展、来工作、来生活、来旅游？从这一意义上说，绿水青山既是自然财富，又是社会财富、经济财富。"[②] 这说明，保住了绿水青山，金融业的利润来源就具有可持续性。金融业要认识到，生态财富是其利润的根本来源，绿色应是金融业的"最大品牌"，生态资本是保证实体经济偿付能力的最大本钱。

---

① 中共中央文献研究室. 习近平关于社会主义生态文明建设论述摘编 [M]. 北京：中央文献出版社，2017：21.

② 中共中央文献研究室. 习近平关于社会主义生态文明建设论述摘编 [M]. 北京：中央文献出版社，2017：23.

2.3.2 整体与局部的关系：立足人类文明与全球命运共同体设计微观治理运行框架

整体与局部的关系反映了马克思主义哲学的共性与特性的对立统一关系。系统理论要求，在分析问题时，要从对象整体性特征出发，统筹各个要素、重视要素之间的关联性，不要形而上学地、孤立地头痛医头脚痛医脚。这就要求我们的生态文明建设要全国一盘棋，增强政策之间的协调性，形成政策合力。同时，生态文明建设政策制定和产业升级方案确立又要充分考虑各地区、各产业的特性和客观现实，通过各个"个性"的生态文明建设实现全国乃至全球的生态文明"共性"的建设。一方面，作为金融市场的主要参与者，金融机构要提高政治站位，在宏观层面紧密服务生态文明建设的国家重大战略需求；另一方面，在微观层面，金融机构可以通过金融分支机构的设立、金融产品的创新、金融服务模式的改进，发展绿色金融，个性化地、有针对性地服务生态文明建设。

在文明观方面，党的十九大报告指出：建设生态文明是中华民族永续发展的千年大计。习近平生态文明思想站在人类文明发展的高度，为生态文明进行了清晰的定位，明确了生态文明建设的战略地位。如果我们把社会比作肌体，金融业的功能就是向肌体各个器官和部位输送血液，肌体的活力与血液能否输送通畅密切相关。如果金融业把新鲜血液输送至肌体产生的"恶性毒瘤"，无疑肌体将无法长期健康存活。因此，在生态文明建设中的整体设计中，金融业要站在人类文明永续发展的高度开展金融业务。"历史地看，生态兴则文明兴，生态衰则文明衰。"[1] 文明兴衰对于社会来讲是最大的风险，自然对于金融业而言将会是最大的系统性金融风险来源。为了实现中华民族永续发展，习近平总书记提出了中国特色社会主义建设事业"五位一体"总体布局与"四个全面"战略布局，实现"我国物质文明、政治文明、精神文明、社会文明和生态文明将全面提升"[2]，从整体上将生态文明与经济、政治、文化、社

---

[1] 中共中央文献研究室. 习近平关于社会主义生态文明建设论述摘编 [M]. 北京：中央文献出版社，2017：6.

[2] 习近平. 决胜全面建成小康社会 夺取新时代中国特色社会主义伟大胜利——在中国共产党第十九次全国代表大会上的报告 [M]. 北京：人民出版社，2017：11–12.

会发展全面结合。"五位一体"生动地描绘了中华民族伟大复兴的"中国梦"，但梦的实现需要组成整体的每一部分根据自身实际来一步一个脚印地落实和奋斗。金融业要根据经济发展和生态文明建设的具体金融需求，有针对性地为"美丽中国"建设输送定制化的新鲜血液，并精准地以刮骨疗毒的勇气切除"生态肌体"的"毒瘤"，切断其血液供应。这种"有所为、有所不为"的经营战略也是绿色金融服务生态文明的最佳落脚点。

在全球观方面，习近平总书记明确指出："建设生态文明关乎人类未来，国际社会应该携手同行，共谋全球生态文明建设之路。"① 随着中国金融体系的逐渐开放，中国金融业要以实际业务行动积极维护中国作为负责任的国际大国形象，以积极的态度，用先进的生态理念诠释金融业如何助力可持续发展，如何在生态文明建设中既保护生态环境，又获取丰厚的回报。党的二十大报告也要求，"积极参与应对气候变化全球治理"。金融业要全面推行绿色金融理念，在生态文明建设中汇入资金融通，充分利用保险、信托、基金等金融工具，与"一带一路"共建国家在绿色金融合作、能源合作方面突出生态金融理念。在具体业务领域，中国金融业要增加开放力度，深化中外企业和金融机构之间的合作，鼓励资本市场之间的合作，尤其是碳金融市场之间的互联互通，推动区域性，乃至全球性碳金融市场的逐渐形成。由于"一带一路"共建国家在人文、经济、社会、法治、环境等领域差异较大，然而在资金需求上，其具有共性的特征，因此中国金融业应以此为契机积极推广生态金融和绿色金融理念，使每一笔"资金融通"成为推动"政策沟通、设施联通、贸易畅通和民心相通"的助推器，共建人类文明共同体。

在系统观方面，习近平总书记在党的十九大报告中强调，山水林田湖草沙是一个生命共同体，坚持节约资源和保护环境的基本国策，像对待生命一样对待生态环境，统筹山水林田湖草沙系统治理。在党的二十大报告中，习近平总书记指出，"坚持山水林田湖草沙一体化保护和系统治理，统筹产业结构调整、污染治理、生态保护、应对气候变化，协同推进降碳、减污、扩绿、增长"，这说明，"我们所接触到的整个自然界构成了一个体系，即各种物体相

---

① 习近平. 携手构建合作共赢新伙伴，同心打造人类命运共同体［M］//习近平. 习近平谈治国理政：第 2 卷. 北京：外文出版社，2017：525.

联系的总体。"① 基于事物普遍联系的规律，习近平总书记指出："由一个部门负责领土范围内所有国土空间用途管制职责，对山水林田湖进行统一保护、统一修复是十分必要的"。② 基于习近平总书记关于生态治理系统论的观点，金融机构发展过程中如果希望避免在追求盈利过程中忽略自然生态环境的问题，就要在顶层监管规则设计上加强统一领导，比如，将绿色信贷纳入宏观审慎评估框架就是顶层整体设计的生动体现。如果缺乏整体的框架设计，就会出现底层分支机构和各个职能部门之间的"部门利益"之争的内耗。比如，风险管理部门对环境风险的评估要求禁止某些业务，但由于缺乏整体的制度章程设计，分支机构可能为了在盈利考核中的优秀名次违背风险管理部门的要求而进行破坏自然生态的业务，可能会受到环保部门的惩罚。出现这种情况归根结底的原因是没有统一金融机构从业人员的思想认识，即盈利和环保孰为第一。为此，在金融机构层面，也要成立统筹绿色金融发展的顶层战略部门，将投资决策、信贷决策、绿色评级、贷后管理、环境风险评估、绩效考核、经济资本核算等一系列业务职能纳入统一金融机构管理框架，破除部门之间的"利益博弈"，以系统的思维，使绿色金融在各个金融机构生根发芽，从而实现绿色金融的整体、全面发展。

2.3.3 短期与长远的关系：坚守短期生态底线，践行长期为民初心

生态文明建设需要"一步一个脚印解决具体问题，积小胜为大胜"。③ 实施经济低碳转型发展既要立足当下，又要克服急功近利的思想，对经济增长的低碳转型要眼光长远，"把握好降碳的节奏和力度，实事求是、循序渐进、持续发力"。④ 工业文明下的温室气体排放给全球带来巨大的气候变化风险。一方面，气候变化引致的自然灾害频发增加了实体物质的损失严重程度，增加了个人和企业破产风险，进而增加了金融机构所面临的信用风险；另一方面，经

---

① 马克思，恩格斯. 马克思恩格斯选集：第4卷 [M]. 中共中央马克思恩格斯列宁斯大林著作编译局，译. 北京：人民出版社，1995：347.

② 习近平. 关于《中共中央关于全面深化改革若干重大问题的决定》的说明 [M] //中共中央文献研究室. 习近平关于全面深化改革论述摘编. 北京：中央文献出版社，2014：109.

③ 2022年1月24日，习近平在中共中央政治局第三十六次集体学习时发表讲话《深入分析推进碳达峰碳中和工作面临的形势任务 扎扎实实把党中央决策部署落到实处》。

④ 2022年1月24日，习近平在中共中央政治局第三十六次集体学习时发表讲话《深入分析推进碳达峰碳中和工作面临的形势任务 扎扎实实把党中央决策部署落到实处》。

济体的低碳转型将会系统地影响经济增长方式，在此过程中，能源行业、制造业、交通运输业等传统行业将会经历转型痛苦，以往对传统高耗能行业的金融资源支持将会转变为低碳转型过程中的潜在金融风险源，过往盈利的业务就会出现损失，在短期内会冲击金融机构资产负债表。可以说，经济增长的低碳转型在短期内冲击金融业，增加金融业的气候相关风险。但我们要看到，从长远角度来看，经济体成功低碳转型会使金融业以绿色低碳理念，踏入良性发展的积极轨道。

在底线观方面，习近平总书记要求善于运用底线思维方法，从坏处做准备，但要努力争取最好的结果。在低碳转型过程中，短期内，无论是实体经济行业，还是金融业，都会经历阵痛。金融业在面对经济增长低碳转型过程中所可能遇到的气候相关风险，要从制度、流程、风险计量方法、操作规定各个方面积极探索气候风险管理的最佳实践和做法。从最坏角度出发，金融机构应增加资本充足率储备，增加流动性缓冲持有，增强自身的风险承担能力；从争取最好结果出发，金融机构要善于在绿色低碳转型过程中发现投资机会，发现业务良机，在低碳转型的长期发展中与绿色企业建立长期的、可持续的银企伙伴关系。虽然应对气候风险所实施的"双碳"战略在短期会给金融机构带来冲击，但金融机构在进行业务决策和投资决策时，要时刻铭记习近平总书记提出的资源消耗上限、环境质量底线和生态保护红线。因为这些界限是关乎人类发展的三道不可逾越的防线，自然也是金融业可持续发展的命脉。金融机构顶层领导的日常经营决策要坚决遵守法律底线，"领导干部要牢记法律红线不可逾越、法律底线不可触碰"[①]。在政策底线方面，金融监管当局要明确要求和清晰定义违背生态文明建设精神的金融业务，要求金融机构划清与高污染行业、高耗能行业的业务界限。在道德底线方面，金融机构应要求从业人员守规矩，有底线，有正确的价值观，能够明辨眼前利益与长远利益之间的辩证关系，有大局意识和牺牲奉献精神。只要在短期内守住这些底线，中国的生态文明建设就会在长期内结出胜利果实，中国特色金融业也会实现长期可持续增长，既有效地应对了气候风险，又在世界金融市场中提升了自身的行业地位，增加了中

---

① 习近平. 在省部级主要领导干部学习贯彻十八届四中全会精神全面推进依法治国专题研讨班上的讲话 [M] //中共中央文献研究室. 习近平关于协调推进"四个全面"战略布局论述摘编. 北京：中央文献出版社，2015：111.

国金融体系的竞争力。

在价值观方面，习近平总书记指出："良好生态环境是最公平的公共产品，是最普惠的民生福祉。"① 这说明，从长远来看，经济低碳转型发展是为人民服务，但在短期内，由于存在行业转型的阵痛，可能会影响部分行业、企业和个人的偿付能力，进而增加金融风险。因此中国金融业服务"双碳"战略的终极目标也是全面为民生服务，为中华民族永续发展服务。习近平总书记将生态环境问题上升到民生和重大战略问题的层面，体现了中国共产党全心全意为人民服务的宗旨。作为中国共产党领导下的金融机构，也应以服务人民为根本宗旨，通过金融创新，不断满足人民群众对生态产品的巨大需求。习近平总书记强调："让良好的生态环境成为人民生活的增长点，成为展现我国良好形象的发力点"。② "增长点"与"发力点"无疑需要普惠金融的全面助力；而让"中国大地天更蓝、山更绿、水更清"的生态修复工程和生态产品生产需要集中的金融资金支持。中国共产党领导下的金融业，要时刻铭记中国金融业的特色是为广大人民服务，不是资本主义制度下为资本抑或是资产阶级服务；社会主义金融事业要发挥集中资源办大事的制度优势，将稀缺的金融资源投放至重大生态环境的民生工程；中国金融业在全面推进普惠金融战略中，也要将生态文明理念融入普惠金融业务，以绿色情怀服务乡村振兴，推进生态基础设施建设，提升人民群众的生活品质，终极目标是切实提升人民群众的幸福感。

2.3.4　政府与市场的关系：优化政策制度框架，发挥市场机制优势

中国特色社会主义对生态环境提出了更高的要求，生态环境破坏成为"发展不平衡不充分"的突出问题。中国经济低碳转型需要有为的政府与有效的市场密切合作，"要坚持两手发力，推动有为政府和有效市场更好结合，建立健全'双碳'工作激励约束机制。"③ 金融资源的可得性可以作为这种激励

---

① 习近平. 在海南考察工作结束时的讲话［M］//中共中央文献研究室. 习近平关于社会主义生态文明建设论述摘编. 北京：中央文献出版社，2017：4.

② 习近平. 在参加十二届全国人大二次会议贵州代表团审议时的讲话［M］//中共中央文献研究室. 习近平关于社会主义生态文明建设论述摘编. 北京：中央文献出版社，2017：8.

③ 2022 年 1 月 24 日，习近平在中共中央政治局第三十六次集体学习时发表讲话《深入分析推进碳达峰碳中和工作面临的形势任务　扎扎实实把党中央决策部署落到实处》。

和约束机制的运行基础。作为中国共产党领导的国有大型金融机构，要严格按照国家的战略需求和方针政策制定经营战略，为其他金融机构树立榜样；对于践行国家生态文明建设不利，甚至违背相关法律法规经营的金融机构，要给予严厉的惩罚。生态文明建设要以企业为市场主体，推进生态文明建设新格局，这就要求中国资本市场具有完善的信息传递机制和价格发现机制，能够对环境风险、气候风险进行准确的风险定价，从而引导资金流入绿色创新型企业。在此框架下，政府要做好制度保障、组织保障和法治保障，加强顶层设计，为市场的有效运行保驾护航。

在制度观方面，习近平总书记指出："保护生态环境必须依靠制度、依靠法治。只有实行最严格的制度、最严密的法治，才能为生态文明建设提供可靠保障。"[1] 党的十八届四中全会提出："用严格的法律制度保护生态环境，加快建立有效约束开发行为和促进绿色发展、循环发展、低碳发展的生态文明法律制度。"[2] 从金融体系来讲，以中国人民银行为代表的中国金融监管应将绿色金融、绿色信贷、ESG 投资、绿色资产、环境风险评估、绿色评级等先进实践经验制度化，制定严格的监管规则，引导金融机构的资金投向、产品设计、服务模式创新、金融科技运用等；在审慎监管、行为监管等监管方式中嵌入绿色因素；出台绿色业务项目分类清单，制定负面清单；对于违规的金融业务要施以惩戒，甚至加大处罚力度；要求金融机构严格风险管理制度，对每笔业务、每项贷款进行严格的绿色信贷评级，甚至可以将是否污染生态环境作为一票否决的决定性因素；在资本充足率计算、风险加权资产计算等方面，金融机构要将环境风险纳入统计口径，并建立金融机构所持有的绿色资产、棕色资产的分类制度。总之，对于金融业来讲，金融监管要结合生态文明建设要求，为金融机构支持绿色低碳发展提供业务参考标准，并在处罚的同时提供足够的监管正向激励，对于积极投身于经济绿色低碳转型领域的金融机构要在资本充足率、流动性缓冲持有、税收、准备金率等方面施以监管优惠，这样的制度既有正面的激励，也有负面的行政处罚，有利于中国金融机构全面推进绿色金融的

---

① 习近平. 在十八届中央政治局第六次集体学习时的讲话［M］//中共中央文献研究室. 习近平关于全面深化改革论述摘编. 北京：中央文献出版社，2014：104.

② 中共中央文献研究室. 十八大以来重要文献选编（中）［M］. 北京：中央文献出版社，2016：164.

发展。

在发展观方面，习近平总书记要求，"自觉地推动绿色发展、循环发展、低碳发展，决不以牺牲生态环境为代价换取一时的经济增长。"[①] 党的二十大报告指出，我们要加快发展方式绿色转型，实施全面节约战略，发展绿色低碳产业，倡导绿色消费，推动形成绿色低碳的生产方式和生活方式。从总书记的要求可以看出，习近平总书记将生态理性置于增长理性的优先地位，这意味着，对于以获取利润为目的的金融机构，在生态环境保护和短期利润增加的权衡上，要时刻以有利于生态环境保护、有利于生态文明建设为最终的决策标准。生态文明建设一方面需要政府积极引导，另一方面也需要金融机构和金融市场的全力支持，调动金融机构的主体作用，发挥金融市场的资源配置功能和风险管理功能。金融体系本质上是金融机构运用金融工具在金融市场进行金融交易。为了实现生态文明，金融机构和金融市场应综合施策、多措并举。金融业应大力发展绿色信贷、绿色保险、绿色信托、ESG 投资；发挥碳金融衍生产品市场的远期交易和定价功能，为企业进行碳排放权买卖提供价格引导信号，科学定价和配置碳排放权资产，并通过这种价格机制倒逼企业低碳转型；资本市场也要通过设立创业板、中小板、科创板等交易制度，积极引导资金投向绿色创新型中小企业；保险公司也要开展绿色保险，为绿色转型过程中可能出现的各类风险提供风险保护。总之，在生态文明建设上，金融机构和金融市场要在政府的法律法规和政策制度框架下，践行绿色发展，为经济低碳转型提供优质的金融服务。

2.3.5　未来发展的战略方向

党的十八大以来，中国积极走绿色低碳发展之路，推动产业结构和能源结构全面升级，并且宣布"不再新建境外煤电项目"。当前中国经济已经步入新的高质量发展阶段，推动经济绿色低碳转型，是中国特色社会主义事业赋予中国共产党的时代要求，是中国展现大国担当的重要体现。中国经济低碳转型需要运转效率高、风险管理能力强、信息传递准的金融体系作为支撑。无论是金融机构、金融市场，还是金融监管当局，都需要在绿色低碳转型过程中贡献金

---

① 习近平. 在十八届中央政治局第六次集体学习时的讲话［M］//中共中央文献研究室. 习近平关于全面建成小康社会论述摘编. 北京：中央文献出版社，2016：165.

融业的智慧。中国金融业的顶层设计也要充分考虑金融资源约束所衍生的金融生态环境治理作用，要从顶层制度设计层面明确，金融业在助力经济低碳转型过程中不仅局限于资源支持，还要深入探索风险管理功能在资源配置中的风险选择机制，规避环境污染风险，承担绿色发展中必要的金融风险，实施"有所为和有所不为"的战略。

第一，统筹发展与减排，通过金融资源配置方式支持能源革命。经济低碳转型要求能源消费结构出现结构性变化。习近平总书记要求："要加大力度规划建设以大型风光电基地为基础、以其周边清洁高效先进节能的煤电为支撑、以稳定安全可靠的特高压输变电线路为载体的新能源供给消纳体系。"① 总书记明确指明了金融资源的投放方向，要求金融机构要将资源投入到以"风能、太阳能、生物质能、地热能、海洋能、氢能"为代表的新能源项目，而化石能源企业、煤炭能源企业则要对其限制甚至终止金融资源投入。同时，为了保障中国能源安全，中国金融衍生产品市场要争取全球能源的定价权，维护中国能源供应稳定。

第二，统筹整体与局部，全面对生态环境建设的各个领域提供定制化金融支持。生态文明建设需要坚持"降碳、减污、扩绿"协同发展，因此金融机构也要在各个领域提供全方位的金融支持，根据各个领域的金融需求特征设计金融产品，提供金融服务，创新金融运行模式。同时，为了保障金融机构能够持续、有的放矢地支持生态文明建设，作为顶层设计的金融监管当局，要完善各个方面的制度支持，在货币政策、财政政策、金融监管政策、产业政策、各项法律法规方面实现政策协同，避免政出多门导致金融机构无所适从，影响金融机构的业务创新。

第三，统筹短期与长期，迅速与金融科技紧密结合，推动产业结构转型升级。经济低碳转型离不开低碳技术创新，金融机构"要紧紧抓住新一轮科技革命和产业变革的机遇，推动互联网、大数据、人工智能、第五代移动通信（5G）等新兴技术与绿色低碳产业深度融合"②，全面与科技创新企业开展金

---

① 2022 年 1 月 24 日，习近平在中共中央政治局第三十六次集体学习时发表讲话《深入分析推进碳达峰碳中和工作面临的形势任务　扎扎实实把党中央决策部署落到实处》。

② 2022 年 1 月 24 日，习近平在中共中央政治局第三十六次集体学习时发表讲话《深入分析推进碳达峰碳中和工作面临的形势任务　扎扎实实把党中央决策部署落到实处》。

融合作，形成科技、绿色相互促进的现代金融体系。在推动产业结构升级方面，金融业应按照习近平总书记的要求："坚决遏制高耗能、高排放、低水平项目盲目发展"①，降低对其金融支持力度；将有限的金融资源投放至传统行业升级转型项目及循环经济项目中。金融机构应发挥大数据、云计算、区块链等金融科技创新的技术优势，积极开展企业绿色评级和环境风险评估，严把环境关口，为绿色低碳企业项目提供全方位一体化的金融服务。在形成全国统一碳排放权交易市场方面，交易所应发挥区块链技术的分布式记账系统的优势，准确无误地记录企业的碳排放权交易，精确统计企业碳资产价值，通过交易机制和价格机制推动企业绿色转型升级。

第四，统筹政府与市场，金融监管当局完善顶层制度设计，发挥金融市场资源配置和风险管理的机制优势。气候变化会引致金融风险，因此在经济绿色低碳转型发展过程中，中国金融业一方面要积极提供金融资源支持，将有限的金融资源配置到关乎生态文明建设的重大工程项目中；另一方面，中国金融业还要全力应对低碳转型过程中所可能面对的转型风险。因此，从金融业的顶层设计来看，"要健全法律法规，完善财税、价格、投资、金融政策"②，不仅要支持金融机构的绿色业务创新，还要在监管规则、税收激励、投资约束、政策支持等方面引导金融机构助力经济体绿色低碳转型。在市场机制建设方面，中国金融业顶层要建立完善的价值发现机制，统筹协调碳排放权交易、用能权交易、电力交易，充分发挥金融市场的引导资源配置的作用机制。在国际合作方面，中国金融业要配合"一带一路"倡议的绿色理念输出，加强国际金融机构之间的交流合作，参与全球金融治理体系建设，在全球绿色金融发展中发出中国声音。

---

① 2022 年 1 月 24 日，习近平在中共中央政治局第三十六次集体学习时发表讲话《深入分析推进碳达峰碳中和工作面临的形势任务　扎扎实实把党中央决策部署落到实处》。
② 2022 年 1 月 24 日，习近平在中共中央政治局第三十六次集体学习时发表讲话《深入分析推进碳达峰碳中和工作面临的形势任务　扎扎实实把党中央决策部署落到实处》。

第 3 章

金融业气候风险管理国际实践

当前全球金融业积极应对气候风险所引发的金融风险。笔者认为，全球金融体系气候风险管理形成了"国际主要组织的宏观引领 + 微观三大工具具体实施"的实践框架。在货币政策应对气候风险方面，本章主要分析了具有代表性的欧洲中央银行如何使用货币政策应对气候风险，并对其秉承的市场中性原则进行评论性分析。之后，本章评判了西方金融业应对气候风险所存在的问题及局限性，并引出中国金融业应对气候风险所独有的社会主义国家制度优势。

3.1 国际实践框架

政府间气候变化委员会（Intergovernmental Panel on Climate Change，IPCC）在 2019 年[①]指出，工业革命后人类经济社会发展所增加的温室气体排放量是过去 80 万年所未发生的。尤其是 20 世纪中叶以后，全球气候变暖加剧，平均气温比前工业化（Pre–industrial）社会升高至少 1℃（IPCC，2019）。气候科学家指出，如果人类按照当前温室气体排放速度继续排放，则在 2030 年至 2052 年，全球平均气温将继续上升 1.5℃，会对人类社会和生态系统产生无法逆转的剧烈影响（IPCC，2018）。

2017 年 12 月，法国、中国、荷兰等 8 个国家的中央银行和金融监管机构

---

① IPCC. A Call for Action —Climate Change As a Source of Financial Risk［R］. 2019.

联合发起成立 NGFS，其目的在于探索全球金融体系应对气候风险的政策框架。NGFS 区分了金融体系环境相关风险（Environment – related Risk）和金融体系气候相关风险（Climate – related Risk）。前者是指金融机构或者金融部门暴露于生态环境恶化（如空气污染、水污染、水资源匮乏、土地污染、生物多样化消失、森林砍伐等）而引发的市场风险、信用风险、操作风险、法律风险等类型的金融风险；后者是指金融机构或者金融部门由于气候变化而引发的物理风险（Physical Risk）和转型风险（Transition Risk），比如极端天气变化引发的损失、碳密集部门资产价格下跌等。2015 年签订的《巴黎协定》确定了全球向低碳经济社会转型的目标，重塑了全球资源配置的指导思想和方向。作为经济系统的资金配置中心和风险管理中心，金融体系将会最为敏锐地感受到气候相关风险给金融风险管理所带来的挑战。全球各国金融监管当局和中央银行均积极制定相关政策，引导金融资源流向低碳行业，积极调整监管政策，应对可能引致的金融风险。

总体来讲，全球金融体系气候风险管理形成了"国际主要组织的宏观引领＋微观三大工具具体实施"的实践框架。具体来讲，以各国中央银行和金融监管机构为主所组成的主要全球性金融组织为引领，依靠气候相关风险评估、压力测试和信息披露三大工具，全面推动金融体系气候风险管理进程。"宏观引领"为全球各国金融系统应对气候风险的国际合作和金融治理体系建设提供顶层设计指导，统一各国思想，制定纲领性文件；而三大工具则是从微观层面出发，在全球各国就气候风险管理所达成的各类共识及中央银行制定的各类政策基础上，对作为市场主体的金融机构如何建立气候相关风险管理框架提出要求，指明做法，落地实施各类政策。

3.1.1 国际主要金融组织的引领

向符合《巴黎协定》规定的"远低于 2℃"的绿色低碳经济转型提供资金，以及促进经济可持续增长，是现代金融体系面临的主要挑战之一。在应对气候风险挑战的过程中，金融体系既面临机遇，又面临挑战。全球各国金融组织积极合作，设计全球金融业应对气候变化的治理框架，为全球应对气候风险提供金融业的智慧。

第一，成立国际合作和沟通平台，制定全球金融业应对气候相关风险的治理框架。目前，在应对全球气候变化方面，最主要的政府间平台是 IPCC。IPCC 于 1988 年由世界气象组织（WMO）和联合国环境规划署（United Nations Environment Programme，UNEP）成立，目的是为决策者定期评估气候风险，提出应对的备选方案。IPCC 的评估结果为各级政府制定应对气候相关风险政策提供了科学依据，为联合国气候会议——联合国气候变化框架公约（UNFCCC）的谈判奠定了基础。IPCC 根据不同的气候情景和气候变化对气候进行预测，并讨论可能的应对方案，但它没有明确告诉各国政府应采取什么行动。此外，国际保险监督官协会（IAIS）将可持续发展和气候相关风险纳入 2020 年至 2024 年的战略规划（Strategic Plan）中。从 2017 年起，IAIS 积极参与 UNEP 的可持续保险论坛（Sustainable Insurance Forum，SIF）项目。该项目是全球主要国家保险监管当局就气候相关风险进行沟通和交流的主要平台。国际证监会（IOSCO）在 2017 年 2 月宣布，将其核心业务部分转移至研究如何建立有助于可持续发展融资的资本市场监管模式。在 2018 年 5 月，IOSCO 成立可持续金融网络（Sustainable Finance Network，SFN），向其成员提供监管如何服务经济可持续发展的交流和沟通的平台。

第二，成立全球金融业应对气候变化的组织——NGFS。《巴黎协定》之后，官方和私人部门均加深了对气候相关金融风险的认识，并扩大了绿色融资规模。G20 绿色金融研究小组和金融稳定论坛（Financial Stability Board，FSB）气候相关财务信息披露工作组（Task Force on Climate – Related Financial Disclosures）还建议采取措施鼓励金融机构进行环境风险分析并改善环境和气候相关信息披露。基于 G20 会议精神和 FSB 的提议，墨西哥银行、英格兰银行、法兰西银行及法国审慎监管管理局（ACPR）、荷兰银行、德意志联邦银行、瑞典金融服务管理局、新加坡金融管理局和中国人民银行，在自愿的基础上，组建 NGFS，相互交流经验，分享最佳实践，促进金融领域环境和气候风险管理的发展，动员金融业积极应对气候变化。NGFS 将有助于加强实现《巴黎协定》目标所需的全球响应，并提高可持续发展背景下金融管理气候风险的能力，有效地为绿色和低碳投资筹集资金。

第三，评估全球金融体系气候相关风险，推进各国金融监管改革。巴塞尔委员会成立高级别的气候相关金融风险工作小组（Task Force on Climate – related Financial Risk，TFCR）。TFCR 的主要工作如下：其一，全面排查成员国已有的金融监管框架是否嵌入气候相关风险。调查报告显示，大多数成员国着手进行金融体系气候风险管理的研究工作，积极与银行和资本市场参与者交流，40%的成员国已经发布或者正在制定金融体系气候风险管理指引。其二，发布气候因素影响金融风险的机制的研究报告，并制定测算金融体系气候风险管理的办法。其三，推动全球金融体系气候风险管理监管框架的建立。OECD 组织积极通过各类渠道（辖下委员会、工作小组、论坛）分析气候变化对金融体系风险的影响，其下属环境理事会（Directorates for Environment，ENV）和金融企业事务局（Financial and Enterprise Affairs，DAF）积极开发气候风险评估框架，评估经济向低碳社会转型可能引致的金融风险；绿色金融和投资论坛（Forum on Green Financial and Investment）也成为各国金融监管交流的主要平台；金融市场委员会（Committee on Financial Markets）发布全球 ESG 投资的挑战，并对中央银行应如何促进 ESG 投资发展提出政策建议。

第四，为金融机构气候相关风险管理实践提供指导意见。2018 年 7 月，IAIS 在 SIF 中发布全球首份气候风险分析报告（*Issues Paper on Climate Change Risks in the Insurance Sector*）；在 2019 年 2 月，发布气候相关金融风险披露指引（*Implementation of the Recommendations of the Task Force on Climate - related Financial Disclosures*）。在 2020 年，IAIS 制定的保险业气候风险管理指引（*Application Paper on Climate - related Risk in the Insurance Core Principles*），立足气候风险视角，对全球各国的保险监管活动给予指导，并从公司治理、全面风险管理、投资行为和信息披露行为等方面对保险公司施加了审慎要求。IOSCO 下属的 SFN 积极关注 ESG 信息披露问题，并积极推进相关政策制定。在 2019 年 1 月，IOSCO 宣布，全球投资者对 ESG 投资的兴趣增加，因此要求加强 ESG 信息披露，有助于投资者的决策；在 2019 年 7 月，IOSCO 新兴市场委员会（Growth and Emerging Markets Committee）发布分析报告，要求新兴市场国家的证券业监管机构应制定有助于经济可持续发展的资本市场制度，开发有助于可持续增长的金融工具；在 2020 年 4 月 14 日，在前期 SFN 运行的基础上，IOSCO 成立可持续发展工作小组（Sustainability Task Force），针对上市公司的"洗绿"（Greenwashing）行为进一步加强资本市场的透明度建设、信息披露监管，以及投资者保护。

3.1.2　气候风险评估国际实践经验

国际清算银行（Bank for International Settlements，BIS，2020）调研显示，金融体系面对的气候风险具有多层次性，主要原因在于，气候预测本身在科学层面就具有很大的不确定性，我们无法事先预知究竟哪种气候变化会引发灾害事件。此外，气候风险向金融体系的传导机制由于政策原因也存在巨大不确定性（FSB，2020）。不确定的问题会导致金融体系气候相关风险评估所需数据的匮乏及风险分析方法不统一，因此难以评估金融业对气候风险的敞口大小。金融机构无法准确评估气候变化所引发的灾难性事件如何影响其客户的偿付能力，尤其是当客户的业务属于较长供应链系统中的一环时，其复杂性显著上升。

当前全球金融体系评估气候相关风险主要有两种办法：自上而下法和自下而上法。自上而下法由金融监管当局进行风险评估，其优势在于金融监管当局数据和信息资源丰富，但缺点在于评估精度较差，会忽略一些技术细节，且缺乏动态性。自下而上法突出金融机构评估自身气候相关风险的角色和作用。金融机构使用自身积累的数据，设置未来可能出现的情景，测算自身的风险敞口。其优势在于评估精度高、覆盖范围广；而缺点在于会消耗金融机构大量资源。

3.1.2.1　各国中央银行的国际实践

各国中央银行和金融监管机构越来越重视气候变化对金融风险的影响，认为气候风险已经影响到金融稳定及货币政策目标的实现。气候变化的复杂性意味着需要多元化的分析和处理方式才能捕获其潜在影响机制。虽然各国中央银行就是否应该将气候因素纳入货币政策和审慎管理框架仍存在争议，但是多国中央银行已经认识到气候因素是重要的金融风险因子，并开始考虑如何将气候因素更具体地纳入宏观调控模型中。然而事实上，各国中央银行在建模过程中所使用的历史数据本身可能会导致结论不具有前瞻性指导意义，且各种建模方法也具有不同的优点和缺点。比如，各国中央银行使用综合评估模型（IAMs）评估气候变化对经济体的中长期影响，这虽有助于设计长期情景分析，但模型无法充分捕捉金融市场中核心要素的关键信息。再比如，中央银行采用情景分析的方法更好地理解气候变化对相关的宏观经济政策传导路径的影响机制，但分析过程中往往会忽视短期通货膨胀、商业周期动态等影响因素。

3.1.2.2 自上而下法国际实践经验

英格兰银行（Bank of England，2018）调研显示，英国70%的银行意识到商业银行会受到气候风险的冲击，但只有10%的商业银行积极采取了应对措施。各国金融监管当局积极使用自上而下法评估金融机构对气候风险的敞口大小并进行敏感性分析。世界银行（World Bank）将气候风险（包括洪水风险、台风风险等）纳入国际货币基金组织（International Monetary Fund，IMF）的金融部门评估项目（Financial Sector Assessment Program，FSAP），并依此为新兴市场国家绿色金融市场发展提供政策建议。

在物理风险（Physical Risk）评估方面，各国监管当局以地理因素为分类标准，重点评估极端气候事件对国家和地区金融风险的影响。在2017年，荷兰中央银行（De Nederlandsche Bank，DNB）研究洪水灾害对荷兰金融风险的影响，结果显示，洪水风险会增加荷兰金融业的信用风险和市场风险，金融机构风险敞口大约为9亿欧元至23亿欧元，且洪水风险降低了荷兰主权债务的信用等级（Vermeulen等，2018）。意大利中央银行分地理区域评估洪水对商业银行风险的影响，发现许多金融机构并没有有效地对洪水风险可能引致的损失计提拨备。但是英格兰银行的研究结果却表明，银行住房抵押贷款定价时无须考虑洪水带来的风险，贷款价值受洪水影响不显著（Nicola Garbarino and Benjamin Guin，2020）。

在转型风险（Transition Risk）方面，各国金融监管当局依靠官方数据和对银行业的调研数据进行风险评估。比如，欧洲中央银行（European Central Bank，ECB）的证券持有统计数据（Securities Holdings Statistics，SHS）提供了投资者持有证券的类别和行业，进而能够帮助金融监管当局有效测算风险敞口。对转型风险的评估需要从多个维度进行，既包括公司和行业层面，也包括供应链层面。行业的温室气体排放被作为区分不同行业转型风险的变量；而ESG评分也往往被看作在公司层面气候风险暴露程度的指标。荷兰中央银行设计了转型脆弱性指标（Transition Vulnerability Factor），刻画温室气体排放企业的资产价值对应对气候风险的转型政策的敏感性。在2018年，DNB基于监管积累数据，以5年为期限评估荷兰银行业转型风险，发现商业银行一级资本充足率会下降1.8%~4.3%，保险公司的偿付能力比率下降幅度达4.4%~16.2%。

欧洲主要金融监管部门对商业银行转型风险的评估依靠对碳排放企业的风险敞口来建模，如意大利中央银行等。英格兰银行关注能源效率政策如何影响商业银行住房抵押贷款的信用风险，认为能源效率政策的变化能够预警银行业信用风险。ECB 测算转型风险引起的商业银行信用风险依托于计算对碳排放企业的风险敞口，结果显示银行体系的风险暴露程度非常高。为此，ECB 追踪 20 家欧盟最大商业银行对碳排放企业的授信状况，发现虽然这 20 家大型银行降低了对碳排放强度高的企业的授信额度，但是这些企业碳排放量近十年上升 19%，从而增加了商业银行面临的转型风险。欧洲系统性风险委员会（European Systemic Risk Board，ESRB）下属的技术顾问委员会（Advisory Technical Committee）联合欧洲金融稳定委员会（Eurosystem Financial Stability Committee）成立工作组，使用欧洲金融监管数据库和常用的经济和金融模型测算短期转型风险可能引致的金融风险，得出结论：此类金融风险尚未完全被当前资产价格所体现，原因在于信息披露程度有限；相关政策会在未来 5 年内引发资产价格大幅度下降。

3.1.2.3　自下而上法国际实践经验

自下而上法主要站在金融机构的角度，研究金融机构如何根据金融监管当局制定的气候变化情景估算自身的气候风险敞口。自下而上法克服自上而下法的一些弱点：第一，扩大了风险评估覆盖面，降低了金融监管当局使用自上而下法可能存在的选择性偏差问题；第二，增加了风险评估的精细度，提高了风险管理的操作性；第三，实现个体金融机构风险敞口评估的动态性；第四，更新实体经济转型与金融体系之间风险传递的分析视角。

使用自下而上法评估气候风险的代表性国家是英国和法国。英格兰银行在 2021 年 12 月发布《两年一次的探索性情景分析指引》（*Biennial Exploratory Scenario*），即 BES 战略。其目标为：第一，提供金融业气候风险评估框架，为相关制度制定提供参考；第二，分析主要金融机构业务模式变化对实体经济的影响；第三，提供金融体系气候风险管理交流平台，并完善基础数据建设。BES 战略要求金融机构在"国家政策提早行动""国家政策延迟行动"及"国家没有政策行动"三种情景下，评估气候相关风险。鉴于气候风险引致的金融风险具有长期性，英格兰银行要求金融机构一方面在假设资产负债结构不变的情况下测算风险，另一方面假设资产负债结构随着政策要求变化测算风险。

英格兰银行认为，基于历史数据计算金融业气候相关风险是不合适的，因为历史数据没有反映当前人类所面临的气候风险，因此金融机构应基于交易对手类型（公司还是家庭）进行分类讨论。英格兰银行还强调要评估气候风险引发系统性金融风险的可能性。

法国中央银行从 2019 年年中起制订试验计划（Pilot Exercise），要求商业银行和保险公司评估自身所面临的气候相关风险，法国中央银行联合各主要金融机构的代表组成工作小组提供指导。该试验计划的目的是提升金融机构气候风险评估能力，法国中央银行还打算通过该计划了解金融机构应对气候相关风险的措施。试验计划的核心功能是将未来的气候情景映射至金融风险（如利率风险、信用风险等）变量，将转型过程中 GDP 变化分解至经济体的 55 个子部门，研究子部门的资产价格如何变化。该试验计划还要求保险公司以 20 公里为半径的地理区域为基本单元，对暴露于台风、干旱、洪水、灾害引致的健康问题等风险因素的风险敞口进行评估。

3.1.3　压力测试国际实践经验

气候风险管理压力测试由各国中央银行或者金融监管当局发起，其目标包括评估金融机构经营风险和系统性金融风险、测算气候风险对宏观经济的冲击、监测中央银行资产负债表的情况。中央银行在设计压力测试框架时，应将情景设计与现存风险评估框架相统一。NGFS（2020）强调，压力情景设计需考虑对金融风险产生实质性影响的情景，要从时间跨度、风险分布、潜在影响等各维度出发，征求金融机构、金融标准制定者（Financial Standard Setters）、公众、政府部门、国际组织和学术团体的各方意见。

全球金融业对气候风险管理进行压力测试的实践其实相对较早。在 IMF 的 FSAP 发布的报告中，每五份就有一份报告运用压力测试评估气候灾害（风暴、洪水、干旱）在 12～14 个经济体可能引发的金融风险，但是 FSAP 对转型风险的关注则相对不足。FSAP 积极在其宏观金融风险压力测试模型中嵌入压力测试方法，研究气候变化引发的灾难事件对金融机构经营风险的影响。虽然 FSAP 当前更多地使用压力测试方法研究物理风险，但其正向气候变化引发的水资源和粮食短缺风险开展研究工作。此外，FSAP 项目运用压力测试，以挪威为主要研究对象，分析气候政策引发的资产价格快速下跌后，通过杠杆率机制和传染机制可能引发的系统性金融风险。

3.1.3.1　压力情景选择

压力情景选择是压力测试的基础，需要推想未来长期的气候演化路径。从当前国际实践来看，压力情景选择主要考虑以下方面：第一，大气中温室气体集中度。IPCC 将 Detlef 等（2011）提出的四类代表性温室气体集中度（Representative Concentration Pathways，RCPs）的未来变化路径写入其正在撰写的第六份全球气候评估报告（2015—2022）中。第二，社会经济背景。基于社会经济发展现实下的压力情景设计会增加情景设计的真实性，情景设计应考虑国家和地区 GDP 增长率、人口变化、城镇化率、技术进步、国际合作、资源使用、国家气候政策、人口价值取向和偏好等状况（Riahi 等，2017）。第三，技术层面考量，具体包括情景数量设置、情景精度设置、压力测试时间长度设置、风险评估频率设计，以及参数校准等。欧洲保险和职业养老金管理局（European Insurance and Occupational Pensions Authority，EIOPA）、挪威中央银行、荷兰中央银行均将压力测试期限设置为 5 年；而法国中央银行、英格兰银行、丹麦中央银行则将压力测试期限分别延长至 2050 年、2080 年和 2100 年。

NGFS 在 2020 年开发的情景矩阵（Scenarios Matrix）是当前全球压力测试场景设计的主要参考。其压力情景设计的立足点是描绘未来可能的气候变化图景，假设前提为人类社会仍然按照当前的历史演进脉络向前发展。具体来讲，NGFS 的情景包括以下三类：第一，立刻向低碳转型。此情景假设各国立刻按照《巴黎协定》要求采取措施，降低温室气体排放。NGFS 认为，在此情景下每年每吨 CO_2 的价格增加 10 美元，CO_2 移除技术（Carbon Dioxide Removal）全面推行，唯此才能实现 2050 年至 2070 年 CO_2 净排放量为零的目标。由于政策力度强，实施早，NGFS 认为物理风险和转型风险都相对较低。第二，政策延迟，缓慢向低碳转型。在此情景下，《巴黎协定》规定的国家自主贡献（Nationally Determined Contributions，NDC）机制在 2030 年才得到真正落实，CO_2 的价格也在 2030 年进行调整，CO_2 移除技术仅在有限的范围内可行。如果要在 2050 年实现净零排放，NGFS 认为此时每年每吨 CO_2 的价格应为 35 美元。第三，没有实施任何政策，《巴黎协定》目标没有实现。此情景下，物理风险在中期和长期非常高，CO_2 的价格此时无关紧要，2050 年全球平均气温上升 2℃，2100 年上升 4℃。

此外，荷兰中央银行（DNB）重点关注转型风险，所设计的四类能源转型的短期限情景也非常具有代表性。其特点为：第一，情景设计虽然"压力"较大，但可以接受，因为其有效地捕捉了尾部风险；第二，经济、社会、政策背景较强，与气候科学存在或多或少的独立性。但缺点为，与 IPCC 情景设计指导精神不一致，短期限的情景分析无法看清长期的发展趋势。具体来讲，DNB 压力情景包括两个维度：技术维度和政策维度，分为四个子情景。子情景一：政策积极应对，技术创新没有取得突破，主要特点为碳价格增加在短期内导致股票、债券等资产价格大幅度下跌；子情景二：政策维持现状，技术创新取得突破，其特点为新能源短期内冲击实体经济，但长期促进经济快速增长；子情景三：政策积极应对，技术创新取得突破；子情景四：政策维持现状，技术创新没有取得突破，其特点为消费者对经济增长失去信心，风险溢价增加，经济陷入衰退。

3.1.3.2 将压力情景映射至风险评估

设置情景的目的是评估风险，因此如何在不同的气候风险情景下评估金融风险是金融业气候风险管理的主要问题之一。气候风险向金融风险传递的主要渠道是实体经济渠道，因此，在未来不同的压力情景下，压力测试模型首先需要评估实体经济风险，代表性的机构为加拿大中央银行。加拿大中央银行运用气候经济学研究方法，依托可计算一般均衡模型，测算不同类型的气候政策对加拿大各经济部门的影响，情景设计时长拓展至 2050 年，但影响却关注于短期。加拿大中央银行的研究结论为：如果政府不采取任何政策，虽然可避免转型风险，但物理风险引致的实体损失非常高；如果政策推迟，则其措施要非常激进才能使转型风险可控；如果提早实施相关气候政策，则市场价格信号会引导新技术开发，绿色能源份额变大，转型风险大幅降低。

进一步地，气候风险压力测试需要探索实体经济风险向金融体系风险的转换机制，落脚点在于金融机构的信用风险、金融市场的价格变化、利率变化、汇率波动等。法国中央银行和荷兰中央银行（DNB）针对转型风险开发了压力测试模型，评估了不同压力情境下的金融风险。法国中央银行将全球经济计量模型（National Institute Global Econometric Model，NiGEM）引入其一般均衡模型中，并将碳税和技术冲击微观化到经济部门层面。在建模基础上，法国中央银行使用各部门投入产出数据，分析转型风险对金融业的溢出特征。DNB

在使用 NiGEM 框架计算各地理区域的经济受气候政策的冲击基础上，开发经济部门层面转型脆弱性因子（Transition Vulnerability Factors，TVF）。DNB 将 TVF 乘以 NiGEM 框架模拟得到的股票指数就计算出各行业的理论市值，可以用来计算金融机构对各个经济部门的风险敞口、贷款的预期损失等参数。英格兰银行的 BES 计划将气候压力情景精细到商业银行和保险公司的资产负债表层面，时间跨度从 2020 年至 2050 年，但金融机构的测试以 5 年为一个时间段，体现了长期短期结合的特征。为了使模型可行性更高，英格兰银行允许商业银行和保险公司在假设其资产负债结构不变的情况下测算气候相关风险，且允许金融机构评估自身采取风险管理措施后的效果。

使用压力测试测算金融风险对数据要求很高，尤其是从转型风险视角。荷兰中央银行为了评估 80 家商业银行和保险公司对股票市场、债券市场和公司信贷等转型风险敞口，进行了规模较大的数据信息搜集活动。首先，DNB 运用欧洲中央银行（European Central Bank，ECB）的证券持有统计数据（Securities Holdings Statistics，SHS）明确商业银行和保险公司对各类证券的风险敞口，然后根据国际证券标识码（International Security Identifier Numbers，ISIN）、中央证券数据库（Centralized Securities Database，CSDB）、Thomson 数据库等，将各个金融机构持有证券的行业标识统一，确定转型风险的行业来源。对于信贷风险敞口，DNB 开发了数据报告模板，要求商业银行分行业按照信用风险管理标准法和内部评级法分类汇报。对于使用内部评级法的商业银行，贷款风险敞口的报告要按照风险评级、违约概率、违约损失率、贷款期限进行分类整理。

3.1.3.3　压力测试结果的对外发布

目前，压力测试存在方法的局限性和数据缺口，因此中央银行和金融监管当局要特别重视对外披露压力测试结果的方式和方法。对外披露的细节应包括情景设计的定量与定性信息、对核心金融变量的影响、对监管指标的影响、对宏观经济的影响等。发布的对象包括金融机构、标准制定者、其他金融监管机构，以及学术机构。表 3 - 1 描述了 NGFS 提供的根据披露对象和政策目标所应采用的披露方法。西班牙、英国、法国、荷兰、新加坡等国家积极对外发布压力测试结果，实现与公众和其他经济部门的良好沟通，降低信息不对称性，增加金融业气候相关风险管理能力。

表 3 - 1　NGFS 压力测试对外发布信息实践

对外发布方法	发布对象	政策目标
直接信息披露	公众 政府部门	引发对风险的警觉 提供详细信息 鼓励相关披露制度的建立 支持政府相关政策
会议方式披露	公众 专家 利益相关者	引发对风险的警觉 增加沟通的有效性和及时性 增进双边对话
双边会议	政府部门 金融机构	引发对风险的警觉 增进双边对话 分享压力测试结果和实践经验 鼓励金融机构风险管理活动 支持政府相关政策
内部交流	金融监管机构内部	引发对风险的警觉 讨论模型输入参数 为监管政策制定提供支持 监管内部的人员训练

资料来源：NGFS（2020）。

3.1.4　信息披露

建立全球一致的、可比的金融业气候风险披露框架对于市场参与者评估气候风险引发的金融风险及搜寻投资机会均至关重要。FSB（2021）号召各成员国基于本国现有金融监管政策，参考 TCFD（Task Force on Climate - related Financial Disclosure）框架披露金融业气候相关风险，这有助于各国达成共识，建立公认的信息披露体系。FSB 欢迎 IRFS（International Reporting Financial Standard）依据 TCFD 框架，在全球治理体系和公众监督下开发全球金融业气候风险披露报告基准模板。FSB 的调研显示，25 个成员单位在现有的监管权责框架下设立气候风险披露管理机构，其中 14 个成员单位[①]已经制定了披露

---

① 澳大利亚、欧盟、法国、德国、中国香港、印度尼西亚、印度、意大利、日本、荷兰、新加坡、西班牙、土耳其、英国。

标准及指导意见，9 个成员单位①正在制定信息披露标准，只有两个成员单位②尚未考虑此问题。

3.1.4.1　全球披露实践以 TCFD 框架为主

在 FSB 的 25 个成员单位中，有 23 个在其监管权责范围内，依据 TCFD 框架制定金融业气候风险披露标准。然而，FSB（2021）认为，TCFD 框架在实施中也面临以下三个挑战：第一，大多数金融机构对公司治理和风险管理等信息披露相对容易接受，但对依据情景分析的战略信息披露则较为陌生；第二，与现有的监管准则存在不一致；第三，TCFD 框架指导意见的具体程度有待提高。因此，为了使全球各行业和各国家有关气候风险披露信息具有一致性和可比性，TCFD 框架积极与其他第三方机构制定的气候风险披露准则开展合作，相互借鉴。

当前主要的第三方气候风险信息披露框架有 GRI（Global Reporting Initiative）、SASB（Sustainability Accounting Standard Board）、IIRC（International Integrated Reporting Council）、CDSB（Climate Disclosure Standards Board）和 CDP（Carbon Disclosure Project）。其中 GRI、SASB 和 IIRC 的覆盖面为广义的 ESG 信息披露，而 CDSB 和 CDP 则仅仅关注于环境信息披露。此五大披露框架的专注点各异，但 FSB 调研显示，有 20 个成员单位将上述五大第三方披露框架与 TCFD 框架相结合。虽如此，由于各国在许多情况下对气候风险信息披露采取了自愿原则，因此上述做法会导致气候风险信息披露在各国之间不可比（FSB，2021）。跨国公司在面对不同的气候风险披露框架时承担着标准不一致导致的巨额成本，进而造成信息披露延迟，投资者无法及时得到气候风险信息。因此，上述五大第三方披露框架在 2020 年 9 月发表声明，建立联盟，一致承认 TCFD 框架，并开发适用范围更广的信息披露模板。

3.1.4.2　强制性披露与自愿性披露结合

FSB 调研显示，大多数国家采取强制性披露原则。调研的关注点主要集中于被调研对象是否被要求在任何情况下，无论对企业价值是否有利都必须披露信息，还包括是否采纳"遵循或解释"（Comply or Explain）原则。大多数国家和地区对上市公司提出了披露要求，无论是金融机构还是其他非金融企业。

---

① 阿根廷、巴西、加拿大、中国、韩国、墨西哥、俄罗斯、瑞士、美国。

② 沙特阿拉伯和南非。

但也有一些国家和地区详细规定哪些企业需要披露信息，比如，欧盟要求披露规则仅面向 500 人以上的大型公共事业企业，印度要求上市公司前 1000 强披露信息。

一个国家的披露框架与 TCFD 框架一致性越高，其采取"遵循或解释"（Comply or Explain）原则的可能性就越大，但各个国家的实践差异性就越明显。在英国，Financial Conduct Agency（FCA）规定，当某一上市公司没有遵守 TCFD 框架时，其需要解释原因及未来将会采取的措施。而日本的金融服务管理局（Financial Services Agency，FSA）修订上市公司的公司治理准则，要求上市公司按照"遵循或解释"（Comply or Explain）原则遵守 TCFD 框架。新加坡推出有助于上市公司可持续发展的强制披露框架。其股票交易所规定，上市公司要依据"遵循或解释"（Comply or Explain）原则披露以下五个方面的信息：实质性（Material）ESG 因子；公司政策、实践和表现；公司经营目标；公司可持续发展报告框架；董事会陈述。欧盟仅对大型的公共利益上市公司提出强制性披露要求，但对于其他没有采取披露措施的上市公司，欧盟要求其解释原因。土耳其的资本市场委员会（Capital Markets Board，CMB）在 2020 年修改公司治理原则，要求上市公司在其年报中增加可持续原则的合规框架（Sustainability Principles Compliance Framework）的部分。

一些国家和地区专门针对金融机构设立的强制性的信息披露作出规定。欧盟的资本监管框架针对 ESG 风险设立了审慎监管要求，其可持续金融披露监管（Sustainability Finance Disclosure Regulation）要求欧盟地区金融市场参与者透明地、可持续地参与金融活动，并着力开发两类金融产品：提升环境和社会效益的金融产品、满足可持续投资需求的金融产品。英格兰银行在 2019 年要求商业银行和保险公司按照公司治理、风险管理和情景分析三个方面披露信息。巴西私人保险监管局要求保险公司在风险管理披露中增加 ESG 内容，而巴西中央银行就如何在审慎监管中嵌入气候相关风险正在公开征求意见，但基本原则是 TCFD 框架。

澳大利亚、加拿大、中国、德国、印度尼西亚、印度、韩国、荷兰、俄罗斯、新加坡和土耳其等国家在强制性披露内容之外，对于一些公司披露内容增加了自愿性成分。澳大利亚审慎监管局（Australian Prudential Regulation Authority，APRA）对气候风险的披露仅采取了监管指导原则。欧盟的自愿性披露主要体现在高信息精度的披露规则设定中。新加坡金融管理局（Monetary Authority of Singapore，MAS）在 2020 年 12 月发布的环境风险管理指引中，希望商业银行、保险公司和资产管理公司披露其管理环境和气候风险的办法。在 2021 年，MAS 在 TCFD 框架内咨询金融业，努力将上述"希望"变为与国际接轨的披露管理办法。加拿大证券管理局（Canadian Securities Administrators，CSA）也希望上市公司披露有关环境和气候风险的信息，加拿大政府也表示，支持 TCFD 框架在加拿大的运行，鼓励其联邦国有公司（Federal Crown Corporations）积极披露环境和气候信息。

3.1.5　对中国的政策启示

气候风险是当前全球经济发展所面临的重大风险。2020 年 9 月 22 日，习近平主席在第七十五届联合国大会一般性辩论上表示，为应对气候风险，中国将实施"碳达峰""碳中和"战略（"双碳"战略）。2020 年 12 月 12 日，习近平主席在气候雄心峰会上的讲话指出，新冠疫情触发对人与自然关系的深刻反思，全球气候治理的未来更受关注。"双碳"战略将会深刻地重构中国经济社会的发展方式，是关系到中华民族可持续发展的重大战略。气候变化将会对金融体系风险产生结构性影响，具体体现为影响的广度和深度、影响的时间跨度、影响结果的不可逆转性、短期政策行为非常重要。作为现代经济的核心，金融体系扮演了金融资源配置和金融风险配置的双重角色；作为风险定价的场所，金融体系应在应对气候相关风险中起到定价气候相关风险的作用。正如 Nordhaus（2019）指出，当前在气候相关风险的研究中，金融的角色存在明显的缺失。实证分析表明，碳交易价格能够激励企业创新（曾林等，2021），绿色信贷能够显著抑制二氧化碳的排放（李增福等，2022），因此，中国金融业应积极发展绿色金融，应对气候相关风险，金融监管当局也要在现有监管框架基础上，尽量与国际社会的实践接轨，在"双碳"战略下稳定金融体系。

第一，正确认识"绿天鹅"风险，跳出以概率测算风险的思维定式，实现在风险认识论上的范式平移。虽然金融业已经意识到气候相关风险会引发金融风险，但测算金融业气候相关风险的办法存在巨大挑战。其具体体现为：首先，宏观经济模型和金融风险模型无法全景式地展示气候风险如何影响经济社会发展；其次，在一个动态的经济环境中，气候相关风险与金融风险如何实现稳定的关联；最后，如何开发气候风险识别、缓释、对冲等有效的金融风险管理工具。虽然各国中央银行及金融监管当局意识到气候相关风险的复杂性和非线性特征，并开发了非均衡模型、情景分析等方法来应对上述挑战，但显然这些措施无法充分应对金融体系的气候相关风险。中国金融监管当局应跳出以模型测算风险所存在的局限性，寻找一个全新的视角凸显气候相关风险可能引发的急剧的社会变革，高屋建瓴地分析气候风险对金融体系的影响。因此，"绿天鹅"可能不是能够运用概率精准测算的风险，更偏向于经济学家奈特提出的"不确定性"的概念的特征。正如英格兰银行前主席 Mervyn King 指出，危机会让人类跳出任何风险都是可以用概率来测算的思维，激励人类去寻找新的方法来应对（BIS，2020）。中国金融监管当局应从不确定性视角出发，既要发挥概率模型测算风险的先天优势，又要警惕模型结果不确定性可能引发的误导，以定量和定性两类手段互为补充，以应对"绿天鹅"风险。

第二，加强与各国中央银行之间的合作。应对气候风险是一项全球性的公益事业，减缓气候变化的行动需要建立在国际合作的基础上，这就需要处于不同经济发展阶段的国家之间相互协调和共同承担责任。李松洋（2021）在中国"双碳"战略背景下讨论了中欧蓝碳金融合作的可能发展趋势，并从政策激励、贸易试点、跨境合作机制建设等方面进行了探讨。中国人民银行也应积极与其他各国家中央银行开展应对气候变化的合作。2017 年 12 月，中国人民银行联合英格兰银行、法国中央银行等 8 家机构发起成立了 NGFS，致力于推动实现《巴黎协定》的长期目标，这有助于强化金融体系环境和气候风险防控和动员各类资本开展绿色低碳投资。中国人民银行应倡导各国中央银行在不损害其任务和地位的情况下，将可持续因素纳入现有中央银行投资组合的管理之中，呼吁发达国家必须与发展中国家商定在全球合作应对气候风险过程中对于新兴经济体的补偿机制。

第三，积极开展气候风险评估工作，并将气候相关风险纳入审慎监管框架。首先，中国金融监管当局应洞悉气候相关风险影响金融风险的传导机制，并识别出哪些机制可能引发系统性金融风险。物理风险的影响集中体现实物损失导致的偿付能力缺失；而转型风险的影响则具有长期性，对经济社会发展的影响是变革性的。中国金融监管当局应该分类探讨影响机制和渠道，有的放矢地制定监管规则。其次，建立气候风险管理专职部门，负责金融体系气候风险管理战略制定、资源调配、权责分配等。转型风险的长期性决定了气候风险管理的长期性，监管当局应制定清晰的未来规划图，引发金融业共鸣，进而在各级金融组织内部设置各层级的气候风险管理部门，吸纳不同领域的专家参与金融业的气候风险管理活动。再次，识别受气候相关风险影响最大的金融机构，提前采取监管措施应对可能引发的预期损失和非预期损失。中国金融监管当局应在气候风险评估中实现自上而下法与自下而上法有效结合。一方面，自上而下法可以抓住问题的主要矛盾，从系统性视角监测金融风险，保证金融体系稳定；另一方面，自下而上法能够洞悉微观，增加监管覆盖面，防止单家金融机构陷入困境引发局部金融风险。最后，以全面风险管理视角推动金融机构气候风险管理体系建设。在管理气候风险方面，金融机构应在风险治理、风险战略、风险管理流程（识别、评估、监测、应对）、情景分析和压力测试、风险信息披露等各个维度完善气候风险管理体系建设，应对气候风险的挑战。

第四，开发压力测试技术，提前建立预警机制。压力情景分析是当前金融业分析气候相关风险的相对有效方法之一。首先，在测试目标确定上，中国金融监管当局需要明确压力测试的目的是宏观审慎评估、微观审慎评估还是宏观经济冲击分析等。其次，压力测试既要有整体性，又要重视测试精度。在压力测试目标范围的选择上，监管当局既要有整体视角，对金融体系进行压力测试，又要兼顾微观金融机构，增加压力测试覆盖面，还要充分考虑银行、证券、保险、信托公司等子行业差异，也要分析地域差异。再次，以 NGFS 的情景设计为参考，开发符合中国金融业发展特征的情景设计。在时间跨度设计上，监管当局可以设置短期、中期和长期三个时间期限，对金融机构资产负债结构的假定也可以分为静态和动态两个维度。最后，重视压力测试资源的保障建设。压力测试要考虑到资源的可得性、数据是否存在缺口等。在某些情况下，监管当局可以与第三方机构配合，获取更高精度的数据。另外，监管当局也可以建立专家库，获取更多的智力支持。

第五，在全球 TCFD 框架内建立中国金融业自身的气候相关风险披露框架。首先，保证金融机构信息披露具有一致性。中国金融监管当局应积极采用 TCFD 框架，力争在现有的金融监管框架内，对金融业和非金融业均建立气候相关风险信息披露机制，并在模板设计和报告准则上尽量与国际接轨。中国应积极与其他国家，尤其是 FSB 成员国分享与交流气候相关风险的披露实践经验，在行业层面、技术知识层面和披露能力建设方面与各个国家开展积极合作，增强相互信息披露信息互认。另外，中国各个主要金融监管当局之间也要增加协同性，建立统一的披露口径，保证信息一致性。其次，保证信息披露的可靠性。中国金融监管当局可以聘请第三方机构对信息披露的准确性和可靠性进行验证，并要求披露机构保存所有的相关原始文件。最后，积极在 FSB 组织框架下参与披露准则的制定等相关事务，支持建立全球统一的披露模板和框架，增强中国金融业在全球气候风险披露体系中的话语权。

3.2 对欧洲中央银行货币政策市场中性原则的分析

在从英格兰银行行长和金融稳定委员会主席 Carney（2015）提出金融体系气候风险管理之后，中央银行将气候风险纳入货币政策框架。为了更好地实现经济增长的低碳转型，法国、中国、荷兰等国家的中央银行联合成立了绿色金融体系网络（Network for Greening the Financial System，NGFS）组织，强化了中央银行在应对气候风险挑战中的作用（NGFS，2020）。然而 Matikainen 等（2017）指出，欧洲中央银行（European Central Bank，ECB）长期秉持市场中性（Market Neutrality）原则，但在金融市场中，碳密集（Carbon Intensive）企业份额占比较高，因此完全的市场中性会导致货币政策倾向于支持碳密集企业，难以保持气候中性（Climate Neutral），无助于经济体的低碳转型。但是欧盟条约（Treaty on European Union）中规定的维持价格稳定的首要任务却要求中央银行为了不影响私人部门价格形成机制，货币政策框架一定要遵循市场中性原则。因此，市场中性原则与应对气候风险、实现经济低碳转型出现了"裂痕"。诚然，我们需要承认，在不同的法律制度框架下会衍生出不同货币政策操作框架，也会产生不同的政策效果。经济政策进行社会试验的成本极高，且在经济低碳转型方面，欧盟市场起步早，处于世界领先地位，因此分析欧盟货币政策应对气候风险的操作经验，对于评判货币政策的市场中性原则对经济体低碳转型的作用效果、丰富中国货币政策应对气候风险的政策工具、建立中国货币政策应对气候风险的信心会产生事半功倍的效果。

3.2.1 相关文献评述

"双碳"战略背景下研究气候风险对宏观经济政策冲击的文献相对较新，研究多来自国际清算银行、国际货币基金组织、欧洲中央银行等金融机构。陈雨露（2020）指出，气候风险对全球中央银行来讲，都是一个新课题；全球中央银行应该研究如何将气候风险作为参数纳入货币政策调控框架中，并积极制定货币政策应对气候风险的政策路径。中国人民银行课题组（2020）认为，虽然对中央银行货币政策是否应该考虑气候风险仍旧存在争议，但随着理论研究与实践的进展，中央银行在应对气候风险方面的角色和定位将会越来越清晰。

中央银行是否应该在宏观调控中考虑气候风险是学术研究领域的热点问题之一，且具有一定的争论。Colacito 等（2018）指出，到 21 世纪末，气候变暖会拖累美国经济增速达 1/3。虽如此，Campiglio 等（2018）仍认为，应对气候风险并不是货币政策的使命和职责。Olovsson（2018）认为，气候变暖是全球性问题，而货币政策是国家层面的问题，因此二者很难兼容，靠一个国家的货币政策不能应对全球气候变暖。与上述观点相反，Cœuré（2018）却认为，货币政策与气候变化之间的关联度越来越高。在 2008 年国际金融危机爆发后，美国等西方国家纷纷施行量化宽松货币政策来购买金融资产。Matikainen 等（2017）指出，这些金融资产主要来自碳密集行业的债券。这意味着，如果货币政策秉承"市场中性"，则政策结果是利好碳密集行业，无助于应对气候风险，这使中央银行的货币政策成为激励碳排放的政策工具。因此，学者们纷纷呼吁，中央银行的货币政策实施要考虑气候风险。欧盟可持续金融高水平专家小组（European Commission High – level Expert Group on Sustainable Finance, 2018）认为，中央银行资产购买计划的支持能够解决绿色低碳转型所面临的资金缺口问题，对经济体低碳发展具有重要促进作用。然而，学术研究对中央银行资产向绿色债券倾斜的质疑也存在。比如，Weidmann（2017）认为，如果中央银行制定货币政策考虑经济低碳转型，则必然会存在负担过重问题。但从实践层面来看，欧洲中央银行、荷兰中央银行、瑞典中央银行、挪威中央银行等纷纷将绿色、低碳因素引入货币政策框架中，在资产买入操作中引入 ESG 因子，助力经济体低碳转型。

中国人民银行积极参与应对气候风险。中国人民银行课题组（2020）也认为气候风险是制定货币政策所需考虑的重要因素之一，但货币政策在实践中推动经济低碳转型的案例却较少。为了应对气候风险，中国人民银行发布《绿色债券支持项目目录（2021年版）》《金融机构环境信息披露指南》《环境权益融资工具》《银行业金融机构绿色金融评价方案》等相关指引，并在2023年1月29日发布通知，延续实施碳减排支持工具等三项结构性货币政策工具。国内学者也立足中国实践，对货币政策助力"双碳"目标实现进行实证研究。从宏观视角来看，潘冬阳等（2021）建立内生增长模型，发现金融政策在助力经济体低碳转型方面相比财政政策具有成本效益优势；郭晔和房芳（2021）运用双重差分模型，以中期借贷便利为主要研究对象，实证分析发现中央银行新型货币政策（担保品扩容）具有绿色效应，增加了我国货币政策的定向调控功能。从微观视角来看，吕明晗等（2019）实证分析表明，宽松的货币政策有助于提升中国重污染行业的环保投资水平。

气候风险以其影响的长期性、广泛性、灾害性得到各国中央银行的重视。不管从理论上如何辨析货币政策与气候风险之间的关系，当前实践中，货币政策都与气候风险会产生密切关联。但正如陈国进等（2021）指出，当前对绿色政策（货币政策和宏观审慎政策）的研究停留在分析政策效果层面，这说明对绿色政策实施背后的运作理念需要做进一步的研究。欧洲在经济低碳转型及碳排放交易探索等方面走在全球前列，欧洲中央银行在运用宏观经济政策应对气候风险方面也经验颇多。欧洲中央银行的货币政策实施长期秉持市场中性原则，其背后的理念是货币政策不应影响市场价格的形成机制。虽然众多学者从理论层面认为货币政策实施不应考虑气候风险，但以欧洲中央银行为代表的金融机构隐含地将绿色理念纳入其货币政策实施框架。不可否认，在全球应对气候风险的大背景下，货币政策实施考虑气候风险具有非常重要的现实意义，但欧洲中央银行一贯秉持的市场中性原则却给这"一抹绿色"带来争议。如果欧洲中央银行不愿影响金融市场价格形成机制，则市场中性原则必不可少，但为了支持绿色低碳，欧洲中央银行只能在某种程度上违背该原则，从而陷入政策两难困境。气候风险对经济体增长的影响具有系统性，而货币政策对经济体调控也具有整体性，因此二者定会产生关联。在此共识或者认同点的基础上，对中国更有意义的问题或许是如何实施的问题。在当前中国全面推进

"双碳"战略大背景下，借鉴他山之石，分析欧洲中央银行实施货币政策应对气候风险的实践经验及政策效果，对于精准设计中国货币政策的实施路径、推出一揽子结构性货币政策工具、降低金融业所面对的气候相关风险具有重要政策价值。

3.2.2　气候风险对货币政策的挑战

在传统思维范式中，货币政策与长期气候变化似乎没有关联。在 2015 年，英格兰银行行长 Mark Carney 将气候风险分为物理风险（Physical Risk）[①] 和转型风险（Transition Risk）[②]，并提出要打破气候风险影响的"时间悲剧"（Breaking the Tragedy of the Horizon），即气候变化所带来的成本由我们的后代来承担，因此当代人付出努力应对气候风险的动机不强。由此中央银行开始将政策工具目标投放到气候变化引致的金融风险上。对气候风险认识的深化改变了中央银行货币政策的操作环境，影响中央银行维持价格稳定的能力。而制定货币政策应对气候风险的操作框架的前提是明晰气候风险如何影响货币政策操作。

第一，通过影响经济体的供给与需求，冲击宏观经济核心指标。在供给方面，极端气候会造成供给冲击，从而降低产出，提升价格。历史上，如果中央银行认为供给冲击是暂时的、短期的，不会影响中长期通货膨胀率，其往往会在短期内容忍价格水平的变化，不会采取干预措施，避免造成经济体不必要的波动。但如果供给冲击具有持续性，且如果会影响通货膨胀率，则货币政策会积极干预以保证通货膨胀目标实现。气候变化对供给的冲击具有持久性，因此货币政策需要积极进行干预。在需求方面，极端气候变化增加了经济体的不确定性，抑制经济体系投资行为。此外，在经济体低碳转型过程中，转型风险引发的价格波动、产出变化、生产率变化等都会影响货币政策的政策效果。因此，在转型和变革时期，中央银行维护价格稳定的难度会上升，经济体波动会更不可预测。各种经济政策不确定性会产生增加通货膨胀率的效果，极端气候

---

① 物理风险主要从气候变化直接引致的损失而言，主要指酷热、飓风、干旱、洪水、海平面上升导致的财产的损失、基础设施的损坏、耕地的破坏等，这些财富的破坏会将风险传导至银行体系。

② 转型风险是指全球向低碳经济（Low‑Carbon Economy）过渡进程中产生的金融风险。在此进程中，国家环境政策的变化、技术的突破、市场敏感性的变化都会引发资产的重估和定价的不确定性，进而将风险传导至金融体系。

导致的商品和食物短缺同样也存在提高通货膨胀率的可能。总之，气候变化对经济体供给与需求的冲击具有持久性特征，通货膨胀率波动性上升，货币政策挑战性增强。

第二，物理风险和转型风险增加了货币政策操作的复杂性。物理风险会破坏企业的偿付能力，而转型风险给企业长期可持续增长带来不确定性。中央银行货币政策操作会使其自身暴露于气候风险之下，且气候风险并没有被资本市场和信用评级机构有效评估。在应对气候风险中，货币政策的立场难以保持中性（Neutral）。比如，在经济学中，自然利率（Natural Rate of Interest）大小是政策调控的主要参照点，但气候变化会导致自然利率水平下降，而绿色投资和技术进步会导致自然利率上升，未来自然利率大小虽然不确定性较高，但自然利率下降的可能性更大（NGFS，2020）。这意味着中央银行货币政策操作空间更狭小，会冲击以短期和中期为主要政策工具的中央银行，因为中央银行货币政策缺少应对长期结构性变化的政策工具。

第三，中央银行和金融市场存在碳偏差（Carbon Bias），冲击市场中性原则（Market Neutrality）。首先，金融市场在对气候风险及搁置资产（Stranding of Assets）进行重新定价时会出现价格调整，风险会传导至实体经济，影响货币政策传导机制。数据缺乏和信息不对称影响投资者对气候风险的认知（Bolton 和 Kacperczyk，2021），同时人为的政策不确定性也会影响气候风险的定价水平，因此 Carney（2015）指出，气候风险爆发的时点可能远超投资者持有金融工具的期限。其次，中央银行资产购买的量化宽松政策存在碳偏差，即为了贯彻市场中性原则，中央银行会持有大量碳密集企业的债券，因此无助于经济绿色低碳转型，应对气候风险。Papoutsi 等（2021）发现，ECB 公司债券组合中 62.1% 的企业为制造业、电力和燃气生产业，这些行业贡献了 58.5% 的碳排放，但只贡献了经济增长的 18%。因此 Schoenmaker（2021）认为，传统货币政策的市场中性原则在应对气候风险方面是失败的。

3.2.3 货币政策市场中性原则对绿色发展的影响机理分析

货币政策的市场中性原则强调政策操作的外生性，并以绿色资产购买为操作中介，进而影响企业绿色低碳转型。货币政策的资产购买操作要求中央银行选择目标资产，因此为了避免中央银行资产购买对债券市场各类价格产生不一致的影响，中央银行会特别强调市场中性原则，目的是保证资产购买行为对不同类型的资产价格的影响基本一致。在实践中，中央银行需要根据企业债券占总债券比重来决定购买额度和比例，从而保证对各类企业融资成本的影响基本一致，不影响企业的投资决策和融资行为。但是在实践操作中，这种较为理想的政策理念会由于金融市场本身的结构性问题、信息不对称问题、市场失灵问题等，导致政策实施效果与预期背离。

第一，市场中性原则易导致过度强调市场作用，忽略政府的引导作用。市场中性原则是假设金融市场处于理想状态下的货币政策实施效果，对政府的作用考虑不足。党的二十大报告要求，在充分发挥市场在资源配置中的决定性作用的基础上，要更好地发挥政府的作用。经济发展绿色低碳转型需要有效处理政府与市场的关系。中央银行购买企业债券是非常重要的货币政策工具，具有政府行为特征，而市场中性原则却要求政府行为对市场的影响达到最小化，这无疑会降低政府对市场的引导作用。因此从政府与市场协同作用机制来讲，过于强调货币政策的市场中性原则会削弱政府对市场短视性行为的矫正动机，忽略市场失灵的问题，影响长期支持绿色发展的政策制定与实施，进而客观上易出现阻碍绿色发展的困境。

第二，现实中的债券市场结构会使市场中性原则偏离助力绿色低碳发展的路径。气候风险的外部性会导致债券市场结构中"棕色"企业①债券占比较高。气候风险产生的主要原因是碳排放过高，而碳排放具有显著的负外部性问题，负外部性的存在会降低绿色产品的供给，增加"棕色"产品的供给。在气候风险的负外部性存在下，"棕色"企业过度生产，其在债券市场融资比重也相对较大。市场中性原则却要求中央银行货币政策严格按照债券市场的企业债券价值分布来构建投资组合，而中央银行按照市场中性原则购买企业债券有助于绿色发展的前提是债券市场流通大量的绿色债券。但是在实践中，绿色债券占比较低，且绿色企业的融资结构以股权和贷款为主，因此中央银行以市场中性原则来构建债券组合势必就会存在增加其他非绿色企业（或者说"棕色"企业）债券的持有份额的可能性，从而间接阻碍绿色发展。

第三，金融市场存在摩擦导致信息不对称问题较为严重，不利于降低绿

---

① "棕色"企业一般是指生产过程中会消耗大量能源、排放大量二氧化碳的企业。

色债券风险溢价。资本市场中存在金融摩擦，因此中央银行购买企业债券的操作有向市场传递信号的作用，进而整体上会降低企业债券风险溢价，降低企业融资成本，促进投资形成。绿色债券市场属于新兴领域，市场的信息传递功能与传统债券市场相比存在一些不足，因此绿色债券市场的风险溢价较高，流动性相对较差，存在阻碍企业发行绿色债券的积极性及投资者认购的积极性的现实问题。中央银行的资产购买行为会通过（流动性）风险溢价的变化来影响债的估值。任何政策的实践都要立足于现有的状态，因此在全球应对气候风险、全力促进经济发展低碳转型的现实面前，市场中性原则的货币政策操作存在与绿色低碳发展冲突的现实基础。如前所述，债券市场"棕色"债券占比较高，因此中央银行按比例的市场中性购买行为虽然整体上存在降低风险溢价的作用，但由于占比问题，整体上"棕色"债券的风险溢价降低幅度会更高，因此这种市场中性原则的购买行为会进一步增加"棕色"债券的相对吸引力，不利于企业绿色债券市场的发展，从而对经济绿色低碳转型产生负面影响。

3.2.4 欧洲中央银行市场中性原则与绿色低碳转型的法理"裂痕"

世界各国对中央银行所承担主要责任的表述存在差异，但共识性观点是，中央银行的主要职责是维持价格稳定，但也承担促进经济增长之责任。《马斯特里赫特条约》（《欧洲联盟条约》，*Treaty on European Union*，TEU）①在 Article 127［1］部分清晰地指出，欧洲中央银行系统（European System of Central Banks，ESCB）的主要任务是维护价格稳定，在此前提下，ESCB 可以支持其他经济政策的施行。TEU Article 3［3］部分同时指出，欧盟内部市场的运行应该具有可持续性，要在经济增长和价格稳定之间取得平衡；作为一个具有高度竞争性的社会经济体，欧盟内部市场的发展应有助于促进就业增长和社会进步，实现高标准的生态环境保护和改进。这意味着，经济增长要同时促进社会发展与环境保护，经济决策必须要考虑经济社会的可持续发展，因此 TEU 也为欧盟体系的中央银行和随后 1998 年成立的欧洲中央银行

---

① 《马斯特里赫特条约》（《欧洲联盟条约》，*Treaty on European Union*，TEU）于 1992 年 2 月 7 日签署，而欧洲中央银行（European Central Bank，ECB）于 1998 年 6 月 1 日成立，因此条约中对中央银行的描述为，欧洲中央银行系统（European System of Central Banks，ESCB）。

（ECB）在实施绿色货币政策方面提供了法理依据。

1998 年 6 月 1 日，欧洲中央银行（European Central Bank，ECB）成立。ECB 官方在 2001 年提到，中央银行促进经济和就业增长的最好方式是保护环境，实现可持续发展（Schoenmaker，2021）。ECB 主席 Mario Draghi 认为，ECB 支持欧洲经济可持续增长的最好方式是保护生态环境，这对欧盟社会发展是非常重要的，因为欧洲的发展要实现《巴黎协定》既定环境目标，这不仅是政治家的责任，也是经济工作者的责任（Draghi，2018）。ECB 执行董事 Cœuré（2018）也提出，ECB 支持经济增长的最佳方式就是将金融资源引致可持续发展的项目，因此需要在维持价格稳定基础上全力支持环境目标，并提出应在货币政策框架中嵌入环境因素。总之，根据 TEU，ECB 的第一任务是维持价格稳定，其次是支持经济政策，促进经济增长和充分就业，推动社会发展和环境改善。因此，ECB 需要在稳定价格基础上才会全力和有能力推动绿色货币政策框架，来支持低碳转型的经济政策。

虽然中央银行实施绿色货币政策存在法理基础，但 Tucker（2018）指出，中央银行可以被看作政府资产负债表的管理者，因此中央银行运转过程中所产生的损益（包括铸币税），理论上来讲都属于政府，其资产负债表也反映政府的偿付能力风险。然而，中央银行却常常被要求独立实施货币政策，因此问题是中央银行究竟应被赋予多大权力。当然，最简单的办法是要求中央银行公开市场操作，仅允许买卖短期政府债券（Goodfreind，2011），因此中央银行货币政策完全对私人部门保持中性；而较为复杂的办法是允许中央银行管理政府资产负债表，使中央银行成为政府的出纳，虽然这与主流民主国家对中央银行的期望存在显著差异（Tucker，2018）。一旦中央银行允许购买私人部门债券，则要么为了维持价格稳定保持市场中性，要么牺牲市场中性原则支持绿色企业增长。

当前 ECB 的政策框架是市场中性，因此从理论上来讲能够对私人部门保持市场中性（Wuermeling，2018）。在实践中，这种市场中性状态完全是理想情况，因为在 2008 年国际金融危机爆发之前，其资产购买支持计划和抵押资产政策均已经接收私人企业债券。该导向在量化宽松操作框架下尤为明显。欧盟的资产购买计划（Asset Purchase Programme，APP）包括市场私人企业债券和公共部门债券，以应对低通货膨胀率可能引发的经济衰退风险。APP 计划说明 ECB 货币政策框架没有对私人部门保持中性，相反其政策框架所隐含的信贷政策促进了经济增长，影响了经济体不同部门的价格。

在《巴黎协定》签订之后，欧洲中央银行面临的问题是，面对碳密集企业的资产，是否有必要继续坚持市场中性原则。化石能源行业、公共事业、汽车制造业、航空业等碳密集行业往往为资本密集型行业，其在股票指数和债券指数的成分中均占比较高，因此 ECB 资产购买计划如果需要保持市场中性，则其需严格按照指数成分比例进行购买，其结果是，货币政策支持的是碳密集行业，不利于经济体的低碳转型。对于现代经济体，货币政策传导机制的重要一环是银行体系。直观来讲，货币政策可以按照债券指数结构比例购买金融机构发行的债券进行调控，但每家金融机构对碳密集行业的风险敞口也存在显著差异。债券指数份额较大的金融机构可能是对碳密集行业敞口最高的金融机构，因此货币政策也存在隐性支持碳密集行业的可能。

总之，自《欧洲联盟条约》通过开始，ESCB 及 ECB 以维持价格稳定为第一责任，因为这是法律的规定，是履行契约精神的体现。为了保证价格稳定，维护市场价格运行机制，其货币政策框架先天要以市场中性原则为根本原则。但在金融市场中，碳密集企业价值份额占比较高，遵循法律规定就意味着支持碳密集企业发展，因此在法理上先天存在绿色发展与市场中性的"裂痕"。

3.2.5 欧洲中央银行市场中性原则与绿色低碳转型的实践"裂痕"

中央银行购买公司债券近期成为 ECB 货币政策主要的工具之一，其目的是降低公司资本成本以激励企业投资。中央银行购买公司债券需要对债券组合进行选择，中央银行需要决定应购买哪种类型的公司债券。在购买债券过程中，中央银行需要特别注意自身的购买行为不会影响企业债券之间的相对价格，即要保持市场中性（Market Neutrality）。为了保持购买债券行为的市场中性，中央银行往往按照市场中交易债券的结构比例开展购买行为。中央银行货币政策操作能够降低债券市场的流动性风险，同时降低金融摩擦导致的风险溢价的上升，进而降低公司资本成本。因此，保持市场中性意味着货币政策操作要保持企业间资本成本的相对大小基本不变，既不能有利于一类公司的资本成本降低，也不能改变金融市场中公司价值分布，但要对宏观经济产生显著影响。

3.2.5.1　应对危机的无奈选择

在 2020 年 7 月，欧洲中央银行主席 Christine Lagarde 表示，要尽一切可能建立欧洲中央银行绿色货币政策操作框架，包括资产购买计划，以刺激欧盟经济增长。新冠疫情导致欧洲经济增速下滑使 ECB 难以同时应对新冠疫情和低碳转型的双重挑战。在应对全球气候问题上，中央银行并不是唯一的参与者，却要扮演非常重要的角色，因为在应对气候风险方面，其决定着金融资源配置的倾向性。通过货币政策操作及金融监管改革，中央银行能够影响金融体系资金的流动方向和资产的市场价格。

由于欧洲隔夜利率已经接近于零，因此传统的利率调控已经无法有效激励企业投资。为了刺激经济增长，欧洲中央银行将目光锁定至长期利率水平，通过直接参与金融市场，购买国债、企业债、资产支持证券等方式刺激投资增长。2016 年 6 月，ECB 发起公司债券购买计划（Corporate Sector Purchase Programme，CSPP）。CSPP 计划对于欧盟的量化宽松货币政策的实施尤为重要。截至 2020 年，欧洲中央银行所持有的企业债券占以欧元标价的非银行类企业债券的比重达到了 13%（Dafermos，2020）。在 2020 年 3 月，为了应对新冠疫情对欧盟经济发展的冲击，ECB 发起疫情紧急资产购买计划（Pandemic Emergency Purchase Programme，PEPP），声明进一步增持企业债券。截至 2020 年 7 月，欧洲中央银行所持有的企业债券总额达到 2416 亿欧元，占所有可选债券的比重为 16%（Dafermos，2020）。CSPP 计划增加了金融市场对企业债券的需求，因此压低了债券融资成本，企业投资激励得到加强，且有效地将通货膨胀率控制在 2% 以下。

3.2.5.2　满足资产购买计划的债券的标准

在欧洲债券市场中，绿色债券和新能源企业发行债券占比较低。能够进入 ECB 的 CSPP 计划下的债券需要满足以下标准：必须以欧元标价，存在信用评级，能够作为贷款抵押资产，期限为 6 个月至 30 年，且是非金融机构发行的债券。在欧洲债券市场中流通的 80000 只以欧元标价的债券中，满足条件的只有 1156 只。在上述选择标准中，能够作为贷款抵押资产这一条就排除了多数新能源企业发行的债券，比如，将欧洲主要新能源企业 IVela Energy、WindMW 和 Breeze Finance SA 的债券排除在外。何况在欧洲，债券市场只是金融市场的一部分，因此更无法代表经济的全部结构，这说明 CSPP 计划并没有按照经济体结构来购买金融资产，本身并没有完全遵守市场中性原则。

作为欧洲中央银行体系的代表，英格兰银行企业债券购买计划对债券的资质要求为：以英镑标价，发行主体为非金融机构，信用评级为投资级，发行主体要对经济增长有重要贡献。同时，英格兰银行还要求，为了保证资产购买计划不对金融市场运行和金融资源分配产生影响，其资产组合结构一定要与经济金融体系的结构保持一致（Bank of England，2016）。与欧洲中央银行一致，其市场中性原则也没有体现为社会最优选择，石油和天然气行业的企业由于在经济结构中份额占比高，也会成为英格兰银行资产组合的主要构成。

3.2.5.3 资产购买计划导致对碳密集企业的偏好（Bias）

在具体操作过程中，ECB 首先确定其计划持有债券的价值总额，之后从期限和债券评级等角度制定持有债券的标准。在债券购买过程中，欧洲中央银行以市场中性为基本原则进行操作，即在 CSPP 框架下持有债券的结构与当前债券市场的债券比例结构一致，为此，欧洲中央银行严格按照债券市场中债券所属国家和经济部门及债券评级以等比例结构进行购买。比如，在 2020 年第一季度，建材部门企业在债券市场中所流通债券价值占比为 5%，因此欧洲中央银行在其债券资产组合中，建材部门企业债券占比也为 5%。

但是在欧盟债券市场中，碳密集经济部门的企业债券发行量占比较大，因此 ECB 企业债券购买计划为了保持市场中性，会隐性增加对碳密集行业的融资支持，降低碳密集企业的融资成本，从而不利于经济体向低碳转型。可以说，ECB 推动的 CSPP 计划及 PEPP 计划会增加货币政策量化宽松的碳足迹。表 3-2 中显示，在欧洲，电力、燃气部门和制造业部门温室气体排放占比最高，达到 54.8%，但这两个行业经济增加值和对就业的贡献占比并不是非常高。然而，ECB 持有这两个行业企业所发行的债券占比达到了将近 60%，隐性支持了碳密集行业的生产行为。此外，表 3-2 中还显示，运输和仓储业的碳排放占比也达到了 14.4%，但欧洲中央银行的债券持有占比达到了 10%。这说明，欧洲中央银行的企业债券购买计划并没有有效地促进绿色低碳转型，反而更加偏向于碳排放密集行业中的企业。根据欧洲中央银行的统计，其购买债券所包含的企业主要包括大型石油和天然气公司，大型汽车制造公司，大型航空公司，钢铁、化学和水泥公司等（Battiston 和 Monasterolo，2019）。因此，ECB 的量化宽松货币政策并没有有效地促进欧洲经济体的低碳转型发展。正如 Draghi（2018）指出，欧洲中央银行的操作并没有考虑环境因素，与 ECB 实施《巴黎协定》应对气候风险的初衷并不一致。

出现此结果的主要原因在于 ECB 所遵循的市场中性原则。市场中性原则要求 ECB 严格按照债券市场的债券价值结构比例进行操作，以免对债券市场的价格形成机制产生负面影响。但在欧洲债券市场中，碳排放密集的行业债券占比较大，因此市场中性原则的直接结果是 ECB 的货币政策有利于高碳排放企业的发展，从而无助于经济的低碳转型。这也违背了 ECB 对 NGFS 组织的承诺。

作为应对经济短期下行的主要政策工具，量化宽松应是一个暂时的政策工具，但其影响具有持久性。CSPP 计划鼓励大型公共基础设施企业以低融资成本发行长期债券，加剧了经济体对化石能源的依赖，不利于低碳转型，对碳排放式的增长惯性加强。金融体系也会面临巨大的转型风险，因为债券违约风险会在低碳转型过程中逐渐上升。ECB 的 CSPP 计划的目的是通过降低融资成本来鼓励企业发行债券。作为主要的公共上市公司，Henkel 和 Sanofi 在 ECB 购买其债券后，其债券收益率变为负值（Matikainen 等，2017）。Matikainen 等（2017）认为，ECB 的资产购买计划确实增加了企业发行债券的积极性，但此政策带来的好处却是因人而异的，得到收益的企业都是大型的碳密集企业。Matikainen 等（2017）指出，ECB 所购买的企业债券均集中在 Apetra、ENI、OMV、Petrol、Shell、Repsol、Sagess、Schlumberger、Total、Transport ET、Vier Gas 等大型企业；英格兰银行所购买债券来自 BG Energy、BP、Rio Tinto、Shell、Total 等大型企业。Shell 在资产购买计划中获得的益处最多，其债券利率接近于零。因此，欧洲中央银行体系资产购买计划的结果是降低了碳密集企业的融资成本，对绿色债券、新能源企业的债券则由于秉持市场中性原则而排除在外，导致的结果是对碳排放的支持，不利于经济低碳转型。

表 3-2 欧洲中央银行债券持有结构

经济部门	ECB债券持有占比（%）	温室气体排放占比（%）	吸纳就业占比（%）	经济增加值贡献占比（%）	经济部门	ECB债券持有占比（%）	温室气体排放占比（%）	吸纳就业占比（%）	经济增加值贡献占比（%）
农、林、渔	0.1	15.2	3.1	1.6	通信	11.4	0.3	2.9	4.9
采矿和采石	1.0	0.8	0.1	0.3	金融和保险	2.8	0.2	2.4	4.8
制造业	43.1	26.9	13.4	17.2	房地产	6.5	0.1	1.0	11.1
电力、燃气、蒸汽、空调	15.8	27.9	0.4	1.7	科学技术研究	1.0	0.5	6.7	6.7
供水、排水、污水处理	1.6	4.7	0.7	0.9	政府服务	0.6	0.6	7.3	4.8
建筑业	1.3	1.8	6.0	4.9	公共管理和社会安全	0.0	0.9	6.7	6.5
批发零售、汽车和摩托车修理	2.5	2.8	14.5	11.1	教育	1.7	0.5	6.4	4.7
运输和仓储	9.2	14.4	4.9	4.9	卫生和社交领域	0.6	1.0	11.1	7.5
住宿和食品服务	0.6	0.6	5.4	3.0	艺术和娱乐	0.0	0.3	1.7	1.3
家庭内部劳动	0.0	0.0	2.2	0.4	其他服务部门	0.4	0.3	2.9	1.7

资料来源：Daferomos 等（2020）。

3.2.6 欧洲中央银行应该坚持市场中性原则吗

气候变化的负外部性要求 ECB 重新考量其市场中性原则。市场中性原则对于欧洲中央银行来讲是一个难以逾越的障碍。ECB 不断地强调，货币政策必须秉持市场中性原则才不会影响金融市场的有效运行，不会影响价格的稳定，维护市场价格运转机制，保证价格发现功能，因此不能为了支持经济体低碳转型而放弃该原则。Coeuré（2018）也指出，"我们的货币政策非常好地保持了市场中性，但我们的碳足迹表现非常差"。ECB 始终认为，其第一要务是维护价格稳定，能做的只是在法律框架下，在不影响市场正常运行的前提下开展政策操作，而至于经济低碳转型中哪些企业需要关闭，则是政府的事情。笔者认为，ECB 需要重新思考其市场中性原则与应对气候风险之间的关系。

第一，市场中性原则无助于气候风险定价与金融资源有效配置。Schnabel

（2020）认为，市场失灵会导致市场中性原则加剧当前已经存在的无效经济行为，出现资源的无效分配，且会持续保持当前的经济结构，无助于低碳转型。因此，Schnabel（2020）认为，应该摒弃市场中性原则而采取市场效率原则，因为市场中性无助于缓解外部性问题，市场失灵就是资产真实价格和交易价格之间偏差的体现。气候风险会传导至金融体系，这在全球已经成为共识。然而，金融市场并没有对气候风险进行有效定价，这说明金融市场在未来会经历巨幅调整，以反映气候变化对经济增长的影响。如果按照市场中性原则，则意味着：一方面，政府部门告诉市场参与者，许多资产由于低碳转型将会变为搁置资产，投资风险极高；而另一方面，中央银行告诉投资者，中央银行会保持市场中性，不会区分搁置资产与绿色资产。市场中性原则由于过于理想化而无法真正解决气候风险的定价问题。

第二，市场中性原则缺乏清晰的法律依据。市场中性原则只是 TEU 中隐含的体现，并没有清晰的法律界定，因此 ECB 需要重新审慎其政策框架，以便应对气候风险。其实市场中性原则在欧盟并没有被法律清晰地界定，而是在 European Court of Justice（ECJ）中，市场中性原则被奉为"神圣"。《欧洲联盟条约》和《欧洲中央银行法》均没有涉及市场中性原则，其对 ECB 货币政策的实施也没有任何束缚。当中央银行通过购买资产干预金融市场时，这已经说明中央银行认为金融市场当前为无效率运行，否则其参与金融市场交易无任何必要。而秉持市场中性原则的重要前提是金融市场有效运行，这先天就与中央银行参与金融市场交易形成矛盾，因此欧洲中央银行需要改变其操作理念，立足于现实，以任务导向为驱动，开发助力低碳转型的政策工具，应对当前碳金融市场运行存在的无效率问题。

第三，市场中性原则会通过杠杆率机制和低碳转型机制增加金融体系风险。一方面，资产购买计划有激励投资者进行债券融资的机制，因此增加经济体的杠杆率。债券市场流动性的提高在降低债券融资成本时，也会增加投资者的投资热情，其结果是金融市场对风险的定价持续走低，经济体杠杆率上升。另一方面，市场中性原则直接结果是碳密集企业受益颇丰，低成本发行了大量长期债券，因此在《巴黎协定》逐渐落实的大背景下，搁置顺延到未来的转型风险会显著上升。这些碳密集企业的偿付能力风险将在未来由于低碳转型而显著上升，金融系统性风险会加剧。

总之，欧盟货币政策框架市场中性原则并没有实现真正意义上的"中性"。一方面，即使 ECB 的操作在债券市场意义上是中性的，但其对股票市场则是非中性的，结果是增加经济体杠杆率，激发企业债券发行热情；另一方面，从气候风险角度来讲，碳密集企业从 ECB 的资产购买计划中获益颇多，而绿色债券、新能源企业债券等并没有获得中央银行的青睐。因此，即便从市场中性原则来评判，欧洲中央银行业并没有实现完全意义上的市场中性。与其如此，不如以务实的态度，将低碳绿色融入货币政策框架，开发新型货币政策工具，以应对气候风险。

3.2.7 对中国的政策启示

在经济绿色转型大背景下，ECB 货币政策是否还应秉持市场中性原则？为了应对气候风险，货币政策的施策理念是否应该进行调整？中国人民银行于 2018 年 6 月 1 日宣布，将绿色债券、小微债券和"三农"债券纳入中期借贷便利担保品范围，并给予绿色债券最高的优先等级。2023 年 1 月 29 日，中国人民银行宣布延续三项支持碳减排的货币政策工具，助力绿色金融发展。从某种意义来讲，中国人民银行似乎没有遵循欧洲中央银行系统（European System of Central Banks，ESCB）所强调的市场中性原则，但却有助于经济体的绿色低碳转型，因此跳出了市场中性原则对低碳转型的负面约束。"他山之石，可以攻玉。"虽然中国与欧盟在中央银行系统运行方面存在差异，但鉴于欧盟在碳市场方面处在全球领先地位，中国或许有必要从 ECB 货币政策支持绿色发展的操作框架中吸取经验和教训，选择合适有效的政策路径，帮助中国更好地实现低碳绿色发展。

第一，中国人民银行应明确，其政府角色要克服市场存在的不足，着力解决市场存在的短视性问题，并应以务实的态度认识市场中性原则，立足于"双碳"战略的现实需求设计政策框架。中国人民银行应深刻认识到应对气候风险任务的长远性，而市场机制具有短视性特征，因此市场化导向的政策工具不利于应对气候风险。英格兰银行行长 Mark Carney 先生指出，气候变化对于人类来讲是一个"时间的悲剧"（Tragedy of the Horizon），因此当代人付出努力应对气候风险的动机不强。以各国中央银行为例，货币政策常常考虑未来 2 至 3 年的事情，金融稳定政策的时间长度为 10 年左右，而气候变化风险的时间跨度长，不确定性高，人们对如何应对气候风险没有共识。然而，当我们真的能够明确评估和管理气候风险时，可能为时已晚。在应对气候风险方面，金融市场的短视性难以保证对期限如此之长的气候风险保持效率，因此中国货币政策的实施应摒弃僵化的市场中性原则，摆脱理性化金融市场的掣肘，以促进绿色低碳发展为主要的政策任务，积极探索建立绿色金融体系，以实事求是的态度开发调控效果显著的政策工具，应对气候风险。

第二，加强信息披露，增加资产购买计划操作过程的透明度，差别化评估货币政策对碳密集和非碳密集行业的影响，提升货币政策对经济低碳转型的贡献。信息披露程度的不完善不利于金融体系应对气候风险，不利于评估货币政策对经济低碳转型的贡献。货币政策要关注转型过程中可能引发的金融风险，关注经济体行业分布可能引发资产选择的分布差异。在货币政策操作中，中央银行资产购买决策要研究购买行为可能引发的资产价格的变化（包括相对价格的变化），要向金融市场传递货币政策已将气候风险纳入决策框架的信号，要精细化测度货币政策操作对低碳行业和高碳行业所产生的不同影响。欧洲中央银行没有详细地披露持有债券和资产支持证券的具体细节信息，因此难以评价其对碳密集企业的支持力度；其对资产资质的规定虽然要求 ECB 要对债券进行尽职调查，但没有明确说明尽职调查是否涉及气候风险问题。这些缺陷均不利于信息透明度的增强，因此不利于绿色发展。中国人民银行应吸取欧洲中央银行货币政策原则设计与绿色发展转型存在冲突的教训，要以经济绿色转型为目标设计政策实施细节，并清晰地向市场传递政策信号，提升货币政策的政策效果。

第三，"绿化"货币政策。首先，中央银行需要重新定义符合资产购买计划的债券资质。中央银行应以 ESG（Environment、Social 和 Governance）理念构造资产池，将气候风险因子纳入企业债券评级体系，并要求信用评级机构对企业进行碳核算，为企业进行绿色评级，只有符合绿色评级标准的债券才符合纳入资产池的标准。其次，在现有市场结构下"反"市场中性原则操作。虽然当前绿色债券在债券市场中占比较低，但中央银行资产购买计划可以降低碳密集企业的权重，而增加绿色债券权重，从而引导金融资源投放至绿色项目中。最后，把握货币政策的时间节奏。市场中性原则意味着中央银行的资产购买有助于碳密集企业，但毕竟这种操作具有短期性。一旦货币政策面临通货膨胀压力，则中央银行会按照市场中性原则卖出碳密集企业债券，这对碳密集企业也是冲击。因此，中央银行在"绿化"货币政策过程中要把握时间节奏，避免对相关金融市场价格带来较大冲击。

3.3 对全球适应性金融维护气候正义的评价

公共政策制定需要应对未来的不确定性。当未来存在多种潜在可能的情景时，制定单一的在任何情景下都表现良好的静态政策显然不是最优选择。在政策制定者面前，不确定性会随着信息的不断更新而不断发生变化，因此政策制定应是"适应性"（Adaptive）的，即不必根据对未来的最优化估计结果而制定，而是随着时间流逝，参照所面对不同的情景进行稳健的、缓慢的调整。这种政策制定理念既能够引导未来预期，又能够保证足够的灵活性。这种适应性政策（Adaptive Policy）体系允许政策制定者在未来各类不确定性发生时随时调整政策工具，对政策实施以来的经验教训也留有足够的学习空间。这意味着，在政策制定伊始，就能够应对当前所面临的不确定性问题，适应当前经济社会发展的要求。

为应对全球气候变化风险，国际金融业提出了适应性金融（Adaptive Finance）的概念。适应性金融是一种金融模式，在特殊群体面临不确定事件时能够对其给予灵活的金融安排和金融产品支持。根据 Sam Barrett（2013），适应性金融（Adaptive Finance）的定义包括广义和狭义两个方面。狭义的适应性金融是指，与应对气候变化及增强适应气候变化能力的目标有关的金融资源的转移和调配。而广义的适应性金融是指，在政府间气候变化委员会（Intergovernmental Panel on Climate Change，IPCC）对气候变化的认知框架下，为了应对气候变化导致的直接或者间接、短期或者长期的所有风险事件所发生的金融资源转移行为，这些风险事件包括干旱、沙漠化、土地退化、洪水、飓风、异常升温、海平面上升、全球变暖等。在共同应对全球气候变化大背景下，金融业需要明确究竟需要多少金融资源来帮助人类应对或者适应气候变化，提供适应性金融支持的主体包括哪些，如何区分对发达国家的支持和对发展中国家的支持，对发展中国家的支持渠道有哪些，金融资源的分配方式有哪些，某些国家或者群体可以被优先支持吗，这种优先支持的标准是什么，这种适应性金融是不是发达国家对发展中国家承受的气候变化风险的补偿等。适应性金融要想回答这些问题，其核心要义是明确气候正义问题，即当前所造成的气候变化风险是如何发生的，责任者应如何补偿风险承受者。因此，Grasso（2010）对适应性金融正义性（Adaptive Finance Justice）的定义为："公平的过程，即涵盖了所有相关者，根据造成气候变化的责任共同发起适应性基金（Adaptive Fund），并将这些基金优先配置给受气候变化冲击最大的脆弱性群体。"

3.3.1　气候正义

根据 Ciplet 和 Robert（2017），正义包含许多维度，比如分配性正义（Distributive Justice）、过程性正义（Procedural Justice）、认知性正义（Recognition Justice）、赔偿性正义（Compensatory Justice）、补偿性正义（Restitutive Justice）、矫正性定义（Corrective Justice）、新自由主义正义（Neoliberal Justice）等。气候正义与上述多种正义维度存在交叉性关联，而这些正义的实现都离不开制度、政治、法律、治理等范畴，都有赖于全球各国之间的紧密合作。为了增强全球的气候适应性（Climate Adaption），正义需要置于规范、制度、现实状态下来考量（Ciplet 等，2013）。忽略气候正义意味着发达国家最终会牺牲发展中国家的核心利益，即生存权利来应对气候变化（Vanderheiden，2011）。

气候正义从社会经济发展的公平角度出发，关注承受气候变化风险的脆弱性群体。气候正义的核心是，掌控资源有限的脆弱性群体承受气候风险及相关适应性应对政策的冲击最大，因此制定应对气候风险的适应性政策时，社会需要权衡不同群体之间的责任、权利与义务。气候变化冲击了人类的基本生存条件，而全球，尤其是发达国家在应对气候变化采取适应性政策时，会或多或少地侵害发展中国家人们的基本生存权利。在当前的联合国人权框架下，健康的生态环境并没有被严格定义，但是在非洲、美洲等区域性人权框架下，良好的生态环境被归为基本人权范畴。欧洲人权法院（European Court of Human Rights，ECtHR）也制定了与环境和污染有关的法律法规，并将国际环境法律法规作为判决的重要参考。Andrea Schapper（2018）指出，在应对气候变化过程中，基本人权中的公民权、政治人权、经济权利、文化权利（Cultural Rights）、社会权利（Social Rights）及集体权利（Collective Rights）会面临一定的挑战。

气候变化引致的极端自然灾害包括热浪、洪水、飓风、干旱。显然,这些极端气候事件威胁到了公民的基本生存权利。而保障公民基本生存权利是《公民权利和政治权利国际公约》(International Covenant on Civil and Political Rights, ICCPR, 1966)和《儿童权利公约》(Convention on the Rights of the Child, CRC, 1989)所规定的主要任务。全球平均气温的上升威胁人类食品安全、饮水安全、健康安全、住房安全等社会权利,而这些社会权利被《经济、社会及文化权利国际公约》(International Covenant on Economic, Social and Cultural Rights, ICESCR, 1966)严格保护。ICCPR 和 ICESCR 都强调个人的自主决策权(Self – Determination)。但应对海平面上升、干旱洪水等极端天气要求人类集体决策,甚至需要当地公民决策是否需要集体迁徙,离开世代居住的家园。国际社会当前并没有就气候变化引发的大规模移民迁徙政策致使公民权利受到侵犯问题达成一致解决框架。

在概念层面,学术文献对于气候正义的内涵并没有达成一致性的认知。虽如此,学术上对气候正义的认识也存在一些共识。第一,有助于理性认知"正义",认识到"正义"要在不同群体和个人之间达成共识。在应对气候风险进程中,要在责任承担者、受益者之间达成一种共识,清晰定义每个人、每个群体对他者的义务与责任。第二,关于气候正义的研究,学者们均意识到,气候变化所引发的经济和社会动荡会加剧当前已经存在的全球不平等问题。第三,气候非正义主要体现为对全球温室气体排放贡献最小的群体是对气候风险最具有脆弱性的群体,这些脆弱性群体缺乏资源和手段以应对气候风险。总体上,气候正义涉及气候风险的承受者、履责者、世俗问题、规范标准等。从时空维度出发,气候正义可以从以下三个维度展开(见表3-3)。

第一,国家之间的气候正义问题。站在历史发展维度,国家之间的气候正义关注发达国家与发展中国家在应对气候风险过程中需要相互明确的责任和义务。工业革命之后,发达国家通过大量温室气体排放取得了经济的快速发展,但所引发的气候变化使广大发展中国家难以复制发达国家的历史发展路径。不仅如此,广大发展中国家还要承受发达国家在历史发展中排放的大量温室气体所引发的气候变化带来的极端自然灾害,比如洪水泛滥、干旱气候等。这说明气候风险的贡献者与风险的承受者在主体层面不统一,发达国家造成了气候风险,但发展中国家由于缺乏必要的物质资源和资金反而成为气候风险的承受者。虽然造成当前不平等状态的历史原因可以追溯至殖民地时期，但当前全球应对气候风险的全球治理机制仍旧渗透着历史的点滴，对相关规范问题的争论及应对气候风险的经济成本分担问题仍旧集中在碳排放分配的问题。如果发达国家忽略历史，淡化历史，不承认其对温室气体排放历史贡献，则"共同但有区别"的治理机制难以建立，对广大发展中国家来讲，全球应对气候风险存在巨大的不公平。人类基本生存权利的保护是实现世界范围内人权保护的基础，但全球应对气候风险的政策却在某些方面对基本人权形成侵犯。为了降低全球温室气体排放，全球发达国家积极展开改变能源消费结构的战略，比如REDD + 计划（Reducing Emissions from Deforestation and Forest Degradation）、清洁发展机制（Clean Development Mechanism，CDM）、绿色经济战略（Green Economy Strategy）等，然而这些低碳转型战略却对发展中国家当地居民的基本经济发展权利造成了一定影响（Eve Bratman，2015）。

第二，社会内部阶层之间的正义。Paul G. Harris（2013）说道："打开国家的面纱，你会发现，发达国家与发展中国家之间的不平等远远小于一个国家内部富人和穷人之间的不平等。"这说明，气候风险在一个国家内部的分担也存在巨大的不公平问题，特定的社会群体会承担气候变化所引致的后果，但该群体对气候变化的贡献却微乎其微。Peter Newell（2005）认为，环境不公平会加剧一个社会在种族、阶层、性别之间的不公平，会引发双重歧视（Double Discrimination）问题，妇女、儿童、老人、残疾人受到的冲击最为严重。气候正义运动已经呼吁，气候政策不仅要解决公平问题，还要积极实现弱势群体的政策参与。在 2010 年坎昆气候会议上，迫于气候正义运动的压力，实现弱势群体参与气候政策制定被纳入 REDD + 计划中。

第三，代际之间的正义。代际之间的正义主要关注于过去、现代与未来各代人之间的责任分配。历史和现代的生活方式都建立在化石能源消耗和温室气体排放基础之上，这意味着后代无法享受干净和健康的生活环境。现代人的决策要为后代人的生活环境负责，要考虑后代人所面对的温室气体排放问题，即要考虑后代人的环境权利、能源权利及要求当代建立环境保护制度的权利。因此代际正义要求当代人在决策时要受到后代人利益约束，保障各代人的基本生活条件权利。

表 3 - 3　气候非正义的三个维度

名称	国家之间	社会内部阶层之间	代际之间
非正义的特征	国家之间责任和义务存在不公平	社会各阶层之间责任和义务存在不公平	过去、现在、未来各代人之间责任和义务存在不公平
受益者	发达国家	特定社会群体	当代人
气候风险承受者	发展中国家	社会脆弱性群体	后代
时间跨度	历史到当前	历史到当前	从历史到未来
政策要求	合理分担应对气候变化风险的各类成本，包括制度成本，以降低温室气体排放	扩大社会参与度，增加政策的信息透明度，完善司法追索程序	改变能源消费结构，促进经济低碳转型发展，保障公民生态权利

资料来源：Andrea Schapper（2018）。

3.3.2　发达国家的"气候债务"

在 20 世纪 90 年代末，一些非政府组织（比如 Acción Ecológica、Christian Aid 等）提出"气候债务""生态债务"的概念。Martinez - Alier（2002）指出，气候债务强调发达国家对发展中国家大气使用权的侵犯，即发达国家通过排放温室气体实现经济发展所造成的气候变化却由发展中国家来承担。因此，发达国家应该向发展中国家支付债务，补偿和帮助发展中国家在适应气候变化过程中发展经济。之后，全球气候正义运动推广了气候债务的概念。

《联合国气候变化框架公约》（*United Nations Framework Convention on Climate Change*，UNFCCC）2002 年在新德里召开的第八次气候会议（Conference of the Parties，COP）及在约翰内斯堡召开的全球可持续发展峰会（Johannesburg for the World Summit on Sustainable Development）均讨论了气候债务问题。CorpWatch（2002）指出："确认存在气候债务是气候正义得到彰显的前提，气候正义肯定了受害者的权利，受害者应为其失去的土地、生存环境及其他物体损害得到来自责任者的补偿。"在 2007 年巴厘岛召开的 COP13 会议，全球主要发展中国家要求在应对气候风险的全球谈判中采用适应性政策，并且图瓦卢国家政府代表广大发展中国家做了《适应性政策国际蓝图》（*International Blueprint on Adaptation*）的报告，希望国际社会向发展中国家提供可预期性强的资金支持，共同承担应对气候风险的责任。

UNFCCC 框架规定了应对气候变化风险，全球各国应承担共同但有区别的责任。UNFCCC 的 Article 3.1 指出，发达国家在历史上温室气体排放量巨大，其理应在支持脆弱性国家适应气候变化的政策中多贡献金融资金支持；Article 4.3 和 4.4 强调，发达国家应向发展中国家提供充足的、可预期性强的资金支持；Article 4.3 和 4.4 要求发达国家向最不发达国家提供金融和保险支持；UNFCCC 的 Annex Ⅱ 中强调，发达国家应重点向气候脆弱性国家以补偿的方式提供资金支持，以度过适应变化期。站在发展中国家角度，玻利维亚、古巴、多米尼加、洪都拉斯、尼加拉瓜、委内瑞拉等拉丁美洲国家强烈要求，鉴于发达国家从 1750 年起贡献了 70% 的碳排放，因此它们应投入巨额资金帮助发展中国家应对气候变化。斯里兰卡、图瓦卢等国家也表达了类似的观点。

总之，气候变化问题产生的根源是，发达国家在工业革命之后发展的历史进程中过多地向大气排放了温室气体，从而引发了全球气候变暖问题，而全球变暖问题所引发的自然灾害却给发展中国家带来了巨大经济损失。广大发展中国家没有享受到工业革命以来西方发达国家经济快速发展所带来的好处，却承担了其引发气候风险的后果，这无疑有悖气候正义。为了应对气候风险，全球积极推行碳减排进程，包括中国在内的广大发展中国家面临减排与发展的双重挑战。广大发展中国家居民有权利追求经济发展与生活富足，因此在全球共同应对气候风险过程中，也需承担与其发展阶段和基本权利保障相适应的责任；而发达国家应该承认历史的碳排放问题，积极向发展中国家提供资金和技术支持，帮助其尽快建立能够适应气候变化的基础设施，满足低碳发展过程中的资金需求，兑现其金融支持承诺，从而在维护气候正义中实现全球低碳发展。

3.3.3　补偿性正义：发达国家金融支持不到位

20 世纪 90 年代末，在 UNFCCC 框架下，在气候正义运动的促使下，发达国家向广大发展中国家提供了一定的金融资源支持。但由于当时全球对应对气候变化的认识存在缺陷，支持方式普遍以帮助发展中国家缓释灾害为主，且以新自由主义的市场导向政策作为主要指导思想，发达国家对发展中国家的金融支持并没有达到完全解决问题的状态。2001 年的 COP 7 会议，全球各国接受了 Marrakesh 条约，并制定了一揽子的适应性政策措施。在 2001 年和 2007 年，

IPCC 发布了第三版和第四版全球气候风险评估报告，各国对气候风险的认知上升到新的层面。LDCF 基金（Least Developed Countries Fund，LDCF）及特殊气候变化基金（Special Climate Change Fund，SCCF）相继设立。总之，在应对气候变化的全球合作早期，发达国家在 UNFCCC 框架下的适应性金融支持，更多地以向发展中国家提供基础设施建设资金和成立气候基金为主要方式。全球环境设施（Global Environment Facility，GEF）组织也积极向发展中国家重大项目提供资金支持。但广大发展中国家却认为，许多适应性金融基金组织由发达国家的捐赠者控制，且要求所有的金融资金支持项目都要产生盈利，这显然不具有适应性（Khan 和 Roberts，2013）。

在 2009 年的哥本哈根气候峰会上，各类气候正义组织纷纷表明自身立场，呼吁各国签署具有约束力和可操作性的条约，要求发达国家向发展中国家提供资金支持，偿付气候债务。在哥本哈根峰会上，全球对各国应对气候变化的一致性行动达成的期望值非常高，对发达国家向发展中国家的金融支持也充满期待。在金融支持方面，全球的共识是：无论是基于哪种方式的资金需求测算，发展中国家的资金缺口都是巨大的。《哥本哈根协议》（*Copenhagen Accord*）及 2010 年的《坎昆协议》（*Cancun Agreements*）承诺，要在 2010 年至 2012 年，向发展中国家提供 300 亿美元的短期快速的启动资金支持，并到 2020 年按比例提升至每年 1000 亿美元的金融支持。但正如 Roberts 和 Weikmans（2017）所指出，这些文件中对该项支持的说辞非常模糊，没有清晰地说明如何落实，各方对其各执一词。

首先，上述文件中并没有清晰定义多少数额的资金是充足的。发达国家无法确定具体的金融支持数额。根据联合国环境项目（United Nations Environment Programme）的估计，到 2030 年，每年的支持力度应该在 1400 亿 ~ 3000 亿美元，而到 2050 年之前，每年的支持力度应在 2800 亿 ~ 5000 亿美元。显然，这与前述 1000 亿美元的支持力度相去甚远。其次，在捐赠方式上，协议没有明确指明提供金融支持的方式，比如捐赠、给予、市场化的信贷支持等。《哥本哈根协议》要求资金来源多样化，可以是公共部门、私人部门、双边支持、多边支持等。然而，接下来的问题是，各类资金支持来源的占比应为多少，这在之后的坎昆会议、2011 年的德班平台（Durban Platform）会议、2012 年的多哈及 2013 年的华沙会议都没有解决。2015 年的巴黎峰会虽然说辞模糊，但突出了公共资金来源的主体地位。发达国家更偏好与其关系密切的双边机构来提供市场化的信贷支持。虽然美国在 2018 年宣布退出《巴黎协定》，但其之前的资金支持也是通过双边机构来运转。发达国家的这些做法都与《巴黎协定》没有明确要求资金的运作形式有密切关联。再次，资金支持具有不可预测性。一方面，发展中国家无法预测为了适应气候变化所需的资金数额，发达国家的适应性金融支持也难以落地；另一方面，造成资金支持不可预测的另一个原因是金融支持来源呈现极端碎片化的特征。OECD（2015a）估计，各类双边和多边的资金支持渠道达到 100 余个，缺乏整合，且资金运转不透明，难以清晰了解资金走向。最后，按比例增加的定义不清晰。哥本哈根峰会之后，发达国家提供的资金并没有根据坎昆峰会的协议呈现按比例增加的趋势，尤其是在快速金融支持之后的 2013 年至 2020 年，2013 年发达国家仅提供了 250 亿美元帮助发展中国家适应气候变化（Buchner 等，2014）。根据 OECD（2018）测算，76% ~80% 的适应气候变化的资金支持来自政府。这说明气候基金等全球金融安排并没有有效地提供适应性金融支持。在 2015 年巴黎峰会上，OECD（2015b）报告宣称发达国家在 2014 年提供了 620 亿美元金融支持。但印度政府直接否定该数据，认为真正的适应性金融支持仅有 22 亿美元（Government of India，2015）。总之，虽然发达国家在一定程度上给予发展中国家适应气候变化的金融支持，但显然金融支持的力度和效果与预期存在巨大差异，气候正义问题在哥本哈根峰会后仍旧难以解决。

《巴黎协定》进一步强调发达国家提供适应性金融支持的必要性，但也突出了发展中国家自身也要承担一定的责任。在一个新的目标达成之前，协议计划在 2020 年至 2025 年每年提供 1000 亿美元的支持，并要求金融支持应着重体现在低碳转型的经济发展方式转变上。但需要注意的是，《巴黎协定》并没有就气候变化引发自然灾害所造成损失的赔付问题进行说明。同时，金融支持的双重统计问题仍旧没有解决。发达国家按照自身的准则统计提供金融支持的数量，因此各个国家之间的金融支持力度缺乏可比性，外加金融支持来源的碎片化，导致大量的重复统计，无法清楚地判断究竟发达国家提供了多少金融资金。这些问题的直接后果是支持方和接受方都承担了大量的烦琐工作，这种文件性工作不产生任何价值（Robinson 和 Dornan，2017）。在 COP 24 次会议之前，OECD 发布报告称，发达国家为支持发展中国家适应气候变化，在 2017

年提供了 567 亿美元的支持。但 Weikmans 和 Roberts（2018）却认为该数字不可信，因为存在大量的双重统计问题，提供资金支持的数据与收到支持的数据之间缺口巨大。

总之，发展中国家极力呼吁增加适应性金融支持力度，以增强其适应气候变化的能力。但在当前全球治理框架下，发达国家提供的金融支持力度有限，并没有按照国际协定的相关要求提供充足的金融支持，且以各种借口相互推诿，没有以历史的责任感承担其所应该承担的责任和义务。这对于全球气候正义的实现是巨大的阻碍。

3.3.4　分配性正义：发展中国家资源配置机制缺失

国际气候行动网络组织［Climate Action Network（CAN）– International］、当代气候正义组织（Climate Justice Now），以及代表非洲 63 个非政府组织的非洲"Pan"（Pan African Climate Justice Network）参加 2009 年哥本哈根的 COP15 峰会，要求国际社会重视气候正义问题，要求发达国家以金融支持的方式偿还气候债务，并要签订具有约束力的条约。这些气候行动网络组织要求创新金融支持手段和工具，设立互助基金和赔偿基金，以增加发达国家的金融资源支持力度。

在 UNFCCC 框架下，发达国家需要承担发展中国家应对气候风险的部分成本，尤其是受气候风险冲击最大的国家和地区，但该框架并没有清晰定义如何评估哪些国家受冲击最大。虽然笼统来讲，对受气候变化冲击最大的国家名录基本能够达成共识，但出于政治敏感性原因，许多实质性的金融支持无法落实。其结果是受气候变化冲击最大的国家并没有得到最有力的金融支持。金融资源的流向反映了发达国家的利益偏好，且为了保证名义上的公平，资金往往在许多国家进行等分，资金并没有流向最急需的地区和项目。继而引出的问题是，金融资源如何在这些脆弱的发展中国家分配才是公平的？Jagers 和 Duus – Otterström（2008）指出，适应性金融引发的分配性正义不仅发生在金融资源提供者之间，在接受者之间也会存在分配性正义问题，如何分配金融资源缺乏明确的参考标准。

哥本哈根、坎昆和巴黎峰会并没有清晰规定哪些国家应该优先受到适应性金融支持。以埃及、南非为代表的非洲国家极力赞同《哥本哈根协议》提出的"脆弱性国家"（Vulnerable Countries）的概念，并提出了"极度脆弱性国家"（Highly Vulnerable Countries）的概念。然而，七十七国集团却拒绝了"极度脆弱性国家"（Highly Vulnerable Countries）的提法，这说明在发展中国家内部出现了金融资源分配不均导致的裂痕，因为这会使一些国家受益。Khan 等（2013）指出，在哥本哈根峰会后，七十七国集团内部达成共识更加艰难；甚至有激进人士提出要解散发展中国家的政治集团（Narain 等，2011）。这说明，金融资源的分配仍旧难以达成共识。每个发展中国家面对气候冲击的情景不同，因此难以决定何种分配资金的方式是公平的。正如 Robinson（2018）、Robinson 和 Dornan（2017）在研究对小岛屿发展中国家（Small Island Developing States，SIDS）的金融支持后指出，大多数适应性的金融支持都流向治理结构良好但人均收入较低的国家，这些国家往往不是最脆弱的国家。以马尔代夫为例，在 2010 年至 2014 年被评为最脆弱的国家，但得到的支援仅仅排在第 18 位，约为 2.3 亿美元，且这 2.3 亿美元也仅仅为口头承诺（Robinson 和 Dornan，2017）。

总之，发展中国家在金融资源分配机制方面难以达成共识，导致分配性正义难以实现。其背后原因为，不同客观国情决定气候变化对广大发展中国家的影响具有异质性，因此难以评估和决定哪些国家是"气候脆弱"的。且金融资本的本身逐利性和安全性要求决定了其要流向治理结构良好的国家，因此往往会出现受气候变化冲击最大的国家无法得到最有力的金融支持安排。

3.3.5　过程性正义：金融治理存在改进空间

Grasso（2010）指出，适应性金融中的过程性正义需要一个涉及所有相关利益方的、能够根据实际对气候变化影响的责任大小及面对气候风险的脆弱性程度来决策的、公平的流程来保障，因此监督资金使用流程及制定基金运行架构就非常重要。许多发展中国家和人民团体常常抱怨，当前发达国家的适应性金融援助是新殖民主义（Neo‐colonial）的扩张，因此他们呼吁由气候峰会下属组织对金融资金运用进行监督，且能够平衡各个方面利益。需要指出的是，全球对适应性金融支持特别强调，监督资金运行要透明和开放，投票表决规则应是一国一票原则，决策导向应以优先支持脆弱性国家为主。

然而，发达国家更加偏好全球环境设施（Global Environment Facility，

GEF）来监督资金使用，主要原因是它们在世界银行有足够的权力，而 GEF 坐落于世界银行，因此广大发展中国家特别反对 GEF 监督在联合国框架下设立的基金。此外，GEF 的决策准则为项目的盈利性及国家的治理状况，这意味着适应气候变化的金融支持力度将会大打折扣。虽然广大发展中国家极力反对，但 LDCF 和 SCCF 基金仍旧在 GEF 的监督下运行。随着哥本哈根峰会结束，虽然世界银行仍旧扮演 LDCF 和 SCCF 受托人的角色，但全球气候基金（Green Climate Fund，GCF）中 24 个董事席位，发展中国家占据 12 席。面对发展中国家在争夺治理权方面所取得的成就，发达国家在 2012 年的多哈 COP18 峰会曾试图夺取 GCF 的决策权，所幸没有成功。在当前全球气候治理的框架下，由于资金提供渠道碎片化明显，因此 UNFCCC 框架下的各个基金治理结构设计对于发展中国家就尤为重要，其在金融资源的整合、分配、报告、认证方面都起到至关重要的作用。虽然发展中国家在全球气候治理中取得了一定胜利，但发达国家仍旧掌握了在评估气候脆弱性方面的话语权，并对发展中国家适应气候状况进行两年一次的评估。

此外，发展中国家之间分配资金的治理机制也存在缺陷。在《巴黎协定》签订后，发展中国家仍旧全力争取气候适应性金融的主动权，然而，只有在联合国框架下的气候金融活动才不受发达国家掌控，但所涉及的资金仅为 103 亿美元，占比非常低。且在发展中国家之间，如何分配这些资金的治理机制也没有建立，使这 103 亿美元的资金中的 60% 仍旧安放在 GCF 的保险柜中。发展中国家之间没有就项目支持标准、资金获得规则、如何达成决策一致等问题形成共识，进而在分配资金时政治性问题突出，阻碍了过程正义性的维护。

3.3.6 对未来的展望

适应性金融理念需要明确适应性金融的提供者、受益者，以及金融支持力度应如何确定、支持机制包括哪些、机制的治理结构如何等问题，从而确保适应性金融背后的更深层次的目标，即气候正义的实现。在当前全球共同应对气候风险的大背景下，发达国家以适应性金融为理念向发展中国家提供了一定的金融支持，在一定程度上实现了气候正义。虽如此，由于全球金融治理和气候治理制度的不完善，以及 2008 年国际金融危机、新冠疫情等事件冲击，发达国家对发展中国家的适应性金融支持存在许多不完美的地方，影响了全球气候正义实现的进一步发展。

第一，拓宽资金来源，整合多边气候基金，形成资金供给合力，实现补偿性正义。国际性组织、非政府组织、多边开发银行等应探索建立长期融资机制，开发市场化的融资手段缓解资金来源压力，并立足于人文情怀关心发展中国家的非金融需求，与当地政府、主流媒体、主要物品供应商开展积极合作，制订应急响应计划，增强发展中国家应对气候风险的能力。此外，多边气候基金的碎片化发展虽然增加了资金供给量，但合力不足的弱势使资金的使用效率大打折扣，无法支援大型项目。因此，发达国家在增加资金供给的同时，应探索如何提高存量资金的利用效率，将资金整合，让有限的金融资源发挥出最大的效用。

第二，完善适应性金融的测量、报告和核证体系，完善发展中国家之间的适应性金融资源分配机制，实现分配性正义。测量、报告和核证体系（Measurement，Reporting and Verification，VRV）运行不畅是发展中国家金融资源配置机制难以形成的主要原因之一。为了实现金融资源获取的分配性正义，准确评估气候脆弱性国家，发达国家、主要国际组织及多边开发银行应在数据搜集追踪、评估模型建立、评估结果解读等方面积极帮助发展中国家。这一方面有助于发展中国家认清自身所承受的气候风险，避免认知偏差；另一方面，也有助于发展中国家之间达成气候脆弱性共识，解决分配争端，顺畅分配机制，提高资金利用效率。此外，多边气候基金倾向于支持收益较好的项目，也是分配性正义出现阻碍的原因之一。诚然，金融资本追求盈利有其合理性，但适应性金融强调帮助发展中国家适应气候变化，因此在金融安排设立之初，就应明确资金使用规则和支持方向，这样能够保证分配资金使用过程中适当流入人力和财力资源较弱的国家。

第三，建立发达国家与发展中国家之间的对话机制，增加发展中国家在适应性金融治理中的话语权和自主用款权，实现过程性正义。适应性目标的实现有赖于适应性金融发挥重要作用，而金融安排发挥效力的前提是治理结构的有效性。发达国家与发展中国家应优化合作和对话机制，相互信任，在某一个适应性金融实体中发挥治理协同效应，以气候正义为主要目标来进行金融决策。发达国家在治理机制运行中，在互信基础上，应赞同发展中国家确定的优先支持领域，但也应积极推动完善资金使用问责机制。双方应就资源获取方式、规划和使用过程、使用效果等问题进行平等协商对话，双方共同以积极的姿态来面对气候风险，实现气候正义。

3.4　生态市场主义视域下对西方金融业应对气候风险的评判

生态危机及全球气候变化领域是西方国家政治活动中资本主义势力和社会主义势力的主要角逐点。20 世纪 70 年代，随着西方环境运动兴起的"生态资本主义"理论在西方理论界产生了广泛的影响，成为西方绿党政治的重要战略指引。生态资本主义可以分为生态市场主义①和生态凯恩斯主义，它们都幻想在资本主义制度框架下来应对全球气候风险，在不改变资本主义经济制度和生产方式的前提下设计应对气候风险的各类经济政策（刘珍英，2014）。生态资本主义两个派别的区别在于政府在应对生态危机和气候变化中的干预程度，但均立足于资产阶级的利益需求设计政策框架。相较于生态凯恩斯主义②，生态市场主义③更加强调市场作用机制在全球应对气候风险中的重要作用，这既符合西方国家资产阶级的价值取向和利益需求，也符合生态环境运动的政治需求。从资本的视角出发，汇聚了大量资本的西方金融业应对气候风险的初衷、业务开展与政策制定也一定是以资本增值为优先考虑原则的，首先要符合资产阶级的利润和利益诉求，而不会对行为背后动机与道德进行考量和分析。在不改变资本主义制度和生产方式的前提下，西方金融业应对气候风险的政策设计和实践做法存在先天局限性，在金融功能的作用发挥的充分性方面也会出现事

---

①　生态市场主义主要包括三个基本观点：第一，市场价格要反映企业的生产成本、环境成本和社会成本；第二，外化的生态环境必须内部化；第三，污染需被定价（刘珍英，2014；马拥军，2017）。

②　其实生态凯恩斯主义认可生态市场主义关于不可能仅仅依靠市场力量来保护环境的观点，但生态凯恩斯理论认为政府的作用不只是简单的初始干预，而是要在经济活动中的生产、分配、交换和消费各个环节全面干预。政府要解决"合成谬误"问题。

③　生态市场主义虽然主张在不改变资本主义制度的前提下，通过最大限度发挥市场机制的作用来改善生态环境，但其也指出，绝对的资本主义自由市场是与生态市场主义不相容的，因此从金融体系角度来讲，有效市场理论无法成为指导金融体系应对气候风险的指导理论。生态市场主义认为，经济绿色转型需要政府参与，缺乏政府参与会导致价格形成机制不透明，因此对于金融体系来讲，缺乏政府参与会导致绿色投资无法有效形成，风险定价机制也难以运行。因此从正确认识市场与政府的关系方面及主张企业将环境成本内部化方面来说，生态市场主义或许有一定的借鉴意义。

与愿违的状况。在应对气候风险方面，个体的保险策略是无效的，因为每个人都会逃避气候风险的责任，而这恰恰是产生系统性风险的原因，即每个人的最优策略从整体来讲不是最优的，反而是最坏的结果。而生态市场主义恰恰认为，微观个体的最优行为加总，在整体上一定是最优的，其无法理解个体最优加总不等于总体最优的"宏微观悖论"。

3.4.1　生态市场主义应对气候风险的核心逻辑

资本主义与生态保护无法共存，因此资产阶级在追求利润过程中不会在意气候变化。为了应对气候风险，西方资本主义国家产生了生态市场主义思潮。随着西方国家生态保护产业逐渐形成新的投资机会，资产阶级学者开始主张将自然商品化、资本化，发展"绿色资本主义"。生态市场主义认为，基础社会资本和金融资本都是自然资本的衍生物，只有自然资本才是财富的源泉。虽然生态市场主义积极肯定生态系统在生产过程中的作用，但并不质疑资本主义生产方式和经济制度，主张在现存的资本主义制度框架内使资本接受生态维度，而不是生态掌控资本（郇庆治，2013）。

第一，机制逻辑：市场价格反映生态成本。生态市场主义强调"用市场杠杆修复被破坏的环境"，[①] 通过价格机制将环境成本内生化。萨卡在《生态社会主义还是生态资本主义》中强调，生态市场主义特别相信市场价格机制，认为价格机制能够清晰告诉生产者和消费者产品成本，包括环境成本（萨卡，2012）[②]。从生态市场主义立场看，应对气候风险的目的是在未来获取更多的利润，如果能够有效地缓释气候风险，则未来损失会变小，有利于企业长远利益。因此，生态市场主义在应对气候风险方面所给出的政策是，社会成本、环境成本均要反映在产品价格中，生态成本要通过制度要求内生化于企业决策流程，企业要为破坏生态环境的行为付费。如果企业能够降低生态环境成本，则企业的价值就会上升，投资者就偏好于将资金投资于环境成本低的公司，投资就会依照市场的信号被引导至绿色低碳产业，金融业的气候风险就会大大降低，会更加有效地服务经济绿色低碳转型。

第二，政策逻辑：负外部性内部化。生态市场主义思想主导下的应对气候

---

① 刘珍英. 生态资本主义及其根源 [J]. 理论视野，2014（4）：32 – 35.
② 萨拉·萨卡. 生态社会主义还是生态资本主义 [M]. 济南：山东大学出版社，2012：148.

风险的政策是征收碳税，将企业生产过程中所产生的碳排放导致的负外部性内部化。根据庇古和科斯的经典外部性理论，在完美经济环境下，应对气候风险的最优策略是对碳排放进行定价，并征收碳排放税，这种措施会使经济社会达到"最优"的均衡点。这种做法与经济学中的有效市场理论相似。其核心思想是，假设市场参与者是理性的，而且，如果气候变化所引发的负外部性能够纳入市场定价体系，则通过对碳排放进行征税能够使经济体达到最优的均衡。因此征收碳排放税能够有效应对气候风险的前提是将负外部性纳入市场定价体系，所有未来的信息都能够反映在市场价格中。这对市场运行机制的要求非常高。很明显，当前全球市场很难满足这个要求。

第三，技术逻辑：资本市场应对气候风险定价。资产定价是未来现金流的折现值，因此如何选择折现因子是资本市场对气候相关风险定价的重要问题之一。然而，在气候经济学的研究中，如何选择折现率是一个争议非常大的问题，因为在进行折现时应在 Arrow－Debrew 经济中的或有状态分析框架下进行，而折现因子选择又与碳社会成本（Social Cost of Carbon，SCC）密切相关。在将决策理论与资产定价理论结合估计 SCC 时，估计过程中必须要考虑气候对人类福利影响的不确定性和人类活动对气候影响的不确定性；而这两类不确定性相互交织，且对于模糊（Ambiguity）和模型风险的厌恶会增加 SCC 的估计值（Michael 等，2020）。因此，从气候风险定价技术角度来讲，资本市场无法对气候风险的折现因子达成共识，因而在定价技术的可行性上大打折扣。

3.4.2　市场主义导向下金融业应对气候风险的评判

生态资本主义的市场导向解决方案的最大局限性是希望在不改变资本主义制度和生产方式的前提下应对气候风险，因此其局限性显而易见。这种局限性意味着为了抵御气候风险，上述运行逻辑、政策逻辑和技术逻辑必然无法获得全面成功。

第一，机制逻辑局限性：价格机制无法有效形成绿色投资。从根本来讲，金融业转型风险的风险管理方法是实现经济低碳绿色转型。金融业应对气候变化的转型风险需要大量的绿色投资。只有企业成功地实现绿色转型，金融业的转型风险才能从根本上消除。气候变化会使人类经济向低碳经济转型，但是当前对低碳领域的投资严重不足，对化石能源的投资处在过剩状态。由于自由市场定价体系没有将生态系统这一公共物品考虑在内，导致市场失灵存在，这直接导致了政策逻辑下的碳排放税和碳定价都变为激励投资者向低碳领域投资的必要条件，而不是充分条件。通过价格机制应对气候风险表现并不完美，导致对未来前景良好的投资项目的投资严重不足，当前绿色投资缺口巨大。

在向低碳社会转型过程中需要巨额的投资，且投资应该主要集中于三个领域：首先，清洁和可再生能源领域；其次，提高能源利用效率领域；最后，对自然资源的高效开采和保护领域。此外，在转型过程中，对高污染行业和高耗能行业的金融支持将会大幅度下降。未来全球需要至少6000亿美元的绿色投资。这与使用综合评估模型（Integrated Assessment Models）对实现"2℃"目标所需投资的估计结果是一样的（Mccollum 等，2014）。为了实现经济社会低碳化转型，从2010年至2050年，每年需要投资的总额为全球GDP的2%（UNEP，2011）。从上述估计可以看出，实现经济社会低碳转型所需投资额度的测算方法虽然不一致，但额度巨大是共识。然而2008年国际金融危机爆发后，全球宏观经济增长缓慢，发达经济体经济复苏艰难，经济主体都在推迟投资，增加储蓄水平。且绿色投资领域在风险和收益组合方面吸引力不足，未来具有重大的不确定性。这种不确定性一方面来自技术发展和市场潜力的不确定性，另一方面与政府支持、信息透明和未来相关政策不确定性有关。为了吸引绿色投资，需要提高投资收益率，如此才能够吸引投资者。实证结果表明，不同类型的绿色资产的收益率各不相同（CERES，2014）。基础设施投资和绿色债券的收益率能够达到投资者预期，但股权投资没有满足投资者的预期收益率要求。此外，绿色投资期限长、初始投资要求高、流动性差、融资成本高也成为阻止投资者投资的桎梏。据估计，对风能、太阳能、水力能源的资本成本占总成本比率达84%～93%（Nelson 和 Shrimali，2014）。因此，对于金融市场来说，仅仅依靠体现价格机制的收益率，难以发出足够吸引投资者的信号来满足绿色投资需求。国际主要组织，比如麦肯锡（McKinsey &Co）、世界经济论坛（World Economic Forum）及国际能源署（International Energy Agency）也都预测，未来能源、交通、建筑等行业绿色投资缺口巨大（Campiglio，2016）。

信贷市场失灵也是导致绿色投资缺口巨大的原因之一。信贷市场失灵是指商业银行追求私人利益所实现的金融资源配置和社会对金融资源的需求存在错位的现象。在发达国家经济体中，商业银行体系会通过货币乘数自动创造货币，因此货币供给相对于社会的最优需求量存在不匹配现象，从而导致绿色投资缺口巨大。为了解决投资不足的问题，应该对碳进行定价。第一种定价方式是在产品和服务中对碳元素进行征税，从而激励经济体走向低碳生活。第二种方式是设定碳排放限额，并建立碳排放权市场来交易碳排放额度，引入市场定价机制。不管如何实施，对于碳定价应该有助于解决市场没有将环境因素纳入定价体系而导致的市场失灵问题。然而，在实践中市场从来没有真正实现对"碳"元素定价。从企业的成本收入分析出发，对碳进行征税会面对巨大政治和社会阻力。虽然欧盟碳排放交易系统（European Union Emissions Trading Scheme，EUETS）启动，澳大利亚也积极对碳进行征税，但结果都是举步维艰。即使碳定价合理，该体系也无法激励投资者进行绿色投资。

第二，政策逻辑局限性：制度运行过度依赖有效市场假说，难以将负外部性内部化。负外部性内部化对市场有效性的要求极高。当考虑到全球在应对气候变化风险的过程中所发生的各国之间复杂的政治博弈时，我们就无法给出为了达到最优均衡点的参数设定。一方面，应对气候变化的政策离不开经济、社会、政治、文化等各个方面的政策跟进；另一方面，气候变化面临的是不确定性，而不是严格意义上的风险。面对不确定性，人类无法给出准确的概率分布，因此无法获得最优参数。这意味着，我们所面对的问题是"未知的未知"。当市场不完美时，分散化的个人决策者在某一制度环境下相互影响，这种影响机制包括日常行为惯例、模仿与讨论、事务处理流程等方面。而要想收敛至完美的均衡，分散化的个体必须实现无摩擦的合作。但是在现实的经济体中，各个地区制度框架是发散的，不会自发收敛至均衡状态，且分散化的个人决策会引发不确定性。因此生态市场主义将外部性内部化应对气候风险的思路难以有效应对全球气候风险。

有效对冲该系统性风险的措施是人类社会集体保险（Michel 和 Etienne，2016）。社会集体保险的做法有多种模式，遵循其机制逻辑，当前的主要政策应对措施是对碳排放定价。然而碳排放定价的有效性是建立在有效市场理论假说基础之上的。但有效市场的世界中不存在系统性风险，因为所有的信息都已经反映在价格中，包括气候信息。气候相关风险的"肥尾"特征使碳排放定价不能阻止极端风险的产生（Weitzman，2009）。因此，在应对气候变化相关风险中，有效市场理论未必有效，而极端不确定性假说（Radical Uncertainty

Hypothesis）却可能是适用的。极端不确定性假说否认金融市场的有效性，认为金融市场存在动量特征，因而具有周期性，理由是人类认知存在局限性。现实的经济体很难用经济学中的"完美"和"完全"来进行定义，每个参与者的决策结果与其所处的环境、制度、规则、风俗密切相关，因此经济体可能会出现多重均衡状态。

第三，技术逻辑局限性：资本市场定价是否反映气候风险难以达成共识。对风险的有效定价是金融业管理气候风险的基础。金融市场应对气候风险定价与前述政策的理论来源——有效市场理论一脉相承，是有效市场理论的必然推论。金融市场纵然可以对"已知的未知"进行风险定价，但无法对"未知的未知"进行有效定价，而气候相关风险恰恰具有"未知的未知"的特征。无论是物理风险还是转型风险，甚至是气候风险可能引致的系统性风险，都具有"未知的未知"的特征。如果我们承认气候相关风险会引发金融风险，则资本市场应该能够对气候风险进行定价，从而建立金融业气候风险管理的技术基础。在使用房地产交易数据、房屋所在地海拔数据和潮汐数据，分析房地产价格是否能够对海平面上升风险定价时，结论表明，房地产价格并没有反映海平面上升的风险，原因可能是对未来预期的乐观（Justin 等，2020）。在研究机构投资者对气候风险的态度时，结论表明机构投资者将气候风险排在金融、法律、运营风险之后，认为气候相关风险是需要被关注的风险类型，但许多股票交易没有对气候风险进行定价（Philipp 等，2019）。这与 Justin 等（2020）的观点相反，当使用房地产交易数据研究洪水治理工程对当地房地产价格的影响时，结论是预期未来被洪水淹没的住房的售价折扣非常高，主要原因是对气候相关风险的信念会影响其定价机制（Markus 等，2020）。在使用美国海洋和大气局（National Oceanic and Atmospheric Administration，NOAA）数据，控制了地形地貌信息，比较当地房屋价格与相似的距离海岸线最近的房屋价格的研究中，结论表明房地产价格反映了海平面上升风险（Markus 等，2020）。

虽然在公司金融领域，有大量的研究成果分析影响企业创新能力的因素，但缺乏对气候相关风险影响企业创新能力的实证分析，进而可能导致资本市场定价的不充分。金融体系对气候风险能否精确定价取决于对气候风险的评估，然而当前气候风险评估仍旧面临巨大挑战。其一，数据缺口较大，无法对金融风险进行全方位的测算。其二，对气候风险、实体经济和金融体系三者协同运行机制的研究尚待突破。目前主流研究气候与实体经济作用机制的 IAM（Integrated Assessment Model）模型缺少金融体系的角色，而 DSGE 模型往往对货币政策和实体经济建模，缺少金融体系和生态系统之间的作用机制。DSGE 模型面对冲击的最终收敛特征是否能刻画气候变化引发经济体系无法收敛的问题也需要讨论。除上述模型外，SFC（Stock – flow Consistent）模型和 ABM（Agent – based Model）模型也被广泛使用。这些模型假设经济体是一个自适应系统，非线性和非均衡为该系统的主要特征；同时该系统还能够内生地处理货币创造问题，引入网络传染风险。虽如此，如何在这些模型中恰当地引入环境因素进行风险评估，当前仍是一个巨大挑战。总之，在资本主义国家的生态市场主义导向框架下，解决气候风险定价的技术突破尚待时日。

3.4.3　中国特色社会主义对生态市场主义的制度优势

如前所述，在生态市场主义的理论框架之下，仅仅依靠市场价格机制难以形成有效的绿色投资，以有效市场理论作为指导的金融市场运行也无法克服生态成本的外部性问题，最终导致的问题是金融市场无法对气候风险进行准确定价。这说明，在有效市场理论指导下，金融体系的绿色投资形成和风险定价的功能都没有实现，因此生态市场主义思想无法指导金融体系应对气候环境变化风险。而当前随着全球环保意识的逐渐觉醒，环境运动的反全球化倾向催生了西方国家应对生态危机的"生态社会主义"思潮，到达了"红绿交融"的新阶段（张剑，2015）。生态资本主义的目标是通过把自然资源"资本化"来建立"绿色资本主义"世界；生态社会主义超越生态资本主义的主要观点在于，生态社会主义认识到导致全球气候变化风险的根源在于资本主义制度本身，因此其政治理想是建立"生态社会主义"世界（马拥军，2017）。然而生态社会主义的局限性在于，把生态危机作为经济危机的替代物，认为生态危机会将资本主义制度引向灭亡的观点没有从根源上认识到真正导致资本主义灭亡的制度原因是资本本身，即资本最大的敌人就是资本本身。无论是生态资本主义还是生态社会主义，都无法做到真正有效地在经济发展、人类进步和应对气候变化风险等方面实现共赢，而这恰恰是中国特色社会主义制度的优势和目标。

习近平新时代中国特色社会主义思想中包含着深刻的生态文明思想。在2022 年 1 月，习近平总书记在中共中央政治局第三十六次集体学习中指出，实现"双碳"目标是一场广泛而深刻的变革。习近平总书记站在人类文明共同体的高度指出，"气候变化是全人类面临的共同挑战，人类要合作应对"①，"两山论"的朴素言语，绿色低碳循环的发展理念，"四对关系"的"双碳"战略思想成功地指导中国经济走出一条绿色低碳、高质量发展之路。习近平总书记在复信英国小学生时指出，中国正在开展前所未有的气候行动，"不仅取得了显著成效，还将会取得更大的成效"②。

第一，中国共产党领导是中国特色社会主义制度的最大优势，也是中国金融业应对气候风险的领导核心。中国共产党的领导是中国特色社会主义最本质的特征，也是实现中国式现代化的根本保障。当前中国经济已经步入新的高质量发展阶段，推动经济绿色低碳转型，是中国特色社会主义事业赋予中国共产党的时代要求，是中国展现大国担当的重要体现。中国共产党的领导能够在金融体系中发挥"统揽全局、协调各方"的核心作用，这也是我国社会主义市场经济体制的一个重要特征。习近平总书记将坚持党对经济工作的集中统一领导放到"七个坚持"之首，这也表明中国共产党领导管理金融体系运行过程中的核心作用。在重大风险面前，坚持中国共产党的领导就是金融业处置金融风险、应对气候风险的主心骨。

第二，在机制逻辑上，社会主义制度突破资本主义生产资料私人占有制，能够在革命资本主义生产方式基础上发挥市场价格机制的信号作用，从而引导绿色投资。美国共产党主席约翰·巴切特尔（2015）指出，资本主义无法在自然与社会之间实现和谐。因此，即使在市场运行机制完备的资本主义国家，绿色投资也是稀缺资源，根本原因是资本唯一追逐的就是利润，因此无法协调经济发展与低碳减排的关系，金融体系与生态系统成为完全对立的关系，无法解决"减排与发展"的矛盾。在生态市场主义理念下，资本从事生态环保产业的根本原因是被其潜在利益吸引，何况资本家从来不会为人民群众的利益而生产，金融资本也不例外。对于具有"动物精神"的金融资本而言，其短视性决定了只要存在巨额收益，资本就不会在意是流向化石资源领域还是低碳绿

---

① 习近平就气候变化问题复信英国小学生。资料来源：人民网 – 人民日报，发布时间：2022 – 04 – 22.

② 习近平就气候变化问题复信英国小学生。资料来源：人民网 – 人民日报，发布时间：2022 – 04 – 22.

色领域，因此指望自由主义思潮指引下的金融资本应对气候变化风险是空中楼阁。转型风险视角下，金融体系的气候风险显然具有长期性特点，而这与金融资本的短期逐利性存在明显冲突。在缺乏必要的制度约束及道德规制的前提下，资本主义金融资本将会以风险规避的手段回避实体经济低碳转型。而在社会主义国家，习近平总书记指出："减排不是减生产力，也不是不排放，而是要走生态优先、绿色低碳发展道路，在经济发展中促进绿色转型，在绿色转型中实现更大发展。"新增长理念下的低碳转型统一资本与生态，从根本上引导金融资本的决策方向，使金融资源的流向内生地与经济低碳绿色发展之路相吻合，将风险在金融决策之初就排斥在生态发展之外。金融业应对气候风险与支持实体经济低碳转型在社会主义生态文明体系下实现了内在与外在的统一，金融业与低碳转型实现了和谐共生。

第三，在政策逻辑上，社会主义制度能够立足经济社会发展的客观现实制定经济政策，避免抽象的有效市场理论下自由主义市场经济的市场失灵问题，有为政府与有效市场的完美结合超脱了资本逻辑的桎梏。习近平总书记要求，在实施"双碳"战略中，要正确处理整体与局部、短期与长远的关系。而整体与局部、短期与长远恰恰是在有效市场理论中被抽象出去的异质性。这就要求中国金融业在应对气候风险时要因地制宜，立足客观实际，既要重视金融机构短期盈利能力提升，又要服务经济长期低碳转型，既要在国家整体"双碳"战略下制定战略方案，又要结合区域性实体经济具体需求提供定制化金融服务。在发挥政府与市场的各自长处上，习近平总书记要求，"推动有为政府和有效市场更好结合，建立健全'双碳'工作激励约束机制"。社会主义制度正确处理政府与市场的关系。在一定程度上，资本主义社会的气候变化风险与资本主义国家政府的不作为密切相关。在资本主义国家，政府是资产阶级财富的"守夜人"，甚至是资产阶级破坏生态环境的"帮凶"（鲁明川，2018）。在资本主义国家，无论是政府还是市场，资本与生态都以资本的逻辑运行，因此资本与生态难以达成一致。而社会主义国家扬弃了资本逻辑，在生态文明建设中以生态掌控资本，以人为本，将人从资本的奴役中解放出来，从根本上实现人与自然的和谐相处。

第四，在技术逻辑上，作为金融市场的参与主体，在有为政府指导下，社会主义国有金融控股使金融机构的利益导向趋同于广大人民群众，金融机构存在内在激励动机应对气候风险，激发了市场主体积极应对气候风险的识别和评估动力。中国人民银行每个月定期通过例会的形式对商业银行施行窗口指导，引导商业银行将资金投向绿色低碳领域。中国人民银行在 2014 年曾经要求，严格控制信贷流向高耗能、高污染、产能过剩的行业，应该建立服务提升能源储备能力、循环经济和降低污染的信贷机制。原中国银保监会的绿色信贷指引中也提到，商业银行要从战略高度认识到绿色信贷的意义，信贷应向低碳、环保、循环经济领域倾斜，缓释环境和社会风险，促进环境和社会可持续发展。通过全面协调整体与局部、短期与长期、政府与市场之间的关系，中国金融业既能够在"双碳"战略下服务实体经济，又能够以稳健的经营抵御气候风险。在中国，金融机构的国有控股决定了金融机构的根本利益与国家利益、人民利益具有高度一致性，因此金融机构应对气候风险本身就是在为国家、为人民应对气候风险服务，超脱了资本本身紧盯利润的局限，能够以整体、大局、长远为重，积极探索定价气候风险、缓释气候风险、规避气候风险的金融产品和服务方式，能够以高政治站位、大局观意识为全人类应对气候风险提供金融业的方案。

第4章

金融市场对气候风险定价实证研究

风险定价是金融市场管理风险的主要方式之一。作为重要的风险因子之一，气候风险应被金融市场定价。本章从物理风险和转型风险两个维度出发，实证分析金融市场对气候风险的定价问题。实证结论表明，气候风险应作为一个重要的风险因子类型被股票市场定价，其应纳入资产定价风险因子的框架中。

4.1 物理风险视角下的实证研究

4.1.1 引言

气候风险对一国经济产生巨大影响（Zhao 等，2021）。气候变化引发的极端天气事件在过去 25 年造成的损失超过 180 亿美元（Michael Bourdeau - Brien 和 Lawrence Kryzanowski，2017）。然而学术文献有关极端天气事件对经济的影响的结论却存在争议。Nakamura 等（2013）认为自然灾害事件会降低人均消费，但 Mechler（2009）却认为这种情况仅仅发生在发展中国家。许多文献认为气候灾害会冲击经济增长（Hochrainer，2009；Strobl，2011）；但也有很多文献认为极端天气事件对生产率的影响具有中性，甚至会产生正向影响（Baker 和 Bloom，2013；Bernile 等，2015）。气候风险会引发自然灾害，但有关其对金融市场的影响的研究结论也不一致。Worthington（2008）和 Luo（2012）认为这些事件不影响股票市场。Wang 和 Kutan（2013）研究美国和日本股票市场，得出类似的结论。但 Worthington 和 Valadkhani（2004）发现气候风险引发自然灾害能显著地影响澳大利亚股票市场表现。Leiter 等（2009）发现被自然灾害冲击地区的企业的资产增速更快。Strobl（2011）的研究结论是，在地区层面气候风险引发的自然灾害显著地促进了受灾地区的经济增长，但是在国家层面，这种促进作用被分散掉了。

气候风险引发天气变化，会出现天气异常。天气异常影响股票市场表现被行为金融理论所关注。行为金融理论认为，天气异常影响投资者情绪，进而会影响股票市场表现，因此这明显背离了有效市场假说（Cao 和 Wei，2005）。更具体来讲，天气会影响投资者的情绪，最终传导至投资者的风险承担行为（Bassi 等，2013）。极端天气会增加投资者负面情绪，因此投资者的决策更为保守。此时，情绪似乎应该是一个承载天气影响股票市场传导机制的合适中介变量。晴天所带来的乐观心情会增加投资者的风险承担意愿，甚至会提出 3% 的溢价估值（Goetzmann 等，2015）。Shafi 和 Mohammadi（2020）的研究表明，乐观的情绪配合晴天增加了投资者参与众筹的积极性。在并购交易领域，Tunyi 和 Machokoto（2021）的研究表明，糟糕的天气会降低英国上市企业并购的信心，进而降低估值水平。

行为金融理论对该问题的解释往往依赖于日度的高频短期数据分析结果。短期内，由于存在信息不对称，市场参与者会表现出非理性特征。但是气候变化引致的自然灾害对股票市场的影响具有滞后性特征：第一，精确计量自然灾害所导致的损失需要时间，市场需要等待企业发布损失的具体金额；第二，自然灾害所导致的损失对企业的影响也具有长期性；第三，自然灾害虽然会给企业带来实物资产损失，但从长期来看，一些企业的生产率会上升（Leiter 等，2009），因此，金融市场需要时间来判断自然灾害对企业的净影响效应；第四，自然灾害的间接影响通过供应链传导，因此也需要消耗时间。这说明，如果将样本时间频率拉长，股票市场将对信息进行充分消化，市场对于气候灾害及天气变化的反应将趋于理性。此时，在频率更低的样本分析中，如果气候风险变量仍旧对股票收益率产生显著的影响，说明市场认为天气因素将是一个重要的风险因子，而不是行为金融理论认为的短期情绪作用。基于此考虑，本部分的主要贡献在于：第一，立足于传统金融理论和行为金融理论，实证研究气候风险因素影响股票市场究竟代表了市场短期非理性行为还是长期的理性行为；第二，丰富资产定价文献，为气候风险因子纳入资产定价风险因子提供证据支持；第三，研究分析师关注度在不同气温高低变化阶段对股票收益率的影响。本章的研究有助于进一步明晰气候风险对股票收益率的影响是理性因素主导还是非理性因素主导，探索了气候风险影响股票收益率的理论机制，并为气候风险因子应纳入资产定价模型提供理论和实证支持。

4.1.2 相关文献综述

气候变化能够影响一国宏观经济的整体表现。Nordhaus（2006）认为，气候是解释非洲国家人均收入水平低的主要因素。Bansal 和 Ochoa（2012）发现，一国的经济表现与气温呈负相关关系，高温国家的人均收入水平低于低温国家，且高温国家的资本市场和金融体系发展较缓慢。Burke 等（2015）的研究表明，国家生产率在 13℃ 时达到最高，之后会随着温度的升高而降低，因此生产率与温度的关系具有非线性特征。Covington 和 Thamotheram（2015）预测，如果气温上升 4℃，全球股票市场将损失 5% ~20%。

4.1.2.1 气候风险对上市公司影响的研究

人类碳排放行为导致气候风险上升。学术研究表明，环境表现差的企业、高碳排放企业面临更高的资本成本（Chava，2014；Sharfman 和 Fernando，2008），财务表现更差（Matsumura 等，2013）。Balachandran 和 Nguyen（2018）指出，严格的碳排放监管增加了企业碳排放风险，增加了企业碳排放成本，尤其是能源、基础设施、材料等行业。

碳排放风险与资本结构之间的关系尚不清晰。Shive 和 Forster（2019）的研究表明，能否进入股票市场融资会影响企业碳排放。Kim 和 Xu（2018），以及 Levine 等（2018）实证分析表明，融资约束和信贷供给会影响有毒气体排放和废物排放。碳排放风险上升迫使企业放弃碳密集技术，鼓励企业使用更为清洁的生产技术。低碳排放会降低公司运营风险，进而增加融资可得性，增加企业杠杆率（Sharfman 和 Fernando，2008）。然而，对于本身高碳排放的企业，低碳转型成本非常高，需要外部资金支持，因此会增加企业财务脆弱性。因此这些企业有动机在债务融资税盾效应好处与财务脆弱性上升之间进行权衡，可能会降低杠杆率水平。Ginglinger 和 Moreau（2019）实证分析表明，企业面临气候风险与债务融资水平呈负相关关系。Delis 等（2019）证实企业的化石燃料储备与利率水平呈正相关关系。Justin Hung Nguyen 和 Hieu V. Phan（2020）将澳大利亚接受《京都议定书》作为准自然试验，研究其对澳大利亚上市公司资本结构的影响，发现《京都议定书》导致高碳企业的杠杆率水平显著下降，尤其是对融资约束强的企业。高碳排放风险增加企业财务风险，因此企业有动机降低碳排放（Justin Hung Nguyen 和 Hieu V. Phan，2020）。

　　气候风险会影响上市公司的财务表现和经营行为。Matsumura 等（2013）实证研究表明，高碳排放会降低公司价值。Dessaint 和 Matray（2017）指出，飓风会影响经理人的风险认知，进而影响企业的现金流。Rehse 等（2019）也提出了类似的观点。Michael Bourdeau‐Brien 和 Lawrence Kryzanowski（2017）研究了自然灾害如何影响美国上市公司的股票收益率和波动性。其结论表明：一小部分的灾害对股票收益率的影响非常显著；平均来讲，灾害周边的企业股票遭受冲击，且时间较长，能够持续 2～3 个月；台风、洪水、冬季风暴及极端高温对股票波动性的影响更为明显。Henry He Huang 等（2018）使用德国 Germanwatch 开发的全球气候风险指数，研究极端天气变化如何影响上市公司财务决策，研究结论表明，飓风、洪水、高温等会降低企业盈利水平，增加现金流波动性。Henry He Huang 等（2018）发现，处于气候风险频发国家的企业往往持有更高的现金，以抵御气候变化的冲击；这些企业往往短期债务占比较低，而长期债务占比较高，不经常分发股利。他们还发现，一些行业抵御气候变化的能力较强。Weidong Xu 等（2022）使用全球 43 个国家 2001 年至 2016 年 167923 个"公司—年份"观测样本进行实证研究，发现气候风险会增加企业的风险承担水平。他们发现，年度的气候风险对企业风险承担水平的影响更为显著；高度个人主义、低不确定性规避会导致公司风险承担程度的增加。在面对气候风险时，Weidong Xu 等（2022）认为，小公司的风险承担会更高，且购买保险的公司风险承担程度会更高，所在国家的治理水平也会影响企业风险承担。Weidong Xu 等（2022）强调气候风险的正面作用，认为企业面对气候风险会增加自身风险承担水平。一方面，气候风险会带来不确定性，增加企业风险承担动机（Chatjuthamard 等，2020）；另一方面，损失规避型的企业领导者有动机承担风险。

4.1.2.2　气候风险对股票市场表现影响的研究

　　一些研究认为，长期气候风险因子应纳入资产定价模型（Bansal 等，

2017），且碳排放风险会影响股票收益率（Bolton 和 Kacperczyk，2020）。一些研究也表明，金融市场并没有有效定价碳风险（Hong 等，2019）。Addoum 等（2021）、Pankratz 等（2019）、Kruttli 等（2021）研究表明，极端高温天气会降低公司盈利水平，继而影响股票市场表现。天气异常影响股票收益率、波动率和交易量（Muhlack 等，2022）。Bernstein 等（2019）指出，海平面上升对房地产价格会产生长期影响。Choi 等（2020）实证分析也表明气候变暖会影响股票收益率。Huang 等（2020）使用中国 34 个县城 87504 个账户的交易数据，发现空气污染会降低交易表现。

　　气候风险的主要表现之一是天气状态异常。研究气象因素与股票市场表现相关性的文献较多（Hirshleifer 和 Shumway，2003；Goodfellow 等，2010；Lanfear 等，2019）。天气对股票市场影响的结论与研究设计、投资者对天气变化的敏感性、股票指数构成、不同国家和地区受天气影响程度等因素有关。Saunders（1993）进行了气象条件与股票市场表现之间关系的早期研究。Saunders（1993）研究了云量与纽约股票指数之间的相关性，发现股票市场中在多云天气比在晴天少 6% 的收益率。气象因素显著影响股票市场意味着有效市场假说可能不再成立，因为这完全是由投资者情绪驱动的（Cao 和 Wei，2005）。与 Saunders（1993）专注于地区数据研究不同，Hirshleifer 和 Shumway（2003）使用城市层面的数据，在全世界选择 26 家主要股票交易所进行实证分析，发现股票收益率与晴天正相关。而且 Hirshleifer 和 Shumway（2003）认为，晴天是影响这 26 家股票交易所股票在 1982 年至 1997 年表现的主要因素，原因是下雨和下雪与股票收益率表现没有关系。Cao 和 Wei（2005）研究气温如何影响美国、英国、德国、加拿大、瑞典、日本、中国台湾、澳大利亚的 9 个股票交易所的股票表现，结果表明，低温时期股票表现更为优秀，原因是低温有助于交易员承担风险。Chang 等（2006）以中国台湾 1997 年 7 月至 2003 年 10 月的股票数据为研究样本，研究湿度、温度和多云状态对股票市场的影响，结论表明，湿度影响不是非常显著，极端高温和极端寒冷天气会降低股票市场表现。然而 Pardo 和 Valor（2003）以西班牙股票市场为研究样本，发现从 1981 年至 2000 年，日照时间和湿度并不会显著影响股票市场收益率。Muhlack 等（2022）研究 2003 年至 2017 年中多云天气、气压、降水、湿度、温度、风速对德国 DAX、MDAX、SDAX、TecDAX 指数股票收益率、交易量、波动率的影响。Muhlack 等（2022）发现，当气压上升时，DAX、MDAX、SDAX 上涨，气温上升时 DAX 和 MDAX 上涨；风速和湿度增加会降低 SDAX 和 TecDAX 的波动性；降水、气压和温度对德国股票市场不产生影响。Nguyen Thi Hoa Hong 等（2023）研究了越南在新冠疫情的全国静默时期天气异常如何影响越南股票市场表现，结果表明：新冠疫情暴发之前，温度影响除异质性风险外的所有风险收益指标；而新冠疫情暴发后，温度仅仅影响股票的累积超额收益指标，气压也仅仅影响股票市场的累积超额收益率。总体来讲，Nguyen Thi Hoa Hong 等（2023）认为，天气越异常，风险越高，收益率越低。

总体而言，学术研究表明，气候风险会影响股票市场表现。然而对于此问题的理论解释究竟应沿着传统金融学关于有效市场假说的脉络前行，还是在行为金融学框架之下引入情绪这一关键的中介机制？对于这一问题的回答，学术界似乎并没有完全形成一致的结论。金融市场对信息的消化与理解需要时间，因此短期的行为因素或者情绪因素可能随着时间的拉长而逐渐淡化。如果在较长的一段时期内气候风险仍旧显著地影响上市公司股票收益率，则可以说明该影响机制应是理性消化预期的结果，气候风险因子可以作为一个风险因子纳入资产定价理论框架。或许也可以说，短期影响特征可以在行为金融学框架之下来解释，但长期影响似乎仍旧是股票市场理性消化市场信息的结果。

4.1.3　样本数据

本章以中国 A 股上市公司为研究样本，样本期间为 2011 年至 2021 年。本章对于样本数据进行如下处理：（1）剔除带 ST、*ST、PT 标记的企业；（2）剔除主要变量中数据出现缺失的样本；（3）剔除资产负债率超过 100% 的样本。经过上述处理，最终得到 4403 家 A 股上市公司，共计 58873 个观测值。为了避免异常值对于回归结果的影响，本章对所有的连续性变量均在 5% 和 95% 的分位点进行缩尾处理。本章的具体回归方程如式（4 - 1）所示：

$$\text{RET}_{i,d,t} = \partial + \beta_1 \ln \text{temp}_{d,t} + \beta_2 \text{CV}_{i,t} + \mu_i + \theta_t + \varepsilon_{i,t} \qquad (4 - 1)$$

其中：i 表示上市公司；t 表示年度；d 表示公司注册地所在区县；μ_i 表示个体固定效应；θ_t 表示时间固定效应；RET 表示上市公司年度股票收益率；CV 表示控制变量。本章中的上市公司财务数据均来自中国经济金融研究数据库（CSMAR）。

根据已有文献（Bansal 和 Ochoa，2012；Burke 等，2015），衡量气候风险的一个主要指标是温度。式（4-1）中 lntemp 表示取自然对数后的有关温度的变量设定。本章的温度数据来源于中国气象数据网、中国地面气候资料日值数据集 V3.0，该数据详细记录了 2000 年至 2022 年的每日气温数据。具体来讲，本章首先计算各个地区每年温度数据的日度平均值，其次计算各个地区每年温度的最大值、最小值、平均值，以及自有记录以来的温度均值（tempall），最后计算衡量气候风险的温度变量，其具体所包括的变量含义如下：lntemp_ max 为每年气温最高值的自然对数；lntempvarmax_ all 为每年温度的最高值相较于 tempall 的变动的自然对数。同时，为了进行稳健性检验，本章还计算如下变量：lntemp_ varmax 为每年气温的最高值减当年的平均值的自然对数；lntemp_ varmin 为每年气温平均值减最低值的自然对数；lntemp_ min 为每年气温最低值的自然对数；lntempvarmax_ all 为每年温度的最低值相较于 tempall 的变动的自然对数。

式（4-1）中，CV 表示控制变量。参考现有文献（朱红兵等，2020；韩国文等，2021；张然等，2022），本章选择的控制变量包括：（1）规模控制变量：总资产取自然对数（lnsize），托宾 Q（QA）；（2）价值控制变量：账面市值比（BM）；（3）盈利控制变量：总资产净利润率（ROA），总资产增长率（AG），资产周转率（AT）；（4）宏观经济控制变量：GDP 年度增长率（r_ gdp）。具体变量说明见表4-1。

在机制研究方面，本章使用中介效应模型式（4-2）至式（4-4）及调节效应式（4-5）。Mediate 为中介变量，具体包括资产负债率、投资者关注、机构持股比例三类变量。本章还从国企与非国企、低污染与高污染、小规模和大规模三个维度进行异质性回归分析。相关变量符号表示及定义见表4-1。样本数据统计特征见表4-2。

$$\text{RET}_{i,d,t} = \partial + \beta_3 \text{lntemp}_{d,t} + \beta_4 \text{CV}_{i,t} + \mu_i + \theta_t + \varepsilon_{i,t} \qquad (4-2)$$

$$\text{Mediate}_{i,t} = \partial + \beta_5 \text{lntemp}_{d,t} + \beta_6 \text{CV}_{i,t} + \mu_i + \theta_t + \varepsilon_{i,t} \qquad (4-3)$$

$$\text{RET}_{i,t} = \partial + \beta_7 \text{lntemp}_{d,t} + \beta_8 \text{Mediate}_{i,t} + \beta_9 \text{CV}_{i,t} + \mu_i + \theta_t + \varepsilon_{i,t} \qquad (4-4)$$

$$\text{RET}_{i,t} = \partial + \beta_{10} \text{lntemp}_{d,t} + \beta_{11} \text{Mediate}_{i,t} + \beta_{12} \text{Mediate}_{i,t} \times \text{lntemp}_{d,t}$$
$$+ \beta_{13} \text{CV}_{i,t} + \mu_i + \theta_t + \varepsilon_{i,t} \qquad (4-5)$$

表 4 - 1　主要变量及其衡量指标

被解释变量	RET	T 年末相较于 $T-1$ 年末股票收盘价的变化率
气候风险 解释变量	lntemp_ max	ln（每年最高温）
	lntempvarmax_ all	ln（每年的最高温 - 历史所有年份温度的均值）
稳健性检验变量	lntemp_ varmax	ln（每年的均值 - 该年的最低温）
	lntemp_ min	ln（每年最低温 + 33）
	lntemp_ varmax	ln（每年的最高温 - 该年温度的均值）
	lntempvarmin_ all	ln（历史所有年份温度的均值 - 每年的最低温）
控制变量	lnsize	总资产取对数
	QA	托宾 Q
	BM	账面市值比 = 年度账面资产除以年末总市值
	AG	总资产增长率 =（当年总资产 - 上年总资产）/上年总资产
	AT	资产周转率，营业收入与平均资产总额之比
	r_ gdp	T 年末相较于 $T-1$ 年末 GDP 的变化率
中介变量	LEV	资产负债率
	lninvest_ p	机构投资者持有比例：机构投资者持有股份总数量占上市公司总股份比例衡量机构持有量
	risk_ bear	往前滚动五年的 ROA 标准差

注：在计算 lntemp_ min 时加 33 的目的是保证括号内的值非负，可以取对数。

参考刘行等（2016）的做法，$risk\_ bear = \sqrt{\dfrac{1}{T-1}\sum_{t=1}^{T}\left(ROA_{i,t} - \dfrac{1}{T}\sum_{i=1}^{T} ROA_{i,t}\right)^2} \mid T = 5$，risk_ bear 是从观测年度起连续 5 年企业 ROA 的标准差。

表 4 - 2　样本数据统计特征

VARIABLES	N	Mean	SD	Min	Max
RET	44581	- 0.0497	0.52	- 1.416	1.31
lntemp_ varmax	57690	2.61	0.306	1.922	3.141
lntemp_ varmin	57690	2.933	0.236	2.449	3.452
lntemp_ max	57690	3.43	0.0699	3.132	3.538
lntemp_ min	57690	- 3.361	0.355	- 3.812	- 1.984
lntempvarmax_ all	57690	2.779	0.143	2.109	2.981
lntempvarmin_ all	57690	2.691	0.62	0.896	3.699

VARIABLES	N	Mean	SD	Min	Max
LEV	58577	0.455	0.219	0.0563	1.103
lninvest_p	45305	3.442	1.317	−2.475	4.585
risk_bear	49179	0.046	0.0701	0.001	0.479
AT	58492	0.659	0.469	0.0244	2.635
BM	47166	0.639	0.244	0.109	1.14
AG	48724	0.198	0.397	−0.409	2.346
lnsize	48698	21.94	1.44	19.09	26.95
QA	47166	1.981	1.341	0.877	9.163
r_gdp	58873	0.107	0.0423	0.0271	0.208

4.1.4 实证结果

本部分首先进行基础回归和稳健性回归，其次列示各个维度视角下的异质性检验结果。

4.1.4.1 基础回归结果

表 4-3 为基础回归结果。从表 4-3 可以看出，衡量气候风险的温度变量回归系数均显著为负值，说明温度上升整体上会降低企业股票的年度收益率。与已有关注天气变化对股票市场影响的行为金融文献不同，本章的研究样本为年度层面的面板数据，因此股票市场会有充分的时间消化天气变化对企业的影响。鉴于表 4-3 的回归结果均显著为负值，说明这种负向影响是经过市场参与者对信息进行充分加工消化得到的交易结果，应具有理性特征，而不是行为金融所提出的由情绪驱动的短期非理性行为。这说明，气候风险因子应纳入资产定价模型，作为风险因子而存在。

表 4-3 基础回归结果

VARIABLES	(1)	(2)	(3)	(4)	(5)	(6)
	基础回归			稳健性检验		
	RET	RET	RET	RET	RET	RET
lntemp_varmax			−0.3620 *** (−22.1814)			

续表

VARIABLES	(1)	(2)	(3)	(4)	(5)	(6)
	基础回归			稳健性检验		
	RET	RET	RET	RET	RET	RET
lntemp_ varmin				−0.5381 ***		
				(−38.3867)		
lntemp_ max	−0.7082 ***					
	(−9.8878)					
lntemp_ min					−0.5254 ***	
					(−31.2516)	
lntempvarmax_ all		−0.3581 ***				
		(−9.6250)				
lntempvarmin_ all						−0.2346 ***
						(−33.4423)
AT	0.0686 ***	0.0686 ***	0.0773 ***	0.0748 ***	0.0746 ***	0.0790 ***
	(5.9609)	(5.9581)	(6.8080)	(6.6286)	(6.5683)	(7.0192)
BM	−0.9978 ***	−0.9977 ***	−0.9748 ***	−0.9400 ***	−0.9546 ***	−0.9423 ***
	(−37.6773)	(−37.6712)	(−37.1473)	(−36.3379)	(−36.7130)	(−36.3333)
AG	0.1600 ***	0.1599 ***	0.1590 ***	0.1494 ***	0.1521 ***	0.1515 ***
	(13.2920)	(13.2832)	(13.3465)	(12.7277)	(12.8537)	(12.8690)
lnsize	0.0491 ***	0.0491 ***	0.0428 ***	0.0525 ***	0.0489 ***	0.0455 ***
	(15.6547)	(15.6530)	(13.9874)	(17.3344)	(16.0384)	(15.1462)
QA	0.0309 ***	0.0310 ***	0.0227 ***	0.0292 ***	0.0273 ***	0.0226 ***
	(4.6029)	(4.6110)	(3.3794)	(4.4362)	(4.1149)	(3.4164)
r_ gdp	−1.2359 ***	−1.2373 ***	−1.0713 ***	−1.0519 ***	−1.0513 ***	−0.9575 ***
	(−23.1825)	(−23.2072)	(−19.9583)	(−20.2160)	(−19.9373)	(−18.1277)
Constant	1.9392 ***	0.5057 ***	0.5732 ***	0.9613 ***	−2.2965 ***	0.1716 **
	(7.7921)	(4.2094)	(6.8022)	(11.9876)	(−25.0670)	(2.3548)
时间效应	YES	YES	YES	YES	YES	YES
个体效应	YES	YES	YES	YES	YES	YES
Observations	42631	42631	42631	42631	42631	42631
Number of id	3989	3989	3989	3989	3989	3989
Adjusted R − squared	0.1963	0.1962	0.2028	0.2190	0.2125	0.2151

注：＊＊＊表示1%水平显著；＊＊表示5%水平显著；＊表示10%水平显著。

4.1.4.2 异质性回归结果

参考 Bolton P 和 Kacperczyk M （2021）、陈诗一 （2021） 的研究结果，本章主要从所处行业①（低污染，高污染）、企业性质（非国有企业，国有企业）、企业规模（小规模，大规模)② 三个角度对样本进行划分并重新回归。同时，考虑到 2013 年中国碳排放市场正式运行会影响企业的经营成本和经营行为，因此本章以 2013 年为分界点，对 2013 年前后的样本进行回归检验。表4－4 至表 4－7 实证结果显示，所有气候风险变量的回归系数显著为负值，与基础回归结论一致。

4.1.5 基于中介效应与调节效应机制分析

本章进一步从资产负债率视角、机构投资者占比视角、风险承担视角进行中介机制和调节效应检验，以进一步明晰气候风险对股票收益率的影响机制。

4.1.5.1 资产负债率视角

表 4－8 中资产负债率的定义是总负债与总资产的比值。表 4－8 中调节效应估计结果表明：当气温升高时，企业债务水平越高，股票收益率越高；企业债务水平越低，企业股票收益率就越低。而中介效应估计结果显示，气候风险上升会降低企业整体负债水平，进而降低股票收益率。因此整体而言，表 4－8 结论说明气温上升会导致企业降低债务融资水平，进而降低股票收益率。这说明，当气候风险导致企业未来不确定性水平上升时，企业会权衡提升杠杆率水平所带来的税盾优势和财务脆弱性增加的劣势，并且会选择降低财务脆弱性的决策。这可能会导致偏离最优资本结构，进而造成企业价值的下降。

---

① 本章采用倪娟和孔令文（2016）的做法，将行业代码为 B06、B07、B08、B09、C17、C19、C22、C25、C26、C27、C28、C30、C31、C32、C33、D44 的公司划分为高污染企业，其余的为低污染企业。

② 规模大小按照总资产（TA）进行划分，总资产小于均值的属于小规模企业，大于均值的属于大规模企业。

表 4 - 4　异质性检验——国有企业与非国有企业

VARIABLES	(1)	(2)	(3)	(4)	(5)	(6)	(7)	(8)	(9)	(10)	(11)	(12)
	非国有企业	国有企业	非国有企业	国有企业	非国有企业	国有企业	非国有企业	国有企业	非国有企业	国有企业	非国有企业	国有企业
	RET	RET	RET	RET	RET	RET	RET	RET	RET	RET	RET	RET
Intemp_varmax	-0.4005 *** (-16.3691)	-0.2481 *** (-11.0604)										
Intemp_varmin			-0.5208 *** (-25.6570)	-0.5182 *** (-25.4697)								
Intemp_max					-0.9344 *** (-7.8960)	-0.3095 *** (-3.1674)						
Intemp_min							-0.5101 *** (-19.7486)	-0.4755 *** (-21.2197)				
Intempvarmax_all									-0.4776 *** (-7.7267)	-0.1422 *** (-2.8137)		
Intempvarmin_all											-0.2364 *** (-23.6853)	-0.1970 *** (-19.4131)
AT	0.0822 *** (4.1165)	-0.0110 (-0.6159)	0.0763 *** (3.8298)	-0.0073 (-0.4177)	0.0722 *** (3.5837)	-0.0189 (-1.0418)	0.0762 *** (3.7968)	-0.0073 (-0.4135)	0.0723 *** (3.5853)	-0.0188 (-1.0373)	0.0831 *** (4.1756)	-0.0058 (-0.3277)
BM	-0.9091 *** (-23.2101)	-1.2950 *** (-30.8923)	-0.9161 *** (-23.5414)	-1.2252 *** (-29.8086)	-0.9378 *** (-23.9095)	-1.3158 *** (-31.1466)	-0.9194 *** (-23.5194)	-1.2502 *** (-30.3433)	-0.9375 *** (-23.9033)	-1.3155 *** (-31.1405)	-0.8988 *** (-23.0827)	-1.2455 *** (-30.0501)
AG	0.1694 *** (10.6871)	0.2393 *** (11.4576)	0.1572 *** (10.0557)	0.2342 *** (11.4503)	0.1741 *** (10.8685)	0.2365 *** (11.2304)	0.1594 *** (10.1086)	0.2387 *** (11.5580)	0.1740 *** (10.8592)	0.2366 *** (11.2295)	0.1587 *** (10.1313)	0.2371 *** (11.5019)

续表

VARIABLES	(1) 非国有企业 RET	(2) 国有企业 RET	(3) 非国有企业 RET	(4) 国有企业 RET	(5) 非国有企业 RET	(6) 国有企业 RET	(7) 非国有企业 RET	(8) 国有企业 RET	(9) 非国有企业 RET	(10) 国有企业 RET	(11) 非国有企业 RET	(12) 国有企业 RET
lnsize	-0.0054	-0.0016	0.0109**	0.0041	0.0028	0.0018	0.0051	0.0026	0.0029	0.0017	0.0022	-0.0009
	(-1.0023)	(-0.2973)	(1.9916)	(0.7940)	(0.5072)	(0.3229)	(0.9229)	(0.4944)	(0.5203)	(0.3126)	(0.4097)	(-0.1684)
QA	0.0289***	-0.0356***	0.0332***	-0.0294***	0.0400***	-0.0330***	0.0327***	-0.0316***	0.0401***	-0.0330***	0.0272***	-0.0340***
	(3.0713)	(-3.0714)	(3.5866)	(-2.6030)	(4.2999)	(-2.8325)	(3.4993)	(-2.7732)	(4.3144)	(-2.8330)	(2.9167)	(-2.9838)
r_gdp	-2.0043***	-1.4050***	-1.9085***	-1.4028***	-2.1849***	-1.5152***	-1.9568***	-1.3710***	-2.1868***	-1.5151***	-1.8322***	-1.3152***
	(-23.3547)	(-18.2872)	(-22.5905)	(-19.0740)	(-25.6325)	(-20.1074)	(-22.9404)	(-18.4142)	(-25.6554)	(-20.1085)	(-21.4402)	(-17.4272)
Constant	1.6673***	1.8017***	1.7924***	2.4893***	3.6854***	2.1547***	-1.3305***	-0.5748***	1.8069***	1.4900***	1.0762***	1.6276***
	(11.3816)	(12.9715)	(12.5698)	(18.4881)	(8.9219)	(6.3388)	(-8.3516)	(-3.7971)	(8.8011)	(8.4488)	(8.0957)	(12.7483)
时间效应	YES	YES	YES	YES	YES	YES	YES	YES	YES	YES	YES	YES
个体效应	YES	YES	YES	YES	YES	YES	YES	YES	YES	YES	YES	YES
Observations	21970	18355	21970	18355	21970	18355	21970	18355	21970	18355	21970	18355
Number of id	2892	1532	2892	1532	2892	1532	2892	1532	2892	1532	2892	1532
Adjusted R-squared	0.2155	0.2329	0.2296	0.2500	0.2076	0.2294	0.2213	0.2448	0.2076	0.2294	0.2282	0.2422

注：***表示1%水平显著；**表示5%水平显著；*表示10%水平显著。

表 4-5 异质性检验——小规模企业与大规模企业

VARIABLES	(1)	(2)	(3)	(4)	(5)	(6)	(7)	(8)	(9)	(10)	(11)	(12)
	小规模企业	大规模企业	小规模企业	大规模企业	小规模企业	大规模企业	小规模企业	大规模企业	小规模企业	大规模企业	小规模企业	大规模企业
	RET	RET	RET	RET	RET	RET	RET	RET	RET	RET	RET	RET
Intemp_varmax	-0.5607*** (-24.0110)	-0.1864*** (-8.6995)										
Intemp_varmin			-0.5766*** (-28.0835)	-0.4956*** (-26.0528)								
Intemp_max					-1.2015*** (-10.9242)	-0.3214*** (-3.4268)						
Intemp_min							-0.5840*** (-22.9433)	-0.4679*** (-21.0532)				
Intempvarmax_all									-0.6072*** (-10.6238)	-0.1633*** (-3.3468)		
Intempvarmin_all											-0.2843*** (-28.9453)	-0.1859*** (-19.1337)
AT	0.1027*** (5.7679)	0.0548*** (3.7752)	0.0979*** (5.5186)	0.0554*** (3.8573)	0.0919*** (5.0969)	0.0495*** (3.3745)	0.0977*** (5.4689)	0.0553*** (3.8260)	0.0919*** (5.0951)	0.0495*** (3.3725)	0.1027*** (5.7921)	0.0586*** (4.0937)
BM	-0.7236*** (-19.5475)	-1.1527*** (-30.4053)	-0.6965*** (-18.9948)	-1.0968*** (-29.4703)	-0.7191*** (-19.2845)	-1.1768*** (-31.0482)	-0.7027*** (-19.0130)	-1.1168*** (-29.9716)	-0.7185*** (-19.2715)	-1.1769*** (-31.0491)	-0.7051*** (-19.3064)	-1.1031*** (-29.3324)
AG	0.1325*** (7.8174)	0.1751*** (10.3947)	0.1242*** (7.3449)	0.1664*** (10.0956)	0.1393*** (8.0790)	0.1739*** (10.2594)	0.1270*** (7.4558)	0.1691*** (10.1778)	0.1392*** (8.0688)	0.1738*** (10.2559)	0.1242*** (7.3611)	0.1700*** (10.2411)

续表

VARIABLES	(1) 小规模企业 RET	(2) 大规模企业 RET	(3) 小规模企业 RET	(4) 大规模企业 RET	(5) 小规模企业 RET	(6) 大规模企业 RET	(7) 小规模企业 RET	(8) 大规模企业 RET	(9) 小规模企业 RET	(10) 大规模企业 RET	(11) 小规模企业 RET	(12) 大规模企业 RET
lnsize	0.0443 ***	0.0434 ***	0.0671 ***	0.0478 ***	0.0582 ***	0.0463 ***	0.0598 ***	0.0456 ***	0.0583 ***	0.0463 ***	0.0550 ***	0.0431 ***
	(6.3264)	(12.1675)	(9.4222)	(13.7738)	(8.0964)	(12.7845)	(8.3714)	(13.0231)	(8.0983)	(12.7839)	(7.8253)	(12.3935)
QA	0.0555 ***	0.0033	0.0695 ***	0.0069	0.0775 ***	0.0039	0.0677 ***	0.0053	0.0777 ***	0.0040	0.0571 ***	0.0044
	(6.3057)	(0.2938)	(8.1563)	(0.6243)	(9.0315)	(0.3515)	(7.8570)	(0.4762)	(9.0535)	(0.3520)	(6.6152)	(0.4009)
r_gdp	-0.6813 ***	-1.4633 ***	-0.6719 **	-1.4007 ***	-0.8943 ***	-1.5567 ***	-0.6636 ***	-1.3967 ***	-0.8973 ***	-1.5572 ***	-0.5656 ***	-1.3328 ***
	(-8.3628)	(-20.9737)	(-8.4948)	(-20.7031)	(-10.9986)	(-22.4916)	(-8.4945)	(-20.4329)	(-11.0325)	(-22.4979)	(-7.0698)	(-19.3912)
Constant	0.7118 ***	0.3831 ***	0.4171 **	1.2026 ***	3.0563 ***	0.9604 ***	-3.0824 ***	-1.7606 ***	0.6218 ***	0.3120 **	-0.2322	0.3571 ***
	(4.1760)	(3.6402)	(2.4772)	(11.9847)	(7.6529)	(2.9661)	(-17.1601)	(-15.2254)	(2.8685)	(2.0308)	(-1.4582)	(3.9617)
时间效应	YES	YES	YES	YES	YES	YES	YES	YES	YES	YES	YES	YES
个体效应	YES	YES	YES	YES	YES	YES	YES	YES	YES	YES	YES	YES
Observations	19603	23028	19603	23028	19603	23028	19603	23028	19603	23028	19603	23028
Number of id	2195	1794	2195	1794	2195	1794	2195	1794	2195	1794	2195	1794
Adjusted R – squared	0.2037	0.2105	0.2130	0.2288	0.1892	0.2087	0.2060	0.2229	0.1890	0.2087	0.2149	0.2211

注：*** 表示 1% 水平显著；** 表示 5% 水平显著；* 表示 10% 水平显著。

表 4 - 6　异质性检验——高污染企业与低污染企业

VARIABLES	(1) 低污染 RET	(2) 高污染 RET	(3) 低污染 RET	(4) 高污染 RET	(5) 低污染 RET	(6) 高污染 RET	(7) 低污染 RET	(8) 高污染 RET	(9) 低污染 RET	(10) 高污染 RET	(11) 低污染 RET	(12) 高污染 RET
lntemp_varmax	-0.3971*** (-20.8088)	-0.2648*** (-8.4657)										
lntemp_varmin			-0.5703*** (-34.0942)	-0.4481*** (-17.7683)								
lntemp_max					-0.7884*** (-9.1624)	-0.5152*** (-3.9662)						
lntemp_min							-0.5655*** (-27.3924)	-0.4282*** (-15.1830)				
lntempvarmax_all									-0.3995*** (-8.8890)	-0.2612*** (-3.9188)		
lntempvarmin_all											-0.2550*** (-31.1109)	-0.1759*** (-13.2443)
AT	0.0888*** (6.5958)	0.0424** (2.0012)	0.0832*** (6.2290)	0.0479** (2.2555)	0.0817*** (5.9910)	0.0317 (1.4709)	0.0832*** (6.1615)	0.0473** (2.2355)	0.0817*** (5.9889)	0.0316 (1.4689)	0.0882*** (6.6201)	0.0486** (2.2979)
BM	-0.9168*** (-29.9878)	-1.1250*** (-22.1998)	-0.8844*** (-29.2763)	-1.0870*** (-21.6810)	-0.9427*** (-30.4615)	-1.1413*** (-22.3341)	-0.8992*** (-29.5320)	-1.1009*** (-21.9925)	-0.9425*** (-30.4569)	-1.1413*** (-22.2306)	-0.8828*** (-29.1699)	-1.0982*** (-21.8332)
AG	0.1649*** (12.2431)	0.1384*** (5.3967)	0.1524*** (11.5019)	0.1380*** (5.4168)	0.1690*** (12.3991)	0.1325*** (5.1220)	0.1549*** (11.5677)	0.1402*** (5.4949)	0.1689*** (12.3911)	0.1324*** (5.1186)	0.1536*** (11.5554)	0.1409*** (5.5189)

续表

VARIABLES	(1) 低污染	(2) 高污染	(3) 低污染	(4) 高污染	(5) 低污染	(6) 高污染	(7) 低污染	(8) 高污染	(9) 低污染	(10) 高污染	(11) 低污染	(12) 高污染
	RET	RET	RET	RET	RET	RET	RET	RET	RET	RET	RET	RET
lnsize	0.0386***	0.0541***	0.0492***	0.0618***	0.0460***	0.0578***	0.0456***	0.0582***	0.0460***	0.0578***	0.0414***	0.0567***
	(11.0033)	(8.8044)	(14.0777)	(10.2214)	(12.7467)	(9.2391)	(12.9402)	(9.6291)	(12.7404)	(9.2440)	(11.9857)	(9.3859)
QA	0.0331***	-0.0060	0.0400***	-0.0009	0.0422***	-0.0003	0.0383***	-0.0035	0.0423***	-0.0002	0.0330***	-0.0060
	(4.2709)	(-0.4480)	(5.2858)	(-0.0661)	(5.4511)	(-0.0198)	(5.0081)	(-0.2606)	(5.4594)	(-0.0173)	(4.3190)	(-0.4496)
r_gdp	-1.1350***	-0.9044***	-1.1069***	-0.9007***	-1.3110***	-1.0296***	-1.1132***	-0.8839***	-1.3129***	-1.0303***	-1.0048***	-0.8324***
	(-17.8643)	(-8.9662)	(-17.9693)	(-9.2080)	(-20.7509)	(-10.2869)	(-17.8165)	(-8.9434)	(-20.7797)	(-10.2918)	(-16.1133)	(-8.3353)
Constant	0.6813***	0.2685	1.0584***	0.6851***	2.2140***	1.2690***	-2.4345***	-1.9744***	0.6208***	0.2273	0.2401***	-0.0272
	(7.0588)	(1.5830)	(11.3934)	(4.3405)	(7.4360)	(2.7859)	(-22.2552)	(-11.6999)	(4.3592)	(1.0098)	(2.8735)	(-0.1848)
时间效应	YES	YES	YES	YES	YES	YES	YES	YES	YES	YES	YES	YES
个体效应	YES	YES	YES	YES	YES	YES	YES	YES	YES	YES	YES	YES
Observations	30868	11763	30868	11763	30868	11763	30868	11763	30868	11763	30868	11763
Number of id	2977	1012	2977	1012	2977	1012	2977	1012	2977	1012	2977	1012
Adjusted R - squared	0.2057	0.1969	0.2234	0.2092	0.1978	0.1936	0.2158	0.2054	0.1977	0.1935	0.2205	0.2035

注：*** 表示 1% 水平显著；** 表示 5% 水平显著；* 表示 10% 水平显著。

表 4 – 7　异质性检验——2013 年前和 2013 年后

VARIABLES	(1) RET	(2) RET	(3) RET	(4) RET	(5) RET	(6) RET	(7) RET	(8) RET	(9) RET	(10) RET	(11) RET	(12) RET
lntemp_ varmax	-0.8844 *** (-15.1126)											
lntemp_ varmin		-0.4004 *** (-20.9482)		-0.3835 *** (-27.0860)								
lntemp_ max			-1.7629 *** (-40.9047)		1.2455 *** (9.8387)							
lntemp_ min						-2.1780 *** (-21.1434)	-2.4242 *** (-32.6834)	-0.3519 *** (-20.8460)				
lntempvarmax_ all									0.6285 *** (9.5436)	-1.1029 *** (-20.5482)		
lntempvarmin_ all											-1.3745 *** (-41.5174)	-0.1708 *** (-24.4133)
AT	0.0459 ** (2.4678)	0.1434 *** (7.0535)	0.0767 *** (4.2745)	0.1338 *** (6.3832)	0.0510 *** (2.7302)	0.1266 *** (6.2593)	0.0717 *** (3.9926)	0.1348 *** (6.4560)	0.0510 *** (2.7318)	0.1268 *** (6.2657)	0.0828 *** (4.6993)	0.1411 *** (6.8092)
BM	-1.3963 *** (-32.4994)	-0.8248 *** (-23.2860)	-1.1911 *** (-29.2939)	-0.8504 *** (-23.8598)	-1.4064 *** (-33.0355)	-0.8932 *** (-25.5105)	-1.2212 *** (-30.0502)	-0.8583 *** (-24.1826)	-1.4063 *** (-33.0278)	-0.8933 *** (-25.5051)	-1.1181 *** (-27.6678)	-0.8281 *** (-23.2778)

续表

VARIABLES	(1)	(2)	(3)	(4)	(5)	(6)	(7)	(8)	(9)	(10)	(11)	(12)
	RET	RET	RET	RET	RET	RET	RET	RET	RET	RET	RET	RET
AG	0.2455***	0.0832***	0.2287***	0.0733***	0.2500***	0.0977***	0.2259***	0.0750***	0.2500***	0.0975***	0.2132***	0.0756***
	(11.9327)	(5.4477)	(11.6959)	(4.7922)	(12.1080)	(6.3018)	(11.6353)	(4.8639)	(12.1051)	(6.2860)	(11.0288)	(4.9661)
lnsize	0.0670***	0.1448***	0.0673***	0.1694***	0.0570***	0.1417***	0.0769***	0.1629***	0.0572***	0.1417***	0.0709***	0.1589***
	(10.0210)	(16.3394)	(10.7251)	(18.2245)	(8.7429)	(16.0155)	(12.0531)	(17.7072)	(8.7808)	(15.9944)	(11.5936)	(17.4566)
QA	0.0275**	0.0837***	0.0432***	0.0932***	0.0146	0.0921***	0.0445***	0.0926***	0.0148	0.0925***	0.0499***	0.0875***
	(2.3383)	(10.5400)	(3.9390)	(11.7407)	(1.2442)	(11.6250)	(4.0196)	(11.6453)	(1.2628)	(11.6658)	(4.5985)	(11.0475)
r_gdp	-1.3319***	-2.2630***	-1.8566***	-2.1574***	-1.0466***	-2.2628***	-1.9125***	-2.2673***	-1.0511***	-2.2738***	-1.7097***	-2.1627***
	(-17.0807)	(-31.6086)	(-23.8179)	(-30.3659)	(-13.4146)	(-31.3695)	(-23.1697)	(-31.9253)	(-13.4783)	(-31.5439)	(-22.8025)	(-30.2791)
Constant	1.8505***	-1.8175***	4.5802***	-2.2797***	-4.5698***	4.7341***	-8.8850***	-4.4366***	-2.0508***	0.3322	3.0661***	-2.7218***
	(9.4671)	(-8.9227)	(24.7131)	(-11.1702)	(-10.1550)	(11.4758)	(-30.3544)	(-20.2823)	(-9.0026)	(1.3170)	(18.9531)	(-13.5357)
时间效应	YES	YES	YES	YES	YES	YES	YES	YES	YES	YES	YES	YES
个体效应	YES	YES	YES	YES	YES	YES	YES	YES	YES	YES	YES	YES
Observations	18949	23682	18949	23682	18949	23682	18949	23682	18949	23682	18949	23682
Number of id	2424	3912	2424	3912	2424	3912	2424	3912	2424	3912	2424	3912
Adjusted R-squared	0.2640	0.2236	0.3100	0.2295	0.2589	0.2234	0.3221	0.2213	0.2587	0.2225	0.3348	0.2275

注：*** 表示 1% 水平显著；** 表示 5% 水平显著；* 表示 10% 水平显著。

表4-8　资产负债率视角下的中介效应与调节效应检验

VARIABLES	(1)	(2)	(3)	(4)	(5)	(6)
	中介效应检验			调节效应检验		
	LEV	RET	LEV	RET	RET	RET
lntemp_ max	-0.0765 ***	-0.6924 ***			-1.1546 ***	
	(-3.4428)	(-9.6989)			(-8.0231)	
lntempvarmax_ all			-0.0395 ***	-0.3499 ***		-0.5888 ***
			(-3.4043)	(-9.4368)		(-7.9360)
LEV		0.2626 ***		0.2627 ***	-3.0984 ***	-1.1395 ***
		(12.3235)		(12.3238)	(-3.4064)	(-3.0153)
tempmax_ LEV					0.9808 ***	
					(3.6928)	
tempallmax_ LEV						0.5053 ***
						(3.7083)
AT	0.0172 **	0.0641 ***	0.0172 **	0.0640 ***	0.0631 ***	0.0631 ***
	(2.3510)	(5.6169)	(2.3500)	(5.6144)	(5.5374)	(5.5364)
BM	0.0396 ***	-1.0085 ***	0.0396 ***	-1.0084 ***	-1.0083 ***	-1.0081 ***
	(3.4141)	(-38.1278)	(3.4139)	(-38.1222)	(-38.0999)	(-38.0920)
AG	-0.0401 ***	0.1615 ***	-0.0401 ***	0.1614 ***	0.1609 ***	0.1609 ***
	(-11.3996)	(13.4006)	(-11.4031)	(13.3920)	(13.3470)	(13.3395)
lnsize	0.0521 ***	0.0367 ***	0.0521 ***	0.0367 ***	0.0366 ***	0.0366 ***
	(22.6639)	(10.9888)	(22.6660)	(10.9879)	(10.9395)	(10.9370)
QA	0.0075 **	0.0295 ***	0.0075 **	0.0295 ***	0.0298 ***	0.0299 ***
	(2.4635)	(4.3977)	(2.4652)	(4.4056)	(4.4463)	(4.4584)
r_ gdp	0.2577 ***	-1.3096 ***	0.2575 ***	-1.3110 ***	-1.3070 ***	-1.3085 ***
	(12.1195)	(-24.7791)	(12.1152)	(-24.8038)	(-24.7473)	(-24.7717)
Constant	-0.5023 ***	2.0548 ***	-0.6548 ***	0.6530 ***	3.6428 ***	1.3198 ***
	(-5.4830)	(8.2446)	(-10.8464)	(5.3595)	(7.3728)	(6.1486)
时间效应	YES	YES	YES	YES	YES	YES
个体效应	YES	YES	YES	YES	YES	YES
Observations	46080	42631	46080	42631	42631	42631
Number of id	4394	3989	4394	3989	3989	3989
Adjusted R - squared	0.1024	0.2004	0.1024	0.2004	0.2007	0.2007

注：***表示1%水平显著；**表示5%水平显著；*表示10%水平显著。

4.1.5.2 机构投资者比例视角

表4-9中的调节效应估计结果并不显著，但中介效应估计结果表明，气温升高会降低机构投资者持股比例，进而降低股票收益率水平。其原因可能为，当企业面临气候风险上升时，机构投资者预期企业未来盈利下降，面临经营的不确定性上升，为了规避风险，机构投资者选择了降低持有比例。由于机构投资者在股票市场中往往作为理性投资者的代表，因此机构投资者的减持行为会给市场其他参与者一个不确定性上升的预期，进而导致企业股票收益率的下降。

表4-9　机构投资者比例视角下的中介效应与调节效应检验

VARIABLES	(1)	(2)	(3)	(4)	(5)	(6)
	中介效应检验			调节效应检验		
	lninvest_ p	RET0	lninvest_ p	RET0	RET	RET
lntemp_ max	- 0. 8046 ***	- 0. 6823 ***			- 0. 8561 ***	
	(- 5. 8954)	(- 9. 3528)			(- 4. 6945)	
lntempvarmax_ all			- 0. 4553 ***	- 0. 3407 ***		- 0. 4325 ***
			(- 6. 4482)	(- 8. 9870)		(- 4. 5934)
lninvest_ p		0. 0498 ***		0. 0498 ***	- 0. 1124	- 0. 0195
		(16. 8554)		(16. 8297)	(- 0. 7246)	(- 0. 3012)
tempmax_ lninvest_ p					0. 0473	
					(1. 0466)	
tempallmax_ lninvest_ p						0. 0249
						(1. 0721)
AT	0. 2499 ***	0. 0402 ***	0. 2496 ***	0. 0403 ***	0. 0403 ***	0. 0403 ***
	(9. 3531)	(3. 2827)	(9. 3445)	(3. 2851)	(3. 2842)	(3. 2867)
BM	0. 5546 ***	- 1. 0703 ***	0. 5539 ***	- 1. 0701 ***	- 1. 0702 ***	- 1. 0699 ***
	(12. 7051)	(- 38. 7973)	(12. 6910)	(- 38. 7885)	(- 38. 7906)	(- 38. 7817)
AG	0. 0754 ***	0. 1657 ***	0. 0754 ***	0. 1656 ***	0. 1658 ***	0. 1657 ***
	(4. 1840)	(13. 4999)	(4. 1842)	(13. 4896)	(13. 5094)	(13. 4993)
lnsize	0. 3195 ***	0. 0186 ***	0. 3197 ***	0. 0186 ***	0. 0186 ***	0. 0186 ***
	(35. 2633)	(5. 5500)	(35. 2789)	(5. 5538)	(5. 5466)	(5. 5502)
QA	0. 2135 ***	0. 0100	0. 2136 ***	0. 0101	0. 0100	0. 0100
	(19. 5996)	(1. 4251)	(19. 6002)	(1. 4364)	(1. 4199)	(1. 4314)

续表

VARIABLES	(1)	(2)	(3)	(4)	(5)	(6)
	中介效应检验			调节效应检验		
	lninvest_ p	RET0	lninvest_ p	RET0	RET	RET
r_ gdp	4. 5874 ***	− 1. 6172 ***	4. 5849 ***	− 1. 6182 ***	− 1. 6163 ***	− 1. 6173 ***
	(47. 6674)	(− 30. 2798)	(47. 6700)	(− 30. 2968)	(− 30. 2599)	(− 30. 2771)
Constant	− 2. 1307 ***	2. 4919 ***	− 3. 6278 ***	1. 0988 ***	3. 0881 ***	1. 3541 ***
	(− 4. 2272)	(9. 8366)	(− 12. 8101)	(8. 8887)	(4. 9227)	(5. 0101)
时间效应	YES	YES	YES	YES	YES	YES
个体效应	YES	YES	YES	YES	YES	YES
Observations	43748	41797	43748	41797	41797	41797
Number of id	4240	3980	4240	3980	3980	3980
Adjusted R − squared	0. 1223	0. 2062	0. 1225	0. 2061	0. 2062	0. 2061

注： *** 表示 1% 水平显著； ** 表示 5% 水平显著； * 表示 10% 水平显著。

4.1.5.3　基于风险承担视角

与 Weidong Xu 等（2022）的结论类似，表 4 - 10 的估计结果表明，气候风险上升增加了企业的风险承担。但中介效应的估计结果也表明，企业风险承担的增加会降低股票市场的表现。表 4 - 10 调节效应估计结果显示，当温度上升时，企业风险承担水平越高，股票收益率越低。风险承担包括两个维度：风险承担能力和风险承担意愿。正如 Weidong Xu 等（2022）所讲，对于处于市场中竞争的企业，风险承担不是一个负面的词汇，更应该从正面意义来理解。若企业风险承担能力和意愿相匹配，最优的风险承担一定会提升企业价值，增加股票收益率；然而，若企业的风险承担意愿与风险承担能力不匹配，企业的风险承担量可能上升，这意味着超出了最优风险承担量，效果会适得其反。而表 4 - 10 的回归结果显示，当企业面临气候风险不确定性上升时，损失规避型的企业领导者有动机承担风险以避免盈利水平的大幅度下降，从而可能会导致风险承担的过度上升，进而降低公司价值。

表4-10 风险承担视角下的中介效应与调节效应检验

VARIABLES	(1)	(2)	(3)	(4)	(5)	(6)
	中介效应检验		调节效应检验			
	risk_ bear	RET	risk_ bear	RET	RET	RET
lntemp_ max	0.0228 ***	-0.3504 ***			-0.2176 **	
	(3.4532)	(-4.3829)			(-2.3081)	
lntempvarmax_ all			0.0120 ***	-0.1775 ***		-0.1118 **
			(3.4527)	(-4.2636)		(-2.2860)
risk_ bear		-0.2415 ***		-0.2416 ***	10.8491 **	4.2091 **
		(-2.7227)		(-2.7229)	(2.3610)	(2.1980)
tempmax_ risk_ bear				-3.2336 **		
				(-2.4161)		
tempallmax_ risk_ bear						-1.6006 **
						(-2.3314)
AT	-0.0073 ***	0.0685 ***	-0.0073 ***	0.0685 ***	0.0687 ***	0.0687 ***
	(-3.5260)	(5.0991)	(-3.5245)	(5.0984)	(5.1073)	(5.1060)
BM	-0.0001	-1.0207 ***	-0.0001	-1.0207 ***	-1.0205 ***	-1.0204 ***
	(-0.0294)	(-34.4588)	(-0.0287)	(-34.4567)	(-34.4360)	(-34.4350)
AG	-0.0048 ***	0.1912 ***	-0.0048 ***	0.1912 ***	0.1916 ***	0.1916 ***
	(-5.0956)	(14.2456)	(-5.0938)	(14.2434)	(14.2689)	(14.2659)
lnsize	-0.0000	0.0126 ***	-0.0000	0.0126 ***	0.0127 ***	0.0127 ***
	(-0.0626)	(3.3454)	(-0.0651)	(3.3375)	(3.3714)	(3.3628)
QA	0.0016 **	0.0217 ***	0.0016 **	0.0217 ***	0.0217 ***	0.0218 ***
	(2.2268)	(2.8615)	(2.2244)	(2.8637)	(2.8673)	(2.8707)
r_ gdp	-0.0038	-1.6819 ***	-0.0037	-1.6829 ***	-1.6802 ***	-1.6812 ***
	(-0.5173)	(-23.2733)	(-0.5046)	(-23.2813)	(-23.2606)	(-23.2687)
Constant	-0.0340	1.5932 ***	0.0108	0.8857 ***	1.1348 ***	0.7000 ***
	(-1.3497)	(5.7891)	(0.6757)	(6.5969)	(3.5180)	(4.6486)
时间效应	YES	YES	YES	YES	YES	YES
个体效应	YES	YES	YES	YES	YES	YES
Observations	37764	35083	37764	35083	35083	35083
Number of id	3617	3425	3617	3425	3425	3425
Adjusted R - squared	0.0055	0.1990	0.0055	0.1989	0.1991	0.1991

注：*** 表示1%水平显著；** 表示5%水平显著；* 表示10%水平显著。

4.1.6　进一步讨论：基于分析师关注度的调节效应

金融分析师汇总、分析、传递市场信息，是重要的资本市场参与者，尤其是当金融市场受到冲击的时候（Charitou 等，2019）。由于存在利益冲突，分析师的预期往往偏好于乐观，因此也会存在非理性行为（Dongmin Kong 等，2021）。不同的天气状态会影响人的情绪，因此，在不同的气温变化场景下，分析师的关注度背后可能会存在不同的情绪，从而会影响企业股票收益率。基于此考虑，本章使用调节效应模型，引入分析师关注度[①]指标（用 lnatt_ ana 表示），关注在不同的气温变化情景下，分析师关注度如何影响股票收益率表现。表 4 - 11 为调节效应回归结果。从表 4 - 11 可以看出：当气温处于高温频段变化部分时，分析师关注度越高，股票收益率越高；而当气温处于低温状态频段变化时，分析师关注度越高，股票收益率表现越低。表 4 - 12 是替换分析师关注度指标为研报关注度[②]指标的调节效应分析结果，结论与表 4 - 11 基本类似。正如 Hirshleifer 和 Shumway（2003）指出，艳阳高照的天气往往伴随着激动的情绪，这说明在高温时期的变化，分析师关注度会引发市场热情，使股票收益率上涨；而低温时期的变化，分析师关注度提升会增加市场的理性程度，进而降低股票收益率。这从侧面或许表明，高温变化时期市场出现躁动，所引发的非理性行为可能会影响股票市场表现。此结论与 Hirshleifer 和 Shumway（2003）提出的股票收益率表现与艳阳高照天气呈正相关的结论具有一定程度的一致性。

表 4 - 11　基于分析师关注度的调节效应分析

VARIABLES	(1)	(2)	(3)	(4)	(5)	(6)
	RET	RET	RET	RET	RET	RET
lnatt_ ana	- 0. 1244 ***	0. 0018	- 1. 3219 ***	- 0. 1583 ***	- 0. 5931 ***	- 0. 0463 ***
	(- 4. 4724)	(0. 0477)	(- 7. 0491)	(- 4. 5027)	(- 7. 5927)	(- 3. 1890)
lntemp_ varmax	- 0. 1875 ***					
	(- 7. 2134)					

① 一年内多少个分析师（团队）对该公司进行过跟踪分析。

② 一年内多少家研报对该公司进行过跟踪分析。

VARIABLES	(1) RET	(2) RET	(3) RET	(4) RET	(5) RET	(6) RET
tempvarmax_ lnatt_ ana	0. 0182 *					
	(1. 7178)					
lntemp_ varmin		− 0. 4640 ***				
		(− 16. 0520)				
tempvarmin_ lnatt_ ana		− 0. 0263 **				
		(− 2. 0958)				
lntemp_ max			− 0. 9679 ***			
			(− 7. 1599)			
tempmax_ lnatt_ ana			0. 3620 ***			
			(6. 6210)			
lntemp_ min				− 0. 4183 ***		
				(− 14. 5680)		
tempmin_ lnatt_ ana				− 0. 0247 **		
				(− 2. 3893)		
lntempvarmax_ all					− 0. 4917 ***	
					(− 7. 0466)	
tempallmax_ lnatt_ ana					0. 1845 ***	
					(6. 5691)	
lntempvarmin_ all						− 0. 1637 ***
						(− 13. 2084)
tempallmin_ lnatt_ ana						− 0. 0102 *
						(− 1. 9592)
AT	0. 0707 ***	0. 0766 ***	0. 0679 ***	0. 0764 ***	0. 0678 ***	0. 0783 ***
	(4. 0802)	(4. 4486)	(3. 9001)	(4. 4259)	(3. 8969)	(4. 5508)
BM	− 1. 2663 ***	− 1. 2315 ***	− 1. 2832 ***	− 1. 2452 ***	− 1. 2832 ***	− 1. 2331 ***
	(− 33. 6097)	(− 33. 0658)	(− 34. 1628)	(− 33. 3595)	(− 34. 1611)	(− 32. 9214)
AG	0. 2580 ***	0. 2529 ***	0. 2597 ***	0. 2545 ***	0. 2597 ***	0. 2521 ***
	(16. 1980)	(16. 2973)	(16. 2405)	(16. 2323)	(16. 2367)	(16. 0875)
lnsize	− 0. 0113 **	− 0. 0021	− 0. 0073	− 0. 0061	− 0. 0073	− 0. 0094 *
	(− 2. 2009)	(− 0. 4040)	(− 1. 4118)	(− 1. 2013)	(− 1. 4064)	(− 1. 8528)

续表

VARIABLES	(1)	(2)	(3)	(4)	(5)	(6)
	RET	RET	RET	RET	RET	RET
QA	0.0115	0.0101	0.0159 *	0.0098	0.0159 *	0.0066
	(1.2792)	(1.1361)	(1.7861)	(1.0954)	(1.7900)	(0.7438)
r_ gdp	-2.6063 ***	-2.4805 ***	-2.6926 ***	-2.4940 ***	-2.6932 ***	-2.4252 ***
	(-35.2458)	(-34.5457)	(-36.9347)	(-34.3659)	(-36.9414)	(-33.2008)
Constant	1.8035 ***	2.4321 ***	4.5617 ***	-0.2412	2.6088 ***	1.6744 ***
	(12.7213)	(16.5579)	(9.5751)	(-1.5351)	(11.5132)	(13.3098)
时间效应	YES	YES	YES	YES	YES	YES
个体效应	YES	YES	YES	YES	YES	YES
Observations	26866	26866	26866	26866	26866	26866
Number of id	3644	3644	3644	3644	3644	3644
Adjusted R - squared	0.2632	0.2842	0.2631	0.2762	0.2631	0.2749

注：*** 表示1%水平显著；** 表示5%水平显著；* 表示10%水平显著。

表 4 - 12　替换分析师关注度变量：研报关注度

VARIABLES	(1)	(2)	(3)	(4)	(5)	(6)
	RET	RET	RET	RET	RET	RET
lnatt_ rep	-0.0991 ***	0.0016	-1.0092 ***	-0.1210 ***	-0.4533 ***	-0.0396 ***
	(-4.2943)	(0.0500)	(-6.4750)	(-4.1189)	(-6.9858)	(-3.2858)
lntemp_ varmax	-0.1806 ***					
	(-6.7727)					
tempvarmax_ lnatt_ rep	0.0153 *					
	(1.7423)					
lntemp_ varmin		-0.4556 ***				
		(-14.9902)				
tempvarmin_ lnatt_ rep		-0.0201 *				
		(-1.9122)				
lntemp_ max			-0.9016 ***			
			(-6.4789)			
tempmax_ lnatt_ rep			0.2762 ***			
			(6.0777)			

VARIABLES	(1)	(2)	(3)	(4)	(5)	(6)
	RET	RET	RET	RET	RET	RET
lntemp_ min				−0. 4101 ***		
				(−13. 8958)		
tempmin_ lnatt_ rep				−0. 0188 **		
				(−2. 1799)		
lntempvarmax_ all					−0. 4584 ***	
					(−6. 3872)	
tempallmax_ lnatt_ rep					0. 1408 ***	
					(6. 0353)	
lntempvarmin_ all						−0. 1637 ***
						(−12. 6360)
tempallmin_ lnatt_ rep						−0. 0063
						(−1. 4548)
AT	0. 0647 ***	0. 0700 ***	0. 0616 ***	0. 0699 ***	0. 0616 ***	0. 0717 ***
	(3. 7358)	(4. 0752)	(3. 5430)	(4. 0586)	(3. 5409)	(4. 1748)
BM	− 1. 2912 ***	− 1. 2561 ***	− 1. 3066 ***	− 1. 2696 ***	− 1. 3066 ***	− 1. 2579 ***
	(−34. 4436)	(−33. 8736)	(−34. 9182)	(−34. 1556)	(−34. 9159)	(−33. 7274)
AG	0. 2571 ***	0. 2512 ***	0. 2591 ***	0. 2529 ***	0. 2590 ***	0. 2508 ***
	(16. 2566)	(16. 2909)	(16. 3280)	(16. 2407)	(16. 3246)	(16. 1075)
lnsize	− 0. 0165 ***	− 0. 0082	− 0. 0126 **	− 0. 0120 **	− 0. 0125 **	− 0. 0152 ***
	(−3. 1992)	(−1. 6064)	(−2. 4226)	(−2. 3382)	(−2. 4165)	(−2. 9894)
QA	0. 0059	0. 0045	0. 0100	0. 0042	0. 0101	0. 0010
	(0. 6635)	(0. 5020)	(1. 1282)	(0. 4721)	(1. 1309)	(0. 1167)
r_ gdp	− 2. 7881 ***	− 2. 6626 ***	− 2. 8694 ***	− 2. 6744 ***	− 2. 8698 ***	− 2. 6079 ***
	(−38. 1585)	(−37. 5233)	(−39. 8031)	(−37. 2657)	(−39. 8066)	(−36. 1313)
Constant	1. 9519 ***	2. 5947 ***	4. 5014 ***	− 0. 0332	2. 6832 ***	1. 8551 ***
	(13. 6532)	(17. 2759)	(9. 2154)	(−0. 2120)	(11. 6651)	(14. 6932)
时间效应	YES	YES	YES	YES	YES	YES
个体效应	YES	YES	YES	YES	YES	YES
Observations	27247	27247	27247	27247	27247	27247
Number of id	3657	3657	3657	3657	3657	3657
Adjusted R − squared	0. 2641	0. 2842	0. 2640	0. 2765	0. 2640	0. 2753

注： *** 表示1%水平显著； ** 表示5%水平显著； * 表示10%水平显著。

4.1.7　总结

气候风险是否应纳入资产定价模型是资产定价主要关注的问题之一。行为金融学的研究结论认为，气候变化会影响人的情绪，进而影响市场参与者的交易行为，因此气候风险的影响具有非理性特征。行为金融理论研究气候风险对股票市场的影响往往基于资本市场的短期交易数据，而气候风险引发的自然灾害事件究竟对企业产生何种长期影响是需要时间来消化和认知的，短期的认知存在偏差。本章以中国上市公司为研究样本，将样本数据频率设置为年度，给予市场参与者充分的信息消化时间，分析气候风险对股票收益率的影响是具有理性特征还是非理性特征。实证结果表明：第一，气候风险越高，股票收益率越低，且基于国有企业与非国有企业、高污染企业与低污染企业、规模等因素的异质性检验均支持此结论；第二，中介机制检验表明，气候风险上升，企业债务水平下降，风险承担上升，机构投资者持股比例下降，进而导致股票收益率降低；第三，在高温频段变化中，分析师关注度越高，企业股票收益率越高；而在低温频段变化中，分析师关注度越高，企业股票收益率越低。本章实证结果表明，气候风险对股票收益率的影响的显著性应是股票市场充分消化信息的结果，而不是单纯的短期投资者情绪化行为，因此应将气候风险纳入资产定价模型，气候风险因子应作为重要的风险因子存在于资产定价理论中。

4.2　转型风险视角下的实证研究

4.2.1　引言

党的二十大报告指出，必须完整、准确、全面贯彻新发展理念，着力推动高质量发展。加快发展方式绿色转型是贯彻落实新发展理念的战略要求。习近平总书记指出："新时代抓发展，必须更加突出发展理念，坚定不移贯彻创新、协调、绿色、开放、共享的新发展理念。"绿色发展作为新发展格局的重要组成部分，决定了发展的底色。[①] 联合国环境规划署（United Nations Environment Programme，UNEP）发布的《2022 年度报告》[②] 显示，全球 60 多家商业银行制订了投资组合脱碳计划，包括降低对煤炭和天然气行业的投资和贷款。上市公司意识到，降低碳排放实现低碳转型发展对于吸引投资者关注、增强未来发展潜力至关重要，因此也不断增加低碳减排资金投入，推动形成绿色、低碳的生产方式。2020 年 9 月 22 日，习近平主席在联合国大会上正式提出了中国的"双碳"目标。"双碳"目标将会系统性地影响中国经济社会的发展，且直接决定了碳排放风险将会成为影响资本市场定价功能的重要风险因子。对于企业的碳排放风险，投资者是要求更高的风险溢价补偿以帮助企业共同应对低碳转型风险，还是抛弃高碳排放企业去寻求优质的低碳排放企业？弄清楚此问题，有助于明晰资本市场在"双碳"目标实施进程中所扮演的定价功能的特征，有助于明确碳风险影响企业股票收益率的作用机制，有助于明了投资者对企业进行低碳转型的投资态度和偏好。

早期文献关于上市公司股票收益率影响因素的研究大多基于公司规模、账面市值比等与公司基本面特征相关的指标展开（Fama 和 French，1993；Fama 和 French，2015；朱宝宪和何治国，2002；田利辉和王冠英，2014），并未将碳排放纳入风险因子。2015 年《巴黎协定》的提出，世界各国相继出台更加严格的碳排放政策，且提出各自的碳减排目标。气候变化所带来的环境风险逐年增加，且不断地向金融风险转化。作为影响全球资本市场的一个主要的新的全新金融风险——碳排放风险能否被反映在股票的收益率中已经成为全球学术界、实务界和监管界关注的焦点话题。

气候相关金融风险包括物理风险和转型风险。转型风险意味着高碳排放企业将面临更多的政策不确定性，因此需要提供更高的风险溢价来吸引投资者，而这种与高 CO_2 排放相联系的风险报酬也被称为"碳溢价"（Carbon Premium）。碳溢价主要来源于直接维度和间接维度两个方面。在直接维度方面，高碳排放企业将会面对违反环境政策而带来的处罚增加的风险，进而增加公司运营成本，同时还需与低碳排放企业进行市场竞争。在间接维度方面，CO_2 排放

---

① http：//news. cnr. cn/native/gd/sz/20221107/t20221107_ 526053626. shtml。

② https：//wedocs. unep. org/bitstream/handle/20. 500. 11822/41679/Annual_ Report_ 2022CH. pdf? sequence = 5&isAllowed = y。

与化石燃料的使用密切相关，而化石燃料作为工业的血液对大宗商品价格具有显著影响，从而间接影响企业的原材料购买、生产、售卖产品的过程。然而，投资者对于碳排放风险的态度存在差异，对于企业低碳转型必要性的认识和未来发展前景也未形成共识，因此，CO_2 排放量可能未被股票市场视作有效的风险因子来解释收益率的变化。因此，研究碳排放风险如何影响企业股票收益率，以及影响的机制和特征有哪些，对于引导股票市场对碳排放风险进行有效定价至关重要。

目前，学术界关于企业股票收益率是否反映碳排放风险尚未形成统一的结论。为研究我国上市公司股票收益率是否涵盖碳排放风险，本章使用 A 股上市公司年报、社会责任报告、环境报告等公开报道所公布的碳排放数据，在控制公司规模、账面市值比和其他影响股票回报的参数的情况下，以碳排放量作为衡量企业碳排放风险的指标进行回归分析，并引入自变量滞后一期与市盈率来探究碳排放风险与企业未来股票收益率，以及未来股票表现之间的关系。回归结果表明：第一，在同期，碳排放量越高的企业，股票收益率越高，即股票市场存在碳排放风险溢价，高碳排放企业需要给予投资者风险溢价补偿以实现低碳转型；第二，滞后一期与市盈率回归结果表明，碳排放风险溢价不具有可持续性，仅在当期发生，长期来看，碳排放量越高的企业股票收益率越低，即出现"风险折价"，且投资者对于高碳排放企业长期不看好；第三，中介效应检验结果表明，碳排放量越高的企业，其面临的融资约束越强，受到的市场关注度越高，机构投资者撤资倾向越强，碳排放风险溢价表现越明显，即企业需要提供很高的风险溢价来吸引投资者；第四，异质性回归结果表明，在控制行业、所有制性质、规模等因素后，上述回归结论具有一致性，且通过了一系列的稳健性检验。

4.2.2　相关文献综述

现有文献从多个角度对企业碳排放水平与企业股票收益率之间的关系进行实证检验，但研究结论存在争议。一种观点是二者存在正相关关系。Park 和 Monk（2019）将碳强度定义为温室气体（GHG）的实际排放量除以公司收入，并以此为标准构建 EMI（efficient - minus - inefficient）投资组合，探究公司层面减碳与公司财务表现、股票收益率之间的关系，研究结果表明，高碳排放的公司在股票市场上的表现优于低碳排放的公司，并且传统的因子模型无法解释对该部分风险溢价。在此基础上，Bolton 和 Kacperczyk（2021a）基于企业层面的面板数据发现，股票收益与 CO_2 排放量呈显著正相关关系。后续针对多个发达国家的研究得到了相似的结论（Bolton 和 Kacperczyk，2021b）。另一种观点认为，企业股票收益率与碳排放负相关。Matsumura 等（2014）以标普 500 指数成分股中自愿披露碳排放的公司作为样本，发现企业市值与碳排放量、碳披露情况负相关，具体表现为，每增加 1000 吨碳排放，企业价值就会减少 212000 美元。这与 Milton Friedman（1970）提出的"企业之所以采取社会责任行为是为了盈利"的观点不同，Cheng（2020）指出，包括企业减排在内的行为本身存在代理问题，企业采取环境友好型政策是管理层为了提升企业形象，因为相较于积极的有关企业的新闻，投资者对于负面新闻反应更为剧烈（Krueger，2015）。Shue（2020）的研究结论也认为股票收益率与企业碳排放存在负相关关系。然而，Aswani（2021）采用 Bolton 等（2021a）的方法，使用 2005 年至 2009 年的美国 2729 家上市公司数据，研究发现，在控制了市场规模、行业后，企业股票收益率与二氧化碳排放之间并不存在显著的相关关系。

国内关于二者关系的研究起步较晚，主要原因是我国碳数据披露政策近些年才正式确立，缺乏高质量的研究数据。国内学者的研究较多集中于碳信息披露领域，如碳披露指数构建（陈华等，2013）、碳披露与公司财务表现（李秀玉等，2016；田宇等，2019；李力，2019；杨结，2020）、企业市场价值等（闫海等，2017）。韩立岩等（2017）作为国内较早涉猎该领域的学者，以是否属于节能环保板块作为划分依据，通过在 Fama-Frech（1993）三因子模型中引入"绿色"因子构建四因子模型，研究发现该模型能够更好地解释绿色概念股票的收益率，并且绿色概念股票相较于非绿色股票存在显著的风险溢价。这种影响在债券市场的表现具有一致性（吕怀立等，2022）。为了缓解企业层面碳排放量数据缺失所带来的样本量较少导致结论不具有稳健性等问题，韩国文（2021）基于行业层面碳排放的视角，以 2009 年至 2019 年中国 A 股上市公司为研究样本，采取构建因子模型与投资组合的方式进行实证研究，结论表明，中国股票市场在 2013 年至 2014 年存在从绿色激励到碳风险溢价的翻转。许多文献也对绿色债券市场的碳风险溢价进行实证研究，但均未达成一致的意见（何凌云，2019；蒋非凡和范龙振，2020）。

　　证券市场中的投资主体分为机构投资者与普通投资者两类，其中普通投资者由于专业技能的欠缺更容易表现出非理性的行为。根据信号传递理论，企业碳排放信息需要吸引关注才能够通过交易被纳入资产价格当中，但这种关注通常被认为是一种有限的认知资源（Kahneman，1973），投资者选择性地关注某些信息并以此作为投资决策的依据。Wang 等（2021）基于新闻数据环境媒体关注指数，发现环境新闻通过影响投资者情绪从而影响绿色企业的股票收益率。José Azar 等（2021）以 2005 年至 2018 年所有提供碳排放信息的公司作为样本，通过分析"三巨头"（BlackRock、Vanguard、State Street Global Advisors）与个别公司的合作数据，发现公司碳排放水平越低，大型投资者的持股比例就越高。张继德（2014）以百度指数作为衡量投资者对信息关注程度的指标，以创业板作为研究样本，发现投资者在当期注意力的驱动下将增加股票的交易量与换手率，但是这种注意力所带来的买入压力仅使股票在短期内发生价格上涨，长期来看股票价格将会下跌，回归其正常价格，出现反转现象。王鹏程（2017）以民营企业作为研究对象，研究发现企业环境表现与融资约束呈现显著负相关关系，投资者关注作为中介变量削弱了这种相关关系。然而齐岳（2020）以 2010 年至 2017 年主动披露社会责任报告的上市公司作为研究样本发现投资者关注越强，企业的社会责任表现越容易得到市场的认可。

　　"双碳"战略目标下，投资者会对企业施加较高的减碳压力。面对减排压力，投资者可以接受企业在已有状态下的高碳排放，但或许无法接受更长时间的高碳排放。根据有效市场假说，二氧化碳排放量越高的企业，其既需要承担新技术开发的风险，又需要承担节能减排的风险，未来的现金流不确定性越会增加（Pedersen，2021）。例如，碳监管政策的执行造成支出增多，消费者偏好变化转向绿色化的产品导致企业收入减少，因此投资于高碳排放的企业需要更高的风险溢价补偿。中国目前的碳排放监管政策主要是针对企业的碳排放总量进行设计的，例如排污费、环保税的征收，并且计算二氧化碳强度时分母可以选择营业收入、雇用人数等多个指标，因此测算结果具有一定的噪声，所以公司股票收益率更加主要地受到碳排放总量的影响（Bolton

和 Kacperczyk ，2021a）。因此，研究碳排放对上市公司股票收益率的影响特征，对于明晰碳排放风险对股票市场影响，以及投资者的投资决策都具有较高的实践价值。

4.2.3 研究设计

本章上市公司的财务数据来自 CSMAR 数据库，碳排放总量数据来自上市公司年报、社会责任报告、环境报告等公开报告。

本章对于样本数据进行如下处理：（1）剔除掉金融类企业，因为该类企业的资本结构与其他公司具有显著差异；（2）剔除带 ST、*ST、PT 标记的企业，因为这些企业的股票被特别处理；（3）去掉由于缺少上一年股价无法计算收益率的企业；（4）只保留 A 股上市公司；（5）剔除主要变量中数据出现缺失的样本；（6）剔除资产负债率超过 100% 的样本。经过上述处理，最终得到样本覆盖的时期为 2002 年至 2021 年，包含 3019 家 A 股上市公司，观测个数总共为 30872 个，数据结构为非平衡面板数据。为了减弱离群值效应，本章对所有变量均进行了上下 5% 的缩尾处理。数据频率为年度数据。

本部分设置式（4-6）至式（4-9）的回归方程，研究碳排放量对股票收益率的影响：

$$\text{RET}_{i,t,p,k} = \partial_0 + \partial_1 \text{lntCarbon}_{i,t,p,k} + \partial_3 \text{CV}_{i,t,p,k} + \mu_t + g_p + d_k + \varepsilon_{i,t,p,k}$$

$$(4-6)$$

$$\text{RET}_{i,t,p,k} = \partial_0 + \partial_1 \text{lntCarbon}_{i,t-1,p,k} + \partial_3 \text{CV}_{i,t,p,k} + \mu_t + g_p + d_k + \varepsilon_{i,t,p,k}$$

$$(4-7)$$

$$\ln \text{pe}_{i,t,p,k} = \partial_0 + \partial_1 \text{lntCarbon}_{i,t,p,k} + \partial_3 \text{CV}_{i,t,p,k} + \mu_t + g_p + d_k + \varepsilon_{i,t,p,k}$$

$$(4-8)$$

$$\ln \text{pe}_{i,t,p,k} = \partial_0 + \partial_1 \text{lntCarbon}_{i,t-1,p,k} + \partial_3 \text{CV}_{i,t,p,k} + \mu_t + g_p + d_k + \varepsilon_{i,t,p,k}$$

$$(4-9)$$

其中：i 表示上市公司；t 表示时间；p 表示省份；k 表示两位数行业；μ_t 表示时间固定效应；g_p 表示省份固定效应；d_k 表示行业固定效应；RET 表示上市公司年度股票收益率；lnpe 表示公司市盈率的自然对数，用于衡量公司的长期投资吸引力；lntCarbon 表示企业碳排放总量的自然对数。

企业核算温室气体排放是基于国际通用的《温室气体核算体系》（*Green-*

house Gas Protocol）制定的标准。国家发展改革委公布的计算方法也是如此。根据《温室气体核算体系》的标准，企业碳排放主要分为三个范围。范围一包括企业生产中的直接排放；范围二包括外购电力、热能或蒸汽消费中的直接排放；范围三是一些企业零散的间接排放，包括外购材料生成、产品使用、废物处理、外包活动所产生的碳排放。本章参考王浩（2021）的做法，对于披露的企业直接使用其披露的范围一与范围二的碳排放数据相加得到总的碳排放量，对于未披露的企业将依据国家发展改革委发布的《企业温室气体排放核算方法与报告指南》，分别计算其范围一与范围二的碳排放量。同时基于稳健性考虑，参考 Patrick Bolton 和 Marcin Kacperczyk（2021）的做法，构建碳增长率与碳强度（碳总量除以营业收入）指标。当 lntCarbon 系数估计值显著为正值时，说明资本市场存在碳排放风险溢价，显著为负值说明存在碳风险折价。

　　CV 表示控制变量。本章参考现有文献（朱红兵等，2020；韩国文等，2021；张然等，2022），选择的控制变量如下：（1）规模控制变量：总资产的自然对数（lnsize），托宾 Q（QA）；（2）价值控制变量：账面市值比（BM）；（3）散户控制变量：散户比率（SH）；（4）盈利控制变量：总资产净利润率（ROA），总资产增长率（AG），资产负债率（LEV），资产周转率（AT）；（5）宏观经济控制变量：GDP 年度增长率（r_gdp）。具体变量说明见表 4 - 1。

　　在机制研究方面，本章使用中介效应模型式（4 - 10）至式（4 - 12），探究碳排放风险影响企业股票收益率的机制：

$$\text{RET}_{i,t,k} = \partial_0 + \partial_1 \text{lntCarbon}_{i,t,k} + \partial_3 \text{CV}_{i,t,p,k} + \mu_t + d_k + \varepsilon_{i,t,k} \qquad (4-10)$$

$$\text{Mediate}_{i,t,p,k} = \partial_4 + \partial_5 \text{lntCarbon}_{i,t,p,k} + \partial_6 \text{CV}_{i,t,p,k} + \mu_t + g_p + d_k + \varepsilon_{i,t,p,k}$$
$$(4-11)$$

$$\text{RET}_{i,t,p,k} = \partial_0 + \partial_7 \text{lntCarbon}_{i,t,p,k} + \partial_8 \text{Mediate}_{i,t,p,k} + \partial_9 \text{CV}_{i,t,p,k}$$
$$+ \mu_t + g_p + d_k + \varepsilon_{i,t,p,k} \qquad (4-12)$$

Mediate 为中介变量，具体包括融资约束、投资者关注、机构持股比例三类变量（见表 4-13）。由于相较于 KZ、WW 指数，FC 指数[①]仅基于企业特征进行构建，能够更好地衡量企业融资约束水平（Hadlock 和 Pierce，2010；况学文，2010；陈峻，2020），本章使用 FC 指数衡量融资约束。使用被分析师关注度（lnatte_ a）、研报关注度（在一年内多少份研报对该公司进行过跟踪分析，lnatte_ i）和机构持有比例（invest_ p）来衡量资本市场关注度。

表 4-13 主要变量及衡量指标

名称	变量名称	变量定义
被解释变量	RET	T 年末相较于 $T-1$ 年末股票收盘价的变化率
	lnpe	市盈率的自然对数
解释变量	lntCarbon	碳总量的自然对数，单位：吨
	rtCarbon	碳变化率
	inttCarbon	碳强度 = 碳排放总量/营业收入，单位：吨/百元
控制变量	lnsize	总资产的自然对数，单位：元
	Q	托宾 Q
	BM	账面市值比 = 年度账面资产/年末总市值
	SH	散户比率 = 年度的股东人数/流通股数的散户比率
	ROA	总资产净利润率 = 年度营业利润/年末总资产
	AG	总资产增长率 = （当年总资产 - 上年总资产）/上年总资产
	LEV	资产负债率 = 总负债/总资产
	AT	资产周转率 = 营业收入/平均资产总额
	r_ gdp	T 年末相较于 $T-1$ 年末 GDP 的变化率

---

① 参考 Hadlock 和 Pierce（2009）、况学文等（2010）、张悦玫等（2017）、顾雷雷等（2020）、陈峻等（2020）建立的衡量企业融资约束程度的模型。

$$FC = 1 \text{ 或 } 0 \mid Z_{i,t} = \frac{e^{z_{i,t}}}{1 + e^{Z_{i,t}}}$$

$$Z_{i,t} = \partial_0 + \partial_1 size_{i,t} + \partial_2 lev_{i,t} + \partial_3 \left(\frac{CashDiv}{ta}\right)_{i,t} + \partial_4 MB_{i,t} + \partial_5 \left(\frac{NWC}{ta}\right)_{i,t} + \partial_6 \left(\frac{EBIT}{ta}\right)_{i,t}$$

其中：$size$ 表示企业资产规模，总资产的自然对数；lev 表示企业财务杠杆率，资产负债率 = 总负债/总资产；CashDiv 表示公司当年发放的现金股利；MB 表示企业市账比 = 市场价值/账面价值；NWC 表示净营运资本 = 营业资本 - 货币资金 - 短期投资；EBIT 表示息税前利润；ta 表示总资产。第一步：剔除数据缺失的样本数据，剔除金融行业公司代码；分年度对连续变量进行 1% 和 99% 分位上进行 winsorize 处理，按照年度对公司规模、公司年龄、现金股利支付率三个变量进行标准化处理，并根据标准化后的变量均值对上市公司进行排序（升序），分别以上下三分位点作为融资约束的分界点，确定融资约束虚拟变量 QUFC，大于 66% 分位的上市公司定义为低融资约束组，QUFC = 0，小于 33% 分位的上市公司定义为高融资约束组，QUFC = 1。第二步：对上述模型进行 Logit 回归，拟合企业每一年度的融资约束发生概率 P，并将其定义为融资约束指数 FC（取值在 0 ~ 1），FC 越大，企业的融资约束问题越严重。

续表

名称	变量名称	变量定义
中介变量	lnatte_ i	一年内多少个分析师（团队）对该公司进行过跟踪分析
	invest_ p	机构投资者持有股份总数量占上市公司总股份比例衡量机构持有量
	FC	衡量融资约束，取值越大融资约束越大

表 4 - 14 为重要变量的描述性统计分析。样本的平均股票收益率为 -4.02%，平均市盈率为 69.63（根据自然对数调整）。经自然对数调整，样本内企业年平均碳排放量约为 9 万吨，碳排放量最小的企业为 6200 吨，最大约为 28 万吨。样本中的大部分企业是盈利的，总资产净利润率（ROA）的平均值为 4.35%。样本中机构投资者的比率（invest_ p）存在显著变异，均值为 48.20%，最小值为 0.698%，最大值为 91.55%。

表 4 - 14　重要变量的描述性统计

VARIABLES	N	Mean	SD	Min	Max
RET	30797	-0.0402	0.497	-1.145	1.080
lnpe	27365	3.697	0.971	1.986	6.176
lntCarbon	30872	11.39	1.430	8.730	14.83
r tCarbon	30865	0.0896	0.509	-1.156	1.283
inttCarbon	30677	0.0045	0.0016	0.0021	0.0095
AT	30865	0.604	0.354	0.117	1.712
BM	30372	0.652	0.244	0.179	1.087
AG	30866	0.130	0.195	-0.190	0.765
ROA	30847	0.0435	0.0585	-0.117	0.184
SH	16078	0.0001	0.0001	0.0000	0.0004
lnsize	30847	22.12	1.271	20.07	25.38
LEV	30870	0.447	0.199	0.0870	0.838
QA	30372	1.876	1.044	0.920	5.580
r_ gdp	30872	0.105	0.0424	0.0271	0.208
FC	30371	0.459	0.270	0.0113	0.908
invest_ p	30733	48.20	25.15	0.698	91.55

4.2.4 实证结果分析

4.2.4.1 基准模型结果分析

表4-15列（1）表示了在控制年份与行业固定效应时的回归结果，列（2）在列（1）基础上增加了省份固定效应，列（3）考虑了年份与个体固定效应。表4-15回归结果显示，企业碳排放量越高，当期股票收益率越高，lntCarbon 每增加1个单位，即每增加2.72倍的碳排放量将使股票收益率提高3.76%，并且这一结果在考虑更严格的固定效应后表现得更为明显。

表4-15　股票收益率与当期碳排放量

VARIABLES	(1) RET	(2) RET	(3) RET
lntCarbon	0.0376 ***	0.0395 ***	0.0473 ***
	(5.5953)	(5.8208)	(5.8032)
AT	-0.0411 ***	-0.0403 ***	-0.0788 ***
	(-2.9785)	(-2.8689)	(-3.5761)
BM	-0.4710 ***	-0.4781 ***	-0.7695 ***
	(-15.4909)	(-15.6473)	(-20.0437)
AG	0.0678 ***	0.0702 ***	0.1202 ***
	(4.2567)	(4.3934)	(6.3813)
ROA	0.1867 ***	0.1854 ***	0.4538 ***
	(2.9101)	(2.8698)	(5.7040)
SH	206.6642 ***	212.6916 ***	568.3931 ***
	(5.2862)	(5.4254)	(11.2250)
lnsize	0.0426 ***	0.0418 ***	0.0235 **
	(5.5211)	(5.3701)	(2.0934)
LEV	0.1454 ***	0.1403 ***	0.2153 ***
	(7.3988)	(7.0416)	(6.6486)
QA	0.0487 ***	0.0478 ***	0.0470 ***
	(8.0370)	(7.8428)	(6.1933)

续表

VARIABLES	(1) RET	(2) RET	(3) RET
Constant	− 1. 3530 ***	− 1. 3279 ***	− 0. 6983 ***
	(− 9. 8809)	(− 9. 4328)	(− 3. 5376)
Obs	15712	15712	15712
year FE	YES	YES	YES
individule FE	NO	NO	YES
industry FE	YES	YES	NO
province FE	NO	YES	NO
F	338. 6	243. 1	942. 5
Adj R^2	0. 5644	0. 5645	0. 5952

注：*** 表示 1% 水平显著；** 表示 5% 水平显著；* 表示 10% 水平显著。括号内为 t 值，year FE、individule FE、industry FE、province FE 分别为控制时间、个体、行业、省份固定效应。

本章计算发现，碳总量（lntCarbon）、碳变化率（rtCarbon）、碳强度（inttCarbon）与其各自的滞后一期项之间存在显著的序列相关性，因此不宜将变量与其滞后一期同时引入模型。本章将各碳排放的滞后一期项作为单独的解释变量引入模型进行回归分析。实证结果表明，当我们引入碳排放滞后一期时，回归结论出现了反转。从系数来看，T 期 inttCarbon 每提高 1 个单位，即企业每增加 2. 72 倍的碳排放量将导致 $T + 1$ 期股票收益下降 3. 56%，即资本市场在同期对碳排放风险进行溢价补偿，但未来预期将表现为风险折价。考虑到市盈率能够反映资本市场对企业未来表现的预期，因此本章分别以碳排放总量的当期值与滞后一期值作为解释变量，以 PE 的自然对数作为被解释变量进行回归，进一步研究碳排放量对股票收益率影响的长期特征。回归结果（见表 4 - 16 和表 4 - 17）表明，从长期来看，企业碳排放量越多，未来的收益表现将越差。这表明资本市场仅对当期的碳排放风险进行定价，随后这种溢价补偿就会被市场充分消化掉，资本市场对于长期高碳排放企业会显示风险折价。从这个意义来讲，企业需快速实现低碳转型。

表 4 – 16 碳排放量与公司长期财务表现（1）

VARIABLES	(1) RET	(2) RET	(3) RET
L. lntCarbon	– 0. 0356 ***	– 0. 0348 ***	– 0. 0377 ***
	（ – 5. 4658）	（ – 5. 2874）	（ – 5. 1939）
AT	0. 0625 ***	0. 0635 ***	0. 0250
	（4. 5003）	（4. 4927）	（1. 1845）
BM	– 0. 4224 ***	– 0. 4306 ***	– 0. 7001 ***
	（ – 13. 5343）	（ – 13. 7144）	（ – 17. 5933）
AG	0. 0598 ***	0. 0617 ***	0. 0965 ***
	（3. 5565）	（3. 6474）	（4. 8737）
ROA	0. 3165 ***	0. 3147 ***	0. 5375 ***
	（4. 7890）	（4. 7252）	（6. 3957）
SH	394. 0902 ***	400. 5237 ***	670. 6079 ***
	（8. 7568）	（8. 8750）	（11. 6024）
lnsize	0. 1046 ***	0. 1046 ***	0. 0947 ***
	（13. 5069）	（13. 4239）	（8. 1800）
LEV	0. 1343 ***	0. 1311 ***	0. 1991 ***
	（6. 6176）	（6. 3689）	（5. 8838）
QA	0. 0472 ***	0. 0464 ***	0. 0561 ***
	（7. 5051）	（7. 3257）	（7. 0571）
Constant	– 2. 0892 ***	– 2. 0672 ***	– 1. 4299 ***
	（ – 14. 7377）	（ – 14. 1563）	（ – 6. 8208）
Obs	13939	13939	13939
year FE	YES	YES	YES
individule	NO	NO	YES
industry FE	YES	YES	NO
province FE	NO	YES	NO
F	297. 1	213. 5	826. 7
Adjusted R – squared	0. 5563	0. 5562	0. 5861

注：*** 表示 1% 水平显著；** 表示 5% 水平显著；* 表示 10% 水平显著。括号内为 t 值，year FE、individule FE、industry FE、province FE 分别为控制时间、个体、行业、省份固定效应。

表 4 - 17　碳排放量与公司长期财务表现（2）

VARIABLES	(1)	(2)	(3)	(4)	(5)	(6)
	lnpe	lnpe	lnpe	lnpe	lnpe	lnpe
lntCarbon	-0.0847 ***	-0.0797 ***	-0.0608 ***			
	(-6.7206)	(-6.3003)	(-3.8431)			
L. lntCarbon				-0.0736 ***	-0.0692 ***	-0.0538 ***
				(-5.7093)	(-5.3449)	(-3.7204)
AT	0.0255	0.0187	-0.0177	0.0022	-0.0031	-0.0557
	(0.9923)	(0.7291)	(-0.3658)	(0.0881)	(-0.1206)	(-1.1854)
BM	-1.4866 ***	-1.4849 ***	-1.2873 ***	-1.4661 ***	-1.4672 ***	-1.2919 ***
	(-27.5535)	(-27.2794)	(-17.6186)	(-26.2919)	(-26.2289)	(-16.9905)
AG	-0.0404 *	-0.0397	-0.0426	-0.1012 ***	-0.0973 ***	-0.0835 ***
	(-1.6628)	(-1.6400)	(-1.4433)	(-3.9706)	(-3.7956)	(-2.6801)
ROA	-14.2348 ***	-14.2047 ***	-14.371 ***	-14.8802 ***	-14.8558 ***	-14.8652 ***
	(-83.1842)	(-82.5077)	(-47.0281)	(-83.0631)	(-82.6010)	(-48.6986)
SH	1092.42 ***	1096.78 ***	974.64 ***	1148.05 ***	1154.60 ***	1088.42 ***
	(18.9016)	(18.8074)	(10.9015)	(15.7479)	(15.7483)	(9.9896)
lnsize	0.0012	-0.0013	-0.0529 **	-0.0117	-0.0132	-0.0571 **
	(0.0902)	(-0.0913)	(-2.1571)	(-0.8005)	(-0.8908)	(-2.2947)
LEV	-0.4162 ***	-0.4263 ***	-0.5151 ***	-0.4070 ***	-0.4200 ***	-0.5198 ***
	(-10.4514)	(-10.6949)	(-7.0806)	(-10.1565)	(-10.3992)	(-7.1237)
QA	0.1748 ***	0.1745 ***	0.1401 ***	0.1877 ***	0.1871 ***	0.1480 ***
	(17.4825)	(17.4138)	(11.7827)	(18.9559)	(18.9110)	(11.9917)
Constant	6.5061 ***	6.6266 ***	7.0619 ***	6.8384 ***	6.9161 ***	7.0989 ***
	(21.8999)	(22.0012)	(15.2491)	(21.8922)	(21.8215)	(14.7941)
Obs	14255	14255	14255	12528	12528	12528
year FE	YES	YES	YES	YES	YES	YES
individule	NO	NO	YES	NO	NO	YES
industry FE	YES	YES	NO	YES	YES	NO
province FE	NO	YES	NO	NO	YES	NO
F	281.4	207.9	294.9	276.3	204.1	282.7
Adjusted R - squared	0.6902	0.6914	0.6029	0.7052	0.7065	0.6136

注：*** 表示 1% 水平显著；** 表示 5% 水平显著；* 表示 10% 水平显著。括号内为 t 值，year FE、individule FE、industry FE、province FE 分别为控制时间、个体、行业、省份固定效应。

4.2.4.2 稳健性检验

第一，替换指标检验。接下来我们参照王浩（2021）的做法，引入碳变化率（rtCarbon）与碳强度（inttCarbon）作为衡量企业碳排放水平的指标取代总排放量（lntCarbon），并估计同样的回归模型，同时引入滞后一期项与市盈率（取自然对数）考察碳排放风险对股票收益的长期影响。表4-18中（5）~（8）列展示了同时考虑省份固定效应的结果，研究发现与前述结论具有一致性。表4-19中（1）~（4）列的回归结果再次表明，碳排放风险在当期会增加股票收益率，说明投资者要求风险溢价补偿，但从长期来看市场并未表现出碳排放风险溢价。从整体上来看，碳强度系数回归结果的显著性水平不高，这可能是因为碳强度作为一个比率指标，等于碳总量除以公司的营业收入，本身具有一定的噪声；另外，目前国内关于碳法规的章程主要是基于碳排放总量制定的，因此碳排放风险溢价表现为与碳排放总量密切相关，而与碳排放强度相关性较低，H1a假设成立。

表4-18 碳排放变化率与公司长短期财务表现

VARIABLES	(1) RET	(2) RET	(3) lnpe	(4) lnpe	(5) RET	(6) RET	(7) lnpe	(8) lnpe
rtCarbon	0.0553 ***		-0.0139		0.0551 ***		-0.0141	
	(9.6738)		(-1.3906)		(9.6338)		(-1.4152)	
L. rtCarbon		-0.0141 **		-0.0351 ***		-0.0143 **		-0.0345 ***
		(-2.5179)		(-3.4658)		(-2.5538)		(-3.4118)
Constant	-1.7857 ***	-1.6865 ***	7.5496 ***	7.6431 ***	-1.7806 ***	-1.6723 ***	7.6104 ***	7.6799 ***
	(-15.2347)	(-13.9955)	(28.5407)	(28.4871)	(-14.7069)	(-13.4052)	(28.4231)	(28.2171)
Obs	15628	13864	14187	12456	15628	13864	14187	12456
Adj R	0.5655	0.5555	0.6995	0.7076	0.5654	0.5555	0.7011	0.7092
cv FE	YES	YES	YES	YES	YES	YES	YES	YES
year FE	YES	YES	YES	YES	YES	YES	YES	YES
industry FE	YES	YES	YES	YES	YES	YES	YES	YES
province FE	NO	NO	NO	NO	YES	YES	YES	YES
F	339.1	296.4	310.5	292.4	243.2	213.0	228.7	213.0

注：*** 表示1%水平显著；** 表示5%水平显著；* 表示10%水平显著。括号内为 t 值，year FE、individule FE、industry FE、province FE 分别为控制时间、个体、行业、省份固定效应。

表 4 - 19　碳排放强度与公司长短期财务表现

VARIABLES	(1) RET	(2) RET	(3) lnpe	(4) lnpe	(5) RET	(6) RET	(7) lnpe	(8) lnpe
inttCarbon	0. 1135 ***		- 0. 1087 ***		0. 1146 ***		- 0. 1052 ***	
	(6. 0055)		(- 3. 1160)		(6. 0271)		(- 3. 0090)	
L. inttCarbon		0. 0221		- 0. 0856 **		0. 0223		- 0. 0799 **
		(1. 1691)		(- 2. 4194)		(1. 1724)		(- 2. 2553)
Constant	- 1. 8289 ***	- 1. 6939 ***	7. 4940 ***	7. 6194 ***	- 1. 8274 ***	- 1. 6784 ***	7. 5646 ***	7. 6550 ***
	(- 15. 5070)	(- 14. 0031)	(28. 2615)	(28. 1938)	(- 15. 0039)	(- 13. 4074)	(28. 1749)	(27. 9150)
Observations	15712	13937	14255	12525	15712	13937	14255	12525
Adjusted R - squared	0. 5645	0. 5554	0. 6891	0. 7041	0. 5645	0. 5553	0. 6905	0. 7056
year FE	YES	YES	YES	YES	YES	YES	YES	YES
industry FE	YES	YES	YES	YES	YES	YES	YES	YES
province FE	NO	NO	NO	NO	YES	YES	YES	YES
F	339. 9	295. 9	281. 3	274. 5	244. 0	212. 5	207. 8	202. 7

注：*** 表示1% 水平显著；** 表示5% 水平显著；* 表示10% 水平显著。括号内为 t 值，year FE、individule FE、industry FE、province FE 分别为控制时间、个体、行业、省份固定效应。

第二，考虑到房地产行业所从事的主营业务的特殊性，本章在原样本中去掉房地产行业。表 4 - 20 中（1）～（4）列的回归结果显示本章的回归结论仍旧保持稳健，并且系数显著性得到了提高，表 4 - 20 中（5）～（8）列加入了省份固定效应，回归结果同样保持了稳健性。

表 4 - 20　碳排放总量与企业长短期财务表现（去掉房地产行业）

VARIABLES	(1) RET	(2) RET	(3) lnpe	(4) lnpe	(5) RET	(6) RET	(7) lnpe	(8) lnpe
IntCarbon	0. 0529 ***		- 0. 0629 ***		0. 0548 ***		- 0. 0606 ***	
	(7. 3244)		(- 4. 4866)		(7. 5400)		(- 4. 3365)	
L. lntCarbon		- 0. 0391 ***		- 0. 0671 ***		- 0. 0378 ***		- 0. 0652 ***
		(- 5. 3910)		(- 4. 6157)		(- 5. 1754)		(- 4. 4702)

VARIABLES	(1) RET	(2) RET	(3) lnpe	(4) lnpe	(5) RET	(6) RET	(7) lnpe	(8) lnpe
Constant	−1.2447 ***	−2.1547 ***	6.4671 ***	6.4145 ***	−1.2228 ***	−2.1265 ***	6.5535 ***	6.4685 ***
	(−8.7602)	(−14.4317)	(21.1721)	(19.8522)	(−8.4015)	(−13.8878)	(21.2234)	(19.7676)
Observations	14893	13145	13512	11808	14893	13145	13512	11808
Adjusted R − squared	0.5613	0.5517	0.6879	0.7039	0.5613	0.5516	0.6894	0.7054
cv FE	YES	YES	YES	YES	YES	YES	YES	YES
year FE	YES	YES	YES	YES	YES	YES	YES	YES
industry FE	YES	YES	YES	YES	YES	YES	YES	YES
province FE	NO	NO	NO	NO	YES	YES	YES	YES
F	318.2	276.3	262.8	257.1	227.6	197.5	193.9	189.5

注：*** 表示 1% 水平显著；** 表示 5% 水平显著；* 表示 10% 水平显著。括号内为 t 值，year FE、individule FE、industry FE、province FE 分别为控制时间、个体、行业、省份固定效应。

第三，考虑 2013 年国内碳排放交易市场建立对高碳企业股票收益率的冲击（韩国文，2021），将研究样本分为碳市场建立之前（2002—2013 年）和之后（2014—2021 年），分别进行回归。表 4 - 21 至表 4 - 24 显示，回归结果仍旧稳健。

表 4 - 21　碳排放量与企业股票收益率（2002—2013 年）

VARIABLES	(1) RET	(2) RET	(3) RET	(4) RET	(5) RET	(6) RET
lntCarbon	0.0364 ***	0.0390 ***	0.0402 ***			
	(3.2458)	(3.4075)	(2.8778)			
L. lntCarbon				−0.0427 ***	−0.0427 ***	−0.0438 ***
				(−4.2426)	(−4.1527)	(−3.8204)
Constant	0.3662	0.3764	8.2353 ***	−0.1686	−0.1795	5.6227 ***
	(1.6380)	(1.6199)	(10.1509)	(−0.7200)	(−0.7310)	(6.5619)
Observations	5304	5304	5304	4534	4534	4534
Adjusted R − squared	0.7094	0.7107	0.7468	0.7104	0.7110	0.7580
cv FE	YES	YES	YES	YES	YES	YES

续表

VARIABLES	(1) RET	(2) RET	(3) RET	(4) RET	(5) RET	(6) RET
year FE	YES	YES	YES	YES	YES	YES
individule	NO	NO	YES	NO	NO	YES
industry FE	YES	YES	NO	YES	YES	NO
province FE	NO	YES	NO	NO	YES	NO
F	270.0	187.0	983.3	243.1	168.3	869.7
Number of id			986			897

注：*** 表示 1% 水平显著；** 表示 5% 水平显著；* 表示 10% 水平显著。括号内为 t 值，year FE、individule FE、industry FE、province FE 分别为控制时间、个体、行业、省份固定效应。

表 4 – 22　碳排放量与企业股票收益率（2002—2013 年）

VARIABLES	(1) lnpe	(2) lnpe	(3) lnpe	(4) lnpe	(5) lnpe	(6) lnpe
lntCarbon	– 0.0541 *** （– 2.6206）	– 0.0479 ** （– 2.2970）	– 0.0287 （– 1.2544）			
L. lntCarbon				– 0.0797 *** （– 3.7438）	– 0.0772 *** （– 3.6005）	– 0.0641 *** （– 2.6239）
Constant	7.9461 *** （19.2202）	8.1722 *** （19.0218）	9.6661 *** （6.9591）	7.8193 *** （17.6726）	7.9751 *** （17.2390）	7.4662 *** （4.9597）
Observations	4822	4822	4822	4075	4075	4075
Adjusted R – squared	0.6134	0.6162	0.5013	0.6477	0.6506	0.5286
cv FE	YES	YES	YES	YES	YES	YES
year FE	YES	YES	YES	YES	YES	YES
individule	NO	NO	YES	NO	NO	YES
industry FE	YES	YES	NO	YES	YES	NO
province FE	NO	YES	NO	NO	YES	NO
F	79.81	60.91	84.35	86.01	64.57	97.11
Number of id			984			894

注：*** 表示 1% 水平显著；** 表示 5% 水平显著；* 表示 10% 水平显著。括号内为 t 值，year FE、individule FE、industry FE、province FE 分别为控制时间、个体、行业、省份固定效应。

表 4 - 23　碳排放量与企业股票收益率（2013—2021 年）

VARIABLES	(1) RET	(2) RET	(3) RET	(4) RET	(5) RET	(6) RET
lntCarbon	0.0375 ***	0.0392 ***	0.0450 ***			
	(4.4423)	(4.6134)	(4.0683)			
L. lntCarbon				- 0.0315 ***	- 0.0304 ***	- 0.0418 ***
				(- 3.4797)	(- 3.3362)	(- 3.7555)
Constant	- 1.4394 ***	- 1.3996 ***	- 1.4808 ***	- 2.1318 ***	- 2.0936 ***	- 1.6287 ***
	(- 9.3299)	(- 8.7864)	(- 4.0099)	(- 12.8133)	(- 12.1689)	(- 3.7700)
Observations	10408	10408	10408	8476	8476	8476
Adjusted R - squared	0.4533	0.4531	0.5015	0.4701	0.4697	0.5266
cv FE	YES	YES	YES	YES	YES	YES
year FE	YES	YES	YES	YES	YES	YES
individule	NO	NO	YES	NO	NO	YES
industry FE	YES	YES	NO	YES	YES	NO
province FE	NO	YES	NO	NO	YES	NO
F	139.2	94.95	569.5	121.9	82.87	531.1
Number of id			1969			1779

注：*** 表示 1% 水平显著；** 表示 5% 水平显著；* 表示 10% 水平显著。括号内为 t 值，year FE、individule FE、industry FE、province FE 分别为控制时间、个体、行业、省份固定效应。

表 4 - 24　碳排放量与企业股票收益率（2013—2021 年）

VARIABLES	(1) lnpe	(2) lnpe	(3) lnpe	(4) lnpe	(5) lnpe	(6) lnpe
lntCarbon	- 0.1064 ***	- 0.1022 ***	- 0.0672 ***			
	(- 6.6450)	(- 6.3675)	(- 3.5597)			
L. lntCarbon				- 0.0770 ***	- 0.0712 ***	- 0.0165
				(- 4.5238)	(- 4.1500)	(- 0.9004)
Constant	6.4171 ***	6.5347 ***	6.8967 ***	6.7890 ***	6.9003 ***	7.2444 ***
	(13.9709)	(14.1227)	(10.8736)	(11.9608)	(12.0988)	(8.8829)
Observations	9433	9433	9433	7586	7586	7586
Adjusted R - squared	0.7330	0.7349	0.6505	0.7413	0.7438	0.6584
cv FE	YES	YES	YES	YES	YES	YES

VARIABLES	(1) lnpe	(2) lnpe	(3) lnpe	(4) lnpe	(5) lnpe	(6) lnpe
year FE	YES	YES	YES	YES	YES	YES
individule	NO	NO	YES	NO	NO	YES
industry FE	YES	YES	NO	YES	YES	NO
province FE	NO	YES	NO	NO	YES	NO
F	YES	YES	YES	YES	YES	YES
Number of id			1965			1770

注：*** 表示 1% 水平显著；** 表示 5% 水平显著；* 表示 10% 水平显著。括号内为 t 值，year FE、individule FE、industry FE、province FE 分别为控制时间、个体、行业、省份固定效应。

4.2.4.3　异质性检验

参考 Bolton P 和 Kacperczyk M.（2021a）、陈诗一（2021）的研究结果，为排除企业所处行业、所有权性质、规模大小带来的影响，本章主要从所处行业（低污染，高污染）、公司性质（非国有企业，国有企业）、公司规模（小规模，大规模）三个角度对样本进行划分并重新回归。本章采用倪娟（2016）的做法，将行业代码为 B06、B07、B08、B09、C17、C19、C22、C25、C26、C27、C28、C30、C31、C32、C33、D44 的公司划分为高污染公司，其余公司划分为低污染公司，样本中共有 1993 家公司属于低污染行业，1026 家公司属于高污染企业，来自计算机、通信和其他电子设备制造业的公司数目最多，达到 399 家，高污染行业中来自化学原料及化学制品制造业的公司数目最多，共计 258 家（见表 4 - 25）。

表 4 - 25　各行业样本数

低污染行业				高污染行业	
B10	1	C40	58	B06	22
B11	17	C41	14	B07	6
C13	47	C42	6	B08	4
C14	59	D45	24	B09	21
C15	40	D46	15	C17	40
C18	33	E47	2	C19	10
C20	7	E48	66	C22	32

低污染行业				高污染行业	
C21	22	E49	2	C25	16
C23	14	E50	24	C26	258
C24	18	G53	5	C27	252
C29	88	G54	36	C28	25
C34	136	G55	30	C30	93
C35	248	G56	11	C31	31
C36	135	G58	9	C32	73
C37	61	G59	9	C33	71
C38	246	G60	5	D44	72
C39	399	K70	106		
总数	1993			总数	1026

表 4 - 26 中（1）～（8）列的结果表明，在不同的行业，企业碳排放量上升对于企业同期与未来收益率的异质性影响，（1）～（4）列为低碳行业，（5）～（8）列为高污染行业。通过与表 4 - 25 进行对比发现，同期碳排放风险溢价补偿集中于高碳行业，即投资于高污染行业的投资者对于所承担的碳排放风险将要求一个更高的碳溢价，而长期来看，高碳企业风险折价现象表现得更为明显。

表 4 - 26　不同行业的企业长短期财务表现

VARIABLES	(1) RET	(2) RET	(3) lnpe	(4) lnpe	(5) RET	(6) RET	(7) lnpe	(8) lnpe
lntCarbon	0.0229*** (2.8576)		-0.1072*** (-6.7418)		0.0678*** (5.7629)		-0.0341* (-1.7204)	
L. lntCarbon		-0.0319*** (-3.9035)		-0.1020*** (-6.4459)		-0.0428*** (-4.0065)		-0.0112 (-0.5148)
Constant	-1.3233***	-1.8950***	6.5743***	6.6592***	-1.0043***	-1.1143***	6.8466***	7.0808***
Observations	9985	8778	9044	7862	5727	5161	5211	4666
Adjusted R-squared	0.5633	0.5566	0.6955	0.7037	0.5713	0.5604	0.6821	0.7095
cv FE	YES	YES	YES	YES	YES	YES	YES	YES
year FE	YES	YES	YES	YES	YES	YES	YES	YES

续表

VARIABLES	(1) RET	(2) RET	(3) lnpe	(4) lnpe	(5) RET	(6) RET	(7) lnpe	(8) lnpe
industry FE	YES	YES	YES	YES	YES	YES	YES	YES
province FE	NO	NO	NO	NO	NO	NO	NO	NO
F	269.3	235.9	253.3	226.0	233.9	208.5	170.1	193.5

注：*** 表示1%水平显著；** 表示5%水平显著；* 表示10%水平显著。括号内为 t 值。year FE、individule FE、industry FE、province FE 分别为控制时间、个体、行业、省份固定效应；cv FE 表示所有控制变量。

本章依据实际控制人性质将样本分为非国有控股与国有控股企业，其中国有控股公司由于有政府信用作为背书，所承担的风险较小，股票收益率小于非国有控股企业，其余变量无显著差异（见表4-27）。

表4-27　不同所有制公司描述性统计

非国有控股			国有控股		
VARIABLES	Mean	SD	VARIABLES	Mean	SD
RET	-0.0603	0.500	RET	-0.00390	0.499
lnpe	3.773	0.915	lnpe	3.590	1.025
lntCarbon	11.10	1.243	lntCarbon	11.79	1.538
rtCarbon	0.100	0.506	rtCarbon	0.102	0.498
AT	0.592	0.322	AT	0.622	0.389
BM	0.589	0.228	BM	0.724	0.245
AG	0.148	0.207	AG	0.109	0.177
ROA	0.0497	0.0598	ROA	0.0365	0.0563
SH	0.000100	0.000100	SH	0.000200	0.000100
lnsize	21.82	1.063	lnsize	22.52	1.392
LEV	0.394	0.190	LEV	0.509	0.192
QA	2.075	1.107	QA	1.659	0.931

表4-28中（1）～（8）列展示了针对不同公司性质的回归结果。（1）～（4）列为国有控股企业，（5）～（8）列为非国有控股企业，实证结果表明市场碳风险溢价补偿主要集中在非国有企业部门，且长期反转效应明显，国有企业对碳风险反应不明显。这可能是因为国有企业作为履行国家重要战略的微观主体，社会公信力度高，吸引投资者能力强，投资者对其实行低碳减排政策具有信心，因而对其承担的碳风险所要求的碳补偿现象并不明显。但

是，即使是国有企业，如果未来不进行低碳转型，投资者也将对其失去信心，表现出未来的碳排放风险折价现象。

表4-28　国有企业与非国有企业的回归结果

VARIABLES	(1) RET	(2) RET	(3) lnpe	(4) lnpe	(5) RET	(6) RET	(7) lnpe	(8) lnpe
lntCarbon	0.0449 ***		-0.0789 ***		0.0003		-0.1239 ***	
	(6.0906)		(-5.8448)		(0.0226)		(-3.5835)	
L. lntCarbon		-0.0366 ***		-0.0742 ***		-0.0321 **		-0.0733 **
		(-5.0706)		(-5.4049)		(-2.0692)		(-2.0524)
Constant	-1.2411 ***	-2.1071 ***	5.9853 ***	6.2861 ***	-0.9960 ***	-2.0613 ***	9.3916 ***	9.5453 ***
	(-9.8124)	(-16.0469)	(25.6270)	(20.1697)	(-2.9733)	(-5.4722)	(11.1631)	(11.8686)
Observations	14045	12329	12882	11201	1662	1606	1368	1323
Adjusted R - squared	0.5495	0.5366	0.7070	0.7224	0.7032	0.7061	0.6077	0.6229
cv FE	YES	YES	YES	YES	YES	YES	YES	YES
year FE	YES	YES	YES	YES	YES	YES	YES	YES
industry FE	YES	YES	YES	YES	YES	YES	YES	YES
province FE	NO	NO	NO	NO	NO	NO	NO	NO
F			287.3	280.5	77.05	75.89		

注：*** 表示 1%水平显著；** 表示 5%水平显著；* 表示 10%水平显著。括号内为 t 值，year FE、individule FE、industry FE、province FE 分别为控制时间、个体、行业、省份固定效应；cv FE 表示所有控制变量。

在进行规模划分时以总资产平均值作为分组标准，若公司 2002 年到 2021 年的总资产的均值大于全样本均值则为大规模企业，否则为小规模企业。表4-29的实证结果表明，在同期，不同规模的企业中投资者都会对碳排放风险要求溢价补偿，且小型企业表现得更为明显。长期来看，所有规模的企业均表现出风险折价特征，即长期来看投资者无法从高碳排放风险的企业中受益。

表 4 - 29　不同规模下的异质性分析

VARIABLES	(1) RET	(2) RET	(3) lnpe	(4) lnpe	(5) RET	(6) RET	(7) lnpe	(8) lnpe
lntCarbon	0.0508 ***		− 0.0806 ***		0.0246 **		− 0.0862 ***	
	(5.5475)		(− 4.4481)		(2.5346)		(− 5.0141)	
L. lntCarbon		− 0.0480 ***		− 0.0773 ***		− 0.0281 ***		− 0.0674 ***
		(− 5.4194)		(− 4.0931)		(− 3.0085)		(− 3.8300)
Constant	− 2.3069 ***	− 3.2444 ***	6.0215 ***	6.1622 ***	− 0.5863 ***	− 1.0497 ***	7.1317 ***	7.2316 ***
	(− 8.2443)	(− 16.6642)	(17.2546)	(15.3113)	(− 3.0771)	(− 5.3112)	(19.1810)	(18.3150)
Observations	9292	8063	8305	7104	6420	5876	5950	5424
Adjusted R - squared	0.5757	0.5688	0.6835	0.7012	0.5723	0.5629	0.6534	0.6631
cv FE	YES	YES	YES	YES	YES	YES	YES	YES
year FE	YES	YES	YES	YES	YES	YES	YES	YES
industry FE	YES	YES	YES	YES	YES	YES	YES	YES
province FE	NO	NO	NO	NO	NO	NO	NO	NO
F	209.3		172.4		164.7		127.2	

注: *** 表示 1% 水平显著;** 表示 5% 水平显著; * 表示 10% 水平显著。括号内为 t 值,year FE、individule FE、industry FE、province FE 分别为控制时间、个体、行业、省份固定效应;cv FE 表示所有控制变量。

4.2.5　机制检验

4.2.5.1　融资约束机制

近年来随着环境保护热度的不断增强,融资约束与企业环境表现、污染排放量之间的关系吸引了越来越多的学者关注(严成樑等,2016;Andersen,2017;Chen,2020)。Fazzari(1988)首次将融资约束与企业财务表现联系起来,为后续研究企业创新投入提供全新视角(解维敏,2011;王红建等,2017)。"融资约束"并不等同于"财务紧张"。根据 Fazzari(1988)的定义,融资约束是指市场不完备而导致企业外源融资成本过高,并使企业投资无法达到最优水平的状态;财务紧张仅仅反映资金需求得不到满足的状态。融资约束是一个相对指标,它与一定的投资机会相对应,即表现为针对于某一投资机会所需要获得外部融资的难易程度(邓可斌,2014)。随着环境监管政策的不断加强,企业所面临的排污成本进一步增加。在企业追求利润最大化的假设下,企业会综合考虑自己的排污成本与收益进而作出决策。低碳转型的企业往往需要获得长期且稳定的现金支持，与生产周期相联系的内部融资很明显无法满足这一要求，因而需要借外部融资获得自身的排污减排资金支持。碳排放量越高的公司所面临的未来现金流波动的风险越大，因而外部融资所受到的融资约束水平也就越高，而这一高融资约束将作为企业进行碳减排的成本，需被更高的股票收益率所补偿。

企业减少碳排放主要有缩小生产规模与污染治理两种方式（王娜等，2014），其中减少产出的方式将对企业的正常运营产生直接影响。"绿色投资"普遍具有投资周期长、资产价格波动大的特点，因此融资约束大小将会影响企业减排政策的选择（陈诗一，2021；Fan，2021），并且融资约束在不同所有制企业中的表现也存在异质性（徐晓萍等，2017）。国有企业由于更容易获得贷款，因此企业创新活动受到融资约束的影响越低，反应越不敏感；而中小民营企业普遍面临融资难、融资贵的问题，具有较大的生产性融资需求，因而融资约束的微小变动将带来巨大的边际效益（刘晓光和苟琴，2016）。

表4-30中（1）～（6）列报告了以融资约束作为中介变量的机制检验结果。表4-30中（1）～（3）列结果显示，同期碳排放量越高，企业受到的融资约束越大，投资者所要求的碳溢价水平越高，这主要是因为碳排放量越多就越有可能受到环境处罚，并进一步衍生为违约风险，因而提供融资部门将增加这类企业的融资成本，使投资者对于相同的碳排放水平需要更高的碳溢价进行补偿。（4）～（6）列结果表明，碳排放量越高的企业未来受到的融资约束依旧越强，但是这种强约束机制已经无法影响企业未来的股票收益率，即当期企业的股票收益率已充分反映融资约束的影响，不会再传导至企业未来的股票收益率上，所以滞后一期融资约束所起到的中介作用不显著。

表4-30　融资约束中介效应检验

VARIABLES	(1) RET	(2) FC	(3) RET	(4) RET	(5) FC	(6) RET
lntCarbon	0.0376 ***	0.0117 ***	0.0384 ***			
	(5.5953)	(4.7054)	(5.7251)			
L. lntCarbon				−0.0356 ***	0.0081 ***	−0.0354 ***
				(−5.4658)	(3.5044)	(−5.4237)

VARIABLES	(1) RET	(2) FC	(3) RET	(4) RET	(5) FC	(6) RET
FC			-0.0700 ***			-0.0306
			(-2.9152)			(-1.2204)
Constant	-1.3530 ***	4.7645 ***	-0.1175	-2.0892 ***	4.7501 ***	-1.9426 ***
	(-9.8809)	(98.7650)	(-0.6473)	(-14.7377)	(96.9035)	(-10.4904)
Observations	15712	15734	15712	13939	13959	13939
Adjusted R - squared	0.5644	0.7982	0.5646	0.5563	0.7941	0.5563
cv FE	YES	YES	YES	YES	YES	YES
year FE	YES	YES	YES	YES	YES	YES
industry FE	YES	YES	YES	YES	YES	YES
F	338.6	982.5	334.4	297.1	827.1	293.2

注: *** 表示 1% 水平显著; ** 表示 5% 水平显著; * 表示 10% 水平显著。括号内为 t 值,year FE、individule FE、industry FE、province FE 分别为控制时间、个体、行业、省份固定效应;cv FE 表示所有控制变量。

4.2.5.2 市场关注度机制

企业的环境表现能否反映在股票收益率上主要取决于投资者对该信息是否作出回应,而这一行为需以投资者已经接收到该信息为前提。企业环境表现作为一种信息可以通过投资者的关注降低供需双方之间的信息不对称,投资者关注较多意味着其获得企业的信息就越充足,企业越没有机会粉饰自己的环境表现。在"撤资假说"下,投资者将碳排放量高的公司的股票视为"肮脏股票",机构投资者将减少对该类股票的购买(Wang 等,2020),从而迫使高碳企业必须提供一个更高的风险溢价补偿来吸引投资者。然而这种补偿并不一定具有可持续性,因此市场不会长期认可高碳排放的企业股票。

表 4-31 中(1)~(6)列报告了以分析师关注程度作为市场关注度衡量指标的中介效应检验结果。实证结果表明,无论是同期还是滞后一期,碳排放量越高的企业,获得的分析师关注度越高。这主要是因为我国的资本市场以非机构投资者居多,市场非理性现象明显,大多依赖于专业机构投资者的报告作出投资决策。当机构投资者对于其关注度越高时,该公司碳排放数据的披露水平就会变得越高,减少了高碳企业美化自身环境表现的机会,企业需要提供

一个更高的股票收益率才能够吸引投资者。同时，如果高碳企业长期不进行低碳转型，分析师关注将加深投资者对于该企业负面印象并将投资标的转移到低碳公司，表现为风险折价。

表4-31 市场关注度中介效应检验——分析师关注

VARIABLES	(1) RET	(2) lnatt_ a	(3) RET	(4) RET	(5) lnatt_ a	(6) RET
lntCarbon	0.0376 ***	0.0538 **	0.0500 ***			
	(5.5953)	(2.4819)	(5.3125)			
L. lntCarbon				-0.0356 ***	0.1284 ***	-0.0409 ***
				(-5.4658)	(6.0797)	(-4.5247)
lnatt_ a			-0.0328 ***			-0.0345 ***
			(-7.8300)			(-7.8449)
Constant	-1.3530 ***	-10.9415 ***	-1.4113 ***	-2.0892 ***	-10.5502 ***	-2.2783 ***
	(-9.8809)	(-26.2498)	(-7.1957)	(-14.7377)	(-24.5511)	(-11.2044)
Observations	15712	10667	10659	13939	9360	9353
Adjusted R-squared	0.5644	0.4221	0.5500	0.5563	0.4344	0.5322
cv FE	YES	YES	YES	YES	YES	YES
year FE	YES	YES	YES	YES	YES	YES
industry FE	YES	YES	YES	YES	YES	YES
F	338.6			297.1		

注：*** 表示1%水平显著；** 表示5%水平显著；* 表示10%水平显著。括号内为 t 值，year FE、individule FE、industry FE、province FE 分别为控制时间、个体、行业、省份固定效应；cv FE 表示所有控制变量。

表4-32 中（1）～（6）列报告了以研报关注作为分析师关注替代变量的稳健性估计结果，发现结论高度一致。

表4-32 市场关注度中介效应检验——研报关注

VARIABLES	(1) RET	(2) lnatt_ i	(3) RET	(4) RET	(5) lnatt_ i	(6) RET
lntCarbon	0.0376 ***	0.0719 ***	0.0493 ***			
	(5.5953)	(2.7660)	(5.2710)			
L. lntCarbon				-0.0356 ***	0.1543 ***	-0.0234 ***
				(-5.4658)	(6.0292)	(-2.7166)
L. lnatt_ i						-0.0686 ***
						(-20.6790)

VARIABLES	(1) RET	(2) lnatt_ i	(3) RET	(4) RET	(5) lnatt_ i	(6) RET
lnatt_ i			− 0. 0240 ***			
			(− 6. 8016)			
Constant	− 1. 3530 ***	− 12. 3245 ***	− 1. 3477 ***	− 2. 0892 ***	− 11. 8885 ***	− 2. 8628 ***
	(− 9. 8809)	(− 24. 9255)	(− 6. 9377)	(− 14. 7377)	(− 22. 9685)	(− 14. 3894)
Observations	15712	10783	10775	13939	9463	9643
Adjusted R − squared	0. 5644	0. 4372	0. 5558	0. 5563	0. 4487	0. 5465
cv FE	YES	YES	YES	YES	YES	YES
year FE	YES	YES	YES	YES	YES	YES
industry FE	YES	YES	YES	YES	YES	YES
F	338. 6			297. 1		

注：*** 表示 1% 水平显著；** 表示 5% 水平显著；* 表示 10% 水平显著。括号内为 t 值，year FE、individule FE、industry FE、province FE 分别为控制时间、个体、行业、省份固定效应；cv FE 表示所有控制变量。

表 4 - 33 中（1）～（3）列结果显示了同期碳排放量、机构持有数量与企业股票收益率之间的关系。实证结果表明，碳排放量越高的公司，其机构持有比率越低，投资者所要求的风险报酬越高。这主要是由于机构投资者在进行投资决策时会受到社会道德的影响（Hong 和 Kacperczyk，2009），尤其是那些受到社会道德约束的投资机构，它们将从事高碳生产的企业的股票视为"罪恶"的股票，并会从这些公司撤资（Wang 等，2020）。实施可持续发展理念的投资机构可能会拒绝投资高碳排放风险的股票，这种行为将带来两方面的影响：一是作为一种市场信号，会发生趋势跟随的现象，为了弥补这部分信息不对称的成本，企业需要提高投资者的风险补偿；二是规避掉高碳排放的公司不利于投资风险分散化（Merton，1987；M.，van Nieuwerburgh，S.，Veldkamp，L.，2016.），投资者将索求更高的回报。表 4 - 33 中（4）～（6）列结果表明，如果企业长期保持高碳排放量的水平，机构持有量减少作为对于该企业绿色转型的信心降低的市场信号，投资者将不再对该企业未来的收益抱有信心，并转而持有"绿色"企业的股票。

为了保证结果的稳健性，本章以噪声更小的碳变化率替换掉碳总量后，重新进行回归，发现中介机制依然存在（见表4-34）。

表4-33　机构持有比率中介效应检验——碳总量

VARIABLES	(1) RET	(2) invest_ p	(3) RET	(4) RET	(5) invest_ p	(6) RET
lntCarbon	0.0376 ***	-2.2574 ***	0.0361 ***			
	(5.5953)	(-5.8914)	(5.3622)			
L. lntCarbon				-0.0356 ***	-0.8214 **	-0.0370 ***
				(-5.4658)	(-2.1226)	(-5.6682)
invest_ p			-0.0004 ***			
			(-2.7435)			
L. invest_ p						-0.0014 ***
						(-10.5366)
Constant	-1.3530 ***	-132.0469 ***	-1.4443 ***	-2.0892 ***	-111.7656 ***	-2.3242 ***
	(-9.8809)	(-19.3313)	(-10.4551)	(-14.7377)	(-15.6354)	(-16.2655)
Observations	15712	15690	15668	13939	13924	13857
Adjusted R-squared	0.5644	0.2538	0.5636	0.5563	0.2830	0.5595
year FE	YES	YES	YES	YES	YES	YES
industry FE	YES	YES	YES	YES	YES	YES
F	338.6	91.90	331.3	297.1	90.85	296.6

注：*** 表示1%水平显著；** 表示5%水平显著；* 表示10%水平显著。括号内为 t 值，year FE、individule FE、industry FE、province FE 分别为控制时间、个体、行业、省份固定效应；cv FE 表示所有控制变量。

表4-34　机构持有比率中介效应检验——碳变化率

VARIABLES	(1) RET	(2) invest_ p	(3) RET	(4) RET	(5) invest_ p	(6) RET
r_ tCarbon	0.0553 ***	-1.5498 ***	0.0544 ***			
	(9.6738)	(-4.3859)	(9.4852)			
L. r_ tCarbon				-0.0141 **	-1.1229 ***	-0.0142 **
				(-2.5179)	(-3.1214)	(-2.5409)
invest_ p			-0.0003 ***			-0.0004 ***
			(-2.6679)			(-2.9911)
Constant	-1.7857 ***	-107.6423 ***	-1.8200 ***	-1.6865 ***	-102.9576 ***	-1.7288 ***
	(-15.2347)	(-19.6508)	(-15.4329)	(-13.9955)	(-18.3676)	(-14.2751)

续表

VARIABLES	(1) RET	(2) invest_p	(3) RET	(4) RET	(5) invest_p	(6) RET
Observations	15628	15605	15585	13864	13840	13829
Adjusted R – squared	0.5655	0.2533	0.5646	0.5555	0.2829	0.5551
cv FE	YES	YES	YES	YES	YES	YES
year FE	YES	YES	YES	YES	YES	YES
industry FE	YES	YES	YES	YES	YES	YES
F	339.1	90.80	331.8	296.4	90.35	291.5

注：*** 表示 1% 水平显著；** 表示 5% 水平显著；* 表示 10% 水平显著。括号内为 t 值，year FE、individule FE、industry FE、province FE 分别为控制时间，个体，行业，省份固定效应；cv FE 表示所有控制变量。

4.2.6 结论与政策建议

本章使用了 2002 年到 2021 年企业层面碳排放数据，实证研究了碳排放风险与企业股票收益率之间的关系及表现特征，对我国资本市场是否存在碳溢价进行了初步探索。同期回归结果表明，企业碳排放量越高，其所对应的股票收益率也相应地增加，体现为投资者要求资本市场对这部分承担的异质性风险进行补偿。但是这种效果并不具有持续性，滞后一期及长期回归结果表明，碳排放量越高的公司其未来收益反而越低，对投资者的吸引力越小，即表现出风险折价，该结论通过了一系列的稳健性估计，例如，用市盈率代替股票收益率衡量企业的长期收益，采用碳变化率与碳强度作为碳总量的替代变量，改变样本的区间等。在控制了一系列与公司收益率相关的指标（规模、市值比等），考虑企业的个体效应与时间效应之后，该结论显然依旧成立，并且在不同规模和不同所有制的企业中该结论具有一致性。异质性检验表明，同期碳排放风险溢价现象主要发生在高污染行业、小规模公司与非国有企业。融资约束机制表明，碳排放量越高的企业受到的融资约束越强，同期碳溢价现象越明显；市场关注度机制表明，碳排放量越高的企业越容易受到市场的关注，同时增加了企业同期碳溢价、长期碳风险折价的水平。

本章研究对于促进企业减排具有重要的政策启示。第一，监管当局制定措施提升资本市场有效性程度，提高碳排放量的披露程度，通过市场的手段倒逼企业进行绿色低碳转型。本章研究结果表明，企业同期股票收益率与碳排放量之间显著正相关，高碳企业能够通过提供碳溢价的方式吸引投资者，完成低碳转型。因此，为了迫使高碳排放企业尽快实现低碳转型，监管当局应增加碳排放信息的披露，发挥市场机制，引导企业实现低碳转型。第二，高碳企业自身也应该尽快完成低碳转型，实现长期可持续发展。回归结果表明，股票未来收益率与碳排放量之间显著负相关，即高碳企业所提供的较高的股票收益率仅在同期对投资者具有吸引力，但如果该企业并未进行低碳转型而是始终保持较高的碳排放水平，投资者将对该企业失去信心，因而会从高碳企业撤资投资于低碳企业。因此，为了保持对投资者的吸引力，企业应尽快实施低碳转型战略。第三，重点关注高污染、非国有、小规模企业的碳披露和碳排放水平。异质性分析显示，高污染、非国有、小规模企业同期碳溢价与长期碳风险折价现象更为明显，说明投资者对于该类公司所披露的碳信息更为敏感，应该提高该类公司的碳信息披露程度，充分利用市场在促进该类企业低碳转型中发挥的关键性作用，同时应通过政策引导这些企业尽快实施低碳转型，否则这些企业会失去投资者的关注，不利于自身的长期可持续发展。

第 5 章

银行业转型风险管理研究

经济低碳转型影响企业的偿付能力，对各个行业的影响也不尽相同。商业银行对各行业均存在风险敞口，因此低碳转型相关风险会传导至中国银行业。本章实证分析低碳转型相关行业在"双碳"战略背景下对中国银行业的风险溢出特征，通过研究商业银行搁浅资产风险敞口与能源价格之间的关系来判断商业银行管理气候转型风险的有效性。

5.1 低碳转型相关行业对银行业的风险溢出机制分析

5.1.1 低碳转型相关行业碳排放及能源结构现状分析

根据国际能源署（IEA）的报告，2021 年全球能源相关二氧化碳排放量达到了 363 亿吨，创历史新高，比 2020 年增长了 1.5 亿吨。低碳转型背景下，全球各国都在努力践行低碳经济发展理念。

图 5-1 呈现了主要经济体二氧化碳排放量情况。由图 5-1 可知，在 20 世纪 60 年代，美国和欧盟的碳排放量快速增加，体量远超中国、日本。美国和德国是第二次工业革命的中心，在这次工业革命中，美国和欧盟社会经济、工业水平、科技水平迅速提升，同时碳排放量也迅速提升。其中欧盟最早实现碳达峰，整体于 20 世纪 90 年代实现碳达峰。欧盟碳排放量在 2006 年至 2014 年稳步下降，2014 年后趋势发生逆转并小幅增加。2015 年《巴黎协定》的签署有效遏制了碳增长势头。2020 年欧盟碳排放量为 27.28 亿吨，较 1990 年减

少 37.23%。美国则大约在 2007 年实现碳达峰，二氧化碳排放为 58.84 亿吨，此后逐渐走低。日本 2008 年之前的碳排放量呈现缓慢上升趋势，大约也在 2008 年实现碳达峰，峰值达 13 亿吨，并较早地进入了平台期。这与日本的经济结构、能源结构和低碳政策有关。日本是一个制造业发达、能源进口依赖度高的国家，因此在节能减排方面有一定的优势和动力。中国碳排放量在 20 世纪中后期逐年上升，从 2000 年开始激增，随后反超欧盟和美国，至 2021 年时已成为全球碳排放量最大的国家，2021 年全国碳排放总量为 105 亿吨二氧化碳，且仍未实现碳达峰。这与我国的经济发展阶段、能源结构和人口规模有关。中国作为拥有 14 亿余人的人口大国，在过去的几十年里，中国经济的快速增长导致能源消费大幅增长，以支持这一庞大人口的需求。

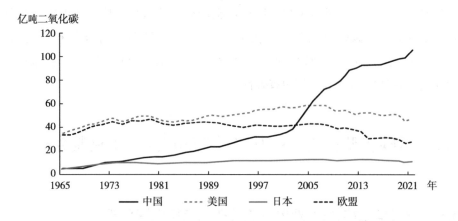

图 5-1　1965—2021 年主要经济体二氧化碳排放量

(资料来源：英国石油公司)

　　为降低温室气体排放，不同国家有不同的承诺和目标。根据联合国环境规划署（UNEP）的报告，目前已有 131 个国家承诺或提出实现净零排放目标，这些国家占全球温室气体排放总量的 73%。实现碳中和需要各国政府（尤其是中国）的参与，采取合理有效的措施来减少碳排放。中国于 2015 年在巴黎气候大会上承诺，到 2030 年左右实现单位国内生产总值二氧化碳排放量比 2005 年下降六成左右。2020 年 9 月，国家主席习近平在联合国大会提出的"双碳"目标进一步表明了中国减排的决心。

　　我国能源资源分布不均和匮乏，在新能源发展不足和电力需求增长的情况下，以煤电供应为发展基础的传统高碳行业是我国经济发展和民生保障的重要支撑，难以被快速替代。因此，我国实现碳中和必经的脱碳之路任重道远。从发达国家的经验来看，以下措施是实现碳达峰、碳中和目标的基本路线：转变能源结构，大力发展可再生能源，逐步淘汰化石燃料，提高能源效率和清洁度；调整产业结构，加快发展低碳产业，推动重点行业实现低碳转型，减少高耗能、高排放的产业比重；优化交通结构，推广电动汽车和公共交通，建设低碳城市和智慧社区；创新技术手段，加强科技研发和投入，开发和应用二氧化碳捕集利用封存（CCUS）、氢能、核能等先进技术；强化政策支持，制定具有法律效力的中长期目标和行动计划，建立健全市场机制和激励措施。

煤炭是我国能源消费的主体，因为中国的资源禀赋呈现"富煤贫油少气"的特征，且已对煤炭形成了路径依赖。具体来说，我国煤炭资源丰富，探明储量排名世界第二位，但石油和天然气等优质能源短缺，对外依存度高。据《中国矿产资源报告（2022）》的统计，我国一次能源生产总量 40.8 亿吨标准煤。原煤、原油、天然气产量分别为 39 亿吨、1.95 亿吨、1925 亿立方米。"双碳"背景下能源结构面临调整。由图 5-2 可以看出，1991 年至 2021 年，在新能源的发展及节能减排政策引导下，能源消费结构不断得到优化。风、光等非石化能源的消费量占总消费量的比重越来越高。截至 2021 年，中国能源消费结构仍以煤炭为主，约占全国能源消费总量的 56%。石油和天然气紧随其后，份额分别为 18.5% 和 8.9%。水电、风电和太阳能等可再生能源也在迅速发展，逐步从 1991 年的 4.8% 增加到 2021 年的 16.6%。它们目前在中国总能源消费中的份额相对较小，预计未来将在中国的能源结构中发挥更大作用。

煤炭产业在能源需求和环境问题之间难以平衡，需要在节能减排和环境保护方面承担重任。2021 年 10 月，《中国应对气候变化的政策与行动》白皮书中提到，2030 年中国单位国内生产总值（GDP）二氧化碳排放将比 2005 年下降 65% 以上，这是中国在 2020 年宣布的国家自主贡献新目标举措之一。这一目标比中国在 2015 年《巴黎协定》中承诺的 60%~65% 更高。在《中华人民共和国国民经济和社会发展第十四个五年规划和 2035 年远景目标纲要》中，我国提出了一系列绿色、低碳转型发展的目标：到 2025 年非化石能源消费占比达到 20% 左右；到 2030 年煤炭消费量达峰；到 2050 年新能源成为主体电源。这些目标不仅反映了我国对全球气候变化问题的责任担当，也为我国能源

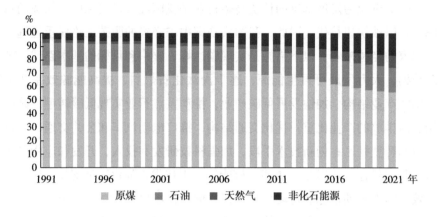

图 5 – 2 1991—2021 年我国能源消费结构分布

（资料来源：国家统计局）

结构调整提供了方向指引。面对这样的形势变化，绿色、低碳转型发展是煤企必须面对的问题。

目前，电力、钢铁、水泥等高碳行业是碳排放的主要来源。这些行业的基础设施建设具有碳排放的锁定效应，一旦投资建设了高碳基础设施，就会在其全生命周期都排放一定数量的温室气体，它们的寿命一般能够达到几十年，会影响该国的能源需求、供应和价格等因素，进而影响其他行业和消费者的选择，从而难以快速实现低碳转型。然而盲目地实施"一刀切"的减排策略是鲁莽的行为。随着中国"双碳"目标的提出，部分地方和行业为了完成能耗"双控"指标，不顾实际情况，盲目关停限产高耗能企业。这种做法可能会影响经济增长和社会稳定。高耗能项目往往是地方经济的支柱产业，一旦停产或减产，就会影响税收、就业、供应链等多个方面，造成经济损失和社会问题；这也违背碳达峰、碳中和的长远目标。高耗能项目并不等于高排放项目，有些企业已经采取了节能减排的措施，提高了效率和环保水平。如果一味地压缩高耗能项目的发展空间，就会打击企业的绿色转型动力，也会阻碍新技术、新模式、新产品的创新和推广，还会造成区域性和行业性的不公平。由于各地区各行业的资源禀赋、发展水平、结构调整等情况不同，不能简单地用统一的标准来衡量和评价。如果对所有高耗能项目毫无差别地实施"一刀切"减排策略，就会忽视各自的特点和差异，导致部分地区和行业承担过重的负担或者享受过多的优惠。因此，"一刀切"减排策略是不可取的，应该根据实际情况制定合理有效的政策措施，找到低碳转型的平衡点，并加强监督检查和考核评价。

5.1.2　高碳行业对银行业的风险溢出机制分析

5.1.2.1　银行业对高碳行业的风险敞口分析

低碳经济发展越来越快，与之相关的风险也不能忽视。这些风险主要源于减排政策过于急切或过于迅猛，并且会沿着产业链波及其他行业。中国高耗能产业在国民经济中占据很大份额，目前还面对很大的转型难题。尤其是"双碳"战略提出后，碳税和碳交易市场等碳价类政策工具逐渐实施，高碳行业将被推动加速调整产业结构，以满足"双碳"目标的要求。在此情况下，大量的资本投入将显著增加运营成本。未来，这些行业可能会面临成本上升和利润下降等困境，产生搁浅资产，从而增加银行的风险。

银行业对高碳行业的风险敞口是指银行为支持高碳行业发展或低碳转型而承担的风险敞口。从高碳行业银行贷款情况分析，国有银行一直是我国放贷主力军。由图 5 - 3 和图 5 - 4 可知，制造业贷款余额占比最大。2020 年"双碳"战略提出后，各行业的贷款余额有所增加。需要特别关注的是，2016 年煤炭价格跌入谷底，"两高一剩"行业信贷压缩，整体贷款量急剧下降，2017 年逆转回升，随后平稳增长，但高碳行业的信贷存量仍较大。

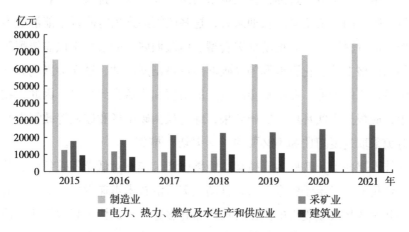

图 5 - 3　2015—2021 年国有银行高碳行业贷款余额

（资料来源：各银行年度财报）

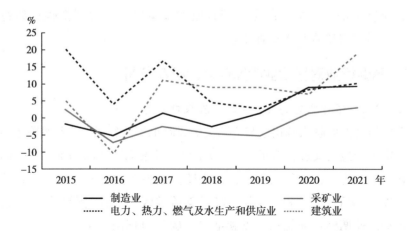

图 5 - 4　2015—2021 年国有银行高碳行业贷款余额同比增速

（资料来源：各银行年度财报）

5.1.2.2　高碳行业对银行业的风险传导路径分析

在政策层面上，"双碳"目标下，碳价类低碳转型政策的约束逐渐增加，如碳税实施和碳交易市场的建立等。价格作为市场经济中资源配置的杠杆，对引导低碳转型、促进碳减排起重要作用。碳交易市场将碳排放纳入金融领域，清晰的价格和灵活的履约方式形成明晰的激励约束机制。碳税则是一种惩罚机制，通过增加碳排放的边际社会成本来约束企业减少碳排放。两者被视为推动高碳行业脱碳的重要工具。长期来看，这些政策的推出将降低新能源成本，有助于控制通货膨胀水平并推动低碳转型。但短期内可能会由于供需错配等问题导致能源价格上涨、化石能源等高碳商品价格剧烈波动，进而会影响到金融行业，银行持有的债券、股票等金融资产的估值和收益受到损失。因此，在实践过程中，应根据现实环境和实施效果，综合权衡碳市场和碳税等政策工具的使用，避免采取过度扭曲和不必要的"一刀切"措施。

在技术层面上，政府为支持碳达峰碳中和工作，对低碳零碳负碳、节能环保等绿色技术研发给予资金支持，推动低碳清洁技术迅速发展。低碳排放的优质产品和服务替代了现有的高碳排放产品和服务，这加快了高碳行业搁浅资产的形成，加大了高碳行业承担传统资产和技术面临减值和淘汰的风险。搁浅资产是指因市场形势变化而失去其应有价值的投资或资产。"双碳"战略的提出要求高碳行业加速推动产业结构调整。环境、制度、技术制约致使某些资产成为不良或废弃资产，即"搁浅资产"。如已探明储量的部分化石燃料因为需求受到限制而无法再开采，高碳产业所占用的资金、基础设施、技术等可能会变得无用或贬值。中国煤电转型将导致火电装机成为搁浅资产，我国火电装机容量仍在增加。2020 年，中国新增火电装机容量为 55.8GW，同比增长 17.9%，占全国新增装机总规模的 50%。

在市场层面上，低碳转型会改变投资者的情绪和消费偏好，减少对高碳商品和服务的需求，从而引发市场恐慌和抛售潮。投资者的心理预期发生改变会引起金融市场的连锁反应。当高碳行业的资产价格下跌时，意味着未来经济可能会出现通货紧缩的趋势，这会引发投资者产生经济下行的心理预期。为规避风险，他们开始出售贬值资产以减少投资，而这种资产价格下跌的现象可能进一步加剧，引发新一轮的低价出售，从而形成恶性循环。高碳企业由于资产贬值、抵押品价值缩水等原因，可能出现信用违约或破产情况，给银行造成损失。同时，高碳企业融资难度增大，融资渠道收窄，融资成本提高。这些都会影响银行的资金供应和需求平衡，并可能导致银行遭遇再融资困境或流动性危机。

从行业财务状况来看，在政策、技术、市场因素综合影响下，高碳行业的资产缩水和营收能力下降，会引发银行的信贷危机和股债危机。钟正生和张璐（2021）表示，我国高碳行业的信贷获取趋势正在逐步下滑，极有可能在低碳转型过程中带来金融风险。具体过程如下：一方面，大量搁浅资产从高碳行业资产负债表中冲销，失去了其应有价值。资产重估导致资产价值大幅缩水，从而增加高碳行业的信用违约概率，并影响它们从银行获得更多贷款的能力，而银行也将因为高碳行业的信用风险而面临经营困境，给信贷市场带来危机。据牛津大学和华北电力大学的预测，我国煤炭行业的搁浅资产规模可能高达 3 万亿~7 万亿元，远超其他国家。因此，我们应该积极应对搁浅资产问题，加快绿色转型。另一方面，搁浅资产会影响高碳行业的营收能力。高碳行业面临低碳转型的压力和挑战，需要投入大量资金进行升级改造，提高能效和减排水平，而大量搁浅资产无法获得经济回报，会增加高碳行业的经营成本和负债率，还会减少企业收入和盈利能力，导致高碳行业财务状况恶化，还款能力不足，增加银行的不良贷款率，引发信贷危机。在国内实施"双碳"战略背景下，高碳行业的经营压力加大，债务风险暴露。2020 年 11 月，永煤控股发生债券违约，影响了其他高碳企业的融资成本和信用评级。2021年下半年，煤炭价格飙升，火电企业发电成本上升，供需失衡导致电荒频发。申银万国数据显示，火力发电行业2021年亏损近400亿元，两市27家火电企业中有17家利润大幅下滑。这些都给持有大量高碳资产的商业银行造成了重大损失。

综上所述，如图5-5所示，在低碳政策、绿色技术、市场波动因素影响下，低碳转型风险首先在经济主体上表现为能源价格的上涨、加速搁浅资产的形成及改变投资情绪和偏好，风险具体传导至高碳行业，造成碳密集产业的资产贬值和营收能力下降等问题，最终波及金融领域，造成银行业的信贷危机和股债危机。

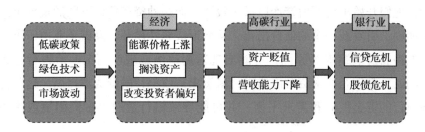

图5-5　高碳行业对银行业的风险传导路径

5.1.3　低碳行业对银行业的风险溢出机制分析

5.1.3.1　银行业对低碳行业的风险敞口分析

随着碳达峰、碳中和目标的提出，绿色金融迎来重要发展机会。为促进低碳转型发展，我国绿色信贷业务长期向好，增速逐年增加。同时，我国绿色信贷发展始于2007年，绿色信贷业务不断发展与完善，包括建立绿色信贷组织体系，设立专门的绿色金融事业部、支行和网点，为绿色项目提供优质金融服务；完善内部管理制度，制定绿色信贷管理办法和评价体系，在客户准入、授信政策等方面实行差别化管理；加大绿色信贷产品与服务供给，加强科技领域、节能领域、生态农业等领域的金融产品创新等。截至2021年末，我国有15.9万亿元的绿色贷款余额，余额存量规模居全球第一。同时绿色信贷惠及行业多元化，包括节能环保、清洁生产、清洁能源、生态保护、基础设施绿化和绿色服务六大类。我国正持续通过制定和实施一系列的绿色金融政策和措施，促进绿色产业发展，支持低碳转型，防范环境风险，探索建立绿色金融体系的先行区域。《中国区域金融运行报告（2022）》显示，截至 2021 年，六省（区）九地试验区绿色贷款余额达到了 2920.4 亿元，占全部贷款余额比重 16.5%。

如图 5-6 所示，2013 年至 2021 年，国有银行绿色信贷余额整体呈上涨趋势，增速由 2013 年 34% 的高增长水平缓慢下降到 2019 年的 13%，2020 年作为碳中和元年，开启绿色信贷余额的高速增长阶段。在此背景下，各种绿色金融政策和工具得到了加强和推广，一系列绿色金融产品和服务加大对绿色产业和低碳转型相关领域的支持力度，绿色贷款余额得到了快速增长。截至 2021 年，国有银行绿色信贷余额达到 8.68 万亿元，增速高达 39%。

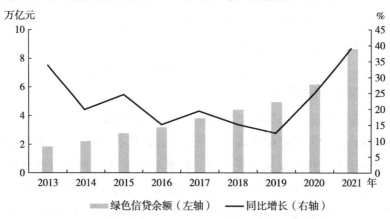

图 5-6　2013—2021 年国有银行绿色信贷余额
（资料来源：各银行年度财报）

目前，中国正在积极发展新能源，如风能和光伏等，这些新能源具有成本低、发电稳定等优点，对于促进中国能源结构的低碳化转型起到了重要作用。根据国家能源局的统计，我国 2021 年新增光伏发电并网装机容量约 53 吉瓦，新增风电发电并网装机容量约 47.57 吉瓦。中国政府还在不断制定和实施各种政策措施来促进新能源普及和应用。例如，政府提供补贴和税收优惠来鼓励企业和个人使用新能源发电设备；在城市建设中推广绿色建筑，要求建筑物安装太阳能热水器、太阳能光伏板等设备；在交通领域推广使用清洁能源汽车，免征新能源车车辆购置税等。总之，随着技术的不断进步和政府政策的支持，未来中国的新能源发电将得到更加广泛的应用。

5.1.3.2　低碳行业对银行业的风险传导路径分析

在政策层面上，"双碳"目标下，鼓励技术革新类低碳转型激励政策不断完善，如鼓励绿色技术和清洁能源发展的政策框架、绿色投资激励机制等，增加低碳行业的收益水平。但配套机制没有完善，目前银行针对低碳转型风险的治理架构体系不够健全，没有详细具体的授信政策。一方面，监管机构对商业银行绿色金融考核指标压力和要求在不断提高，促使商业银行纷纷投入绿色项目。这使单笔绿色信贷业务收益减少，收益无法抵消潜在的信用损失，这将增加银行的信用风险。另一方面，企业环境信息披露不足可能会对银行绿色金融的发展产生负面影响：导致市场透明度低，信息不对称严重，增加了银行绿色金融的风险识别和评估难度；影响了银行绿色金融的信用评级和定价机制，使绿色金融产品和服务缺乏市场竞争力和吸引力；削弱了投资者对绿色金融的信心和参与度，抑制了高碳项目的绿色转型意愿，降低了绿色金融的社会效益和市场效率，从而增加了银行业对低碳行业的风险敞口。

在技术层面上，为实现碳中和目标，我国运用绿色创新技术手段，加强科技研发和投入，开发和应用碳捕获、利用与封存技术（CCUS）、新能源发电等节能减排领域先进技术发展低碳行业。但低碳行业作为新兴行业存在技术风险，具有不确定性属性。低碳产业需要大量的资金投入，并且从技术创新、产品研发到市场应用的过程漫长，这将延长商业银行的投资回收周期，甚至面临新技术投资失败、零投资回报的风险；技术创新速度快，市场竞争激烈，这将引起不同产品相对价格和企业市场占有份额的变化，导致部分企业的盈利能力和偿债能力下降；政策支持和补贴力度不稳定，受到国内外经济形势、环境目标等因素的影响。这些都导致商业银行向低碳产业发放的贷款承担着较高的不确定性风险。这些领域的知识门槛较高，未来发展难以预测，经济效益评估也更具挑战性，对银行而言，需要提高前瞻性研究和评估方面的能力。

技术风险由此引发的消纳矛盾导致"弃风弃光"问题显现。所谓"弃风弃光"，是指风电和光伏发电设施因电网容量不足或电力需求不足而被迫停止发电或无法向电网输送电力的情况。这个问题在中国的可再生能源行业中是一个长期存在的问题。从重点区域看，新能源建设在西北地区较为集中，系统调峰能力不足，无法有效平衡新能源的波动性和间歇性，新能源装机增长太快，电源结构失衡等问题导致西北地区仍然是我国弃风弃光问题最严重的地区。由

图 5－7 可知，全国平均弃光率在 2016 年达到历史最高位 17.1%，2016 年中国弃光量为 70.42 亿千瓦时，其中甘肃和新疆占了绝大部分。弃风率在 2015 年达到历史最高位 12.6%，弃风量为 339 亿千瓦时，其中甘肃、新疆、吉林最为严重。为了解决这个问题，中国实施了一系列措施，包括建设新的输电线路、优化电网运行，以及实施可再生能源证书等市场化机制。2018 年国家能源局制订了"清洁能源消纳三年行动计划"。2017 年全国弃风率、弃光率实现"双降"，"弃风弃光"问题得以缓解。根据全国新能源消纳监测预警中心发布的数据，2021 年前三季度全国弃风量、弃光量合计达到 198 亿千瓦时，其中弃风量为 147.8 亿千瓦时，弃光量为 50.2 亿千瓦时。虽然与发电总量相比占比不高，但"弃风弃光"难题仍未解决，仍有待改进。

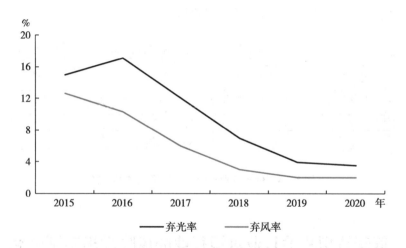

图 5－7　2015—2020 年全国平均弃风率、弃光率

（资料来源：国家能源局）

在气候变化层面上，极端天气事件等物理风险会引发银行的操作风险及流动性风险。可再生能源基础设施受天气因素影响较传统能源大，极端气候可能导致发电效率降低或设备损坏。例如，风力发电机只能在一定范围内的风速下正常运转，如果遇到风力过大或过小的情况，就会影响其性能。同样，太阳能电池板的发电效率与太阳辐射量密切相关，如果遇到阴雨雪、雾霾等天气，太阳光的照射就会减弱，导致发电量下降。总之，可再生能源发电主要依赖风能、光伏等形式，但这些形式具有波动性、间歇性、随机性等特点，容易受到季节、气候等因素的影响。如果大规模接入电网，会对电网的质量、稳定性、

调节能力等造成挑战。特别是在极端天气下，可再生能源发电系统可能出现脆弱性和安全风险，影响金融机构的重要设施和业务运行，增加操作风险。2020年寒潮导致风机多次脱网，物理风险频繁且强烈，商业银行需储备更多流动资产防范流动性风险，对其盈利能力和资产负债管理能力要求更高。银行从事绿色金融业务，操作风险增加，需应对新模式、复杂产品和项目可行性等挑战。

综上所述，如图 5-8 所示，在低碳政策、绿色技术、气候变化因素影响下，低碳转型风险首先在经济主体上表现为配套绿色低碳转型机制不完善、技术带来的不确定性增加，以及因极端天气导致的新能源基建受损，风险具体传导至低碳行业，造成低碳企业环境信息披露不足、投资回报和营收能力下降，以及环境制约导致的弃风弃光现象等问题，最终波及金融领域，造成银行业的流动性风险、信用风险，以及操作性风险增加。

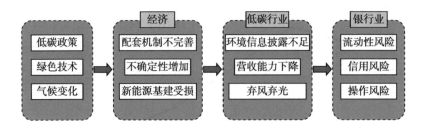

图 5-8　低碳行业对银行业的风险传导路径

5.2　低碳转型相关行业对银行业的风险溢出实证研究

5.2.1　引言

全球气候变化会对金融体系稳定产生巨大影响，这已经在全球达成共识。在巴黎举行的联合国气候变化大会上，全球 196 个国家签订协议，承诺将全球气温上升相比于前工业社会控制在 2℃ 以内（以下简称 2℃ 目标）。Intergovernmental Panel on Climate Change（IPCC，2014）指出，"全球气候变暖已经是不争的事实，自从 20 世纪 50 年代，我们所观测到的气候的变化是史无前例的"；"持续的温室气体排放会导致全球变暖，对生态系统产生持久性影响，对人类和生态系统的影响将是不可逆转的"。气候变化给全球经济发展带来阴霾，影响全球的贫富差距、移民政策、政治稳定，甚至日常生活的水和食物。

虽然我们已经意识到全球气候变化会给人类带来深重的灾难，但为什么当前的作为还是有限？正如英格兰银行原行长 Carney（2015）指出，气候变化对于人类来讲是一个"时间的悲剧"（Tragedy of the Horizon），即气候变化所带来的成本由我们的后代来承担，因此当代人付出努力应对气候风险的动机不强。Shleifer 和 Vishny（1997）的交易成本理论表明，由于存在资本需求及风险套利，市场价格无法反映长期风险。而对于气候风险恰恰是人类面临的系统性长期风险。或许我们都知道，如果未来各国政府采取强制性的环保措施，则资本市场的定价一定会出现大幅的跳跃式下降，或许还会引发金融危机，但我们不清楚这个"未来"会是多久，因此资本市场也难以给气候风险进行准确定价。

作为世界上最大的碳排放国，"双碳"战略是中国应对气候变化风险的重大决策，这就要求中国在能源消费中降低煤炭等资源占比，并推动相关碳密集行业积极进行低碳转型。党的二十大报告指出，"实现碳达峰碳中和是一场广泛而深刻的经济社会系统性变革"，因此"双碳"战略必将深刻影响实体经济运行及中国银行体系的风险。助力"双碳"战略实现是中国银行业义不容辞的责任，但中国银行业本身也会受到实体经济低碳转型的冲击，所以中国银行业只有清晰明确相关行业的低碳转型对银行体系的风险溢出特征，才能够有的放矢地管理转型风险，降低对相关行业的风险敞口，构筑支持"双碳"战略的金融稳定基础。党的二十大报告又指出，"推动能源清洁低碳高效利用，推进工业、建筑、交通等领域清洁低碳转型"，这说明在"双碳"战略下高碳行业存在低碳转型挑战，而对于低碳行业则或许孕育良机。中国银行业需要辨别不同碳密集程度的行业对银行业的风险溢出大小，进而对应制定合理的行业信贷政策支持"双碳"战略。据作者所掌握的文献，虽然有关气候风险如何影响金融风险的研究文献相对较多，但具体研究经济低碳转型相关的实体行业对中国银行业风险溢出特征的文献相对较少。立足此视角，本章主要创新之处在于：第一，从截面维度出发，将实体经济分为高碳行业和低碳行业，并使用马尔可夫区制转换模型实证分析高碳行业和低碳行业在不同的风险状态下如何影响中国银行业风险；第二，从时间维度出发，使用 TVP－VAR 模型计算动态溢出指数，比较"双碳"战略前后高碳行业和低碳行业的风险向银行业的动态溢出特征。本章的研究有助于明确中国银行业对低碳转型相关行业的风险敞口特征，有助于金融监管当局制定气候风险管理政策。

5.2.2 转型风险文献综述

在《巴黎协定》签订之前，许多学术研究已经表明，气候风险会引发金融风险（HSBC Global Research，2012；New Climate Economy，2014）。在《巴黎协定》签订后，各国金融监管当局对气候风险的关注度仍不是很高，但英格兰银行在 2015 年就开始着手研究气候风险对金融稳定的影响。Stern（2015）和 IPCC（2014）的研究表明，当前立刻采取措施的成本远低于放之任之的成本。但这些研究都是站在全球宏观经济视角下的，而立足微观层面研究企业和金融机构如何应对气候变化风险的动机却不是很强。

5.2.2.1 转型风险的含义

根据 Carney（2015），气候变化引致的金融风险可以分为物理风险和转型风险，其中转型风险是指碳密集行业的低碳转型在去碳过程中导致资产估值水平下降，增加商业银行不良贷款率，将气候风险传导至金融体系。英格兰银行（Bank of England，2015）也认为，转型风险是指全球向低碳经济（Low – Carbon Economy）过渡过程中产生的金融风险。在此过程中，国家环境政策的变化、技术的突破、市场敏感性的变化都会引发资产的重估和定价的不确定性，进而将风险传导至金融体系。对能源领域投资需求的估计显示，为了实现清洁能源的广泛使用，2040 年之前全球大约需要 26 万亿美元的投资（Bank of England，2015）。对房地产行业研究发现，气候变化所导致的海平面上升会影响房地产价格的形成机制（Bunten 和 Kahn，2014；Bernstein 等，2019）。根据剑桥大学可持续发展研究所（Cambridge Institute of Sustainability Leadership，2015）的研究，为了实现碳排放目标，全球主要股指会下降 15% ~ 20%。能源行业、制造业、交通运输业、农业等实体经济风险传导至金融机构只是第一轮风险；由于金融市场存在短视性，且金融机构都是高杠杆经营，风险会引发传导效应，会有第二轮、第三轮冲击，极易引发系统性金融风险。

5.2.2.2 转型风险对宏观经济的冲击

碳密集型人类生产和消费活动引起大气温室气体浓度增加，对人类构成广泛的威胁（Mora 等，2018）；转型风险会影响金融体系稳定，从而成为全球中央银行和金融监管当局在气候风险研究方向的重心（Campiglio 等，2018；Chenet 等，2021）。转型风险意味着能源约束会影响能源的供给和生产原材料的需求，这无疑给宏观经济带来持久性影响。

Kilian 和 Vigfusson（2014）指出，历史经验表明，石油价格的一点点冲击都会严重影响宏观经济和金融体系，从化石燃料向清洁能源转化会降低能源供给，抬高化石能源价格。在初始阶段，当清洁能源技术不成熟时，从化石能源向清洁能源转化的成本极高，同时，由于清洁能源基础设施建设也需要时间，因此企业会存在巨大的能源需求缺口，这些因素会导致能源价格上涨；能源价格上涨会带动以能源为要素的投入产品价格的上涨，同时，供给不足会影响这些行业员工的工资收入。供需不平衡的直接结果是经济失衡，企业价值下降，工人消费力不足，经济陷入困境，违约风险上升，系统性金融风险增大（Kilian 和 Vigfusson，2014）。IEA（2016）测算表明，按照当前的温室气体排放速度，在 2040 年全球碳预算约束就会用尽。如果政府决定实施"软着陆"政策，经济体就会有足够的时间来消化成本的上升，金融体系受到的冲击将会减弱；虽如此，"软着陆"政策导致的短期成本上升与长期利益实现的冲突仍旧不可忽视。如果政府对气候变化听之任之，经济体可能在未来存在"硬着陆"的风险，温室气体排放的迅速降低会对经济发展产生巨大的硬约束，金融体系受到的冲击会变大。European Systemic Risk Board（2016）指出，低碳转型会导致能源供给成本的上升，冲击宏观经济，经济体"硬着陆"不可避免；但当人类逐渐缓慢地向低碳生活迈进时，"软着陆"似乎是一个好的选择。

5.2.2.3　商业银行转型风险敞口

商业银行对化石能源公司的风险敞口是转型风险的主要传导渠道。研究表明，虽然西方国家银行业对化石能源开采部门的风险敞口相对有限，但对依赖化石能源的经济部门则存在巨大风险敞口（Battiston 等，2017）。如果环境保护政策执行力度加强，使用清洁能源的行业风险则会下降，而以搁浅资产（Stranded Asset）[①] 为主要资产构成的行业风险会增加。Mercure 等（2018）估

---

① 根据中央财经大学绿色金融国际研究院给出的定义，搁浅资产是指与气候风险相关的人为因素导致的意外或过早减值、贬值或转换为负债的资产（资料来源：http：//iigf. cufe. edu. cn/info/1012/5813. htm）。

计，低碳转型将使全球搁浅资产损失 1 万亿美元至 4 万亿美元。Shimbar （2021）认为，受低碳政策等因素影响，高碳企业在低碳转型过程中为限制碳排放而造成高碳密集资产搁浅，搁浅资产的价值重估和价值缩水，会引发金融机构的信贷风险和市场风险。从这个意义来讲，气候变化既给金融机构带来了风险，也给绿色金融发展带来了机会（Breeden，2019）。世界各国需要决定哪些化石燃料作为搁浅资产留在地下，但却难以达成共识，主要原因是煤炭资源的使用虽然导致碳排放量增大，但其分布广泛，使用成本低，全球各国很难在削减煤炭资源的使用上形成一致意见。虽如此，降低碳排放是必然选择，这意味着许多化石燃料必须成为"搁置资产"。McGlade 和 Ekins（2015）估计，为了实现上述设定目标，35% 的石油储备、52% 的燃气储备和 88% 的煤炭储备都要永久埋藏于地下，但如果开发碳捕捉存储（Carbon Capture and Storage，CCS）技术，则上述数据会略低一些。

如果对化石资源不能进行大规模的商业化开采和使用，则化石资源企业的估值将会大幅下降，其偿付能力将会受损，这意味着持有这些企业的股票、债券和向这些企业授信的金融机构将会暴露在巨大的风险敞口之下。Rogelj 等 （2016）估计，为了实现 2℃ 目标，从 2015 年起，全球 CO_2 排放量低至 5900 亿~12400 亿公吨，才有 66% 的概率实现 2℃ 目标，但当前全球 CO_2 排放量为 27500 亿公吨，因此未来大约 2/3 的化石燃料需要埋在地下。Lewis 等（2014）估计，如果各国政策严格实施碳预算的话，在未来 20 年，各国石油、天然气和煤炭企业会损失 28 万亿美元的收入，石油行业的收入会降低 22%。如果这种状态持续发展，将来会出现英格兰银行原行长 Carney（2015）提出的"气候明斯基时刻"（Climate Minsky Moment），即金融系统的快速调整导致的系统性金融风险。资产的重新定价会引发金融市场的混乱，环境政策和技术的突破也会给经济增长路径带来变化，资本和劳动力也面临重新配置的难题。

中国银行体系也存在巨大的转型风险敞口。洪水、干旱、高温等极端天气事件的发生会损坏人们办公场所等基础设施，因此造成的停电、停网等信息系统的瘫痪导致金融数据丢失，影响金融机构的正常运作，降低投资情绪（谭林和高佳琳，2020）。郭新明（2020）通过压力测试证明，中国的碳排放价格如果被提升 10 倍，则高碳行业的股票价格下跌将可能超过七成。中国人民银行研究局课题组（2020）指出，温和的气候政策有助于高碳产业向低碳产业平稳转型,有计划、有预期地实施政策可以大大降低转型过程中金融风险发生的概率。马骏和程琳(2021)认为,高碳企业若不积极运用低碳技术进行产业转型升级,未来这些高碳企业的股权价值可能会逐渐趋于零,最终被市场完全淘汰。低碳政策的实施正在推动实体行业的低碳转型,同时因低碳转型而产生的高碳行业资产重估、财务违约风险,以及新兴低碳行业的技术风险等问题已经影响到金融市场的稳定发展(邓德军,2022)。

总体而言,学术研究表明,低碳转型增加金融体系风险,影响金融体系稳定。气候变化对金融体系风险的影响具有独特性。第一,对金融风险影响的广度和深度是史无前例的。第二,风险具有不可预知性。第三,未来的风险状态取决于当前人类所采取的努力行动。中国实施"双碳"战略以来,实体经济行业低碳转型是研究的热点问题,但研究多集中于对银行业影响的定性分析,定量研究相对不足,且学术界关于对银行机构低碳转型风险的影响的理论研究主要集中在银行业对高碳行业的风险敞口上,较少关注新兴低碳行业对银行业的风险传导,相关的实证分析相对有限。本章将低碳转型相关行业分为高碳行业和低碳行业,分析"双碳"目标背景下的低碳转型相关行业对银行业的风险溢出特征。

5.2.3　样本数据

对于金融体系风险的测算,Zhang 等(2022)认为,金融市场数据的前瞻性有助于测算各个行业整体风险,能够提供有关金融体系稳定程度的丰富信息,因此可以通过测算金融市场交易数据的波动率刻画变量风险;且从国际学术发展趋势来讲,使用金融市场交易数据的波动率来测度风险已经得到了广为认可。因此,本章的样本来源主要为股票市场数据,选择能够表征银行业、高碳行业、低碳行业的代表性行业指数进行实证分析。根据 2021 年上海环境能源交易所发布《关于全国碳排放权交易相关事项的公告》(以下简称《公告》)显示,全国碳市场总体设计纳入全国碳市场的高能耗行业有 8 个,包括电力(火电为主)、石化、化工、建材、钢铁、有色金属、造纸、民航。本章综合学术界和实务界的相关研究,结合《公告》选取煤炭、石化、火电、水泥、钢铁、有色金属、造纸业等 7 个行业作为高碳行业的代表。低碳行业作为新兴行业,目前国内学术界对低碳行业的概念及分类尚未形成统一的标准。根据陈文婕和颜克高（2010）、李金辉和刘军（2011）等文献观点，本章将新能源、环保、新能源车、风电、光伏、锂电池等作为低碳行业的代表。同时，本章选择沪深300指数作为控制资本市场整体状态的控制变量引入后文的实证分析模型。

本章的数据来源于Choice数据库，频率为日度数据，并对收益率取对数值，样本期限为2011年8月3日至2022年3月21日。样本行业指数中，由于锂电池行业指数最早，开盘日期是2011年8月3日，因此本章选其作为样本初始时间。如果样本内其他指数开盘时间晚于2011年8月3日，则本章选取其最早的开盘日期作为其研究期限的起始日期。

2020年9月22日，习近平主席在联合国大会上正式明确"双碳"目标。"双碳"战略的提出对低碳转型相关行业带来压力。为了探究"双碳"战略提出前后低碳转型相关行业的风险溢出对银行业影响的差异性，且考虑到资本市场的前期预期，[①] 本章以2020年9月为样本分界点，将研究期限分为"双碳"目标提出前和"双碳"目标提出后。样本统计特征显示，大多数行业收益率均值水平在2020年9月前后出现明显上升，标准差在"双碳"目标提出后也出现了一定程度的上升。沪深300指数收益率的波动性最小，"双碳"目标提出前风电行业的波动性相对较大，"双碳"目标提出后煤炭行业的波动性相对较大；而银行业指数收益率的标准差在2020年9月后出现了一定程度的降低。为了探究低碳转型相关行业对银行业的风险溢出效应，本章参照邹建军等（2003）的方法，采用GARCH模型计算行业指数波动率。

5.2.4 不同风险状态下的风险溢出实证分析

在截面维度，本章使用马尔可夫区制转换（Markov Switching，MS）模型对不同风险状态下低碳转型相关行业对银行业的风险溢出效应进行实证分析。本章构建马尔可夫区制转移多变量回归模型，将银行业指数日度标准差序列设置为被解释变量，将各低碳转型相关行业指数的标准差序列设置为解释变量，并使用沪深300指数日度标准差序列（HS300）作为控制变量。在本章的样本时间范围内，中国资本市场发展迅速，信息传递效率较高，资本市场对信息的

---

① 在2020年9月22日举行的第75届联合国大会前，各国也就气候变化问题展开了广泛的讨论和磋商，这些都可能对未来的气候政策和市场预期产生影响。

反应程度敏感，价格变化能够在一天内对新的信息进行反应和更新，因此模型
滞后阶数设置为 0。模型的具体表达式如式（5 - 1）所示：

$$YH_t = c + \alpha_S NY_t + \beta HS300_t + \varepsilon_t, \varepsilon_t \sim NID(0, \delta^2) \qquad (5 - 1)$$

其中：YH 表示银行业指数的日度标准差序列；NY 表示各个行业指数的日度
标准差序列；NID（）表示独立正态分布；α_S 表示不同风险状态下的系数估计
结果。本章根据回归结果的标准差进行风险区制划分，以 $S = 1$ 时表示低风险
（低波动率）状态，$S = 2$ 时表示高风险（高波动率）状态。实证结果由
Eviews10 软件得出（见表 5 - 1）。估计系数为正值代表低碳转型相关行业对银
行业风险有正向的风险溢出。同时，为了证明实证结果的稳健性，本章进一步
以 2020 年 9 月 22 日为样本分界点进行稳健性检验（见表 5 - 2）。从表 5 - 1 和
表 5 - 2 可以看出，二者的结论基本一致，因此本部分后续实证分析以表 5 - 1
结果为基准进行说明。

第一，由系数估计值大小及显著性可知，沪深 300 指数对银行业的波动冲
击远远大于低碳转型相关行业。因为沪深 300 指数能够代表股票市场的整体运
行情况，其变动对各个行业的影响都较大。

第二，通过"双碳"战略提出前后估计系数的对比发现，"双碳"目标提
出后，在不同的风险状态下，低碳转型相关行业对银行业的风险溢出效应明显
增强。低风险状态下，多数行业风险溢出特征的主要表现是降低银行业风险的
程度减少了，比如石化行业，在"双碳"目标提出之前，系数估计值为 -
1.0617，而"双碳"目标提出之后，系数估计值变为 - 0.0170（且不显著
了），绝对值和显著性水平下降反向说明存在增加向银行业风险溢出的可能。
在高风险状态下，多数行业均体现出系数估计值增加的结果，比如，有色金属
行业在高风险状态下，系数估计值从 - 0.2581 上涨至 0.1510。这说明"双碳"
战略的实施使低碳转型相关行业在高风险状态下对银行业的冲击增大，低碳转
型风险会随着碳减排力度的增大而传导至银行业。从传统能源与新能源行业比
较来看，高碳和低碳行业的转型风险对银行业的风险影响渠道可能存在差异。
在低碳转型过程中，一方面，高碳行业将被推动调整产业结构，以满足"双
碳"目标的要求。这需要大量的资本投入，将显著增加运营成本。未来，这
些行业可能会面临营收下降、成本上升和利润下降等困境，产生搁浅资产，从
而增加银行的风险。另一方面，低碳行业是响应低碳号召发展起来的新兴产

业。它们面临的转型风险因素主要包括早期投资回报率低、营收效益差等。而监管机构对银行绿色金融考核指标的压力将加速商业银行涌入绿色项目，参与绿色信贷业务的单笔收益可能变得更低。商业银行获取的收益可能无法弥补潜在的信用损失，从而增加商业银行的信用风险。从表5-1的具体估计系数可知，高碳行业对银行业的风险溢出效应并不是必然显著大于低碳行业，且并不一定必然变化很大。通过"双碳"战略提出前后对比发现，煤炭和钢铁行业对银行业的风险溢出特征受"双碳"战略影响变化不明显，两者对银行业的风险溢出效应保持为正，煤炭行业的系数估计结果在0.07左右，钢铁行业的系数估计结果稳定在0.09左右。作为碳排放较高的石化行业，其影响系数在高风险状态下由-0.6756转变为0.1364，说明石化行业低碳转型给商业银行带来的风险更大。新能源车、风电、锂电池等低碳行业在"双碳"战略提出后对银行业的风险溢出有所增大。比如，锂电池行业，在高风险状态下系数估计值从-0.5768上涨到0.1796。新能源车行业受"双碳"战略影响也非常显著，在高风险状态下，系数估计值由"双碳"战略目标提出前的-0.6159转变为0.2339。这也从侧面说明在经济低碳转型过程中，低碳行业也会面临较高的不确定性，其风险也会溢出至银行体系。

第三，从风险区制角度分析，无论是在"双碳"目标提出前后，在高风险状态下低碳转型相关行业对银行业的风险溢出效应普遍显著高于低风险状态，且所有行业对银行业的风险溢出均有增加态势。本章选择的6个低碳行业中，有4个行业在高风险状态下体现出正向风险溢出的特征；即使出现负向风险溢出的估计结果，降低风险的程度也下降了。比如，新能源行业，虽然估计结果都显著为负值，但绝对值减少（低风险从-0.7540到-0.2150，高风险从-0.4152到-0.0917），说明风险降低程度减少，进而反向说明增加了风险溢出。

表5-1　式（5-1）各个行业日度标准差系数估计结果

行业	"双碳"战略前			"双碳"战略后		
	α_1（低风险）	α_2（高风险）	β	α_1（低风险）	α_2（高风险）	β
高碳行业						
煤炭	-0.2326***	0.0719***	1.2253***	-0.0277**	0.0705***	0.6666***
	(0.0195)	(0.0184)	(0.0187)	(0.0128)	(0.0098)	(0.0272)

续表

行业	"双碳"战略前			"双碳"战略后		
	α_1（低风险）	α_2（高风险）	β	α_1（低风险）	α_2（高风险）	β
石化	−1.0617 ***	−0.6756 ***	1.6815 ***	−0.0170	0.1364 ***	0.5652 ***
	(0.0277)	(0.0280)	(0.0241)	(0.0337)	(0.0293)	(0.0312)
火电	0.0258	0.4310 ***	0.8405 ***	−0.0971 ***	0.0400 ***	0.6107 ***
	(0.0197)	(0.0202)	(0.0313)	(0.0109)	(0.0080)	(0.0285)
水泥	−0.4093 ***	−0.1341 ***	1.2291 ***	−0.0574 ***	0.0793 ***	0.6170 ***
	(0.0193)	(0.0195)	(0.0003)	(0.0201)	(0.0148)	(0.0260)
钢铁	−0.2915 ***	0.0943 ***	1.2415 ***	−0.0246 *	0.0998 ***	0.5354 ***
	(0.0174)	(0.0162)	(0.0190)	(0.0137)	(0.0111)	(0.0270)
有色金属	−0.6078 ***	−0.2581 ***	1.4251 ***	0.0478 ***	0.1510 ***	0.5258 ***
	(0.0190)	(0.0191)	(0.0205)	(0.0185)	(0.0167)	(0.0286)
造纸	−0.6440 ***	−0.3435 ***	1.4255 ***	−0.1593 ***	0.0245	0.6136 ***
	(0.0176)	(0.0173)	(0.0223)	(0.0304)	(0.0257)	(0.0243)
低碳行业						
新能源	−0.7540 ***	−0.4152 ***	1.7424 ***	−0.2150 ***	−0.0917 ***	0.7289 ***
	(0.0209)	(0.0224)	(0.0267)	(0.0196)	(0.0171)	(0.0316)
环保	−0.9330 ***	−0.5836 ***	1.7005 ***	−0.2146 ***	−0.0568 **	0.6753 ***
	(0.0435)	(0.0559)	(0.0300)	(0.0277)	(0.0228)	(0.0339)
新能源车	−0.8219 ***	−0.6159 ***	1.5707 ***	0.1317 ***	0.2339 ***	0.5301 ***
	(0.0254)	(0.0233)	(0.0279)	(0.0198)	(0.0196)	(0.0276)
风电	−0.5197 ***	−0.2626 ***	1.5586 ***	−0.0795 ***	0.0268 ***	0.6528 ***
	(0.0155)	(0.0154)	(0.0242)	(0.0107)	(0.0090)	(0.0264)
光伏	−0.5292 ***	−0.1878 ***	1.2606 ***	−0.0105	0.0881 ***	0.6425 ***
	(0.0155)	(0.0090)	(0.0179)	(0.0128)	(0.0134)	(0.0264)
锂电池	−0.8350 ***	−0.5768 ***	1.6537 ***	0.0680 ***	0.1796 ***	0.5778 ***
	(0.0194)	(0.0194)	(0.0241)	(0.0237)	(0.0226)	(0.0271)

注：***、**、*分别代表1%、5%、10%水平显著，括号内为标准误。

表 5 - 2 式 (5 - 1) 各个行业日度标准差系数估计结果 (稳健性检验)

行业	"双碳"战略前			"双碳"战略后		
	α_1（低风险）	α_2（高风险）	β	α_1（低风险）	α_2（高风险）	β
高碳行业						
煤炭	- 0.2476 ***	0.0725 ***	1.2252 ***	- 0.0415 ***	0.0556 ***	0.6809 ***
	(0.0182)	(0.0173)	(0.0201)	(0.0120)	(0.0093)	(0.0262)
石化	- 1.0553 ***	- 0.6682 ***	1.6766 ***	- 0.0668	0.0868 **	0.6168 ***
	(0.0274)	(0.0279)	(0.0240)	(0.0508)	(0.0429)	(0.0341)
火电	0.0265	0.4317 ***	0.8398 ***	- 0.0973 ***	0.0341 ***	0.6395 ***
	(0.0196)	(0.0200)	(0.0312)	(0.0099)	(0.0075)	(0.0264)
水泥	- 0.4019 ***	- 0.1266 ***	1.2264 ***	0.2398 ***	0.3837 ***	0.6616 ***
	(0.0194)	(0.0194)	(0.0204)	(0.0196)	(0.0204)	(0.0251)
钢铁	- 0.2914 ***	0.0945 ***	1.2416 ***	- 0.0281 *	0.0894 ***	0.6022 ***
	(0.0173)	(0.0161)	(0.0189)	(0.0162)	(0.0137)	(0.0286)
有色金属	- 0.6062 ***	- 0.2563 ***	1.4241 ***	0.0409 **	0.1415 ***	0.5449 ***
	(0.0190)	(0.0191)	(0.0204)	(0.0195)	(0.0180)	(0.0315)
造纸	- 0.6429 ***	- 0.3418 ***	1.4242 ***	- 0.1205 ***	0.0489 *	0.6310 ***
	(0.0175)	(0.0172)	(0.0220)	(0.0328)	(0.0278)	(0.0247)
低碳行业						
新能源	- 0.7426 ***	- 0.4041 ***	1.7281 ***	- 0.2419 ***	- 0.1236 ***	0.8056 ***
	(0.0187)	(0.0201)	(0.0239)	(0.0187)	(0.0166)	(0.0296)
环保	- 0.9174 ***	- 0.5585 ***	1.7155 ***	- 0.2500 ***	- 0.0961 ***	0.7485 ***
	(0.0237)	(0.0245)	(0.0254)	(0.0179)	(0.0188)	(0.0290)
新能源车	- 0.4721 ***	- 0.2082 ***	1.3287 ***	0.1019 ***	0.2025 ***	0.5592 ***
	(0.0195)	(0.0231)	(0.0255)	(0.0229)	(0.0222)	(0.0284)
风电	- 0.5246 ***	- 0.2734 ***	1.5425 ***	- 0.0673 ***	0.0325 ***	0.6716 ***
	(0.0163)	(0.0165)	(0.0295)	(0.0111)	(0.0091)	(0.0270)
光伏	- 0.0623 ***	0.3091 ***	0.8191 ***	- 0.0504 ***	0.0432 ***	0.6673 ***
	(0.0078)	(0.0123)	(0.0154)	(0.0133)	(0.0137)	(0.0255)
锂电池	- 0.8317 ***	- 0.5727 ***	1.6511 ***	0.0297	0.1396 ***	0.6134 ***
	(0.0196)	(0.0196)	(0.0246)	(0.0265)	(0.0254)	(0.0273)

注：***、**、* 分别代表 1%、5%、10% 水平显著，括号内为标准误。

5.2.5　风险溢出视角下的实证分析

高低风险维度下的实证分析可视为静态视角。为进一步探究低碳转型相关行业对银行业风险影响的动态特征，本章运用 Antonakakis 等（2020）提出的动态 TVP – VAR – DY 模型，对低碳转型相关行业与银行业的时变动态风险溢出指数的大小和方向进行定量测算，研究"双碳"战略提出前后不同时段背景下低碳转型相关行业对银行业的风险溢出效应。

5.2.5.1　TVP – VAR – DY 模型构建

Antonakakis 等（2020）提出的动态 TVP – VAR – DY 模型在 Diebold 和 Yilmaz（2009，2012，2014）的溢出指数计算方法基础上进行改进，克服了滚动窗口导致观测值缺失和窗宽设置的盲目性问题，能够识别溢出效应强度发生变化的时点，更好地考察时变溢出效应。根据 Primiceri（2005）和 Nakajima（2011）的研究，TVP – VAR 模型的具体定义如式（5 – 2）、式（5 – 3）、式（5 – 4）所示：

$$Ay_t = F_1 y_{t-1} + \cdots + F_p y_{t-p} + u_t, (t = p + 1, p + 2, \cdots, p + n) \quad (5 - 2)$$

$$A = \begin{pmatrix} 1 & 0 & L & 0 \\ a_{21} & O & L & M \\ M & 0 & 0 & 0 \\ a_{k1} & L & a_{k,k-1} & 1 \end{pmatrix} \quad (5 - 3)$$

$$\sum = \begin{pmatrix} \sigma_1 & 0 & l & 0 \\ 0 & O & L & M \\ M & 0 & 0 & 0 \\ 0 & L & 0 & \sigma_k \end{pmatrix} \quad (5 - 4)$$

其中：y_t 和干扰项 u_t 为 $k \times 1$ 维向量，y_t 包括三类回归变量的时间序列：银行业、各低碳转型相关行业以及沪深 300 指数的日度标准差序列，沪深 300 指数作为控制变量；扰动项 $u_t \sim N(0, \sum\sum)$ 刻画了结构性冲击，其中 σ_i 代表标准差，$i = 1, \cdots, k$；t 为样本时间，p 代表滞后阶数，F_i 为 $k \times k$ 维系数矩阵，A 表示 $k \times k$ 维下三角矩阵，用来识别结构性冲击，确定变量间的同期关系。

令 $B_i = A^{-1} F_i$，将式（5 – 2）化简为式（5 – 5）：

$$y_t = B_t y_{t-1} + \cdots + B_p y_{t-p} + A^{-1} \sum \varepsilon_t, (t = p + 1, p + 2, \cdots, p + n),$$

$$\varepsilon_t \sim N(0, I_k) \qquad (5-5)$$

进一步地，将 B_i 中的行元素按列堆积，记为 $k^2p \times 1$ 维列向量 β。$X_t = I_k \otimes (y_{t-1}^T, \cdots, y_{t-p}^T)$（克罗内克乘积运算），得到式（5-6）：

$$y_t = X_t\beta + A^{-1}\sum \varepsilon_t \qquad (5-6)$$

此时的协方差矩阵 β、A、$\sum$ 不具有时变性，将其改进为可随时间变化的参数矩阵 β_t、A_t、$\sum_t$，得到具有时变性的 TVP-VAR 模型式（5-7）：

$$y_t = X_t\beta_t + A_t^{-1}\sum{}_t\varepsilon_t \qquad (5-7)$$

参照 Primiceri（2005），令 $h_{it} = \log\sigma_{it}^2$，$h_t = (h_{1t}, \cdots, h_{kt})'$，令 A_t 中的非 0，1 元素堆叠为列向量 a_t，$a_t = (a_{21}, a_{31}, a_{32}, a_{41}, \cdots, a_{k,k-1})'$。且 β_t、h_t、a_t 随机游走。接下来在 TVP-VAR 模型基础上构造时变净溢出指数，首先将模型的后验估计系数 $\hat{\beta_t}$ 重新排列得到系数矩阵 $\hat{B}_{1,t}, \hat{B}_{2,t}, \cdots, \hat{B}_{p,t}$，构造 TVP-VMA（$\infty$）模型的系数矩阵 $A_{h,t}$ 式（5-8）：

$$A_{h,t} = \hat{B}_{1,t}A_{h-1,t} + \cdots + \hat{B}_{p,t}A_{h-p,t} \qquad (5-8)$$

再构建广义预测误差方差分解矩阵 Θ_t，$\varphi_{ij,t}(H)$ 代表 y_j 对 y_i 的 H 步预测误差方差贡献度，如式（5-9）所示：

$$\varphi_{ij,t}(H) = \frac{\hat{\sigma}_{jj,t}^{-1}\sum_{h=0}^{H-1}(e'_i\hat{A}_{h,t}\sum{}_t e_j)^2}{\sum_{h=0}^{H-1}(e'_i\hat{A}_{h,t}\sum{}_t\hat{A}'_{h,t}e_i)}, (i,j = 1, \cdots, n; i \neq j) \quad (5-9)$$

其中：$\hat{\sigma}_{jj,t}$ 代表干扰项方差协方差矩阵中位于第 (j,j) 个位置的元素；H 代表预测步长；e_i 是第 i 位为 1，其他位置为 0 的选择向量。为了解释变量的量纲统一为 100%，本章将矩阵的误差方差份额标准化，处理过程如式（5-10）所示：

$$\tilde{\varphi}_{ij,t}(H) = \frac{\varphi_{ij,t}(H)}{\sum_{j=1}^{k}\varphi_{ij,t}(H)} \quad (\sum_{j=1}^{k}\tilde{\varphi}_{ij,t}(H) = 1, \sum_{i,j=1}^{k}\tilde{\varphi}_{ij,t}(H) = k)$$

$$(5-10)$$

为了探究解释变量对被解释变量的溢出关系，我们构造了两变量间的时变净成对溢出指数（NPDS），具体如式（5-11）所示：

$$\text{NPDS}_{ij}(H) = \frac{\widetilde{\varphi}_{ji,t}(H) - \widetilde{\varphi}_{ij,t}(H)}{k} \qquad (5-11)$$

当 $\text{NPDS}_{ij} > 0$ 时，代表变量 i 对变量 j 产生了正向溢出作用；当 $\text{NPDS}_{ij} < 0$ 时，表示变量 j 对变量 i 有正向溢出效应。本章最终以低碳转型相关行业对银行业的时变净成对溢出指数图呈现结果，时变净溢出指数为正数代表各低碳转型相关行业对银行业存在正向风险溢出效应，反之则代表存在反向风险溢出效应。该方法的优势是可以刻画出各低碳转型相关行业对银行业的时变风险溢出信息。

5.2.5.2 实证结果分析

本章溢出指数计算由 R-studio 软件完成，指数测算时首先需要确定滞后阶数 p 和方差分解期数 H。期数 H 代表利用现有样本对未来 H 期进行预测。本章使用 AIC 和 SC 准则判断滞后阶数。借鉴郑挺国和刘堂勇（2018）的方法，本章计算了 H 取 1 至 32 的所有总波动溢出指数。结果显示，随着 H 的增大，总波动溢出指数会增加，但当 H 增大到 10 时总波动溢出指数接近最大值，继续增加分解期数，对总波动溢出指数影响不大。因此，本章将方差分解期数 H 设定为 10。本章样本数据以 2020 年 9 月为分界时间，将研究期限分为"双碳"战略前和"双碳"战略后，从动态时变维度探究"双碳"战略提出前后低碳转型相关行业对银行业风险溢出的特征。图 5-9 和图 5-10 为"双碳"战略提出前后高碳和低碳行业 NPDS 对比图。为了方便对比和观察资本市场的预期，本章在图中将 2020 年 9 月 1 日至 2020 年 9 月 22 日的相关表现标注为深色区域。NPDS 对比图展示了各高碳和低碳行业与银行业之间的关联程度和敏感度，明确了其对银行业的波动溢出指数的波动溢出方向和大小。

"双碳"战略提出前，2014 年 12 月至 2015 年 6 月，以及 2017 年 12 月至 2020 年 8 月，大部分高碳和低碳行业对银行业的风险溢出效应基本为负值，这与两段时间周期内资本市场整体向好、各行业面临的风险较为均衡、没有出现重大的经济或金融风险事件有关。其余时间段，各行业对银行业的时变净溢出指数大致呈现出正负交替的现象，且大部分时段的波动溢出效应为正，溢出指数不高，说明各低碳转型相关行业对银行业的转型风险存在一定程度溢出特征，这可能与政策和市场波动等因素有关。值得注意的是，2016 年 12 月至 2017 年 7 月，大部分高碳和低碳行业对银行业的正向风险溢出指数较大。尤其是高碳行业中的火电行业，这段时间内煤电产能过剩、火力发电项目停建缓建、煤价高居不下等问题频发，一系列减排政策使高碳行业自身的盈利能力受到了严重的挑战，导致高碳行业对银行业的风险溢出增加。又如低碳行业中的风电行业，2016年末"弃风"问题严重，各地纷纷禁止核准新建风电项目，政策调整、产能过剩和偿债压力是导致风电行业对银行业产生较高风险溢出的主要原因。

"双碳"战略提出后，溢出指数变化大致分为两个阶段，第一阶段为2020年9月至2021年9月的正向风险溢出阶段，第二阶段为2021年9月至2022年3月的负向风险溢出阶段。由图5-9和图5-10可知，2020年9月"双碳"战略提出后，除造纸业外，其他高碳和低碳行业对银行业的时变净成对溢出指数都发生突变，几乎都由负转正，这说明"双碳"目标的提出增加了各低碳转型相关行业对银行业的风险溢出效应，即"双碳"战略的实施会增加银行业对低碳转型相关行业的风险敞口。其中高碳行业中的煤炭、火电，以及低碳行业中的风电、光伏在"双碳"战略提出后的近一个月内风险溢出效应较大，溢出指数达到8以上。作为传统的能源行业，煤炭和火电行业的产业结构和技术水平相对滞后，特别是火电行业，其产能过剩的问题在过去几年一直存在，加之政策导向的转变，火电行业的未来发展面临更大的不确定性和压力，可能会面临更高的债务风险和资产负债率风险。对于风电和光伏行业，"弃风弃光"等事件的发生导致部分项目难以获得预期的发电收益，进而增加了项目的违约和信用风险，这些风险溢出到银行业，会增加商业银行的不良资产率。此外，近年来风电和光伏行业在快速扩张的过程中，部分企业过度追求规模，出现了资金链紧张、盈利难等问题，增加了行业内企业的财务风险，这进一步增加了相关行业对银行业的风险溢出。

各低碳转型相关行业对银行业的正向风险溢出效应随时间发展有所缓和，大约在2021年9月后溢出效应明显减小。自"双碳"目标提出以来，国家层面对实现碳达峰、碳中和的实现路径进行了系列部署，各项相关政策文件的出台，在能源安全新战略、建立健全绿色低碳循环发展经济体系、优化产业结构、改善能源结构方面发力。随着时间的推移，高碳行业积极进行转型和升级，低碳行业加快发展，减少了各行业面临的风险，降低了对银行业的风险溢出效应。银行业也在积极应对低碳转型带来的风险，低碳转型冲击得到缓解。

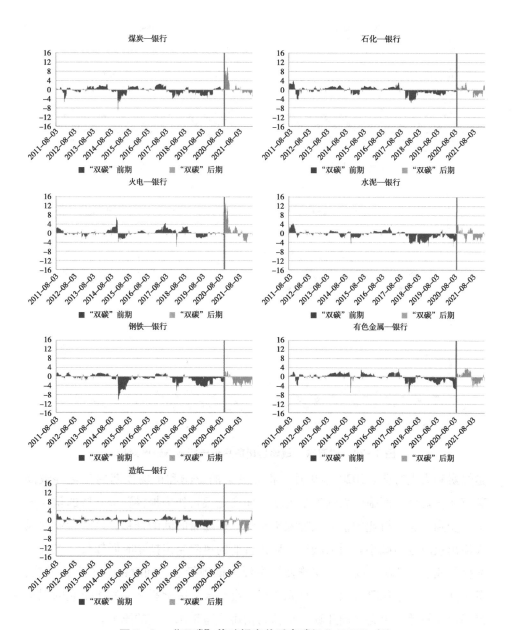

图 5-9　"双碳"战略提出前后高碳行业 NPDS 对比

从高碳和低碳行业差异性角度分析,在"双碳"战略提出时,高碳行业对银行业的风险溢出持续时间较为短暂但影响力度较大,而低碳行业更加持久且影响力度较小。高碳行业对银行业的溢出具有短暂而较强的风险冲击,尤其

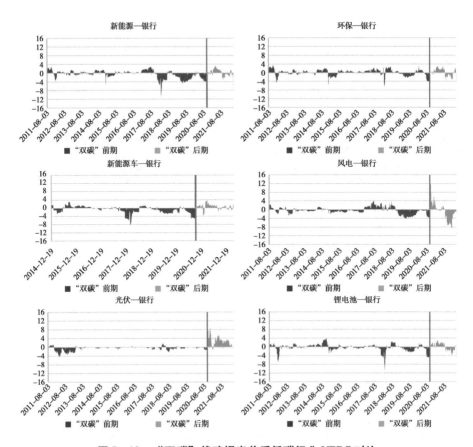

图 5 - 10   "双碳"战略提出前后低碳行业 NPDS 对比

是煤炭和火电行业。2020 年 9 月，相关政策的影响和市场预期的变化导致高碳行业在短期内面临巨大的资金需求，而商业银行作为提供资金支持的重要渠道，受到了这些行业的正向风险溢出影响。但随着时间的推移，这些行业的风险溢出效应逐渐减小。而低碳行业对银行业的风险溢出持续时间较长，尤其是光伏行业。"双碳"政策的实施使资本涌入低碳行业，同时带来了市场过热、资本泡沫、政策风险等问题；且光伏行业会受天气因素影响，光伏企业的现金流稳定性较差，也会给商业银行贷款的信用风险带来一定的压力。

5.2.6　结论及政策建议

随着中国"双碳"战略的提出，气候相关风险引发的转型风险会影响中国能源行业，进而将风险传导至中国金融体系。对于中国金融体系来讲，这种冲击可能是史无前例的。本章通过对比"双碳"战略提出前后银行业与低碳转型相关行业之间的时变净成对风险溢出指数和马尔可夫区制转换模型系数得出以下结论：第一，在高风险状态下低碳转型相关行业对银行业的风险溢出效应普遍显著高于低风险状态。第二，由"双碳"战略提出前后对比可知，"双碳"战略提出时的时变净成对溢出指数由负转正，发生突变，"双碳"战略提出后的时变净成对溢出指数相对大于"双碳"战略提出前，说明"双碳"战略增加了各低碳转型相关行业对银行业的风险溢出效应，即"双碳"战略的实施会增加银行业对低碳转型相关行业的风险敞口，但随时间发展有所缓和。第三，从低碳转型相关行业看，在"双碳"战略的实施下，高碳行业中的煤炭和火电行业对银行的风险溢出效应较高。低碳行业中的光伏行业对银行的风险溢出效应较高。整体来看，低碳行业对银行业的正向风险溢出效应主要表现在"双碳"战略提出节点的近期，持续时间短暂但影响力度较大，而高碳行业对银行业的正向风险溢出更加持久且影响力度较小。

本章认为，金融监管当局应开发气候风险分析工具，研究转型风险管理机制和方法。金融监管当局可以要求金融机构将转型风险纳入战略风险管理框架中，要求金融机构高管给予足够的重视，并设计评估、监测、度量和管理办法。另外，金融监管当局需加强国际合作，弥补数据缺口。转型风险评估的基础是高质量、高精度的数据。当前各国数据收集整理缺乏一致性，阻碍了转型风险评估工作。在数据可得性方面，绿色金融资产的风险收益特征、搁浅资产的风险收益特征的高精度数据仍非常匮乏，因此高质量的计量风险无从谈起。此外，金融数据如何与环境数据进行整合和匹配，找到在环境和数据科学领域均为专家的人才也是当前急需的工作。总之，金融监管当局应重视银行业的转型风险评估和监测机制，在保障中国银行业稳定经营的基础上助力"双碳"目标实现。

5.3　搁浅资产风险敞口视角下的商业银行气候风险管理有效性研究

5.3.1　引言

政府间气候变化委员会（IPCC，2021）报告中指出，全球气候变暖将会对人类经济社会产生灾难性影响。英格兰银行总裁 Mark Carney（2015）指出，气候变化引致金融风险包括物理风险和转型风险。物理风险主要来自气候变化（温度上升、海平面升高、自然灾害等）导致的实物资产损失，继而导致经济主体无法正常生产和生活，偿付能力受到冲击。转型风险是来自经济体低碳转型导致金融体系风险的上升。为了应对气候变化风险，人类社会需要降低二氧化碳排放，而降低二氧化碳排放的关键一环是引导企业降低传统化石能源的使用频率和数量，并增加企业使用传统化石能源的成本。对于实体企业来讲，化石能源使用成本的上升会侵蚀企业利润，进而影响企业资产估值和偿付能力，因此经济体低碳转型风险会传染至金融体系。

"双碳"目标是中国应对全球气候变化提出的重大战略目标。党的二十大报告指出，"积极稳妥推进碳达峰碳中和""实现碳达峰碳中和是一场广泛而深刻的经济社会系统性变革"。作为经济体信贷的主要提供者，商业银行在应对气候风险过程中既要建立完善的气候风险管理框架，又要增强为实体经济低碳转型提供信贷资金的能力。商业银行贷款决策会通过借款企业生产活动影响生态环境，而借款企业的碳排放表现也反过来影响商业银行的资产质量，易形成搁浅资产（Stranded Assets）风险，因此商业银行需要在财务、贷款或投资决策中充分纳入气候风险因素，资本充足率计算也应纳入"绿色"因子以反映风险资产中包含的气候风险成分。商业银行只有在保证自身有效应对气候风险的基础上，才有能力持续性地为实体经济绿色低碳转型输送信贷资金。从这个意义上讲，商业银行有效管理气候风险非常重要。

全球金融业气候风险资产的在险价值（Value at Risk，VaR）在 2015 年达到 4.2 万亿美元（Economist Intelligence Unit，2015）。Krueger 等（2020）指出，当前全球投资者越来越重视气候风险对金融风险的影响。在 2020 年，黑石（BlackRock）CEO Larry Fink 宣称，"黑石集团将气候变化作为投资决策的最核心风险因子"。银行理论表明，商业银行在金融体系具有独特的金融功能，即能够获得外部投资者所无法获得的信息，继而对贷款项目的风险进行评估、定价和管理。因此商业银行管理气候风险的有效方式是降低其对高碳排放企业的风险敞口。经济低碳转型会增加高碳排放企业的传统能源使用成本。当能源价格上升时，高碳排放企业的利润会下降，进而企业信用风险上升，商业银行资产负债表就会出现大量搁浅资产，转型风险上升。

对于商业银行来讲，气候风险引致的转型风险是其气候风险管理的重要组成部分，而搁浅资产风险则是这种转型风险的主要载体。一个理想的气候风险管理模式是，当更高的传统化石能源价格导致企业生产成本激增时，商业银行所持有的搁浅资产呈现下降趋势。这说明，如果商业银行面对上升的能源价格时，其搁浅资产风险敞口呈现下降趋势，或者能源价格对商业银行搁浅资产风险敞口呈现负向溢出特征，则商业银行有效地管理了气候风险。本章立足于搁浅资产风险视角，对商业银行气候风险管理的有效性进行实证研究。具体来讲，本章使用美国纽约大学 Stern 商学院波动率实验室发布的全球主要金融机构气候风险（CRISK）指标[①]作为衡量中国商业银行搁浅资产风险的变量。该指标是基于全球搁浅资产组合投资回报开发的衡量金融机构气候风险的指标，因此能够用来研究能源价格变化对其溢出特征。当能源价格上升、企业化石能源使用成本上升时，金融机构 CRISK 指标下降，说明商业银行对搁浅资产风险敞口呈现下降趋势，商业银行气候风险管理有效。本章的主要贡献在于：第一，立足于搁浅资产风险视角提出了检验商业银行气候风险管理有效性的方法。本章使用最新发布的全球主要金融机构气候风险指标（CRISK），将该数据库中涉及的中国商业银行月度的 CRISK 指标，与美原油期货数据、上海原油期货数据、大连商品交易所焦煤期货数据一同纳入 TVPVAR 模型，并计算上述四个变量之间的动态溢出指数，分析在面对能源价格上涨时各家商业银行搁浅资产风险敞口的变化情况，进而检验商业银行气候风险管理的有效性。结论表明，中国商业银行整体上相对有效地管理了气候风险引致的转型风险，但各家商业银行的表现存在差异。第二，面对气候风险引致的转型风险，商业银行会通过增加绿色信贷规模来降低搁浅资产风险敞口，进而提升气候风险管理的有效性。第三，从商业银行的核心功能——流动性创造的视角，使用面板平滑转移回归模型（Panel Smooth Transition Model，PSTR）检验商业银行气候风险管理有效性存在差异的原因，发现当商业银行流动性创造比例超过约 33% 时，气候风险引致的转型风险并不会激励商业银行开展绿色信贷业务，此时商业银行搁浅资产风险敞口会上升，气候风险管理的有效性下降。

---

① https：//vlab. stern. nyu. edu/zh/climate/CLIM. WORLDFIN – MR. CMES。

5.3.2　相关文献综述

气候变化风险如何影响金融风险的研究目前仍旧处于初始阶段。Chenet（2019）指出，这个研究主题在几年前还是一个边缘性的研究选题。随后人类逐渐认识到，温室气体排放已成为影响环境和生态福祉的重要因素，气候变化对金融体系风险的影响越来越显著。较高的二氧化碳排放水平不仅对空气质量和健康构成显著威胁（Umar 等，2020；Wu 等，2021），也会影响国家经济社会发展。Abid（2017）观察到，经济发展和碳排放之间的联系必须通过金融中介来展现，因此金融机构会暴露在气候风险敞口之下。Chaudhry 等（2020）发现国家主权风险是碳排放水平的函数。Wang 等（2020）指出，碳排放会影响国家金融体系发展。

金融业对气候风险的认知经历了三个主要事件。第一，在国家层面，巴黎气候大会是全球环境福祉的重要里程碑，约有196个国家签署《巴黎协定》，承诺在未来一段时间内采取必要措施实现碳中和。《巴黎协定》Article 2.1（c）明文指出："要使金融资源沿着低温室气体排放路径和朝着稳定气候的发展方向流动。"这说明金融业的资本配置功能要向绿色和低碳领域倾斜。第二，英格兰银行总裁 Mark Carney（2015）指出，气候相关金融风险包括物理风险和转型风险，且气候相关金融风险会引发系统性金融风险。第三，2017年12月，中央银行与监管机构绿色金融网络（Central Banks and Supervisors Network for Greening the Financial System，NGFS）成立，目的是推动全球金融业气候风险管理，引导全球金融业将金融资源配置到低碳转型领域项目。NGFS（2018）很快提出，气候相关风险（Climate Related Risk）是金融风险的重要来源。

金融风险与温室气体中性具有强相关性（Zhao 等，2021）。Mark Carney（2015）提出的气候相关金融风险包括转型风险，其中的"转型"指的是经济发展方式的绿色低碳转型，在这个过程中存在政策变化、声誉影响、技术突破、投资者市场偏好变化等诸多不确定性因素。碳排放的社会经济影响是多方面的，许多文献都研究经济发展中的碳排放来源。Marrasso 等（2019）指出，由于化石燃料比可再生资源更便宜，因此依赖传统化石能源的发电行业是导致环境恶化的重要因素。Long 等（2017）调查了家庭部门的碳排放源，并提出了与食物、交通和教育相关属性的碳足迹。Long 等（2017）的结论是，降低这些碳足迹的方法是在城市层面设计减排政策。类似地，Apergis 和 Payne（2017）认为，住宅、商业和工业部门的化石燃料是主要的温室气体来源，损害了人类生态福利。这意味着，降低二氧化碳排放的关键一环是降低化石燃料使用数量，提升化石燃料使用成本。应对气候变化风险，经济发展低碳转型是必然选择。许多研究认为，存在许多积极因素能够促进《巴黎协定》目标的实现，比如最优电力消费（Bello 等，2018）、碳定价（An 等，2021）、企业技术创新（Erdogan 等，2020）等。Bai 等（2020）着眼于更广泛的经济衡量指标，认为降低收入不平等有助于实现可持续的环境目标。虽如此，Zheng 等（2020）认为，产业结构调整对二氧化碳排放的具体减排效果还有很大的提升空间。

为了实现《巴黎协定》2℃目标，大量的化石能源将会被埋在地下（Matikainen，2018）。这些资产将成为搁浅资产（Stranded Assets）。McGlade 和 Elkins（2015）预测，从 2010 年至 2050 年，将 80% 的煤炭、50% 的天然气储备和 33% 的石油埋在地下，才有 50% 的概率实现《巴黎协定》的目标。搁浅资产埋在地下的直接后果是企业能源成本的上升导致企业利润的下降，持有这些企业股票、债券、贷款资产的金融机构将会面临风险上升的压力。不同的研究文献对搁浅资产的风险评估的结论存在差异：Mercure 等（2018）估计显示，全球搁浅资产折现损失达 1 万亿~4 万亿美元；Carbon Tracker（2018）的估计值是 1.6 万亿美元；IRENA（International Renewable Energy Agency，2017）的估计结果达到 18 万亿美元。

搁浅资产风险来自化石能源。Oshiro 和 Fujimori（2021）指出，如果一个国家气候政策执行力度偏弱，则实现《巴黎协定》目标会导致其暴露在巨大的搁浅资产风险敞口之下。搁浅资产风险对新兴市场国家和发展中国家影响巨大，因为这些国家有许多刚刚建成的燃煤发电站（IEA，2021）。虽然立刻采取措施降低搁浅资产风险敞口有助于经济体实现降碳，但会威胁到经济体内企业的利润，对短期经济增长造成冲击，增加金融业风险（Malik 等，2020；Langley 等，2021）。搁浅资产风险在能源领域表现突出。能源系统具有沉没投资巨大、运行寿命长、系统路径依赖、资本投资互补、深度嵌入社会经济等特征（Sen 和 von Schickfus，2020），并受到向低碳经济转型的威胁，导致资产利用不足和废弃。对燃煤电厂的持续投资将与实现地方、国家和国际的能源和气候目标的努力相矛盾（Sokolowski 和 Heffron，2022）；提升碳价格会导致燃煤电厂成本快速上涨，促使其提早关闭（Malik 等，2020）。燃煤电厂的关闭一方面造成了与其有关联关系的投资者和金融机构的损失；另一方面间接影响了企业能源可得性的成本，降低了企业利润，倒逼企业向清洁能源使用转型，也增加了企业信用风险。

当前对搁浅资产风险的研究体现在不同气候政策视域下不同场景的测算结果（Binsted 等，2020；Saygin 等，2019）。同时一些文献也关注导致搁浅资产风险形成的因素，比如环境风险（Shimbar，2021）、气候变化和可持续发展（Bos 和 Gupta，2019）、投资者因素（Curtin 等，2019）、能源使用现状（Curran，2020）、社会和制度层面因素（Mori，2021）。搁浅资产风险的上升会增加企业能源成本，进而影响企业在向可持续发展的商业模式转变过程中的财务绩效，因此商业银行会暴露在转型风险面前，所以有效管理气候风险是商业银行的必然选择，而有效管理气候风险的前提则是企业碳排放信息的充分披露。Fernandez-Cuesta 等（2019）指出，更好的碳排放披露为企业提供了更多的财务灵活性，因此这类企业有更好的机会进入信贷市场，商业银行也更容易评估气候风险。Siddique 等（2021）认为披露碳足迹信息的企业在长期将会获益。Siddique 等（2021）指出，规模较大的企业具有更强的碳信息披露倾向，从某种意义上说，这可能意味着中小企业在这方面可能没有什么有价值的东西可以披露，这说明，如果商业银行更偏好于大型企业，则其评估气候风险时所掌握的信息会非常丰富。

综上所述，为了实现《巴黎协定》2℃目标，降低二氧化碳排放是必然选择，而经济发展降碳的核心环节是降低化石能源的使用数量，同时提升化石能源的使用成本。从这个意义上讲，在 Mark Carney（2015）气候相关金融风险的框架下，商业银行面临的转型风险背后的最基础因素是能源价格的变化，而载体是商业银行面对的搁浅资产风险敞口。与市场风险和信用风险的管理方式方法不同，商业银行管理气候风险最直接的办法是主动调整绿化资产结构，降低对搁浅资产的风险敞口暴露。这种搁浅资产风险敞口包括两大类：一类是对能源型企业的直接风险敞口，另一类是能源价格变化导致生产性企业偿付能力下降的信用风险敞口，具有间接特征。如果能源价格上升，而商业银行搁浅资产风险敞口呈现下降趋势，则说明商业银行资产组合的转型风险呈现下降态势，商业银行有效地管理了气候风险。因此，本章立足于搁浅资产风险敞口，主要贡献在于：第一，使用纽约大学 Stern 商学院波动率实验室发布的金融机构气候风险指标，研究能源价格变化与中国商业银行气候风险之间的溢出特征，进而评价样本中每家中国商业银行管理气候风险的有效性；第二，实证检验面对气候风险引致的转型风险上升，商业银行是否会有动机提高绿色信贷业务总量，以降低搁浅资产风险敞口；第三，以商业银行绿色贷款为纽带，从商业银行核心职能——流动性创造视角，分析各家商业银行气候风险管理有效性产生差异的原因，为监管当局制定监测指标和规则提供参考。

5.3.3　商业银行搁浅资产风险敞口指标

本章使用美国纽约大学 Stern 商学院波动率实验室发布的全球主要金融机构气候风险数据（CRISK）作为衡量商业银行搁浅资产风险的指标。该指标是立足于搁浅资产视角，依据 Jung 等（2022）而构建的。构建过程分为三个步骤。

第一步，构建搁浅资产组合并计算其收益率，组合包括 30% 能源 ETF（XLE①）、70% 煤炭 ETF（KOL），以及市场组合空头头寸。

第二步，运用式（5-12）回归计算气候风险 Beta 值 $\beta_{i,t}^{\text{Climate}}$。

$$r_{i,t} = \beta_{i,t}^{\text{MKT}}\text{MKT}_t + \beta_{i,t}^{\text{Climate}}\text{CF}_t + \varepsilon_{i,t} \qquad (5-12)$$

其中：i 表示商业银行，t 表示时间，r 表示商业银行股票收益率，MKT 表示市场组合 MSCI 指数收益率，CF 为第一步计算的搁浅资产组合收益率。模型使用 Engle 提出的 Dynamic Beta 模型（Engle，2016）进行估计。

第三步，计算商业银行气候风险。CRISK 指标的计算方法参考了 Acharya 等（2012）提出的 SRISK 计算方法。根据 Jung 等（2022），CRISK 的定义为气候压力条件下的预期资本短缺，定义表达式如式（5-13）所示：

$$\text{CRISK}_{i,t} = kD_{i,t} - (1-k)W_{i,t}(1 - \text{LRMES}_{i,t}) \qquad (5-13)$$

其中：D 表示商业银行债务账面价值；W 表示商业银行市值；LRMES 表示长期边际预期短缺，定义表达式如式（5-14）所示：

---

① Energy Select Sector SPDR.

$$\text{LRMES} = 1 - \exp(\beta^{\text{Climate}}\log(1 - \theta)) \qquad (5-14)$$

其中：θ 刻画气候压力水平，默认值为 50%；k 表示资本充足率水平；LRMES 的含义是当搁浅资产组合连续 6 个月表现不佳时，商业银行股权资本的预期损失。

在 CRISK 基础上，Jung 等（2022）定义了边际气候风险指标（MC-RISK），即当前选择的气候压力与零气候压力下资本预期短缺之差，其定义表达式如式（5-15）所示：

$$\text{MCRISK}_{i,t} = (1 - k)W_{i,t}\text{LRMES}_{i,t} \qquad (5-15)$$

从上述表达式可以看出，CRISK 指标是基于搁浅资产计算的风险指标，通过刻画商业银行对搁浅资产风险敞口的暴露程度来表征商业银行气候风险。如前文所述，商业银行搁浅资产的形成与降低二氧化碳排放密切相关，而降低二氧化碳的核心就是降低企业化石能源的使用数量及提升企业化石能源的使用成本。这意味着，如果化石能源价格上升的同时商业银行气候风险指标下降，说明商业银行搁浅资产的风险敞口呈现降低趋势，商业银行有效规避了气候风险。

5.3.4 能源价格对商业银行搁浅资产风险的溢出特征

在美国纽约大学 Stern 商学院波动率实验室发布的全球主要金融机构 CRISK 数据的样本中，中国商业银行样本包括 A 股上市的商业银行和港股上市的商业银行[①]，数据频率为月度。为了保证数据平稳性，本章对 CRISK 指标进行一阶差分得到月度变化率。鉴于石油和煤炭在全球化石能源中占据主要地位，因此本章选择原油价格和煤炭价格作为传统化石能源价格的表示变量，其中原油价格选择美国原油期货连续合约月度收盘价并取自然对数收益率（用 USAOIL 表示）及上海原油期货连续合约月度收盘价并取自然对数收益率（用 SHOIL 表示），煤炭价格数据使用大连商品交易所焦煤期货连续合约月度收盘价并取自然对数月度收益率（用 jiaomei 表示）。考虑到上海原油期货的上市日

---

① 国有大型商业银行：工商银行、建设银行、农业银行、交通银行、中国银行、中国邮政储蓄银行；大型股份制商业银行：光大银行、民生银行、华夏银行、平安银行、招商银行、浦发银行、中信银行、浙商银行、兴业银行；其他中小城市商业银行和农村商业银行：北京银行、广州农村商业银行、天津银行、徽商银行、江苏银行、成都银行、杭州银行、常熟农商银行、江阴农商银行、苏州农商银行、张家港农商银行、南京银行、宁波银行、无锡银行、中原银行、重庆农村商业银行。

期及样本内商业银行的上市时间，本章的样本数据期间为 2018 年 7 月至 2023
年 4 月，数据频率为月度。

为了提高参数估计准确度，捕捉变量之间的时变作用机制和变量之间关系
可能出现的结构性变化，本章选择 Nakajima（2011）提出的、较为广泛使用的
时变参数向量自回归模型研究变量之间的动态关系。具体模型设定如式
（5-16）和式（5-17）所示：

$$y_t = c_t + B_{1t}y_{t-1} + \cdots + B_{st}y_{t-s} + \varepsilon_t \tag{5-16}$$

$$\varepsilon_t \sim N(0, \Omega_t) \tag{5-17}$$

其中：y 包括中国商业银行搁浅资产风险指标月度变化率、美原油价格月度变
化率、上海原油价格月度变化率、焦煤价格月度变化率；s 为滞后阶数，根据
AIC 准则选取；$B_{1t}, \cdots, B_{st}$ 为时变参数矩阵，Ω_t 为时变方差协方差矩阵。将
Ω_t 分解为式（5-18）：

$$\Omega_t = A_t^{-1} \sum\nolimits_t \sum\nolimits_t A_t^{-1} \tag{5-18}$$

A_t 为下三角矩阵，对角元素之和为 1。$\sum\nolimits_t = \mathrm{diag}(\sigma_{1t}, \sigma_{2t}, \sigma_{3t})$。令 β_t 为
B 矩阵堆栈行向量（Stacked Row Vector），α_t 为 A_t 堆栈行向量（Stacked Row
Vector）。令 $h_{it} = \log\sigma_{it}^2$。根据 Nakajima（2011），本章将参数时变过程设置为
随机游走，具体如式（5-19）所示：

$$\begin{aligned} \beta_{t+1} &= \beta_t + u_{\beta t} \\ \alpha_{t+1} &= \alpha_t + u_{\alpha t} \\ h_{t+1} &= h_t + u_{ht} \end{aligned} \quad \begin{pmatrix} \varepsilon_t \\ u_{\beta t} \\ u_{\alpha t} \\ u_{ht} \end{pmatrix} \sim N\left(0, \begin{pmatrix} I & 0 & 0 & 0 \\ 0 & \sum_\beta & 0 & 0 \\ 0 & 0 & \sum_\alpha & 0 \\ 0 & 0 & 0 & \sum_h \end{pmatrix}\right) \tag{5-19}$$

N 表示正态分布。I 为单位矩阵。$\sum_\alpha$ 和 $\sum_h$ 为对角矩阵。参数的分布为
式（5-20）：

$$\begin{aligned} \beta_{t+1} &\sim N(\mu_{\beta 0}, \sum\nolimits_{\beta 0}) \\ \alpha_{t+1} &\sim N(\mu_{\alpha 0}, \sum\nolimits_{\alpha 0}) \\ h_{t+1} &\sim N(\mu_{h 0}, \sum\nolimits_{h 0}) \end{aligned} \tag{5-20}$$

本章使用 MCMC 方法进行 10000 次模拟来估计参数。根据 Nakajima

（2011），为简化起见，$\sum_\beta$ 也可以设置为对角矩阵，因此方差协方差矩阵第 i 个对角元素的先验分布可设定为式（5-21）：

$$\left(\sum\nolimits_\beta\right)_i^{-2} \sim Gamma(40,0.02) \quad \left(\sum\nolimits_\alpha\right)_i^{-2} \sim Gamma(4,0.02)$$

$$\left(\sum\nolimits_h\right)_i^{-2} \sim Gamma(4,0.02) \qquad (5-21)$$

本章在上述 TVP-VAR 模型基础上，参考 Diebold 和 Yilmaz（2009）及 Antonakakis 等（2020）得到 TVP-VAR 模型的方差分解，进而得到在向前 N 步预测中其他变量对一个变量预测方差的解释权重。本章使用广义方差分解技术来避免变量顺序对溢出指数结果的影响。假设存在两个变量 i 和 j，则在向前 H 步预测误差方差分解的算式为式（5-22）：

$$\delta_{ij} = \frac{\sigma_{jj}^{-1} \sum\limits_{h=0}^{H-1} \left(e'_i A_h \sum e_j\right)^2}{\sum\limits_{h=0}^{H-1} \left(e'_i A_h \sum e_j\right)^2} \qquad (5-22)$$

其中：δ_{ij} 表示溢出指数；σ_{jj} 为残差项的方差；A 为 TVP-VAR 系统的估计系数矩阵；$\sum$ 为残差项方差协方差矩阵；e_j 表示第 j 个数字为 1、其余数字为 0 的 $N \times 1$ 向量。假设模型系统存在 N 个变量，因此通过方差分解能够计算得出每一个变量对其他变量的溢出效应及其他变量对该变量的溢出效应，继而能够计算出净效应 δ_{ij}。考虑到预测精度问题，本章预测步长的选择为向前预测 10 期。

图 5-11 为原油价格和焦煤价格对国有六大商业银行的溢出特征。从图 5-11 可以看出：第一，在 2020 年中国"双碳"目标提出之后，美原油价格和上海原油价格对交通银行、中国银行、建设银行、工商银行的溢出效应虽然为正值，但显著降低，对中国邮政储蓄银行的溢出效应呈现负值，说明原油价格上升的同时商业银行在降低搁浅资产风险敞口。第二，农业银行搁浅资产风险敞口随着原油价格的上涨呈现上升趋势。第三，除中国邮政储蓄银行在 2022 年前后外，焦煤价格上升整体伴随着国有六大商业银行的搁浅资产风险敞口的下降。整体而言，图 5-11 显示，中国国有六大商业银行的搁浅资产风险敞口虽然不是正值，但在"双碳"目标提出后随着能源价格的上升呈现整体下降趋势，一定程度上说明商业银行有效地管理了气候风险。

图 5-12 为全国大型股份制商业银行的溢出指数估计结果。从图 5-12 可

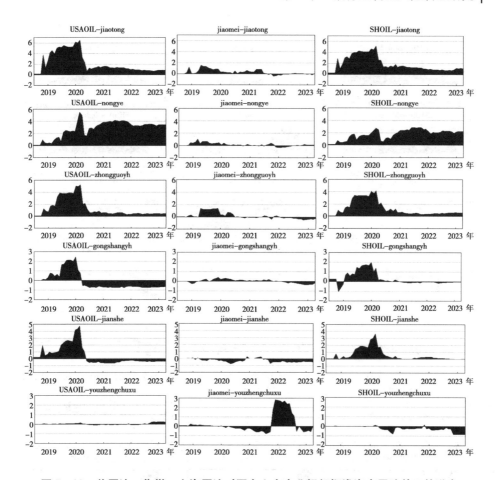

图 5 - 11　美原油、焦煤、上海原油对国有六大商业银行搁浅资产风险敞口的溢出

以看出，第一，原油价格对光大银行、民生银行、浦发银行、中信银行的正向溢出效应较大，说明这些商业银行搁浅资产风险敞口随着原油价格的上涨而增加；原油价格对兴业银行和浙商银行既存在正向溢出特征，又存在负向溢出特征；原油价格上升对华夏银行、平安银行、招商银行的搁浅资产风险敞口呈现负向溢出特征。第二，焦煤价格上升对光大银行、民生银行、中信银行、浙商银行的搁浅资产风险敞口呈现正向溢出特征，对华夏银行、平安银行、兴业银行、浦发银行、招商银行的搁浅资产风险敞口呈现负向溢出特征。整体而言，全国大型股份制商业银行一定程度上有效地管理了搁浅资产风险，但光大银行、民生银行、中信银行、浙商银行等在能源价格上升的背景下搁浅资产风险敞口也呈现上涨特征，气候风险管理能力有待提高。

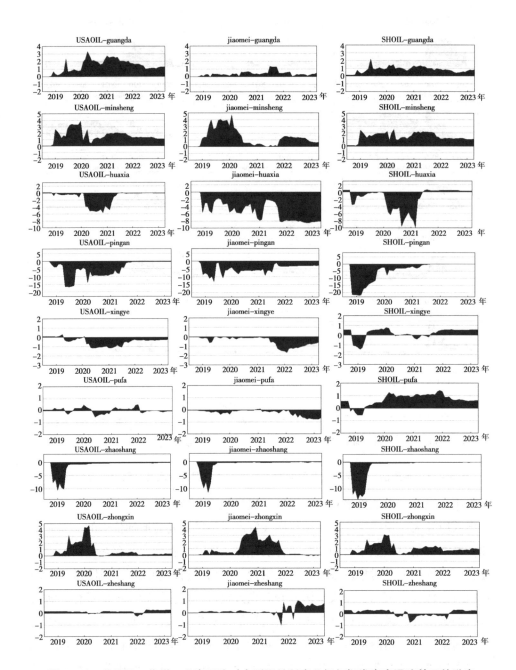

图 5-12 美原油、焦煤、上海原油对大型股份制商业银行搁浅资产风险敞口的溢出

　　图 5－13 为原油价格和焦煤价格对中小城市和农村商业银行的溢出效应。图 5－13 显示：第一，原油价格上升对北京银行、广州农村商业银行、天津银行、徽商银行、江苏银行的搁浅资产风险敞口的正向溢出较为明显，而对其他中小商业银行的溢出效应具有负向特征。第二，焦煤价格上升对北京银行、广州农村商业银行、天津银行、徽商银行、中原银行的搁浅资产风险敞口具有正向溢出特征，对其他中小商业银行的溢出特征具有明显的负向特点。总体而言，样本内较多中小城市商业银行的搁浅资产风险敞口随着能源价格的上升呈现下降趋势，说明在一定程度上，中小商业银行主动规避搁浅资产风险，提升了气候风险管理的有效性。

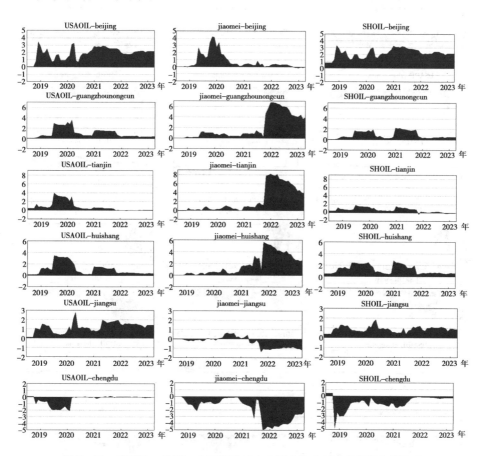

图 5－13　美原油、焦煤、上海原油对中小城市和农村商业银行搁浅资产风险敞口的溢出

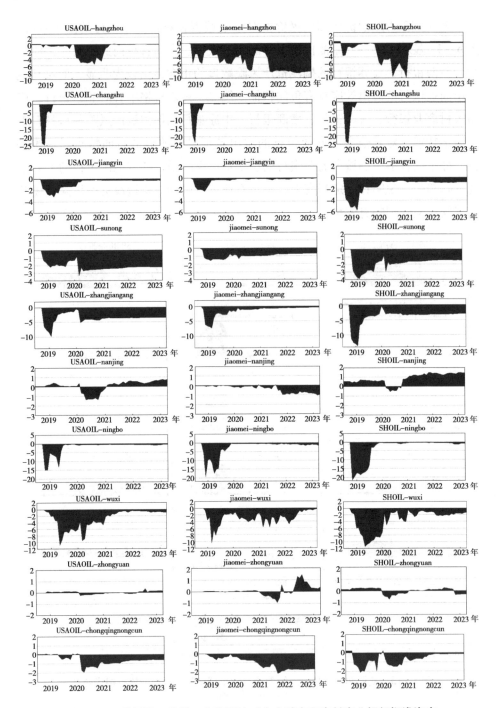

图 5 - 13　美原油、焦煤、上海原油对中小城市和农村商业银行搁浅资产风险敞口的溢出（续）

综上所述，从中国商业银行搁浅资产风险对能源价格的敞口暴露情况角度来看，多数中小商业银行的搁浅资产风险敞口随着能源价格的上升呈现下降特点；国有大型商业银行的搁浅资产风险敞口虽然在"双碳"目标提出之后显著下降，但溢出特征仍旧为正；全国大型股份制商业银行搁浅资产风险敞口表现也呈现出差异化特征。总之，虽然整体上中国商业银行积极应对气候风险，并在一定程度上体现出搁浅资产风险管理的有效性，但差异性表现也尤为明显，所以有必要继续分析这种差异性表现的来源机制是什么。

5.3.5　表现差异性的来源分析

绿色融资模式有助于应对与环境和生态损害相关的挑战。Polzin 和 Sanders（2020）分析了绿色融资模式的重要性，并强调需要开发绿色金融业务来支持低碳转型企业。注重增加绿色融资是必要的，因为传统融资模式很可能会增加二氧化碳排放量（Kim 等，2020）。对于商业银行来讲，"绿化"资产结构、发放绿色贷款是应对搁浅资产风险的有效工具，也是助力实体企业低碳转型的必然选择。实证研究也表明，商业银行绿色投资业务表现稳健（Umar 等，2021；Tang 和 Zhang，2020；Robinson 等，2018）。

商业银行可以通过积极发展绿色信贷业务来降低搁浅资产风险敞口。但前述研究结论却表明，商业银行对搁浅资产风险敞口的管理效果也存在差异，这说明某些特征的存在会导致商业银行在应对气候风险方面的表现存在差异。商业银行的核心功能是通过吸收存款、发放贷款向经济体输送信贷资源，履行流动性创造功能。因此流动性创造能力是最终影响商业银行开展绿色信贷业务的主要因素之一。因此，从逻辑上来讲，本部分首先验证商业银行搁浅资产风险敞口是否会激励商业银行开展绿色信贷业务，之后验证在什么情况下搁浅资产风险才能够激励商业银行开展绿色信贷业务，以降低气候风险。

为此，本部分拟使用面板回归模型进行实证分析。考虑到商业银行绿色贷款数据的可得性，本部分的样本数据包括平安银行、宁波银行、江阴农商银行、张家港农商银行、青岛农商银行、浦发银行、华夏银行、民生银行、招商银行、无锡银行、江苏银行、常熟农商银行、兴业银行、北京银行、上海银行、农业银行、交通银行、工商银行、邮政储蓄银行、光大银行、建设银行、中国银行、中信银行、苏州农商银行。样本期间为 2007 年至 2021 年，数据频率为年度。具体回归方程为式（5-23）：

$$\text{lngreenloan}_{i,t} = \alpha + \text{lncrisk}_{i,t} + \text{controls}_{i,t} + \gamma_t + \mu_i + \varepsilon_{i,t} \quad (5-23)$$

其中：i 表示商业银行；t 表示时间；γ_t 控制年份效应；μ_i 控制个体效应。lngreenloan 表示商业银行绿色贷款总额（单位：亿元）的自然对数。本章将每家商业银行月度 crisk 指标按年份取平均值，并取自然对数（lncrisk）代入式（5-23）。control 表示控制变量，参考 Javadi 和 Masum（2021）、Umar 等（2021）文献，本章选择的控制变量包括资产总额的自然对数（lntasset）、资产收益率（roa）、不良贷款率（nprl）、资本充足率（car）、年度 GDP 同比增长率（rgdp）。为了避免极值对回归结果产生影响，本章对样本数据在 1% 和 99% 分位点进行缩尾处理。同时，为了进行稳健性检验，本章将 lncrisk 指标替换为本章第三部分所述的气候风险 beta 值（cbeta）、lrmes（clrmes），以及 crisk 占金融行业资本的百分比（criskper），所有数据均在美国纽约大学 Stern 商学院波动率实验室可下载，且均按年度取平均值代入式（5-23）进行回归分析。样本数据统计特征见表5-3。

表5-3 样本数据统计特征

变量	样本数量	均值	标准差	最小值	最大值
lngreenloan	242	6.2813	2.0977	0.5710	9.8849
lncrisk	185	11.9233	1.6500	6.3372	14.4616
criskper	228	5.4038	5.7035	0.0000	24.4258
clrmes	259	12.8234	15.7985	-85.7850	33.3475
cbeta	259	0.2391	0.1816	-0.5578	0.6192
lntasset	314	28.0377	1.9273	24.1908	31.0193
roa	315	1.0214	0.2619	0.4769	1.7498
nplr	312	1.2800	0.4566	0.3800	2.4100
car	303	12.9546	1.8046	8.8800	17.5200
rgdp	15	8.0473	2.5291	2.2400	14.2300

注：rgdp 样本数量为年度数量。

表5-4 为式（5-23）的回归结果。模型（1）回归结果显示，商业银行搁浅资产风险敞口越高，商业银行绿色信贷规模越大，说明搁浅风险资产敞口高的商业银行有动机提升绿色信贷规模。模型（2）至模型（4）为替换搁浅

资产风险敞口表示变量得到的回归结果，回归结果同样显著为正值。由于回归分析是具有一般共性特征的研究方法，因此表 5-4 的回归结果首先说明，整体而言，中国商业银行认识管理搁浅资产风险敞口的必要性，这也与第三部分的结论具有一致性，即大多数商业银行都存在有效管理搁浅资产风险敞口的表现特征。根据表 5-4 的回归结果，商业银行降低搁浅资产风险敞口主要源于绿色信贷业务。

表 5-4　式（5-23）回归结果

变量	模型（1）	模型（2）	模型（3）	模型（4）
lncrisk	0.3014 ***			
	(3.7947)			
cbeta			0.9434 ***	
			(2.6191)	
lrmes				0.0106 *
				(1.9605)
criskper		0.0243 **		
		(2.3168)		
lntasset	1.3804 ***	1.3624 ***	1.6608 ***	1.6854 ***
	(3.0860)	(3.9600)	(5.4156)	(5.4499)
roa	-1.2862 ***	-1.3535 ***	-1.9202 ***	-1.9166 ***
	(-2.9770)	(-2.9838)	(-4.3442)	(-4.2850)
nplr	-0.1438	-0.1930	-0.1669	-0.1627
	(-0.7359)	(-1.0432)	(-0.9480)	(-0.9153)
car	0.0507	-0.0299	-0.0720	-0.0686
	(0.9853)	(-0.6349)	(-1.5718)	(-1.4817)
rgdp	0.3866	-2.1963 ***	-0.2123	-0.2128
	(1.1494)	(-3.1218)	(-0.3746)	(-0.3713)
Constant	-39.6709 **	-12.2902	-36.7637 ***	-37.4855 ***
	(-2.4678)	(-0.7861)	(-2.7023)	(-2.7312)
个体效应	控制	控制	控制	控制
时间效应	控制	控制	控制	控制
Observations	157	185	199	199
R-squared	0.831	0.839	0.833	0.830
Num of Banks	21	23	23	23

注：* 表示 10% 水平显著，** 表示 5% 水平显著，*** 表示 1% 水平显著，括号内为 t 统计量。

但本章第三部分的溢出指数分析结果也显示，商业银行在搁浅资产风险敞口的管理表现上存在差异，因此遵循上述逻辑，其原因可能来自不同商业银行绿色信贷业务的发展上存在差异，因此导致不同商业银行的搁浅资产风险敞口管理效果存在区别。比如，张家港农商银行突出"做小做散"和"支农支小"；郑州银行将绿色信贷与扶贫相结合，通过绿色信贷持续改善农村地区基础设施建设；青岛银行于 2016 年成为首批绿色债券发行试点银行，并在同年成功发行 80 亿元绿色金融债券，具有丰富的绿色债券/绿色信贷业务经验，为其蓝色债券的创新探索奠定坚实基础；青岛农商银行将生态环境修复、基础设施绿色产业升级、环保节能、清洁能源、清洁交通等绿色项目作为营销的重点，成功推进水资源开发与保护和生态修复、污水处理、再生利用及污泥处理处置设施建设运营等项目。作为向经济体提供信贷支持的金融机构，商业银行的流动性创造能力直接决定了其绿色信贷业务的发展上限，具有不同流动性创造能力的商业银行在面对搁浅资产风险时，其绿色信贷业务的发展能力会存在差异。

基于此考虑，本章使用面板平滑转移回归模型（Panel Smooth Transition Model，PSTR）分析搁浅资产风险敞口如何影响不同流动性创造能力的商业银行的绿色信贷业务规模。PSTR 能够刻画变量之间的非线性关系，转换位置参数决定了区制个数，且参数变化从一个区制转换到另一个区制是连续变化而非离线跳跃的。本章具体模型设置如式（5 – 24）所示：

$$\ln greenloan_{i,t} = \alpha + \beta_0 \ln crisk_{i,t} + \beta_1 lcca_{i,t} + \beta_1 x_{i,t} G(lcca_{i,t}, \gamma, c)$$
$$+ controls_{i,t} + \varepsilon_{i,t} \qquad (5 – 24)$$

其中，lcca 为商业银行流动性创造总量占总资产的比值。流动性创造指标构造过程的研究文献较为丰富，可参考 Berger 和 Bouwman（2009）、刘莉亚等（2020）、刘妍等（2020）、李雪峰和杨盼盼（2021）等文献。controls 为控制变量，选择与表 5 –4 保持一致。

$G(lcca_{i,t}, \gamma, c)$ 是关于转换变量的连续平滑函数，该函数取值区间为 [0，1]。c 是发生转换的位置参数（门槛值），代表 m 维的位置参数向量，在实际应用中，m 的值通常取 1 或者 2。γ 是平滑参数，决定了不同区制之间的转换速度。如果 $\gamma = 0$ 则模型形式应该是线性的，否则 $\gamma > 0$ 说明模型是非线性的。在 $G(lcca_{i,t}, \gamma, c)$ 的表达式形式选择上，本章选择 Logistic 分布形式和正态分布形式等两种形式的表达式进行实证分析，具体设置如式（5 –25）所示：

$$G(\text{lcca}_{i,t},\gamma,c) = \begin{cases} [1 + \exp(-\gamma(\text{lcca}_{i,t} - c))]^{-1} & \text{Logistic, or LSTR} \\ \Phi(\gamma(\text{lcca}_{i,t} - c)) & \text{Normal CDF, or NSTR} \end{cases}$$

$$(5-25)$$

表 5-5 至表 5-7 为式 (5-24) 回归结果。回归结果表明: lncrisk 估计结果显著为正值,说明商业银行搁浅资产风险敞口越高,其越能够激励商业银行开展绿色信贷业务;lcca 估计系数显著为正值,说明商业银行流动性创造能力越强,商业银行绿色信贷业务总量越高。转换函数估计结果显示,lngamma 估计结果显著为正值说明变量之间非线性关系显著,lcca 在 33% 左右存在显著的门槛值,且超过门槛值,lncrisk 估计结果显著为负值,这说明当商业银行流动性创造过多时,其绿色信贷业务总量反而会呈现下降趋势。当商业银行流动性创造过多时,商业银行搁浅资产风险敞口上升并不会激励商业银行有效开展绿色信贷业务降低搁浅资产风险敞口,过多的流动性创造很有可能流入其他非绿色贷款领域。这就说明,当商业流动性创造占比过高时,绿色信贷业务并没有有效上涨,且大概率流入非绿色信贷领域,进而造成商业银行搁浅资产风险敞口上升,商业银行此时气候风险管理的有效性会下降。从样本分布分析也可以看出,lcca 超过 33% 的样本与第四部分中搁浅资产风险敞口与能源价格变化正相关的商业银行的分布具有一定程度的一致性。其原因可能为绿色信贷业务会对中国商业银行的经营产生一些负面影响。一些实证分析表明,绿色信贷在短期内增加商业银行的破产概率,且对商业银行风险承担的影响表现出非常强的异质性特征 (邵传林和闫永生,2020);王建琼和董可 (2019) 实证分析表明,绿色信贷业务会降低国有大型商业银行的盈利能力,但对中小股份制商业银行的影响不显著。商业银行为了提升盈利能力,在流动性创造过多的情况下,也需要向非绿色领域发放贷款,从而造成搁浅资产风险敞口上升,降低气候风险管理有效性。

表 5-5 式 (5-24) 回归结果: lncrisk

变量	(1)		(2)	
	LSTR lngreenloan		NSTR lngreenloan	
	主回归部分	转换函数部分	主回归部分	转换函数部分
lncrisk	0.3711 ***	-0.0741 ***	0.3669 ***	-0.0728 ***
	(6.0113)	(-3.2743)	(5.9465)	(-3.4176)

续表

变量	(1) LSTR lngreenloan		(2) NSTR lngreenloan	
	主回归部分	转换函数部分	主回归部分	转换函数部分
lcca	1. 8901 *		1. 9073 **	
	(1. 8718)		(1. 9823)	
lntasset	1. 3035 ***		1. 3100 ***	
	(6. 3713)		(6. 3966)	
roa	− 1. 2969 ***		− 1. 3024 ***	
	(− 3. 8575)		(− 3. 8857)	
nplr	− 0. 2297 *		− 0. 2309 *	
	(− 1. 8177)		(− 1. 8263)	
car	0. 0155		0. 0149	
	(0. 4532)		(0. 4353)	
rgdp	0. 0620 ***		0. 0623 ***	
	(3. 4530)		(3. 4741)	
threshold		0. 3290 ***		0. 3303 ***
		(30. 2835)		(31. 8121)
lngamma		4. 2465 ***		3. 7083 ***
		(8. 9469)		(9. 1170)
Constant	− 34. 8075 ***		− 34. 9536 ***	
	(− 22. 2413)		(− 22. 2707)	
Observations	150	150	150	150

注：* 表示 10% 水平显著，** 表示 5% 水平显著，*** 表示 1% 水平显著，括号内为 z 统计量。

表 5 - 6 式 (5 - 24) 回归结果：criskper

变量	(1) LSTR lngreenloan		(2) NSTR lngreenloan	
	主回归部分	转换函数部分	主回归部分	转换函数部分
criskper	0. 4824 ***	− 0. 4591 ***	0. 4867 ***	− 0. 4634 ***
	(3. 4927)	(− 3. 3468)	(3. 5004)	(− 3. 3553)
lcca	1. 2214 **		1. 2634 **	
	(2. 0006)		(2. 0269)	

续表

变量	(1)		(2)	
	LSTR lngreenloan		NSTR lngreenloan	
	主回归部分	转换函数部分	主回归部分	转换函数部分
lntasset	1.8452 ***		1.8472 ***	
	(10.0027)		(10.0104)	
roa	−1.5674 ***		−1.5530 ***	
	(−4.6248)		(−4.5553)	
nplr	−0.2548 **		−0.2545 **	
	(−1.9713)		(−1.9696)	
car	−0.0442		−0.0431	
	(−1.4440)		(−1.4028)	
rgdp	0.0459 **		0.0459 **	
	(2.4458)		(2.4455)	
threshold		0.3088		0.3107 ***
		(0.1756)		(24.2079)
lngamma		8.0390		5.0450 ***
		(0.0164)		(4.1767)
Constant	−45.4302 ***		−45.5357 ***	
	(−21.5978)		(−21.6111)	
Observations	167	167	167	167

注：* 表示 10% 水平显著，** 表示 5% 水平显著，*** 表示 1% 水平显著，括号内为 z 统计量。

表 5 - 7　式 (5 - 24) 回归结果：cbeta

变量	(1)		(2)	
	LSTR lngreenloan		NSTR lngreenloan	
	主回归部分	转换函数部分	主回归部分	转换函数部分
cbeta	1.8579 ***	−1.5673 ***	1.8829 ***	−1.5974 ***
	(4.0845)	(−3.0023)	(4.1356)	(−3.0584)
lcca	2.2187 ***		2.2401 ***	
	(2.7666)		(2.8163)	
lntasset	1.6583 ***		1.6596 ***	
	(12.0087)		(12.0141)	

变量	(1)		(2)	
	LSTR lngreenloan		NSTR lngreenloan	
	主回归部分	转换函数部分	主回归部分	转换函数部分
roa	− 1. 8447 ***		− 1. 8402 ***	
	(− 5. 5828)		(− 5. 5592)	
nplr	− 0. 2475 **		− 0. 2474 **	
	(− 2. 0171)		(− 2. 0214)	
car	− 0. 0181		− 0. 0180	
	(− 0. 6650)		(− 0. 6594)	
rgdp	0. 0563 ***		0. 0560 ***	
	(3. 1686)		(3. 1450)	
threshold		0. 3551 ***		0. 3543 ***
		(33. 2003)		(29. 2406)
lngamma		4. 5407 ***		3. 9262 ***
		(6. 9183)		(6. 6728)
Constant	− 40. 5922 ***		− 40. 6443 ***	
	(− 23. 1769)		(− 23. 1955)	
Observations	172	172	172	172

注：＊表示10%水平显著，＊＊表示5%水平显著，＊＊＊表示1%水平显著，括号内为 z 统计量。

5.3.6 结论及政策建议

"双碳"目标的实现需要大幅度降低二氧化碳的排放量，而二氧化碳排放量的降低需要大幅度降低传统化石能源使用的数量，并增加化石能源的使用成本，这意味着经济主体的生产生活方式均需要进行低碳转型。经济低碳转型将大量化石能源作为搁浅资产埋藏于地下，其直接影响是降低传统化石能源企业的偿付能力，间接影响是增加生产型企业的能源成本，倒逼企业低碳转型。无论是哪一方面，经济主体的信用风险都会上升，商业银行会形成巨大的搁浅资产风险敞口，暴露在巨大转型风险之下。商业银行需要有效管理这种气候变化引致的转型风险。本章的实证结论表明：第一，商业银行管理气候风险引致的转型风险的效果存在差异性。随着能源价格的上升，国有大型商业银行虽然在"双碳"目标提出后呈现搁浅资产风险敞口下降趋势，但仍旧显示为正向溢出特征；部分全国大型股份制商业银行和许多中小城市和农村商业银行的搁浅资产风险敞口呈现下降趋势。总体来讲，中小城市和农村商业银行在管理气候风险方面的表现似乎相对较好。第二，商业银行面对搁浅资产风险敞口上升会增加绿色信贷业务总量，继而提升气候风险管理的有效性。第三，PSTR 模型回归结果显示，若商业银行流动性创造比例超过 33%，即使气候风险引致的转型风险增加，商业银行绿色贷款业务也不会上涨，这解释了商业银行应对气候风险管理表现存在差异的原因。绿色信贷往往具有期限长、未来不确定性高的特征，因此商业银行在流动性创造较多时，也难以保证将所有信贷资源均投入到绿色领域，因此造成搁浅资产风险敞口上涨，进而暴露在气候风险之下。

　　基于本章的研究，针对商业银行气候风险管理提出政策建议如下：第一，建立商业银行气候风险评估体系。"双碳"目标的核心约束变量是能源，因此能源价格冲击会通过实体经济影响金融体系的稳定。商业银行应未雨绸缪，建立"能源价格—金融风险"的二维风险评估分析框架，并将能源价格信息纳入气候相关金融风险的评估领域，建立评估指标体系，为预警气候风险引发的金融风险提供决策支持。第二，鼓励商业银行发展绿色信贷业务。气候风险引发转型风险主要体现在商业银行搁浅资产风险敞口的快速上升。搁浅资产风险意味着具有较高盈利能力的资产会变为无盈利能力甚至带来亏损的风险资产。面对这类风险类型，商业银行唯有主动管理风险，"绿化"资产组合，降低搁浅资产比例，才能从根本上降低搁浅资产风险敞口，提高气候风险管理有效性。第三，监管当局应引导金融资源流向绿色产业领域。绿色项目具有项目期限长、未来不确定性高的特征，因此在一定阈值内商业银行有动机发展绿色信贷业务。但随着商业银行流动性创造水平的上升，为了满足盈利需求，商业银行也不可避免地将信贷资源配置到非绿色领域，进而增加搁浅资产风险敞口。在金融体系流动性充沛的条件下，监管当局应关注信贷资金流向，引导商业银行资金流入实体经济绿色项目。同时，监管当局也要制定相关规则鼓励商业银行的信贷资金向绿色领域倾斜，助力实体企业实现绿色低碳转型。

第6章

气候风险对金融体系稳定的影响

在第 5 章研究转型风险对银行业影响的基础上，本章进一步提供了直接的证据，证明了气候风险能够影响宏观金融体系的稳定。本章从国内国外两个视角开展实证研究。国内方面，本章直接将气候风险与银行业系统性风险指标进行关联开展实证分析。国际方面，本章以具有较高气候脆弱性的发展中国家为研究样本，以外债水平作为影响发展中国家宏观金融体系稳定的载体，研究结论发现，气候风险会显著增加发展中国家外债水平。鉴于外债水平是影响金融稳定的重要维度，因此气候风险会对发展中国家的金融体系稳定产生冲击。

6.1 气候风险对银行业系统性风险的影响

6.1.1 引言

全球变暖加剧，极端天气事件频发，气候变化给全球经济增长带来挑战。Lenssen 等（2019）使用 NASA 的 Goddard Institute for Space Studies（GISS）的数据研究发现，全球平均气温与 1880 年相比，升高了 $1.1℃$；其对中国的研究结果显示，中国的极端降水天气数量和干旱天气数量也显著增加。中国平均地表温度在过去 100 年上升幅度超过 $1.1℃$，且自 1956 年起降水量也呈现上升态势，极端天气事件爆发的频率和造成的损失也在过去 50 年快速上升（Sun 等，2022）。气候风险对经济社会发展的影响极大。在短期，气候灾害事件造成企业资产损失，家庭部门财富损失，进而增加经济主体的财务脆弱性，影响金融体系稳定（Garbarino 和 Guin，2021）；在长期，气候风险会影响经济社会系统，如居住生活、工作方式、食品、实物资产、基础设施、自然资源等（Howarth 和 Monasterolo，2016）。

Carney（2015）提出气候变化会威胁金融体系稳定之后，金融业气候风险管理得到了广泛关注。气候风险引发的金融风险包括物理风险和转型风险。物理风险是指气候变化引发的自然灾害所造成的实物资产破坏、自然环境恶化和人员生命的损失；转型风险指经济低碳转型导致的资产价值的重估风险。根据 2020 年金融稳定理事会（Financial Stability Board）的数据，物理风险对资产价值的影响虽然相对有限，但未来不确定性非常高，而转型风险则发生在经济绿色转型进程中，如技术冲击、新能源成本上升、政策变化等。物理风险与转型风险相互交织，给金融体系稳定带来威胁，影响金融市场功能发挥，增加了资产价格的波动性，对实体经济产生冲击（Brunetti 等，2021）。

气候风险如何影响系统性金融风险是一个比较新的研究领域。现有文献对气候风险影响金融稳定的研究视角主要从两个方面展开：物理风险维度主要关注气候灾害对企业部门和家庭部门的违约概率的影响，进而对商业银行贷款质量的影响（Dafermos 等，2018；Hosono 等，2016）；转型风险维度主要关注能源企业、高碳行业在经济低碳转型的大背景下对金融体系的风险溢出特征，主要传导渠道是资产价格、信用风险、传染风险等（van der Ploeg 和 Rezai，2020；Battiston 等，2021）。在上述两个维度框架下，学者们着眼于未来，使用情景分析的方法研究未来气候风险与金融体系风险之间的关系（Monasterolo 等，2017；Morana 和 Sbrana，2019；Bolton 等，2020；Monasterolo，2020）。

上述研究从理论与实证两个层面明晰了气候风险与金融稳定之间的关系，但对气候风险是否及如何影响中国银行业系统性风险的研究关注不足。对于中国来讲，研究气候风险与银行业系统性风险的关系非常重要，因为商业银行在中国金融体系中举足轻重（Rahman 等，2022）。虽然许多学者都认为气候风险会影响银行体系稳定，也在理论上提出了传导机制，但直接的证据相对较少。且学者们刻画气候风险的数据往往以气温、降水等气象数据为主。这些数据虽然直观地反映了气候风险，但对于中国这样一个幅员辽阔的大国，这些数据难免具有区域性特征，所以难以精确地与跨区域经营的中国商业银行进行匹配。在"双碳"目标背景下，金融业气候风险的实质是经济低碳转型中搁浅资产风险的增加导致资产质量下降，因此从搁浅资产风险视角刻画商业银行气候风险既能够精确地映射至个体商业银行，又能够直接与商业银行系统性风险贡献度相关联。因此，本章使用纽约大学 Stern 商学院发布的基于搁浅资产风险敞口测算的气候风险数据，从多维度视角展开，为气候风险是否影响及如何影响商业银行系统性风险贡献度提供直接的实证证据支持，为中国银行业管理气候风险提供政策参考。

6.1.2 相关文献综述

气候风险会冲击宏观经济，进而增加系统性金融风险。Bolton（2020）警告，气候风险将引发"绿天鹅"事件，造成系统性危机。"绿天鹅"事件具有非线性、厚尾分布、不确定性高、传统资产定价模型难以刻画等特点（Monasterolo 等，2019；Balint 等，2017），影响的复杂程度更高，存在连锁反应、瀑布效应、反馈环效应，对经济社会和金融系统产生难以预测的影响（Battiston 等，2021）。

研究金融业如何应对气候风险的难度较高，原因是气候风险的影响难以评估（Battiston 等，2021）。在 2010 年，Gai 和 Kapadia（2010）指出环境变化与金融风险并非相互独立，而是密切相关。在 2013 年，英格兰银行将气候风险作为一个主要的金融风险因子纳入系统性风险管理框架。以往文献的研究能够捕捉气候风险与金融稳定之间关系的本质特征，包括放大效应、因果关系、非线性特征、影响的长期性等（Monasterolo，2020）。许多气候压力测试方法可以在商业银行层面进行（Battiston 等，2017）。在气候风险的压力测试中，监管当局往往假设未来虚拟的气候变化场景，覆盖了转型风险和物理风险，以及长期和短期影响。这种监管当局的实践具有一定的前瞻性。然而，Baudino 和 Svoronos（2021）认为，这种方法会受制于数据可得性、金融风险长期性、物理风险建模、未来情景覆盖的完全性等问题。此外，气候变化路径不确定性极高，因为这是与各个国家合作情况、气候政策、微观主体的生产和生活行为对气候政策的反应等因素有关（Monasterolo，2020）。虽如此，Jung 等（2023）在使用一般均衡模型计算美国银行业的转型风险后认为，气候风险虽高，但对于银行业来讲是可管理的。

气候风险也驱使人类经济增长迈向绿色低碳转型，所制定的气候政策也会改变投资者的投资偏好，因此气候风险存在传染至金融体系的微观路径与渠道（van der Ploeg 和 Rezai，2020；Monasterolo 和 Battiston，2020）。具体来讲，气候风险影响金融风险的影响机制包括三类：资产价格机制、信用风险机制和传染风险机制。

第一，资产价格机制。气候风险会增加金融市场的资产价格波动。以房地产为例，海平面上升等缓慢的环境变化在长期会降低距离海岸线近的房地产价格（Shahid 等，2017）。Dietz 等（2016）使用标准的综合评估模型和气候风险在险价值（VaR）框架，假设气候变化会影响企业股利支付和资产价格，造成金融资产损失。他们发现，按照当前的排放路径，金融资产的气候风险 VaR 为 1.8%。van der Ploeg 和 Rezai（2020）指出，高碳排放企业信用风险会变高，因为其在经济低碳转型过程中资产价值会下降。气候风险造成资产价值损失的渠道包括：其一，极端气候事件会导致基础设施、住房等实物资产损失（Giglio 等，2021）。其二，政府政策。Comerford 和 Spiganti（2023）从碳泡沫（Carbon Bubble）视角研究了气候政策如何影响资产价格。其三，消费者和投资者行为。消费者会进行绿色消费，投资者将资金投入绿色企业，消费者和投资者行为的变化必然会影响企业资产价格（Gorgen 等，2020）。还有一些文献研究金融市场如何对有关气候变化的重大事件和新闻进行反应。Ramelli 等（2018）的研究结论显示，当特朗普当选总统，并提名对气候风险持怀疑态度的 Scott Pruitt 担任美国国家环境保护局（Environmental Protection Agency）局长的职务时，资本市场对在环保方面更加负责任的企业给予了更高的回报。Mukanjari 和 Sterner（2018）研究了股票市场对《巴黎协定》和特朗普当选总统的反应，结论表明，能源公司股价在事件发生前后并没有出现显著的区别。Monasterolo 和 De Angelis（2020）研究结果表明，当《巴黎协定》公布后，低碳指数的系统风险降低，投资者对高碳指数的反应相对中性，说明投资者考虑投资低碳行业，但并没有特别明确抛弃高碳行业。

第二，信用风险机制。气候风险会增加商业银行信用风险。高排放、高耗能的企业在气候风险面前，其债务筹资能力和偿付能力均下降，因此商业银行贷款质量也会降低。Klomp（2014）指出，气候变化会降低抵押品价值，导致信贷紧缩，从而引发金融危机。Dafermos 等（2018）分析气候变化对企业经济行为和金融体系稳定的影响。他们发现，气候变化摧毁了公司实物资本，降低公司的盈利能力，恶化企业流动性，加大了企业违约概率，并降低企业债券的价格。企业信用水平恶化会降低商业银行信贷供给能力，最终风险传导至实体经济。具体来讲，物理风险直接增加企业违约概率（Campiglio，2019）。气候风险引发的自然灾害会直接损害借款人的实物资产、房地产、土地、固定资产（Diaz 和 Moore，2017），直接影响企业的偿债能力，增加商业银行信用风险（Ascu 和 Cojoanu，2019）。台风、洪水、泥石流直接摧毁住房，以住房为抵押品的贷款价值下降，借款人会选择违约，商业银行信用风险上升。从转型风险渠道来看，为了应对全球气候变暖，各国增长方式在向低碳转型过程中，煤炭、电力、石油、天然气等行业会受到更为严格的监管，投资者和消费者对其态度也会发生变化，这些转型风险无疑会引发系统性金融风险（Lu 等，2022）。借款人违约概率上升导致商业银行不良贷款率上升（Capasso 等，2020；Semieniuk 等，2021），而金融市场会侦测到该传导机制，并产生放大作用，进一步增加金融机构的损失。金融机构损失增加会降低商业银行的信贷投放能力，增加企业和个体家庭获得信贷的难度，从而导致宏观经济增速下降，系统性金融风险上升。

第三，传染风险机制。气候风险引发的金融风险具有传染效应，进而提升系统性金融风险。Financial Stability Board（2020）认为，金融市场及金融机构之间的关联度会放大气候风险对系统性金融风险的影响。基于网络分析法的传染风险视角也被应用至研究气候风险对金融风险的影响的领域（Battiston 等，2017；Barucca 等，2020；Roncoroni 等，2021）。这种使用网络分析方法进行的研究有助于捕捉损失放大机制，因此被学者广为采用在压力测试的研究之中（Monasterolo，2020）。Battiston 等（2012，2017）设计了未来不同的气候风险场景，使用网络模型评估气候风险对系统性风险的影响。Battiston 等（2017）在网络模型中嵌入财务估值模型，评估投资者对气候政策相关部门（如化石燃料、基础设施、能源企业）的股票的风险敞口，并使用气候压力测试模型评估气候政策冲击对投资者的资产负债状况的多轮影响。他们的研究结果表明，美国和欧洲的金融机构气候风险敞口非常高，且易引发传染风险。Stolbova 等（2018）基于实体经济与金融体系分层的网络模型，研究不同金融工具导致的风险敞口关联度形成的传染风险。在这个模型中，他们考虑气候政策变化的放大效应，传导渠道是股票和债券资产的估值效应。他们的模型结果显示，即使一个非常小的冲击，也会导致巨大的传染效应。

总体而言，国际学术文献研究表明，极端气候事件的爆发频率和造成损失额度能够影响实体企业，进而通过直接风险敞口将风险传递给商业银行。借款人实体资产和抵押品遭受破坏会影响其偿付能力，增加商业银行信用风险，进而冲击银行体系稳定。同时，存款人和企业在面临气候风险冲击时，倾向于将资金取出应对灾害，或者倾向于使用商业银行的信贷承诺，这些行为会增加商业银行的流动性风险。而商业银行会投资于受气候因素影响的企业发行的股票和债券，气候政策的变化及气候事件的冲击会影响这些资产的价值，进而气候风险会影响系统性风险。

对于气候风险对中国金融业的影响，学者们通过实证分析，得出了一系列结论，且近几年的文献相对较多。较早将气候风险与金融风险联系起来的中文文献是谢平和段兵（2010）。他们指出，气候风险存在风险溢价。之后研究气候风险对金融业影响的文献就相对较少，在 2020 年中国"双碳"目标提出后，学者们才重新关注气候风险对金融风险的影响。陈雨露（2020）指出，气候风险是主要的宏观金融风险。之后，于孝建和梁柏淇（2020）、张帅等（2022）较为完整地阐释了气候风险对商业银行风险管理的影响，并认为气候风险会通过物理风险和转型风险引发系统性风险。Li 和 Pan（2022）也认为，中国银行业面临严重的转型风险。在实证检验方面，许多文献研究结论也支持气候变化会显著影响中国银行业风险的结论。比如：刘波等（2021）使用 256家农村商业银行数据进行的实证分析表明，气候变化会增加商业银行的信用风险；潘敏等（2022）实证结果表明，极端强降水气候显著提升了银行风险承担；申宇等（2023）验证了气候风险会影响中国银行业的盈余状态；Song 和Fang（2023）认为，气温上升增加了中国银行业系统性风险。

总之，中国学者的研究结论也表明，气候风险会增加商业银行的风险承担。虽然国内学者也一致认为，气候风险会影响商业银行体系的稳定，但并没有直接的实证分析将商业银行气候风险与系统性风险直接关联起来，直接的证据相对缺乏。且学者们对气候风险的测度往往使用气温、降水等自然气象数据。气温降水数据虽然能够直观地刻画气候变化，但在中国这样一个幅员辽阔的大国，气温降水等气象数据具有很强的地域特征，且向金融业风险的传导链条复杂。同时这些数据难以与全国性或者跨区域经营的商业银行进行精确匹配，因此需要另寻视角刻画商业银行的气候风险。在"双碳"战略背景下，金融业气候风险的核心在于，之前能够给商业银行带来盈利的信贷资产在应对气候风险低碳转型过程中会转化为风险资产，即搁浅资产风险上升，因此从商业银行搁浅资产风险视角刻画商业银行的气候风险，既能够避免直接气象数据所带来的数据难以与样本内商业银行精确匹配的问题，又能够反映金融业气候风险的实质。本章使用纽约大学 Stern 商学院波动率实验室发布的基于搁浅资产风险视角测算的商业银行气候风险指标，直接将气候风险与商业银行系统性风险贡献度直接关联，为气候风险与系统性风险的相关性提供直接的实证证据，为中国金融业管理气候风险引致的系统性风险提供参考。这也意味着本章研究的理论意义在于，正式提供直接证据并识别出影响金融业系统性风险的另一个维度——气候风险。

6.1.3　理论机制分析与研究假设提出

气候变化会对人身和社会财富造成威胁（张帅等，2022）。气候风险是金融风险的重要来源，其传导路径包括物理风险和转型风险。物理风险关注极端气候变化引发的自然灾害导致经济主体出现业务中断和实体资产受损；转型风险是指经济主体在生产和生活中的绿色低碳转型可能引发的偿付能力下降、信用风险和经营风险上升等风险。无论哪种传导路径，气候风险的最终影响结果都是增加了宏观经济金融风险。驱动物理风险的自然灾害事件会导致经济主体资产减值、财富损失、盈利能力下降；转型风险会导致依赖化石燃料的实体企业（如房地产、汽车等行业的公司）的资产价值受到更加严重的冲击，资产质量下降，财务流动性问题上升，这些风险均会传导至商业银行体系。同时，从金融机构角度来讲，转型风险会导致商业银行搁浅资产（Stranded Assets）风险敞口的显著上涨，使化石能源行业、发电、交通、农业等行业的贷款面临较大损失风险。总之，气候风险会增加实体企业经营风险，最终会将风险溢出至银行体系。因此本章提出假设 1。

H1：气候风险增加会导致银行业系统性风险上升。

商业银行的经营绩效是气候风险影响系统性风险的重要渠道。经营绩效主要体现了商业银行的盈利性（刘信群等，2013）。资产收益率是指税后净利润与资产总额的比值，是衡量商业银行经营绩效的主要指标之一。资产收益率越高，说明商业银行资产的获利能力越强（刘孟飞等，2012）。经济效益表现好的商业银行愿意主动承担对公众和社会环境的责任（徐枫等，2019），以实现缓解气候转型风险的目的，同时有效降低系统性金融风险。因此本章提出假设 2。

H2：商业银行经营绩效表现较好时会弱化气候风险对于银行系统性风险的影响。

资产负债率是指商业银行负债总额与资产总额的比率，负债占资产比重越高，商业银行未来会面临更高的偿付压力，未来流动性风险会上升。较低的资产负债率表明商业银行更多依靠自有资金开展业务，而高资产负债率意味着商业银行高度依赖于负债融资并承担较大的偿还压力，同时增加商业银行的风险敞口（孙红梅等，2021）。基于搁浅资产视角，商业银行气候风险主要表现为过往可能产生盈利的资产会过早贬值（Comerford 和 Spiganti，2023），从而进一步增加负债占资产的比率，商业银行的资金使用空间会降低。因此，当商业银行负债占资产比例较高时，气候风险的冲击无疑会增加商业银行的经营压力，进而提升系统性金融风险。因此，本章提出假设 3。

H3：商业银行资产负债率越高，气候风险对于银行业系统性金融风险的促进作用越强。

商业银行的信用风险是气候风险影响系统性风险的重要机制。气候风险影响实体经济的直接结果是实体企业资产价值下降，进而导致商业银行持有的企业证券和贷款风险上升。信用风险是商业银行的主要风险类型，与资产质量密切相关。当商业银行信用风险上升时，盈利能力下降，市场估值下降，如果风险足够高，会导致银行挤兑的发生。因此，信用风险上升会增加银行体系的系统性风险。此外，当经济体受到外生冲击时，商业银行不良贷款率上升，侵蚀银行利润和资本，商业银行信贷投放能力下降，经济体信用风险则继续上升，大量企业破产倒闭，风险进一步传导至银行体系，银行信用风险进一步上升，贷款收缩幅度更大。最终，信用链条断裂，经济体增长停滞甚至下滑，金融系统性风险爆发。因此本章提出假设 4。

H4：商业银行信用风险越高，气候风险对于银行业系统性金融风险的促进作用越强。

6.1.4　研究方法与变量描述

本章选取沪深两市 27 家上市商业银行[①]作为研究对象,构建 2008 年至 2022 年的面板数据集进行实证分析。数据频率为年度。之所以选择上市商业银行为研究样本,主要原因是式(6-1)中系统性风险贡献度指标的计算需要股票交易数据。本章基础回归方程见式(6-1):

$$\text{sriskper}_{i,t} = \alpha + \alpha_1 \text{acriskper}_{i,t} + \beta \text{controls}_{i,t} + \gamma_t + \mu_i + \varepsilon_{i,t} \quad (6-1)$$

其中:i 表示商业银行;t 表示时间;γ_t 控制时间效应;μ_i 控制个体效应;$\varepsilon_{i,t}$ 为残差项。为避免异常值对实证结果造成影响,本章在回归过程中,对所有连续型数据变量进行上下 1% 的缩尾处理。商业银行股票收益率数据及财务指标数据主要来自 CSMAR 数据库和 Wind 数据库。

6.1.4.1　商业银行气候风险指标

式(6-1)中 acriskper 为商业银行气候风险指标,定义是气候压力条件下的预期资本短缺占金融行业资本损失的百分比,数据来源是美国纽约大学 Stern 商学院波动率实验室[②],可以从脚注②网址直接下载得到。此指标发布频率为月度,本章每年取平均值作为商业银行年度气候风险的表示变量。

该指标立足于搁浅资产视角,依据 Jung 等(2022)构建,构建过程分为三个步骤。

第一步,构建搁浅资产组合并计算其收益率,组合包括 30% 能源 ETF 和 70% 煤炭 ETF,以及市场组合空头头寸。

第二步,运用式(6-2)回归计算气候风险 Beta 值 $\beta_{i,t}^{\text{Climate}}$。

$$r_{i,t} = \beta_{i,t}^{\text{MKT}} \text{MKT}_t + \beta_{i,t}^{\text{Climate}} \text{CF}_t + \varepsilon_{i,t} \quad (6-2)$$

其中:i 表示商业银行;t 表示时间;r 表示商业银行股票收益率;MKT 表示市场组合 MSCI 指数收益率;CF 为第一步计算的搁浅资产组合收益率。使用 En-

---

[①]　国有大型商业银行:农业银行、交通银行、工商银行、邮政储蓄银行、建设银行、中国银行;全国大型股份制商业银行:招商银行、中信银行、兴业银行、浦发银行、平安银行、华夏银行、光大银行、民生银行、浙商银行;城市商业银行:北京银行、上海银行、江苏银行、宁波银行、杭州银行、南京银行;农村和村镇商业银行:江苏常熟农村商业银行、江苏江阴农村商业银行、江苏苏州农村商业银行、江苏张家港农村商业银行、青岛农村商业银行、无锡农村商业银行。之所以选择这 27 家,主要原因在于气候风险数据的可得性,详见后文。

[②]　https://vlab.stern.nyu.edu/climate/CLIM.WORLDFIN-MR.CMES。

gle 提出的 Dynamic Beta 模型（Engle，2016）进行估计。

第三步，计算商业银行气候风险。CRISK 指标的计算参考了 Acharya 等
（2012）提出的 SRISK 计算方法。根据 Jung 等（2022），CRISK 的定义为气候
压力条件下的预期资本短缺，定义表达式如式（6-3）所示：

$$CRISK_{i,t} = kD_{i,t} - (1-k)W_{i,t}(1-LRMES_{i,t}) \qquad (6-3)$$

其中：D 表示商业银行债务账面价值；W 表示商业银行市值；LRMES 表示长
期边际预期短缺，定义表达式如式（6-4）所示：

$$LRMES = 1 - \exp(\beta^{Climate}\log(1-\theta)) \qquad (6-4)$$

其中：θ 刻画气候压力水平，默认值为 50%；k 表示资本充足率水平，为 8%；
LRMES 的含义是当搁浅资产组合连续 6 个月表现不佳时，商业银行股权资本
的预期损失。

6.1.4.2 系统性金融风险指标

式（6-1）中 sriskper 表示商业银行系统性风险贡献度，刻画系统性金融
风险。在 2008 年国际金融危机爆发后，按照巴塞尔委员会的指导意见，对于
系统性金融风险的刻画和描述更加具有微观导向和金融市场导向特征，这种刻
画方式与金融机构的经营走势相一致，同时也能够表征金融机构之间的关联程
度（Domenico Curcio 等，2023）。

sriskper 同样来自美国纽约大学 Stern 商学院波动率实验室。[①] 参考 Brownlees
和 Engle（2017），式（6-5）SRISK 描述的是单家金融机构在危机中的预期资
本短缺，用于度量单家金融机构对系统性风险的贡献大小，数据频率为月度。

$$SRISK = k^*DEBT - (1-k^*)(1-LRMES)MV \qquad (6-5)$$

其中：k^* 代表由监管要求所确定的资本充足率，本章取 8%；DEBT 为金融机
构负债的账面价值；LRMES 为长期边际预期损失，是指未来 6 个月内下跌
40% 以上权益的预期部分损失。在此基础上，定义 sriskper 为单家金融机构在
一场经济危机中的预计资本损失占金融行业资本损失的百分比，并在年度层面
取平均值，衡量每家商业银行年度系统性风险贡献度。

6.1.4.3 控制变量选择

controls 表示控制变量。为尽可能克服遗漏变量导致的内生性问题，参考

---

① https：//vlab. stern. nyu. edu/climate/CLIM. WORLDFIN - MR. CMES。

Javadi 和 Masum（2021）、Umar 等（2021）文献，本章选取了多个控制变量，具体包括 GDP 年度增长率（gdpgrow）、M2 年度增长率（m2grow）、核心一级资本充足率（ccar）、资产规模的自然对数（lnasset）、存贷比（ltd）、净息差（nim）、不良贷款率（npl）。本章同时还定义了政策哑变量（post），以 2012 年出台的《绿色信贷指引》作为政策准则，政策实施后（2012 年及以后）取值为 1，政策实施前（2012 年以前）取值为 0。

6.1.4.4　稳健性回归及机制检验的变量选择

在稳健性检验部分，本章替换了表征系统性金融风险的变量。一方面，本章计算表示商业银行系统性风险贡献度的 ΔCoVaR 指标；另一方面，考虑到对于商业银行来讲，信用风险与商业银行系统性风险贡献度高度相关，因此本章将式（6-1）中的因变量变为表示商业银行信用风险的变量。

本章还替换商业银行气候风险变量进行稳健性检验，将式（6-1）中 acriskper 分别替换为气候风险 beta 值（acbeta）、对式（6-3）的 CRISK 值取自然对数（lncrisk），并取月度均值，分别与上市商业银行股票 beta 值（sbeta）和式（6-5）取自然对数的 SRISK（lnsrisk）进行回归分析。

（1）ΔCoVaR 指标计算

本章参考 Adrian 和 Brunnermeier（2016）、王周伟（2014）、邓周贵（2017）的做法，使用各上市商业银行及申万银行板块收益率的时间序列数据，同时引入滞后一阶的状态变量 M（见表 6-1），将各商业银行的股票收益率作为状态变量及申万银行板块收益率的函数，运用分位数回归进行计算，具体步骤如下：

首先，对日度收益率数据进行回归，如式（6-6）、式（6-7）所示：

$$X_t^i = \alpha_q^i + \gamma_q^i M_{t-1} + \varepsilon_q^i \qquad (6-6)$$

$$X_t^{\text{system} | i} = \alpha_q^{\text{system} | i} + \beta_q^{\text{system} | i} X_t^i + \gamma_q^{\text{system} | i} M_{t-1} + \varepsilon_q^{\text{system} | i} \qquad (6-7)$$

X_t^i 代表金融机构 i 在 t 时刻的股票日度收益率；$X_t^{\text{system} | i}$ 表示 t 时刻的商业银行系统整体的收益率，用申万指数银行板块收益率表示。

表 6-1　状态变量描述与计算方法

编码	变量	描述
M1	市场波动率	由 GARCH（1，1）模型估计得到的沪深 300 指数收益率序列的条件方差

编码	变量	描述
M2	流动性利差	3 个月 SHIBOR 利率 – 3 个月国债到期收益率
M3	期限利差	10 年国债到期收益率 – 1 个月国债到期收益率
M4	信用利差	1 年 AAA 级商业银行普通债到期收益率 – 1 年国债到期收益率

其次，根据式（6 – 6）和式（6 – 7）的估计结果，计算对应的 VaR 和 CoVaR，得到式（6 – 8）和式（6 – 9）。

$$\mathrm{VAR}^i_{q,t} = \hat{\alpha}^i_q + \hat{\gamma}^i_q M_{t-1} \tag{6 – 8}$$

$$\mathrm{CoVaR}^{\text{system}|i}_{q,t} = \hat{\alpha}^{\text{system}|i}_q + \hat{\beta}^{\text{system}|i}_q \mathrm{VaR}^i_{q,t} + \hat{\gamma}^{\text{system}|i}_q M_{t-1} \tag{6 – 9}$$

最后，计算每个金融机构的 $\Delta\mathrm{CoVaR}$ ，得到单个银行日度的面板数据，见式（6 – 10）：

$$\Delta\mathrm{CoVaR}^i_{q,t} = \mathrm{CoVaR}^i_{q,t} - \mathrm{CoVaR}^i_{0.5,t} = \hat{\beta}^{\text{system}|i}_q (\mathrm{VaR}^i_{q,t} - \mathrm{VaR}^i_{0.5,t}) \tag{6 – 10}$$

在计算日度 $\Delta\mathrm{CoVaR}$ 的基础上，本章在年度层面取平均值，得到每家商业银行年度层面的 $\Delta\mathrm{CoVaR}$ （用 deltacovar 表示）。

（2）机制检验变量

本章的机制检验包括调节效应检验和中介效应检验。本章的调节效应变量分为三类，侧重于控制商业银行风险和收益状况。第一类是商业银行资产收益率（roa），表示商业银行资产盈利情况。第二类变量控制信用风险状态。参考刘莉亚等（2017）的做法，本章使用信用贷款总额在贷款总额的比重（cre）作为信用风险的表示变量。第三类是资产负债状态，本章使用资产负债率（alr）衡量。

在中介效应检验方面，本章使用绿色信贷余额的自然对数值（lngreen）刻画商业银行绿色金融业务发展。主要原因在于，在中国"双碳"目标下，商业银行面临较高的以搁浅资产风险为代表的转型风险。应对转型风险的一个办法是发展绿色金融业务，因此对于商业银行来讲，转型风险上升会激励商业银行提升绿色金融比重，进而降低转型风险，进一步降低系统性风险。

6.1.4.5　变量描述

表 6 – 2 为样本数据统计特征。表 6 – 2 显示，平均来看，气候风险引致的资本预期短期占金融业整体资本比重为不到 5%，平均气候风险 beta 值为

0.25。同时表6-2数据统计特征显示，样本内最大值和最小值之间的差距较大，因此可能存在极值对回归结果的影响。所以本章在回归过程中，对变量在1%和99%分位点进行缩尾处理。图6-1展示商业银行气候风险指标（acriskper）的基本走势。由于部分商业银行上市时间较晚，故而部分数据存在缺失。金融机构尤其是商业银行作为微观风险的管理主体，在识别和管理环境风险以降低气候风险中发挥关键作用。从图6-1中可以看出，国有大型商业银行和股份制商业银行的acriskper值均高于城市商业银行与农村和村镇商业银行。此外，图6-1显示，近年来一些商业银行气候风险指标基本呈现下降趋势，说明国内银行业对于气候风险的管理意识逐渐加强，也说明在"双碳"目标下，我国商业银行逐渐强化绿色金融产品和服务创新，进而提升了气候风险管理能力。

表6-2 样本描述性统计

名称	变量表示	样本量	均值	标准差	最小值	最大值
商业银行气候风险变量	acriskper（%）	269	5.0842	6.0020	0.0008	38.4200
	acbeta	301	0.2465	0.1652	-0.6975	0.6575
	lnacrisk	231	11.8527	1.6630	5.7661	14.6698
系统性风险贡献度变量	sriskper（%）	283	5.0324	6.3806	0.0008	44.4233
	deltacovar（%）	405	-1.5084	0.9085	-5.8385	4.9478
	sbeta	297	0.7837	0.2917	0.0370	2.2067
	lnsrisk	261	11.4470	1.6669	5.9568	14.2184
控制变量	gdpgrow	15	0.0721	0.0219	0.0220	0.1030
	m2grow	15	0.1352	0.0510	0.0817	0.2758
	lnasset	399	28.0250	1.8540	23.9800	31.3100
	ltd（%）	377	73.3182	12.7293	26.3200	115.9900
	nim（%）	395	2.4749	0.5580	1.2500	5.3600
	ccar（%）	391	10.0614	1.8735	5.0300	20.6800
	npl（%）	394	1.2430	0.4773	0.1600	4.3200
	post	405	0.7333	0.4428	0.0000	1.0000
调节变量	alr（%）	399	90.9600	7.9126	47.4300	98.3500
	roa（%）	395	1.0725	0.7951	0.1485	10.0300
	cre	380	0.2095	0.1075	0.0001	0.4240
中介变量	lngreen	291	24.6383	2.1450	18.3041	29.0119

注：宏观经济变量的样本时间为年度时间。

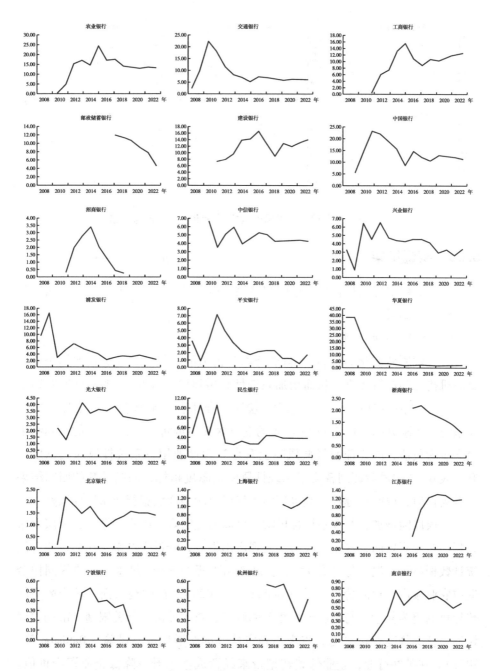

图 6 - 1　商业银行气候风险指标（acriskper）走势

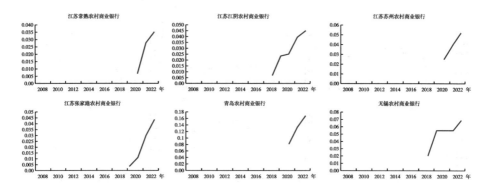

图 6 - 1　商业银行气候风险指标（acriskper）走势（续）

6.1.5　实证结果

本部分的实证结果包括基础回归结果，也包括异质性回归结果和多角度的稳健性回归结果。

6.1.5.1　回归结果

在气候剧烈变化的时期，"自然资本"价值的大幅度波动会在实体企业和金融机构之间进行传染，从而增加系统性金融风险。表 6 - 3 的基础回归结论显示，acriskper 越高，sriskper 越大，说明商业银行气候风险上升会导致银行业系统性风险升高。由于 deltacovar 的变量含义为负向，而表 6 - 3 的回归结果也显著为负值，同样证明气候风险上升会导致商业银行系统性风险贡献度上升。表 6 - 3 中最后四列替换了系统性风险贡献度指标，回归系数的回归结果显著为正值，说明稳健性检验也证实了气候风险会增加银行业系统性风险。

气候风险增加银行业系统性风险，可以通过宏观、中观和微观三个层面来解释。在宏观层面，气候风险引发宏观产出损失，降低生产率。比如，联合国统计数据显示，温度每升高 1℃，食品产出下降约 5%，洪水、干旱等同样会造成农业减产，食品价格上涨（Bolton 等，2020）。在中观层面，转型风险的传导机制更为复杂。与低碳转型相关的政策、技术冲击、相关限制、市场偏好转换、社会规范变化等均会带来不确定性，进而增加金融风险（Battiston 等，2021）。在某些行业，企业低碳转型带来经营成本上升，降低企业资产价值。比如，高污染行业的企业会面临转型压力及投资者、消费者的行为变化，因此企业资产价值会受到冲击（Farbotko，2019）。传统的煤炭、钢铁等企业资产价格也会降低，化石能源企业的利润会大幅降低，成本上升，资产将会变成搁浅资产（Krogstrup 和 Oman，2019），其结果就是系统性金融风险上升（Bolton等，2020）。在微观层面，行为金融研究表明，气候条件通过影响投资者行为，进而导致企业股票波动性异常升高（Lei 和 Shcherbakova，2015）。短期气候变化会影响投资者敏感度，进而改变投资者的决策行为（Monasterolo，2020）。

表 6 - 3　基础回归结果与替换系统性风险指标的稳健性检验

变量	因变量							
	基础回归	替换系统性风险指标的稳健性检验						
	sriskper	sriskper	deltacovar	deltacovar	lnsrisk	lnsrisk	sbeta	sbeta
acriskper	0.9654 ***	0.7427 ***	-0.0284 ***	-0.0058 **				
	(22.4775)	(2.9361)	(-3.8760)	(-2.0877)				
lnacrisk					0.8367 ***	0.2426 ***		
					(58.4972)	(4.3911)		
acbeta							0.3483 ***	0.2506 **
							(3.0365)	(2.1263)
gdpgrow		-14.3708 *		3.3157 ***		0.7612		-4.4139 ***
		(-1.7736)		(3.2577)		(0.4345)		(-4.5558)
m2grow		-45.0762 *		7.0890 ***		6.3414		-7.0709 ***
		(-1.9482)		(2.9718)		(1.2934)		(-3.6922)
lnasset		4.5080		-0.3157 ***		0.2675		0.0126
		(1.6365)		(-3.2640)		(0.8837)		(0.1128)
ltd		-0.0368		0.0017		-0.0038		-0.0065 ***
		(-0.7934)		(0.6122)		(-1.2307)		(-4.5571)
nim		0.1125		-0.1235 **		0.0077		0.0443
		(0.1449)		(-2.1467)		(0.0929)		(1.1107)
ccar		-0.2320		-0.0412 **		-0.0125		0.0049
		(-0.6882)		(-2.2513)		(-0.3460)		(0.3732)
npl		2.2977 **		0.0756		-0.0228		0.0292
		(2.0570)		(0.9678)		(-0.2301)		(0.4625)
post		-20.8232 ***		4.0767 ***		2.2489 **		-0.9094 **
		(-2.8808)		(9.5059)		(2.5310)		(-2.5501)

变量	因变量							
	基础回归		替换系统性风险指标的稳健性检验					
	sriskper	sriskper	deltacovar	deltacovar	lnsrisk	lnsrisk	sbeta	sbeta
Constant	0. 7898 ***	− 102. 3677	− 1. 4425 ***	3. 3847	1. 8062 ***	− 1. 1411	0. 6883 ***	2. 3791
	(2. 5997)	(− 1. 3569)	(− 26. 4591)	(1. 3797)	(10. 5141)	(− 0. 1508)	(20. 5163)	(0. 7972)
Observations	256	238	269	251	226	209	291	272
Adjusted R − squared	0. 6641	0. 5158	0. 0497	0. 9345	0. 9383	0. 8802	0. 0276	0. 5111
个体效应	NO	YES	NO	YES	NO	YES	NO	YES
时间效应	NO	YES	NO	YES	NO	YES	NO	YES

注: *** 表示 1% 水平显著, ** 表示 5% 水平显著, * 表示 10% 水平显著; 括号内为 t 值。

6.1.5.2 异质性回归

本章进一步, 将样本内商业银行分为国有大型商业银行、全国大型股份制商业银行、城市商业银行、农村和村镇商业银行进行异质性检验, 结果见表 6 - 4。表 6 - 4 显示, 对于各类商业银行, 气候风险均增加了其系统性风险贡献度, 进而增加了中国银行业系统性金融风险。

表 6 - 4   异质性回归结果

变量	因变量: sriskper			
	国有大型商业银行	全国大型股份制商业银行	城市商业银行	农村和村镇商业银行
acriskper	0. 5292 *	0. 6948 **	0. 6341 ***	0. 8228 ***
	(2. 3206)	(2. 6529)	(7. 1725)	(4. 5279)
gdpgrow	29. 2124	− 53. 2791 *	− 3. 0535	0. 9288
	(0. 3805)	(− 1. 9894)	(− 1. 8323)	(0. 6944)
m2grow	80. 4038	− 168. 2691	− 10. 9907 *	1. 4194
	(0. 3684)	(− 1. 7368)	(− 2. 4317)	(0. 6263)
lnasset	− 17. 5902	18. 7828	0. 5536 **	0. 0462
	(− 0. 6099)	(1. 6548)	(2. 8604)	(0. 7634)
ltd	0. 1341	− 0. 1119	0. 0006	0. 0015
	(0. 4283)	(− 1. 4132)	(0. 1101)	(1. 0474)

续表

变量	因变量：sriskper			
	国有大型 商业银行	全国大型股份制 商业银行	城市商业银行	农村和村镇 商业银行
nim	－ 2. 0594	1. 7806 **	－ 0. 1391	0. 0120
	（ － 0. 3379）	（2. 8538）	（ － 1. 9299）	（0. 6513）
ccar	0. 3613	－ 0. 0713	－ 0. 0287	－ 0. 0003
	（0. 2335）	（ － 0. 2224）	（ － 0. 8630）	（ － 0. 1253）
npl	－ 0. 4019	2. 5686	0. 1865	－ 0. 0044
	（ － 0. 1623）	（1. 4272）	（1. 9778）	（ － 0. 6437）
post	20. 3821	－ 62. 1535 *	－ 2. 5477 **	
	（0. 3530）	（ － 1. 9915）	（ － 2. 7225）	
Constant	505. 8689	－ 466. 9241	－ 11. 1908 **	－ 1. 5222
	（0. 5986）	（ － 1. 6015）	（ － 2. 6548）	（ － 0. 8248）
Observations	66	97	49	26
Number of scode	6	9	6	6
Adjusted R － squared	0. 5681	0. 7531	0. 8850	0. 9410
个体效应	YES	YES	YES	YES
时间效应	YES	YES	YES	YES

注：*** 表示 1% 水平显著，** 表示 5% 水平显著，* 表示 10% 水平显著；括号内为 t 值；对于农村和村镇商业银行，post 变量都是 1，所以 stata 在估计过程中不给出估计结果。

6.1.5.3　稳健性检验——基于分位数回归分析

气候风险的表现具有极端特征，而系统性风险也具有极端属性特征，因此本章在高分位点，使用分位数回归模型进行稳健性检验，具体的分位点选择为 75%、80%、85%、90% 四个。同时，表 6 - 5 也展示了气候风险较低状态下的回归结果。表 6 - 5 的回归结果显示：在高分位点，气候风险会显著地增加中国银行业系统性风险；当气候风险处于低分位点时，高气候风险也会增加商业银行系统性风险贡献度。因此，表 6 - 5 的分位数回归结果表明，对于中国商业银行来讲，降低气候风险是管理系统性金融风险的重要方法。

表6-5 分位数回归结果

VARIABLES	sriskper	sriskper	sriskper	sriskper	sriskper	sriskper
	10%	30%	75%	80%	85%	90%
acriskper	0.4522 ***	0.5822 ***	0.6195 ***	0.5240 ***	0.5488 ***	0.5659 ***
	(13.8483)	(12.5293)	(14.5346)	(16.7799)	(15.8574)	(30.0286)
gdpgrow	-6.0825	-1.7425	-6.8602	-8.2415	-9.7287	-8.2873
	(-0.6202)	(-0.1249)	(-0.5358)	(-0.8787)	(-0.9359)	(-1.4642)
m2grow	-19.6314	-5.6974	-18.7770	-21.6431	-26.4037	-25.6458 *
	(-0.7801)	(-0.1591)	(-0.5716)	(-0.8993)	(-0.9899)	(-1.7658)
lnasset	0.9203	0.3268	1.5791	2.2336 **	2.6657 **	2.4128 ***
	(0.9241)	(0.2306)	(1.2147)	(2.3454)	(2.5253)	(4.1980)
ltd	0.0040	-0.0049	0.0033	0.0023	0.0048	0.0004
	(0.2031)	(-0.1726)	(0.1278)	(0.1210)	(0.2267)	(0.0342)
nim	0.0181	0.0212	-0.0476	-0.0459	0.0036	0.0853
	(0.0392)	(0.0322)	(-0.0788)	(-0.1038)	(0.0074)	(0.3193)
ccar	-0.0434	-0.0622	-0.0799	-0.0634	-0.0773	-0.0655
	(-0.3002)	(-0.3024)	(-0.4234)	(-0.4586)	(-0.5045)	(-0.7844)
npl	0.0564	0.1055	0.4586	0.6008	0.7547	0.6669 **
	(0.1201)	(0.1580)	(0.7485)	(1.3387)	(1.5172)	(2.4624)
post	-1.7508	1.6551	-29.2261 ***	-31.3696 ***	-32.5349 ***	-31.6467 ***
	(-0.4276)	(0.2841)	(-5.4679)	(-8.0115)	(-7.4964)	(-13.3924)
Constant	-22.0199	-8.6500	-13.7635	-30.4675	-41.8585	-35.2576 **
	(-0.8577)	(-0.2368)	(-0.4107)	(-1.2409)	(-1.5381)	(-2.3795)
R - squared	0.6608	0.7111	0.8325	0.8469	0.8613	0.8808
Observations	238	238	238	238	238	238
个体效应	YES	YES	YES	YES	YES	YES
时间效应	YES	YES	YES	YES	YES	YES

注：*** 表示1%水平显著，** 表示5%水平显著，* 表示10%水平显著；括号内为 t 值。

6.1.5.4 基于动态面板模型的稳健性检验

考虑到本期的系统性风险会影响商业银行下一期的风险状态，因此本章进一步使用动态面板回归模型，进行稳健性检验。表6-6显示，Sargan检验可以通过，商业银行气候风险越高，系统性风险贡献度越大，系统性风险也越大。

表6-6 动态面板模型回归结果

VARIABLES	(1)	(2)
	sriskper	deltacovar
L. sriskper	0.5031 ***	
	(35.5440)	
L. deltacovar		-0.2892 ***
		(-23.1186)
acriskper	0.4245 ***	-0.0074 **
	(30.0100)	(-2.3992)
gdpgrow	16.9374 ***	-5.3352 ***
	(37.9056)	(-19.1813)
m2grow	50.8805 ***	-14.4808 ***
	(24.5118)	(-23.4309)
lnasset	-0.1897 **	-0.3136 ***
	(-2.4056)	(-7.7272)
ltd	0.0534 ***	0.0042 ***
	(7.6733)	(3.5192)
nim	-1.4844 ***	-0.5033 ***
	(-8.5733)	(-8.8162)
ccar	0.0006	0.0073
	(0.0239)	(0.3778)
npl	1.2087 ***	-0.9914 ***
	(17.0794)	(-23.1502)
post	1.1078 ***	-0.2463 ***
	(5.7576)	(-11.1097)
Constant	-4.1977 *	11.3344 ***
	(-1.9163)	(8.7972)
Observations	222	245
Number of scode	27	27
Sargan	17.22	20.56
Sargan p 值	0.8736	0.7166

注：*** 表示1%水平显著，** 表示5%水平显著，* 表示10%水平显著；括号内为 t 值。

6.1.6　基于调节效应的影响机制检验

本章的调节效应分析以引入交叉项的方式进行。同时，考虑到引入变量交叉项可能带来多重共线性的问题，因此本章对交叉项的相关变量均进行中心化处理。

表6-7分别展示了商业银行资产收益率、资产负债率及商业银行信用风险对气候风险和商业银行系统性风险关系的调节作用。资产收益率反映了商业银行的经营绩效（刘孟飞等，2012），表6-7第（2）列的回归结果表明商业银行经营绩效在银行业气候风险与系统性风险两者之间产生显著的负向调节效应，交乘项（c_ acroa）的系数为-1.3392，通过了5%水平下的显著性检验，这说明商业银行收益较高时会弱化气候风险对银行业系统性风险的影响，进而验证了假设1。

表6-7第（3）列显示商业银行气候风险与商业银行资产负债率的交乘项（c_ acalr）的系数为0.5183，且在1%水平上显著为正，进而说明了资产负债率在银行业气候风险与系统性风险两者之间产生显著的正向调节效应，即商业银行的资产负债比越高，气候风险对银行业的系统性风险的促进作用越强，因此验证了假设2。

参考刘莉亚等（2017）的做法，本章在实证过程中使用信用贷款总额在贷款总额的比重作为信用风险的表示变量。表6-7第（4）列显示，商业银行气候风险和信用贷款的交乘项（c_ accre）的系数在5%水平上显著为正值，这表明信用贷款的比例越高，即商业银行信用风险越高，商业银行气候风险的上升会加剧银行业的系统性风险的升高，进而验证了假设3。

表6-7　调节效应检验回归结果

VARIABLES	(1) sriskper	(2) sriskper	(3) sriskper	(4) sriskper
acriskper	0. 7427 ***	0. 8683 ***	0. 0826	0. 8669 ***
	(2. 9361)	(3. 1513)	(0. 2808)	(4. 1321)
c_ acroa		- 1. 3392 **		
		(- 2. 1727)		
roa		- 1. 4095		
		(- 0. 8884)		

续表

VARIABLES	(1) sriskper	(2) sriskper	(3) sriskper	(4) sriskper
c_ acalr			0.5183 ***	
			(3.3724)	
alr			0.0355	
			(0.6449)	
c_ accre				10.5656 **
				(2.3252)
cre				-6.9813
				(-0.8080)
gdpgrow	-14.3708 *	-13.6611	-13.3047	-9.5719
	(-1.7736)	(-1.6881)	(-1.3711)	(-0.8095)
m2grow	-45.0762 *	-46.4226 *	-37.6966	-29.5735
	(-1.9482)	(-1.9836)	(-1.5242)	(-0.9058)
lnasset	4.5080	5.1268 *	5.6047 **	3.9221
	(1.6365)	(1.7642)	(2.2751)	(1.3473)
ltd	-0.0368	-0.0430	-0.0469	-0.0192
	(-0.7934)	(-0.9026)	(-1.0638)	(-0.3836)
nim	0.1125	0.6460	0.0512	0.2223
	(0.1449)	(0.9726)	(0.0723)	(0.3206)
ccar	-0.2320	-0.1953	-0.2169	-0.1804
	(-0.6882)	(-0.5683)	(-0.6979)	(-0.5180)
npl	2.2977 **	2.3521 *	3.1822 *	1.6270
	(2.0570)	(1.9686)	(2.0165)	(1.6691)
post	-20.8232 ***	-21.1787 **	-21.3449 ***	-17.3226 **
	(-2.8808)	(-2.7282)	(-3.2831)	(-2.4977)
Constant	-102.3677	-120.3026	-135.6149 **	-90.2795
	(-1.3569)	(-1.5266)	(-2.0755)	(-1.1299)
Observations	238	236	238	238
Number of scode	27	27	27	27
Adjusted R - squared	0.5158	0.5261	0.6030	0.5420
个体效应	YES	YES	YES	YES
时间效应	YES	YES	YES	YES

注：*** 表示1%水平显著，** 表示5%水平显著，* 表示10%水平显著；括号内为 t 值。

6.1.7 基于绿色信贷角色的进一步讨论

绿色信贷是绿色金融的一种信贷工具，通过实行差异性贷款利率，将资金投放到产生环保效益的项目，最终形成对环境积极效应的信贷活动。气候风险促使商业银行开展绿色贷款业务，主要原因在于：第一，低碳经济政策、技术创新及气候变化可能引发商业银行资产价值贬值，大规模贷款违约会危及银行业稳定性（顾海峰等，2022）。第二，随着社会环保意识及碳减排意识逐渐增强，商业银行在发放贷款时会考虑气候风险因素。第三，中央银行等政府部门发布绿色信贷相关政策，同时"赤道原则"要求金融机构在投资时评估项目对环境的影响（陈国进等，2021）。绿色信贷对商业银行系统性风险具有抑制作用。首先，绿色信贷能够有效降低商业银行信贷风险及风险承担水平（孙光林等，2017，王宏涛等，2022）；其次，商业银行积极开展绿色信贷业务有助于提升其声誉及经营绩效，进而增强其风险管理能力，降低系统性风险贡献度（丁宁等，2020）。

绿色信贷是商业银行绿色金融业务的主要形式，也是商业银行应对气候风险的主要手段。然而 Domenico Curcio 等（2023）认为，金融市场绿色资产指数和棕色资产指数在尾部对系统性风险影响也较大，且绿色指数对系统性风险的影响更大，这说明，如果绿色资产没有得到有效管理，对系统性风险的影响会更高。从式（6 - 2）计算气候风险指标的表达式可以看出，该指标是基于搁浅资产计算的风险指标，通过刻画商业银行对搁浅资产风险敞口的暴露程度来表征商业银行气候风险。如前文所述，商业银行搁浅资产的形成与降低二氧化碳排放密切相关。这意味着，对于商业银行来讲，降低气候风险的一个可行的举措是发展绿色金融业务。因此本章以绿色信贷为中介变量，检验气候风险是否具有激励银行开展绿色信贷业务的激励机制，进而降低系统性风险。本章的绿色信贷数据主要来自各商业银行《社会责任报告》及《上市银行年度报告》，实证过程中取自然对数（用 lngreen 表示）。具体中介检验模型如式（6 - 11）所示：

$$\text{sriskper}_{i,t} = \alpha + \alpha_1 \text{acriskper}_{i,t} + \beta \text{controls}_{i,t} + \gamma_t + \mu_i + \varepsilon_{i,t}$$

$$\text{lngreen}_{i,t} = \alpha + \alpha_2 \text{acriskper}_{i,t} + \beta \text{controls}_{i,t} + \gamma_t + \mu_i + \varepsilon_{i,t}$$

$$\text{sriskper}_{i,t} = \alpha + \alpha_3 \text{acriskper}_{i,t} + \alpha_4 \text{lngreen}_{i,t} + \beta \text{controls}_{i,t} + \gamma_t + \mu_i + \varepsilon_{i,t}$$

$$(6 - 11)$$

式（6-11）变量符号表示含义与前述一致。从表6-8的估计结果可以看出，商业银行气候风险的上升增加了商业银行的绿色信贷规模，气候风险会增加银行业系统性风险。根据中介检验三步法，表6-8中变量lngreen回归（2）与（3）中的回归系数乘积与表6-8回归（3）中的acriskper回归系数为异号，说明存在遮掩效应，这说明绿色信贷的存在"遮掩"了气候风险增加银行业系统性风险的作用，降低了气候风险增加银行业系统性风险的作用力度。因此发展绿色信贷业务，有助于商业银行应对气候风险，进而降低银行业系统性风险，与顾海峰和卞雨晨（2022）的研究结论具有一致性。

表6-8 基于绿色贷款角色的检验

VARIABLES	(1) sriskper	(2) lngreen	(3) sriskper
lngreen			-1.1889 ***
			(-3.0580)
acriskper	0.7427 ***	0.0290 **	0.4895 **
	(2.9361)	(2.1069)	(2.6927)
gdpgrow	-14.3708 *	9.4668 ***	-12.4367
	(-1.7736)	(3.0091)	(-1.3347)
m2grow	-45.0762 *	27.3270 ***	-39.7807
	(-1.9482)	(3.4739)	(-1.5835)
lnasset	4.5080	1.3411 ***	8.3807 ***
	(1.6365)	(3.4772)	(2.9854)
ltd	-0.0368	-0.0045	-0.0082
	(-0.7934)	(-0.5266)	(-0.2970)
nim	0.1125	-0.1157	-0.7420
	(0.1449)	(-0.4967)	(-1.3461)
ccar	-0.2320	-0.0240	0.0492
	(-0.6882)	(-0.4659)	(0.2025)
npl	2.2977 **	0.1245	2.6840 **
	(2.0570)	(0.4564)	(2.4637)
post	-20.8232 ***	5.5105 ***	-15.3707 ***
	(-2.8808)	(3.8224)	(-3.1792)

VARIABLES	(1)	(2)	(3)
	sriskper	lngreen	sriskper
Constant	-102.3677	-21.5833 **	-194.4292 **
	(-1.3569)	(-2.1439)	(-2.7310)
Observations	238	229	222
Number of scode	27	27	27
Adjusted R - squared	0.5158	0.7924	0.5692
个体效应	YES	YES	YES
时间效应	YES	YES	YES

6.1.8 结论及政策建议

本章的气候风险指标和系统性风险指标均基于股票市场数据来测算，因此具有客观性特征。虽然我们也无法保证，历史数据一定会预测未来，但至少使用历史数据所测算的指标能够在某种程度上对政策制定具有一定指导意义。总体来讲，本章实证分析表明：商业银行气候风险越高，其系统性风险贡献度越大，银行业系统性风险上升；气候风险上升会激励商业银行开展绿色信贷业务，有助于降低银行业系统性风险。

基于本章实证研究结论，笔者提出如下政策建议：第一，重视商业银行气候风险管理。中国"双碳"目标对中国金融业气候风险管理提出了新的要求。中国商业银行应将气候风险纳入日常风险管理实践中，在信用风险、市场风险、流动性风险管理框架中考虑气候风险因子，有效地监测、分析、测算气候风险对商业银行经营风险的影响，建立起气候风险管理实践框架。第二，提升盈利水平，降低经营风险。商业银行盈利水平增加会提升商业银行抵御风险的能力和气候风险的冲击。当商业银行处于高风险运营状态下，其抵御气候风险的资源和手段也会存在局限，因此商业银行要增加自身的风险管理能力，提升盈利水平，以便更好地抵御气候风险。第三，发展绿色信贷业务。本章实证结果显示，绿色信贷业务有助于商业银行应对气候风险，且具有降低银行业系统性风险的作用。因此，中国商业银行应大力发展以绿色信贷为代表的绿色金融业务，降低棕色资产比重，进而优化资产结构，降低银行业整体风险。第四，金融监管当局应将气候风险纳入宏观审慎监管框架。气候风险会导致银行业系统性风险上升，增加系统性金融风险。因此金融监管当局应该立足于银行业整体层面，开发银行业气候风险监测指标，并将气候风险因子纳入宏观审慎政策调控框架。

6.2　气候风险对发展中国家外债水平的影响

6.2.1　引言

气候风险影响国家外债水平，与国家外债水平紧密相关。全球变暖会给人类赖以生存的地球带来灾难性的后果（陈国进等，2021）。气候风险已经由"黑天鹅"风险演变成"灰犀牛"风险（潘家华和张莹，2018）。1960 年至 2015 年，OECD 国家的债务占 GDP 比值和二氧化碳排放量呈现相同的增长趋势，环境恶化和主权债务水平上升同时出现意味着国家发展具有不可持续性（Boly 等，2022）。气候风险引发的自然灾害会影响全球发展中国家的经济发展：第一，自然灾害造成了人类生命的损失及随之而来的人力资本的损失；第二，自然灾害以对房屋、车辆和基础设施的破坏的形式损害物质资本；第三，人口迁移，即人们试图到达更安全的地方重新开始生活。所有这些机制均导致正常经济活动的中断，增加了经济体创造新均衡的需求。极端天气给全球金融市场带来了额外的风险，特别是气候风险导致全球范围内的干旱、飓风、洪涝等天气灾害的日益增多，对发展中国家的经济发展带来危害。气候风险的后果会导致发展中国家债务水平快速上升。

在气候风险方面，与能源有关的二氧化碳全球排放量在 2018 年创下历史新高（International Energy Agency，2019），这无疑会同时增加各国环境和发展中国家债务的问题，且这些债务将由后代承担。Global Footprint Network（2017）指出，超过 85% 的世界人口生活在"生态赤字"（Ecological Deficit）[①] 国家。政府间气候变化专门委员会（IPCC，2021）指出，应对气候风险的步伐不能停止，气候风险对金融体系风险的影响已经渗透到主权债务市场。正如

---

　① "生态赤字"即污染排放超过自然界的吸收能力所引起的环境债务。

可持续金融中心（Center for Sustainable Finance，2021）所强调的，"气候风险应该被纳入公共部门的融资和债务管理策略"。标准普尔（Standard &Poor's，2014）也曾经指出，气候风险可以被视为"主权风险的全球大趋势"，其可以通过经济增长和公共财政等多种渠道影响国家信用。因此主权债券的风险管理应在新的债务工具中考虑气候政策，并将气候风险作为偿债成本和风险评估的永久组成部分（Marchewka–Bartkowiak，2021）。

金融体系气候风险管理是前沿性课题（陈雨露，2020），气候风险也是金融风险的重要来源（王信，2020）。实证结果也显示，极端强降水会增加银行的风险承担（潘敏等，2022）。国家外债水平过高会增加主权债务风险，进而导致系统性金融风险的上升，给维护宏观金融稳定带来巨大的阻碍。高睿等（2022）指出，气候风险会从就业、产出、信贷、收支四大机制影响各国宏观金融风险。已有研究对理解气候风险引致金融风险提供了重要参考，但在国家层面，比较务实的问题是气候风险与发展中国家外债水平之间的关系问题。研究气候风险与发展中国家外债水平的关系，有助于在发展中国家应对气候风险进程中做到未雨绸缪，提前规划制定国家的债务融资政策，对可能导致的外债水平上升提前做好准备，防范气候风险引发的系统性金融风险的爆发，保持发展中国家金融体系稳定。本章可能的主要边际贡献在于：第一，以发展中国家为研究样本，使用德国 Germanwatch 发布的全球气候风险指标数据，证明了气候风险会导致发展中国家外债水平的上升，为各国预判应对气候风险可能遭遇偿债压力的增加提供了证据支持；第二，使用调节效应模型，验证了在不同制度环境下气候风险对发展中国家外债水平的影响，证明了对于发展中国家而言，国家制度建设水平越高，在应对气候风险时外债水平越低，有助于为发展中国家降低应对气候风险的成本指明方向；第三，使用中介效应模型验证了气候风险会通过增加各国财政支出来增加发展中国家的外债水平，有助于明晰气候风险增加发展中国家外债水平的机制，提前预判财政赤字风险。本章的实证结果有助于明晰气候风险转化为金融风险的作用点，为各国应对气候风险同时提前建立预防性国家债务管理政策框架提供决策证据支持。

6.2.2 相关文献综述

气候风险会对公共财政的可持续性产生重大影响，越来越多的文献对气候风险的宏观经济影响进行了研究（Cantelmo 等，2019；Batten 等，2020；王博和宋玉峰，2020）。陈国进等（2023）使用新凯恩斯环境动态随机一般均衡模型（NK - E - DSGE）较为综合地研究了宏观经济政策如何应对气候转型风险。在气候脆弱性国家，财政健康受到与气候危害和灾难恢复成本相关的潜在产出损失及冲击特定部门或整个经济的转型风险的威胁。Koetsier（2017）发现，大多数破坏性和致命性的自然灾害会导致政府债务大幅度增长。学术文献主要从两个视角研究气候风险与国家债务之间的关系：一个视角是从理论角度进行研究，但实证分析相对较少；另一个视角是从主权债务风险出发，探索气候风险如何影响一国主权债券风险定价、主权债券的利率等问题。

6.2.2.1　国家债务水平对气候风险的影响

气候和环境的变化引发各国债务占 GDP 的比值快速增长。在研究国家债务水平与气候风险之间关系的文献中，学者们的关注点更多地集中于国家债务水平如何影响气候风险。一个典型的事实是石油价格的长期上涨与各国财政赤字的走势增加具有一致性（Boly 等，2022）。国家高额的债务水平如何影响国家的气候和环境是学术界比较关心的问题。有观点认为，高额的公共债务可能会损害经济增长（Reinhart 和 Rogoff，2010；Eberhardt 和 Presbitero，2015），并通过阻碍环境保护项目的实施破坏自然环境，进而破坏负债经济体的低碳绿色转型能力。特别是在发展中国家，公共债务上升会限制调动国内资源的能力，从而限制对气候变化适应的投资（Bergh 和 Jeroen，2013；UNCTAD，2017）。此外，为偿还债务，高负债经济体会增加对自然环境的压力，以提高公共收入（Combes 等，2015）。

在理论方面，许多文献在内生增长模型中引入了环境模块（Bovenberg 和 Smulders，1995；Chen 等，2003），但这些论文会假设政府的减排公共开支完全由税收来资助，即零赤字和零公共债务（Karydas 和 Zhang，2019；Barrage，2020）。在世代交叠模型（OLG）的假设下，一些文献试图评估公共债务水平的环境效应（Fodha 和 Seegmuller，2014；Fodha 等，2018）。在 Fodha 和 Seegmuller（2014），以及 Fodha 等（2018）中，稳态具有两个相反的性质：在稳定的稳态中，较高的债务减少了资本积累，但改善了环境质量；而在不稳定的稳定状态下，结论正好相反。Rausch（2013）发现，当碳税能够支撑公共债务时，环境政策可以产生持续的福利收益。Boly 等（2022）假设国家公共债务内生，使用内生增长模型证明稳态的唯一性，并且指出债务与 GDP 比率和环境质量之间的联系取决于时间跨度，且存在一个福利最大化的债务比率。

研究公共债务水平和环境质量之间关系的实证论文相对较少。一些实证研究以热带地区的雨林数量来衡量环境质量。Kahn 和 McDonald（1995），以及 Didia（2001）使用标准的普通最小二乘法回归显示，债务的增加会导致热带国家森林砍伐的增加。通过工具变量回归解决内生性问题，Sommer 等（2020）证实，较高的债务减免与热带国家森林损失率的降低有关。Boly 等（2022）通过协整检验证明，在长期，二氧化碳排放量越高，公共债务水平越高，但短期内可能二者具有负相关关系。

6.2.2.2　气候风险与国家主权债务风险

气候风险会影响一个国家的经济长期增长潜力，而一个国家的长期增长潜力必然会对公共财政和债务可持续性产生影响。中央银行与监管机构绿色金融网络（Central Banks and Supervisors Network for Greening the Financial System, NGFS）发布报告强调，气候风险会对宏观经济状况产生负面影响，导致投资减少、金融损失和资产估值中断（NGFS, 2018）。气候风险影响金融稳定的程度会对主权借贷成本和主权风险价格产生影响。与极端天气状况相关的物理风险会因借款人的经营资产和生产产出受损而导致银行业信用风险上升，这可能导致借款人无法履行偿债义务，不良贷款发生率较高，继而增加主权风险（Beirne 等，2021）。Bolton 等（2020）指出，中央银行要购买大量受损的金融部门资产，需认真考虑在系统性金融危机中充当"最后气候拯救者"的可能角色；而关于救助的实证研究表明，公共债务比率会快速上涨。

气候风险影响主权债务的可持续性（Zenios, 2021）。Crifo 等（2017）利用 OECD 国家的主权债券利差，考察了政府 ESG 表现对公共债务的影响，并指出较高的 ESG 评级与较低的政府借贷成本相关。国家的社会责任表现与主权债券利差之间的负相关关系被解释为投资者偏好于 ESG 指标较高的国家。这一发现得到了 Capelle–Blancard 等（2019）的验证。他们使用了不同的 ESG 表现指标，表明 ESG 表现好的国家与较低的违约风险和较低的主权债券收益率利差显著相关。因此，将 ESG 指标纳入主权风险分析，可观察到可持续性相关信息对主权利差产生显著影响，其机制在于 ESG 充当了国家对长期可持续性发展的承诺的角色，为抵御负面冲击创造了缓冲。

据笔者掌握的资料，专门分析气候风险对主权借贷成本影响的早期文献是
Kling 等（2018），他们发现，特别易受气候风险影响的国家的主权债务面临更
高的风险溢价。Kling 等（2018）关于气候脆弱发展中国家的气候脆弱性、主
权信用概况和资本成本之间关系的研究表明，这些国家的主权债务存在风险溢
价，降低了其在气候适应和恢复力方面投资的财政能力。Cevik 和 Jalles
（2022）在控制了主权风险的常规决定因素后，也发现脆弱性和应对气候风险
的韧性对政府举债成本有显著影响。这意味着，相对于更容易受到气候风险影
响的国家，对气候风险具有更强抵御能力的国家的债券收益率和利差更低。

气候风险影响主权债务成本存在一系列渠道。一个渠道是，气候风险引发
的自然灾害会影响政府的财政收支，因此气候风险也会影响主权风险。Pinzon
等（2020）指出，气候风险损耗一国自然资本，继而影响财政的可持续性，
从而影响主权债券风险价格。Schuler 等（2018）指出，与自然灾害和极端天
气有关的宏观经济风险可能对税收和其他公共收入产生不利影响，并增加社会
转移支付。另一个渠道涉及气候风险适应和减缓政策的财政后果。Bachner 等
（2019）指出，公众对气候风险的适应在支出方面直接影响公共预算，政府为
缓和气候风险而进行的投资（如清洁能源投资）会对公共财政造成压力，而
碳税等气候减缓政策则会增加财政收入。联合国贸易和发展会议（United Na-
tions Conference on Trade and Development，2019）对 31 个发展中国家的估计表
明，如果这些投资必须通过债务融资，那么公共债务与 GDP 的比率必须从
47% 提高到 185 %，才能为实现贫困、营养、健康和教育等可持续发展目标提
供基本投资。其中许多投资与适应和减缓气候风险有关，尤其是欠发达经济
体，其往往具有相对较低的偿债能力，容易受到外债积累的影响，由于这些国
家是适应融资需求最大的国家，因此制定稳健的债务管理框架并限制国际债务
融资的风险敞口将十分重要。

综上所述，学术研究表明，气候风险会冲击一国的经济增长，进而影响政
府财政收入，同时这种负面冲击会传导至主权债券市场，以增加主权债务利差
的方式体现债券市场对这种风险传导机制的定价。研究气候风险冲击主权债券
市场的文献更多的关注点在于对信用利差的影响上，即价格层面的问题，而对
债务水平存量层面的实证分析相对较少。气候风险会增加金融体系的脆弱性进
而引发金融风险已经成为学术界、业界和监管当局的共识，而国家外债水平是

金融体系稳定的一个重要维度。国家外债水平上升、偿债压力增大会增加系统性金融风险的管理难度。对于发展中国家来讲，外债水平更是影响国家金融体系稳定的主要维度。已有文献对气候风险如何影响发展中国家外债水平的研究存在不足，因此明确气候风险对发展中国家外债水平的影响，以及不同制度环境下的影响特征，有助于各发展中国家提前制定应对气候风险的债务管理措施，增强国家外债风险管理能力，对管理气候风险及系统性金融风险均具有重要政策价值。

6.2.3　理论分析与研究假设提出

气候风险会对人身和社会财富造成威胁（张帅等，2022）。气候风险是金融风险的重要来源，其传导路径包括物理风险和转型风险。物理风险关注极端气候变化引发的自然灾害导致经济主体出现业务中断和实体资产受损；转型风险是指经济主体在生产和生活中的绿色低碳转型可能引发的偿付能力下降、信用风险和经营风险上升等风险。无论哪种传导路径，气候风险的最终影响结果都是增加经济主体的损失程度，继而会提升经济主体的融资需求。驱动物理风险的自然灾害事件会导致经济主体资产减值、财富损失、盈利能力下降，企业面临重建需求，因此对资金来源的需求会显著上升。而转型风险会导致依赖化石燃料的实体企业（如房地产、汽车等行业的公司）的资产价值受到更加严重的冲击，资产质量下降，财务流动性问题上升，资金需求快速上涨。同时，从金融机构角度来讲，转型风险会导致商业银行搁浅资产（Stranded Assets）风险敞口显著上涨，对化石能源行业、发电、交通、农业等行业的贷款面临较大损失风险。总之，从微观角度讲，气候风险上升会增加经济主体（实体企业和金融机构）的融资需求。

从宏观视角来看，气候风险会影响居民、企业、金融机构和政府的融资行为，进而增加国家的债务水平。从居民角度来讲，气候风险引发的自然灾害会减少劳动力人口，造成结构性失业和摩擦性失业的上升，居民收入水平下降，为了维持必要的生活标准，居民负债水平会上升。从企业角度来讲，气候风险会降低一国生产要素的投入水平，恶化企业经营环境，同时打击市场需求，使企业盈利能力受到影响，增加该国企业的违约风险，企业资金需求上涨，进而增加一国经济体整体的融资需求。从金融机构角度来讲，企业盈利受损的风险势必以信用风险的形式传导至金融机构,抵押品贬值等也会增加商业银行贷款的风险,商业银行对稳定的资金来源的需求会更加急切。从一国政府角度来讲,气候风险冲击了实体经济,既降低了政府的税收收入,又增加了政府的财政救助支出,直接结果是政府财政收支水平恶化,提升政府的债务负担。整体来讲,气候风险会冲击经济体的各个部门,也会增加经济体各个部门的资金需求。且气候风险冲击越严重,一国各个部门所面临的资金压力会越大,因此国家对外债务的增加应该越高。

受历史原因、现实制度、自然灾害、地理位置等因素影响,广大发展中国家面临很高的气候风险。发展中国家经济发展相对滞后,基础设施不是非常完善,人均收入水平较低,抵御气候风险能力较弱。发展中国家的本国金融体系深度和广度与发达国家存在显著差距,融资能力较弱,在面对危机时难以有效地发挥融资功能。当气候风险来临时,发展中国家的财政当局面临巨大的资金压力,应对气候风险和自然灾害的资金会存在显著缺口。在无法从本国得到足够多资金的情况下,发展中国家需要更多地依赖外部债务资金来应对气候风险。基于上述分析,本章提出研究假设5。

H5:气候风险的上升会增加发展中国家外债水平,且气候风险越高,外债水平越高。

在现代经济体中,融资方式主要包括债务融资和权益融资两种形式。相对于权益融资,债务融资具有成本低、完成融资全过程耗时相对较短的优势,因此在应对气候风险引发融资需求快速上涨的特定时期,即使处在压力时刻,经济体对债务融资的需求也会上涨。当前全球应对气候风险的主要问题是资金不足。气候风险上升也会增加各国的资金压力和需求,各国财政当局为了应对气候风险,在救灾减灾过程中会用到大量资金,从而发挥财政稳定经济和社会的作用。这意味着,当气候风险变高时,国家的财政支出会上升,进而导致政府资金紧缺,因此气候风险会导致财政支出上升,进而增加国家的对外负债。基于上述分析,本章提出假设6。

H6:气候风险会增加各国财政支出,进而导致国家外债水平上升。

6.2.4 样本数据与研究设计

本章主要使用面板回归模型进行实证分析。式(6-12)为回归表达式。

其中：μ_i 控制个体固定效应；γ_t 控制时间固定效应。本章使用 Stata 软件 reghd-fe 命令进行回归分析。

$$\text{Debt}_{i,t} = \alpha + \beta_1 \ln\text{CRIscore}_{i,t-1} + \text{controls}_{i,t} + \mu_i + \gamma_t + \varepsilon_{i,t} \quad (6-12)$$

其中：i 表示国家；t 表示年份；α 为常数项；β_1 为待估系数；Debt 表示各国债务水平的指标，具体指标及其解释见表 6-9。数据来源于世界银行数据库。气候风险冲击会影响一国政府的财政收入和支出水平，会给公共部门带来资金压力。在应对气候风险过程中，单纯依靠政府的财政资金不足以应对气候风险，政府需要私人资金支持，结合世界银行数据库所提供的数据类型和可得性，本章引入公共外债和公共担保的私人外债的存量（EDSPPG）作为因变量，刻画国家外债水平。如前文所述，气候风险会冲击一国的实体经济，对人力资本、固定资产等生产要素产生长期影响，因此一国从气候冲击中恢复也需要较长时间，对资金的需求量的期限也较长，因此本章选择能够体现国家长期外债水平的长期外债总额（EDSLT）作为被解释变量，进行稳健性分析和检验。

考虑到气候风险会增加各国政府的财政支出水平，进而增加国家外债负担，因此本章在后面设置了中介效应检验，中介变量为财政支出占 GDP 的百分比（FE）。

CRIscore 表示各国气候风险指标，为德国 Germanwatch[①] 开发的全球气候风险指数。该指数体系基于慕尼黑再保险公司（Munich Re NatCat SERVICE）积累的极端天气导致的死亡人数和经济损失的数据开发，是衡量各国气候风险的权威指标。指标含义见表 6-9。从前述文献的研究成果可知，气候风险会影响一国宏观经济增长，进而增加各国应对气候风险的财力需求，继而影响各国整体负债水平。气候风险对宏观金融变量的影响存在作用环节多、影响机制复杂等特点，其影响会在未来较长的一段时间内显现（Christophers，2017）。高睿等（2022）的实证过程也显示，气候风险对宏观金融风险变量的同期回归结果显著性也较差。考虑到气候风险影响可能存在的这种时滞效应，本章对 CRIscore 变量取滞后一阶（滞后一年）。

影响一国外债水平的因素有很多，因此模型需要引入控制变量（control），

---

① https：//www.germanwatch.org/en/indices。

具体解释和变量表示符号见表 6 - 9 中控制变量部分，数据来源于世界银行数据库。在控制变量选择上，本章参考国内外相关文献，主要选择能够多维度刻画各国国家宏观经济基本情况和金融体系基本情况的变量，具体包括：（1）刻画宏观经济整体状态的变量：存款利率（刘铭等，2020）、贷款利率（周程，2018）、通货膨胀率（Cantor 和 Packer，1996）；（2）刻画经济周期变量：年度 GDP 总量（刘铭等，2020）、贸易差额占国内生产总值百分比（Capelle - Blancard 等，2019；马理和文程浩，2021）；（3）刻画金融体系发达程度变量：一国上市公司市值占 GDP 的百分比（雷禹和王钰娜，2014）、交易股票总价值（王定祥和许瑞恒，2019）、股票换手率（Rouwenhorst，1999）。这里面需要说明的是，在控制变量选择上，本章没有纳入主权债务评级数据，主要原因为：第一，得到主权债务评级结果的数据来源（如国内生产总值数据、CPI、金融体系、外贸状态等）与前述控制变量存在高度相关性，容易产生共线性问题；第二，标准普尔、穆迪等对主权债务评级的方法存在差异，结论也存在差异（尤其是对发展中国家的展望方面，结论不统一），且单一评级机构数据发布频率不规则，一年发布多次评级或者多年不变的数据较多，对回归结果的稳健性影响较大；第三，根据标普、穆迪等机构发布的报告，主权外债水平是影响评级的重要因子，而如果将主权债务评级纳入控制变量，容易产生互为因果的内生性问题。[1]

根据德国 Germanwatch 发布的最新 2021 年版本的报告，各国气候风险指标指数最新更新至 2019 年，原因是数据供应商临时性存在数据缺失的问题。[2]结合世界银行提供的各国宏观经济指标和金融体系发展指标的数据可得性，本章的样本期间为 2007 年至 2019 年，数据频率为年度。表 6 - 10 的样本数据统计表明，本章数据结构为非平衡面板数据。从表 6 - 10 的样本数据统计特征可以发现，变量存在极值，因此本章实证过程中对数据在 1% 和 99% 分位点进行缩尾处理以避免异常值影响。从表 6 - 10 可以看出，各个变量的样本量差距较为明显，因此回归结果分析中实际显示的变量个数与表 6 - 10 中显示的样本量

---

① 比如，马来西亚 trading economic 网站显示，标准普尔从 2008 年到 2020 年没有对马来西亚主权进行评级；智利在样本期间内标准普尔的评级没有变化。

② https：//www. germanwatch. org/en/cri。

存在显著差异。①

表 6 – 9　式（6 – 12）主要变量指标解释

变量符号	中文表述	含义解释
核心解释变量：气候风险指标		
CRIscore	全球各国气候风险指数	全球气候风险指数是根据慕尼黑再保险公司所提供的全球数据，分析各国各年度因极端天气事件所造成的死亡人数、经济损失，并据此进行全球排名，用于显示各国在气候风险之下的危险程度与概况。实证分析过程中取自然对数
被解释变量：债务水平指标		
EDSPPG	公共外债和公共担保私人外债存量（未偿债务，现值美元）	公共实体包括国家政府、政府下属机构（或其代理机构）、自治公共实体。实证分析过程中取自然对数
EDSLT	长期外债存量（未偿债务，现值美元）	债权人已支付而债务人尚未偿还的长期债务，即债务余额或称存量。实证分析过程中取自然对数
中介变量：		
FE	财政支出占 GDP 的百分比	财政支出占国内生产总值的比重，指预算年度内政府实际安排和使用财政资金的数量与国内生产总值的比率
控制变量：		
DIT	存款利率	客户按照约定条件将货币存入商业银行，在一定时间内利息与本金的比率
LIR	贷款利率	商业银行等金融机构发放贷款时向借款人收取的利息与本金的比值
GDP	国内生产总值	以 2010 年为基期的、美元为单位的不变价格得到的国内生产总值。实证分析过程中取自然对数
CPI	通货膨胀率	指各国一定时期内一篮子商品的价格指数的增长率
MCOLDC	一国上市公司市值占 GDP 的百分比	衡量一个国家的资本市场发展程度
STTV	交易股票总价值（现值美元）	交易股票的总数乘以各自交易价格。实证分析过程中取自然对数
STTRODS	股票换手率	衡量股票市场活跃程度
BOT	贸易差额占国内生产总值百分比	贸易差额又称净出口，是指一国在一定时期内（如一年、半年、一季、一月）出口总值与进口总值之间的差额

---

① 本章使用 Stata 软件进行面板回归分析。Stata 软件在估计过程中会自动进行面板数据的平衡，因此回归结果中的样本个数与表 6 – 10 中的样本个数会存在显著差异。

表 6 – 10　样本描述性统计

变量	样本量	均值	标准差	最小值	25 分位	75 分位	最大值
核心解释变量：气候风险指标							
lnCRIscore	1572	4.168	0.628	0.406	3.880	4.663	4.838
被解释变量：债务水平指标							
lnEDSPPG	1287	22.22	1.76	18.39	21.05	23.48	26.03
lnEDSLT	1286	22.61	1.96	18.47	21.29	23.90	26.90
中介变量：							
FE	1613	28.33	11.39	11.213	20.29	34.19	80.69
控制变量：							
DIT	1400	5.761	4.19	0.248	2.506	8.122	19.25
LIR	1321	12.83	7.662	3.4767	8	16.02	48.5167
lnGDP	1692	23.9248	2.1094	18.9284	22.6914	25.3699	28.5411
CPI	1573	5.6299	6.3553	-2.3019	1.8591	7.3304	39.9073
MCOLDC	526	50.6995	46.6588	0.0787	21.0911	67.3142	269.9984
lnSTTV	537	23.0596	3.0705	16.4395	20.7341	25.3817	30.1125
STTRODS	476	38.3035	51.6477	0.4058	7.1720	42.3384	249.17
BOT	1692	-0.0425	0.124	-0.582	-0.0856	0.0000	0.396

注：前缀 ln 表示变量取自然对数，下同。

6.2.5　实证结果

本部分首先展示基于 CRIscore 指数的基础回归结果，同时，为了刻画气候风险的极端特征对各国家外债水平的影响，在本部分也展示基于分位数回归的实证结果。

6.2.5.1　基于 CRIscore 指数的回归结果

表 6 – 11 为基础回归分析结果。由于 CRIscore 值越大，气候风险越小，指标值越小，气候风险越大，因此表 6 – 11 中回归（1）至回归（2）滞后一阶的气候风险指标回归系数均显著为负值说明各国家气候风险上升会增加各个国家的公共外债和公共担保私人外债存量及长期外债水平。

表 6 – 11 回归结果（1）显示，L. lnCRIscore 回归系数显著为负值，说明气候风险越高，国家外债水平会越大。气候风险造成的自然灾害损失程度的上

升会导致中央政府救助需求的快速增加，因此势必会增加中央政府的财政负担。在应对气候风险过程中，中央政府需要通过向私人借债等手段获得资金支持，进而提升应对气候风险的能力，因此气候风险上升会导致国家向外部私人借款水平的上涨。回归（2）显示，气候风险上升会增加各国长期外债水平，说明各国应对气候风险对资金的需求具有长期性，需要国外资金长期支援。工业革命之后，发达国家以大量排放温室气体为代价取得了经济的快速发展，但所引发的气候风险使广大发展中国家难以复制发达国家的历史发展路径。发达国家造成了气候风险，但发展中国家由于缺乏必要的物质资源和资金反而成为气候风险的承受者。在应对气候风险进程中，发展中国家必然会面临巨大的资金需求，外债水平会显著上升，偿付压力会变大。总体来讲，气候风险增加了各国对外部资金的需求，增加了各国的宏观杠杆水平。由于外债水平是各国宏观金融风险的主要维度（高睿等，2022），因此表 6 – 11 的回归结果说明，气候风险可能会增加各国的宏观金融风险。

表 6 – 11　基于 CRIscore 指数的回归结果

VARIABLES	(1) lnEDSPPG	(2) lnEDSLT
L. lnCRIscore	– 0. 3405 ***	– 0. 1522 *
	（– 3. 5802）	（– 1. 9797）
DIT	– 0. 0219	– 0. 0301
	（– 0. 4076）	（– 0. 4990）
lnGDP	0. 5390 ***	0. 6682 ***
	（3. 2202）	（5. 0976）
CPI	– 0. 0135	– 0. 0468 ***
	（– 0. 7811）	（– 2. 9148）
LIR	– 0. 0047	0. 0078
	（– 0. 3234）	（0. 5101）
MCOLDC	– 0. 0049 **	– 0. 0022
	（– 2. 4262）	（– 1. 5198）
lnSTTV	0. 2554 ***	0. 1358 *
	（2. 9842）	（1. 8153）

续表

VARIABLES	(1) lnEDSPPG	(2) lnEDSLT
STTRODS	– 0.0069 ***	– 0.0023
	(– 4.6065)	(– 1.2454)
BOT	– 6.5851 ***	– 5.7689 ***
	(– 3.1878)	(– 3.4299)
常数项	5.8542 *	5.0388 **
	(1.9790)	(2.1657)
个体效应	YES	YES
时间效应	YES	YES
Observations	208	208
R – squared	0.766	0.786

注：*** 表示 1% 水平显著，** 表示 5% 水平显著，* 表示 10% 水平显著；括号内为 t 值；本章使用 Stata 软件 reghdfe 命令进行回归分析，样本量为 reghdfe 命令得到的结果，与表 6 – 10 描述性统计存在差异。

6.2.5.2　分位数回归结果

本章进一步研究在气候风险呈现极端变化的情况下对各国外债水平的影响。由于 CRIscore 指标的值越小，气候风险越高，因此本章在 10%、20% 和 30% 分位点使用分位数回归进行实证分析。个体效应考察的是控制变量未覆盖但是又可能对债务水平产生影响的国别特征，与分位点捕捉的极端风险的含义并不重叠，因此笔者在分位数回归模型中仍旧保留个体固定效应。表 6 – 12 结果显示，在 10%、20% 和 30% 分位点上，所有 L. lnCRIscore 的回归系数均为负值，且大多数在统计上显著，说明极端气候风险上升会增加国家的外债水平。

气候风险破坏性高，易引发自然灾害，产生的经济结果也具有破坏性。2007 年至 2019 年，波多黎各、缅甸和海地是受极端天气事件影响最严重的国家。风暴所带来的强降水、洪水和山体滑坡是造成损失的主要原因。2019 年全年阿富汗经历了数次暴雨造成的洪水和山体滑坡，损失惨重。还有一些其他因素，例如，热带气旋会对一些特定区域的局部地区带来灾难和损害。2019 年 3 月，强烈热带气旋伊达袭击莫桑比克、津巴布韦、马拉维，暴雨、破坏性大风造成山洪暴发和山崩。飓风等极端天气还可能带来一些衍生性气候灾害，例如玻利维亚遭受森林大火，烧毁了 200 万公顷的森林和草地。

表 6-12 对 lnEDS_ LT 和 lnEDSPPG 的分位数回归

因变量： 分位点（%）	lnEDSPPG Q10	lnEDSPPG Q20	lnEDSPPG Q30	lnEDSLT Q10	lnEDSLT Q20	lnEDSLT Q30
L. lnCRIscore	-0.0483 ***	-0.0744 **	-0.0726 **	-0.0807 ***	-0.0732 **	-0.0575 **
	(-4.7982)	(-1.9939)	(-2.4525)	(-6.9098)	(-2.2254)	(-2.3324)
DIT	0.0224 ***	0.0066	-0.0129	0.0053	0.0110	-0.0067
	(4.3707)	(0.3491)	(-0.8571)	(0.8934)	(0.6559)	(-0.5341)
lnGDP	0.0251	-0.2645	-0.2256	0.2136 *	0.3140	0.1722
	(0.2474)	(-0.7023)	(-0.7552)	(1.8119)	(0.9458)	(0.6916)
CPI	0.0117 ***	0.0145 **	0.0173 ***	0.0098 ***	0.0027	0.0153 ***
	(6.3295)	(2.1057)	(3.1705)	(4.5643)	(0.4510)	(3.3591)
LIR	-0.0124 ***	-0.0107	0.0008	-0.0086 **	-0.0108	-0.0037
	(-3.7369)	(-0.8687)	(0.0823)	(-2.2335)	(-0.9915)	(-0.4500)
MCOLDC	0.0000	0.0014	-0.0012	-0.0004	-0.0007	-0.0029 **
	(0.0270)	(0.7996)	(-0.8834)	(-0.7765)	(-0.4659)	(-2.5468)
lnSTTV	0.0336 **	0.0260	0.0297	0.0262 *	0.0161	0.0193
	(2.4894)	(0.5199)	(0.7478)	(1.6709)	(0.3644)	(0.5832)
STTRODS	-0.0016 ***	-0.0011	-0.0008	-0.0024 ***	-0.0021	-0.0000
	(-3.4522)	(-0.6327)	(-0.5554)	(-4.4205)	(-1.3676)	(-0.0248)
BOT	0.8435 ***	-0.0318	-0.1731	-0.1814	-0.5986	-0.3145
	(4.0620)	(-0.0412)	(-0.2833)	(-0.7526)	(-0.8816)	(-0.6179)
Constant	23.3699 ***	31.4055 ***	29.9345 ***	18.9433 ***	16.7785 *	19.9543 ***
	(8.5818)	(3.1098)	(3.7363)	(5.9915)	(1.8844)	(2.9889)
时间效应	YES	YES	YES	YES	YES	YES
个体效应	YES	YES	YES	YES	YES	YES
Observations	208	208	208	208	208	208
R - squared	0.9211	0.9065	0.8967	0.9198	0.9098	0.9036

注：*** 表示 1% 水平显著，** 表示 5% 水平显著，* 表示 10% 水平显著；括号内为 t 值。

6.2.6 基于不同制度评级下的调节效应检验

当前国际秩序仍旧由发达国家主导，发展中国家存在金融抑制和金融发展水平不足。在面对气候风险时，由于金融体系发展相对滞后，制度环境与发达国家相比存在更为显著的差异，发展中国家会面临更大的债务融资需求压力和困难。宏观经济环境、政府财政政策、主权债务评级、国家营商环境均是影响发展中国家债务融资规模的重要制度变量，因此，在理论分析和实证分析中，对国家债务水平变量的选择往往专注于发展中国家（高禄等，2019）。长期以来，国际金融资本对发展中国家始终持谨慎态度（邱煜和潘攀，2019）。林峰和邓可斌（2018）也指出，各国债务增长效应主要体现在发展中国家，而对发达经济体则表现不显著。

国家政策和制度评估（Country Policy and Institutional Assessment，CPIA）是世界银行基于良治原则而构建的评估发展中国家制度发展水平和决策科学水平的重要指标，在很大程度上决定一国可以从世界银行获得的年度资金规模。在全球应对气候风险进程中，仅仅依靠各国政府财政不足以满足应对气候风险的资金需求，各国政府需要向私人部门借债来满足资金需求。因此良好的政府治理及宏观经济政策会吸引私人部门资金，提高政府负债能力。本章选择世界银行评级维度中的商业监管环境评级、环境可持续性政策和制度评级、预算质量和财务管理质量评级三个维度刻画各国制度环境。每个评级得分从1到6，分数越高，评级等级越高。

基于上述考虑，本章以具有世界银行 CPIA 评级的发展中国家为研究样本，继续引入制度控制变量，建立调节效应模型，研究一国气候风险对该国外债水平的影响。具体回归表达式如式（6-13）所示：

$$\text{Debt}_{i,t} = \alpha + \beta_1 \ln\text{CRIscore}_{i,t-1} + \beta_2 \text{CPIA}_{i,t} + \beta_3 \ln\text{CRIscore}_{i,t-1}$$

$$\times \text{CPIA}_{i,t} + \text{controls}_{i,t} + \mu_i + \gamma_t + \varepsilon_{i,t} \qquad (6-13)$$

式（6-13）中，CPIA 为刻画国家制度变量，其余变量含义与式（6-12）相同。表6-13中（1）~（3）列的回归结果显示，L. lnCRIscore 与商业监管环境评级、环境可持续性政策和制度评级、预算质量和财务管理质量评级的交叉项估计结果显著为正，说明制度环境越好的国家在面对气候风险时，需要借入外债的压力就越小，偿债负担较轻，有助于降低本国的外债负担。发展中国家的制度环境越好，政府向私人借债及筹措社会资本的能力越强，越容易获得应对气候风险所需的资金。

表6–13　不同制度背景下调节效应模型的实证结果

因变量	(1) CPIAR：商业监管环境评级 lnEDSPPG	(2) CPIAR：环境可持续性政策和制度评级 lnEDSPPG	(3) CPIAR：预算质量和财务管理质量评级 lnEDSPPG
L. lnCRIscore	-1.6567 ***	-1.2128 ***	-2.3909 **
	(-9.8413)	(-6.8555)	(-2.6478)
CPIAR	-1.0104 **	-0.6116	-2.0503 **
	(-3.1091)	(-1.6882)	(-2.6579)
L. lnCRIscore × CPIAR	0.3706 ***	0.2441 **	0.5825 *
	(9.5466)	(3.2032)	(2.2759)
DIT	0.0975 **	0.0696 *	0.0741
	(2.3839)	(2.2874)	(1.0107)
lnGDP	0.0412	-0.0383	-0.1011
	(0.1232)	(-0.2007)	(-0.2578)
CPI	0.0341 *	0.0574 **	0.0651 **
	(2.0744)	(2.5455)	(2.7743)
LIR	-0.1552	-0.1680	-0.1679
	(-1.6754)	(-1.7374)	(-1.4669)
MCOLDC	-0.0131 **	-0.0153 **	-0.0233 ***
	(-2.5493)	(-3.0181)	(-5.5651)
lnSTTV	0.1743	0.1915 *	0.1990
	(1.2038)	(2.0441)	(1.3219)
STTRODS	-0.0005	-0.0032	-0.0005
	(-0.1291)	(-0.9842)	(-0.1916)
BOT	-2.3949	-2.7418	-2.1378
	(-0.9270)	(-1.4748)	(-1.5408)
常数项	24.6765 ***	25.3109 ***	31.7602 ***
	(3.8561)	(7.7939)	(3.7804)
个体效应	YES	YES	YES
时间效应	YES	YES	YES
Observations	44	44	44
R – squared	0.905	0.899	0.906

注：表6–13中CPIAR为各国在世界银行CPIAR评级体系中商业监管环境评级、环境可持续性政策和制度评级、预算质量和财务管理质量评级下的对应评级分值。*** 表示1% 水平显著，** 表示5% 水平显著，* 表示10% 水平显著；括号内为 t 值；本章使用 Stata 软件 reghdfe 命令进行回归分析，样本量为 reghdfe 命令得到的结果，与表6–10描述性统计存在差异。

6.2.7　基于财政支出水平的机制检验

　　气候风险会造成各国人力资本、自然资本等出现重大损失，增加财政支出水平，继而可能会导致各国债务水平上升。本章以财政支出占 GDP 百分比为中介变量（用 FE 表示），使用中介效应模型［见式（6 - 14）］，实证检验气候风险上升是否会通过增加财政支出水平导致国家债务增长。表 6 - 14 和表 6 - 15 的实证结果验证了中介效应存在，气候风险上升会显著增加广大发展中国家的财政支出，财政支出增加导致政府出现资金匮乏，继而增加发展中国家的外债。

$$\text{Debt}_{i,t} = \alpha + \beta_1 \ln\text{CRIscore}_{i,t-1} + \text{controls}_{i,t} + \mu_i + \gamma_t + \varepsilon_{i,t}$$

$$\text{FE}_{i,t} = \alpha + \beta_2 \ln\text{CRIscore}_{i,t-1} + \text{controls}_{i,t} + \mu_i + \gamma_t + \varepsilon_{i,t}$$

$$\text{Debt}_{i,t} = \alpha + \beta_3 \ln\text{CRIsoe}_{i,t-1} + \beta_4 \text{FE}_{i,t} + \text{controls}_{i,t} + \mu_i + \gamma_t + \varepsilon_{i,t}$$

$$(6 - 14)$$

表 6 - 14　基于 lnEDSPPG 的中介效应检验

VARIABLES	(1)	(2)	(3)
	lnEDSPPG	FE	lnEDSPPG
FE			0.0298 *
			(1.7299)
L. lnCRIscore	- 0.3405 ***	3.8895 ***	- 0.4018 ***
	(- 3.5802)	(4.0986)	(- 4.1339)
DIT	- 0.0219	- 0.4457	- 0.0217
	(- 0.4076)	(- 0.9739)	(- 0.4298)
lnGDP	0.5390 ***	- 1.8077	0.5376 ***
	(3.2202)	(- 0.9086)	(3.3801)
CPI	- 0.0135	- 0.2342	- 0.0062
	(- 0.7811)	(- 1.1362)	(- 0.3701)
LIR	- 0.0047	0.3345 **	- 0.0145
	(- 0.3234)	(2.1637)	(- 1.2250)
MCOLDC	- 0.0049 **	- 0.0200	- 0.0050 **
	(- 2.4262)	(- 0.6772)	(- 2.4336)

VARIABLES	(1) lnEDSPPG	(2) FE	(3) lnEDSPPG
lnSTTV	0. 2554 ***	1. 1517	0. 2184 **
	(2. 9842)	(1. 1905)	(2. 6916)
STTRODS	− 0. 0069 ***	0. 0587 *	− 0. 0065
	(− 4. 6065)	(1. 9860)	(− 1. 2733)
BOT	− 6. 5851 ***	− 17. 2769 **	− 4. 7488 **
	(− 3. 1878)	(− 2. 0334)	(− 2. 5449)
Constant	5. 8542 *	31. 4631	6. 3610 **
	(1. 9790)	(0. 9486)	(2. 1308)
个体效应	YES	YES	YES
时间效应	YES	YES	YES
Observations	208	275	197
R – squared	0. 766	0. 262	0. 770

注：*** 表示 1% 水平显著，** 表示 5% 水平显著，* 表示 10% 水平显著；括号内为 t 值；本章使用 Stata 软件 reghdfe 命令进行回归分析，样本量为 reghdfe 命令得到的结果，与表 6 – 10 描述性统计存在差异。

表 6 – 15 基于 lnEDSLT 的中介效应检验

VARIABLES	(1) lnEDSLT	(2) FE	(3) lnEDSLT
FE			0. 0428 **
			(2. 4889)
L. lnCRIscore	− 0. 1522 *	3. 8895 ***	− 0. 2325 ***
	(− 1. 9797)	(4. 0986)	(− 3. 0422)
DIT	− 0. 0301	− 0. 4457	− 0. 0297
	(− 0. 4990)	(− 0. 9739)	(− 0. 5571)
lnGDP	0. 6682 ***	− 1. 8077	0. 7050 ***
	(5. 0976)	(− 0. 9086)	(5. 4783)
CPI	− 0. 0468 ***	− 0. 2342	− 0. 0376 **
	(− 2. 9148)	(− 1. 1362)	(− 2. 5169)
LIR	0. 0078	0. 3345 **	− 0. 0085
	(0. 5101)	(2. 1637)	(− 0. 7673)

续表

VARIABLES	(1)	(2)	(3)
	lnEDSLT	FE	lnEDSLT
MCOLDC	−0.0022	−0.0200	−0.0021
	(−1.5198)	(−0.6772)	(−1.3607)
lnSTTV	0.1358 *	1.1517	0.0485
	(1.8153)	(1.1905)	(0.6824)
STTRODS	−0.0023	0.0587 *	0.0010
	(−1.2454)	(1.9860)	(0.3478)
BOT	−5.7689 ***	−17.2769 **	−3.1531 *
	(−3.4299)	(−2.0334)	(−1.9298)
Constant	5.0388 **	31.4631	5.4718 **
	(2.1657)	(0.9486)	(2.2751)
个体效应	YES	YES	YES
时间效应	YES	YES	YES
Observations	208	275	197
R−squared	0.786	0.262	0.808

注：*** 表示 1% 水平显著，** 表示 5% 水平显著，* 表示 10% 水平显著；括号内为 t 值；本章使用 Stata 软件 reghdfe 命令进行回归分析，样本量为 reghdfe 命令得到的结果，与表 6 – 10 描述性统计存在差异。

6.2.8　结论及政策建议

　　本章基于 2007 年至 2019 年全球 152 个国家样本研究了气候风险对发展中国家外债水平的影响和作用机制。结果显示，气候风险将导致国家外债水平的上升，其作用时滞为 1 年。其具体表现为，气候风险会造成发展中国家长期外债存量、公共外债和公共担保的私人外债存量显著增加，从而可能进一步加剧各国的宏观金融风险。分位数回归结果显示，极端的气候风险会使发展中国家外债水平显著增加。之后，本章以具有世界银行 CPIA 评级的发展中国家为研究样本构建调节效应模型进行回归分析，结果显示，整体制度环境好的发展中国家在面对气候风险时外债负担更低。最后，本章基于中介效应模型，验证了气候风险会导致发展中国家政府财政支出增加，进而引起本国外债水平的不断上升。

结合上述研究结论，笔者认为，发展中国家应完善债务管理政策框架，制定应对气候风险的财税政策，增强适应气候风险能力，缓解负债压力。气候风险会通过增加财政支出，继而增加国家债务水平。财政当局应将气候风险分析纳入公共财政框架中，开发在气候冲击期间能够提供财政施策空间的风险分担工具，并在现有财政预算框架中融入气候支出。比如，欧盟在 5 年财政预算中划出 20% 用于能源、交通、农业与技术创新等各领域，以减弱气候风险对于财政支出的影响。中国财政当局也应未雨绸缪，提前预备应对气候风险的财政预算，尽量在不增加国家债务负担基础上应对气候风险。

此外，发展中国家需完善宏观审慎监管，营造良好的制度环境。宏观审慎调控有助于缓解债务负担引发的宏观金融风险。稳定的金融体系无疑会提升金融系统的资金配置效率，从而降低应对气候风险的资金需求程度。中国人民银行应考虑将气候风险作为参数纳入我国的"货币政策 + 宏观审慎政策"双支柱调控框架，制定宏观经济政策应对气候风险。同时，中国人民银行也应发挥宏观审慎评估的资金引领作用，引导绿色投融资，完善气候金融的投融资体制。发展中国家政府也要建立完善的制度环境。应对气候风险，仅仅依靠财政资金是不足的，未来资金缺口巨大，需要大量社会资本参与其中。因此良好的制度环境和宏观治理环境，对于发展中国家政府筹措私人资金以满足应对气候风险的需求至关重要。

第7章

对金融业气候风险监管政策的讨论

相对于其他类型的金融风险，气候风险的影响具有系统性，且具有相对独特的不确定性特征。系统性属性要求对气候风险的监管要立足于宏观审慎视角；而不确定性特征增加了风险预测的难度，也决定了未雨绸缪来应对气候风险的重要性。宏观审慎监管的系统性与前瞻性特征决定了其应成为应对金融业气候风险的主要监管方式。

7.1 气候风险的不确定性特征

气候变化对金融稳定构成严重威胁。由全球 90 家中央银行、金融监管机构和观察员组成的国际组织中央银行与监管机构绿色金融网络（NGFS）主要关注金融政策如何适应气候变化和低碳转型带来的风险，即气候相关金融风险（Climate Related Financial Risk，CRFR）。CRFR 主要包括物理风险和转型风险两个类型。CRFR 对金融体系影响深远，具有不可预见性、不可逆性、内生性和系统性。由于金融市场的短视性导致 CRFR 被低估或者没有被有效定价，当前应对 CRFR 的政策反应具有市场导向性，集中于市场纠正策略（Market - correcting Strategies）。从这个意义来讲，应对 CRFR 的金融政策发力点之一应是鼓励金融机构审查和披露其对 CRFR 的风险敞口，并进行情景分析和压力测试。

NGFS 在 2019 年发布了第一份综合性报告 *A Call for Action*（NGFS，2019），提出的主要政策建议是"制定基于情景的风险分析的自愿准则"。然而 NGFS 虽然强调需要迅速采取行动，但由于没有足够的"风险知识"来理解 CRFR 的性质，如何制定有效的金融政策来管理 CRFR 举步维艰。虽然气候相关金融风险的词语中含有"风险"二字，但其实其蕴含的转型风险和物理风险，具有更多的奈特不确定性（Knightian Uncertainty）的特征，即无法计算未来不同可能结果的概率。这意味着金融政策行为所需的足够的"风险智力能力"将永远无法达到。这给从预防性和审慎视角出发的金融政策提出了很大的挑战。审慎性监管政策强调在掌握目标风险变量的概率特征基础之上的政策工具设计，而 CRFR 的概率属性的缺乏会使所谓的金融风险"退化"为具有模糊特征的金融不确定性，因此有必要在不确定性的视域下重新认识气候相关金融风险及其对金融政策制定的影响。

7.1.1 "风险" VS "不确定性"

诺贝尔经济学奖得主罗伯特·卢卡斯（Robert Lucas）提出，"在不确定性的情况下，经济推理（如有效市场假说）没有价值"（Hugues Chenet 等，2021）。这意味着对于受到显著极端不确定性影响的资产，市场价格不正确；或者换句话说，市场对这种激进的不确定性是盲目的。

在经济学和金融建模中，根据奈特不确定性理论，风险通常被理解为"概率或随机风险"，即概率已知的随机结果。评估风险主要涉及在统计或计量分析中使用概率密度函数及基于对过去数据的前瞻性预测。因此，在风险的概念框架下，未来本质上被概念化为对过去的复制。相比之下，"不确定性"指的是没有任何基础来形成任何可计算的概率。Lawson（1985）指出，当概率关系在数值上是不确定且与其他概率关系不可比较时，就会产生这种不确定性。在不确定性的情境下，未来是不可知的、不可预测的，因而是非遍历的。

奈特在其 1921 年《风险、不确定性与利润》的著作中，将概率分为三种类型，分别是先验（Priori）概率、统计（Statistical）概率和估计（Estimated）概率。先验概率是在确定已知结果论域的情况下确定的，通过应用演绎逻辑，可以客观计算的概率。先验概率能够定量测算，具有较高的客观性和较低的不确定性。统计（Statistical）概率从经验和观察中归纳定义，过去的观察和抽样在确定事件可能性方面起重要的作用。统计概率相对较为准确，具有较强的"风险"特征，但不确定性因素也较高。估计（Estimated）概率可能结果的范围只能根据主观评价来预测。由于事件本身是唯一的或其发生频率极低，因此确定某些事件的频率非常困难，对事件概率的估计非常主观。与先验概率和统计概率不同，估计概率可能缺乏一致性。这种基于个人选择和主观评价的概率天生具有不稳定的风险，导致测量的准确性和客观性较低，表现出高度不确定性的特征。总体来讲，在奈特的理论视域下，"风险"与"不确定性"的本质区别在于是否能够相对准确和客观地测算未知结果的概率分布，能够清晰知晓未知结果概率分布的才可以称为"风险"，否则就应归结至不确定性的概念框架之下。

资产定价的核心是对金融风险的定价。在定价过程中，风险概率分布为市场参与者提供了关于未来的可获知信息，因此可以帮助投资者调整投资组合以实现利润最大化。然而如果无法为某一事件赋予概率，则与该事件相关的金融风险不可量化。因此可以更精确地说，在奈特不确定性理论框架下，许多金融文献的"奈特风险"特指可以定价的风险，因为有足够的隐式或显式的概率分布的知识；相反，"Radical Uncertainty"（激进不确定性）特指无法定价的"风险"。因此，可以说我们越是考虑一个涉及复杂的、不可预测的、前所未有的事件或者情景，就越是暴露于"Radical Uncertainty"（激进不确定性）而不是奈特的风险概念。在有效市场假说框架下，证券价格充分反映影响证券价格的潜在风险信息，即代表已知的"真实"奈特风险；但是在激进的不确定性存在的情况下，市场无法对此类风险暴露进行有效定价。当面对气候风险敏感的投资项目时，金融机构需要气候数据的统计分析来对气候风险进行定价。这些气候数据包括基础信息，如年平均气温和降水量，以及复杂的信息，如气象极值（例如，强降水概率）的统计。然而当前人们普遍认为气候风险会修改气候变量的统计模型，因此未来气候的不确定性问题将更为显著。理想情况下，气候模型能够产生未来的气候统计数据，但气候模型所能提供的与决策者所需要的数据之间存在严重不匹配，由此导致的显著的不确定性特征难以使用模型来克服。

7.1.2　气候风险本身所具有的不确定性特征

气候风险本质上是气候不确定性问题，不确定性来源包括两类：科学视域下的不确定性和人类社会经济活动视域下的不确定性。科学领域和社会经济领域的不确定性相互交织，研究二者的关联度对于预测气候变化的冲击非常有帮助。对于气候风险，虽然人类已经达到了一定的认知水平，但仍旧充满疑问。根据奈特不确定性理论，我们不应称为"气候风险"①，应称为"气候不确定性"，因为我们不清楚未来每种可能情景的概率值。在这种环境下我们如何做决策？认知到这种不确定性特征的存在非常重要，因为对于经济政策制定和分析来讲，在不确定性理论框架下，政策制定中经常使用的期望效用理论会有很大的局限性。

7.1.2.1 科学视域下的不确定性

科学能够给予肯定回答的是人类经济行为产生了大量温室气体排放，造成了气候风险。但科学目前没有有效回答的问题是，气候变化与大气成分之间的函数关系，即气候会在多大程度上及以多快速度随着温室气体排放量的增加而变化。

第一，气候敏感性参数的不确定性。气候敏感性是指平均地表温度对二氧化碳浓度的敏感度。然而科学研究却给出了不同的估计值。科学家们在各类假设情景下，使用各种全球气候模型来估计该参数，而且模型中的许多参数值本身就无法达成一致。为了解决该问题，科学家们使用不同的参数进行加权来计算该敏感度系数，加权方式包括平均加权、基于先验概率加权、基于拟合历史气候数据好坏程度加权。在使用历史数据估计的模型中，各个模型使用的数据来源均不一样。比如，一些科学模型使用古生物气候数据，另一些模型使用火山喷发后冷却的气溶胶数据。即使使用同一类型的数据，科学家们对使用哪种模型也莫衷一是，因为每种模型从不同学科角度研究了气候变化，比如物理学、化学、生物学等。此外，当前也没有标准证明哪个模型表现更为优秀，对未来的预测能力更强。而且当前也没有统一办法将不同的学术估计结果进行加权以得到一个具有共识的气候变化对二氧化碳浓度的敏感性指标。

第二，气温随时间变化的不确定性。气候敏感性指标是衡量气候风险的很粗糙的指标，其并没有告诉人类气温何时会出现巨大变化，而这些信息对于气候政策制定非常重要。气温不确定性与时间和空间密切相关。Hawkins 和 Sutton（2009）将气温不确定性分为三类：初始条件不确定性、排放场景不确定

---

① 为了表述，本章仍旧称为"气候风险"，但在本章中，气候风险一词具有很强的"不确定性"倾向。

性，以及模型不确定性。在短期，比如 20 年以内，初始条件不确定性扮演重要角色。由于气候系统是混沌系统，因此其最终演化路径对初始条件非常敏感。Hawkins 和 Sutton（2009）指出，对于地区气温水平预测，初始条件不确定性非常重要。在全球层面，在未来 20 年至 50 年，模型不确定性是估计未来气温不确定性的重要来源；超过 50 年以后，对于未来气温预测不确定性的主要来源是排放场景的不确定性。

第三，气温变化的空间关联不确定性。如果我们将全球视角缩小至国家和地区层面，各类不确定性因素也会显著上升。Masson 和 Knutti（2011）在空间维度分析气候不确定性之间的相关性，研究表明，当空间相关性越强时，各个模型预测的不一致性会越低。这说明当预测具体地区气温变化时，模型预测的不一致性显著上升，研究降水、环境、海平面、极端气候事件如何影响地区经济社会发展时，这种不确定性问题会更为严重。这说明，无论是气候缓释政策还是适应性政策，管理不确定性问题是重要一环。

总之，当前科学对于气候变化对二氧化碳浓度敏感性的预测相对较为成熟，但当我们预测气温的变化趋势及关注具体地区受气候变化影响时，所面临的不确定性问题显著升高。Knutti 和 Sedlacek（2013）指出，按照当前技术、方法和数据的发展，应对未来气候不确定性的挑战非常艰巨，气候政策的制定也只能依赖于目前可得到的不确定性信息。

7.1.2.2　社会经济视域下的不确定性

在社会经济视域下，人类价值观、气候知识匮乏、未来技术发展认知等因素导致的不确定性对于气候政策制定的影响非常大。即使所有科学层面的不确定性都已经解决，但人类还是会面临经济社会层面的不确定性，因为人类不清楚未来的碳排放路径，而碳排放路径依赖于人类技术进步和政策选择，这些本身就具有不可预测性。比如，假设科学能够清晰预测未来海平面上升的幅度，但未来人类对此会如何反应？整体搬迁还是筑坝？整体搬迁行为是有组织的和平搬迁吗？海平面上升导致的岛屿国家的行为是什么？国际社会将会有什么行动？再比如，假设科学能够精确预知当出现气候灾害时农业减产量，但未来人类如何应对是未知的，其经济结果是什么？对于上述问题的回答影响人类应对气候的行为，也充满了不确定性。

在经济学中，冯·诺依曼（John von Neumann）和摩根斯坦（Oskar Morgenstern）的期望效用理论框架被广为应用。该框架假设未来存在不同的状态，每个状态都有外生的概率分布，人们对不同状态的偏好不一样，因此可以通过计算期望效用来表示个体的偏好水平。然而，在气候政策决策中，期望效用理论存在局限性：第一，对于未来气候的不同状态，无法给出清晰的概率分布，比如我们无法准确预测气候变化导致的大西洋中热盐环流的变化；第二，即使在一些能给出概率的场景中，对于客观概率的确定也存在差异。因此，无法在期望效用框架下进行决策。这意味着：在存在不确定性的情况下，难以存在一个概率分布来刻画我们当前知识的匮乏；对于理性政策分析，知识的不确定性不能作为输入参数。

技术进步及其未来可能的影响具有不确定性。技术进步影响人类能源消费，进而影响人类经济行为的碳排放。比如，水力压裂技术降低了美国天然气的价格，从而降低了美国煤炭消耗。这说明技术进步在降低人类碳排放及使人类适应气候变化中发挥重要作用。虽然人类物质财富生产均来自工业革命引发的技术进步之后，但我们也确实无法预测未来技术会走向何方。

在经济理论中，根据 Ramsey 法则，技术进步是决定折现率的重要参数，折现率则决定了政策实施的成本与收益关系。这意味着技术进步的不确定性会进一步影响政策的制定。在气候政策的成本收益分析中，折现率决定了最终短期成本和长期收益如何平衡。经济学家 Weitzman 认为，不同经济学家给出了不同的折现率估计值，应该进行加权处理，权重为其所代表的个体数量。根据拉姆齐（Ramsey）公式，决定折现率的参数包括增长率、边际消费弹性等，而这些参数的具体数值无法达成一致。对于长期折现值计算，折现率微小的变化也会导致最终结果出现大幅改变。在经济学框架下，人们偏好的不同也要求用一种方式将各类不同偏好加总成社会整体偏好。Gollier 和 Zeckhauser（2005）、Heal 和 Millner（2013）研究了当人们具有不同的时间偏好时，如何加总群体折现率。他们认为，这是一个社会选择问题，结果可能是个体偏好的中位数将成为代表性折现率，或者是通过构造代表性参与者最大化全社会福利来决定合理的折现率水平，其结论为该折现率随着时间的变长逐渐变小，这个结论对于气候政策影响非常大。

7.1.3 气候相关金融风险的不确定性特征

在气候变化经济学领域，不确定性将会扮演重要角色。这种不确定性不是指已知未来结果的概率分布，而是对未来会发生什么几乎无法准确预测，因此无法评价任何一种气候状态对经济和金融稳定的影响。在概率分布都未知的情况下作预测，其难度可想而知。较为庆幸的是，我们能够预测未来可能出现的灾难性情景，因此可以从保守的角度建立气候预测模型，这至少对于保险行业是有必要的。Weitzman（2009）假设人类可以不停地通过学习进行信息的更新，每个人都使用贝叶斯法则来决策，对于预测气候变化最优价值的信息来自尾部的极值，因此政策应以极值损失下的气候场景为主要研究对象。一旦确定了具体气候政策的应对领域，则可以把低于极端损失的场景交给经济政策来应对，经济政策可以凭借其成本收益分析的优势来提出更为有用的政策建议。

7.1.3.1　物理风险与转型风险的不确定性特征

现在和未来几十年的气候减缓行动将决定 21 世纪后半叶的气候变化水平。因此，眼前和即将到来的不确定性主要是关于气候减缓行动本身，即我们如何进行向净零碳排放过渡。因此，物理风险和转型风险来自人类行为的不确定性。各国中央银行早在 2015 年就加入了气候风险与金融稳定的争论，时任英格兰银行行长 Mark Carney 在劳埃德银行的演讲中警告投资者，气候变化可能通过物理风险、转型风险和债务风险等渠道影响经济和金融稳定。

物理风险的影响充满不确定性。特定的升温程度和由此产生的长期后果（例如，在海平面上）对建筑或基础设施的确切影响和潜在损害具有高度不确定性，相关成本、对这种影响的适应程度和未来预期，以及由此引发第二轮影响也是高度不确定的。气候系统的惯性特征使全球气候的未来状态相对众所周知，其所造成的影响虽然难以精确评估，但人们能够模糊地知晓各种气候减缓行动、气候金融行为能够产生的积极影响。虽如此，不同情景下的模拟结果显示，系统层面的影响具有高度的不确定性。气候变化的物理属性本质上是复杂的，因为气候变化的物理影响需要描述一个多维的、非线性的动力系统，且涉及多个子系统。随着人类经济活动对气候变化的影响日益显著，气候相关金融风险的不确定性特征表现更为明显。在这个"自然—人类"的联合总系统下的每个单一子系统在人类经济活动的影响下，自身的不确定性水平都显著上升，对其认识既需要物理变化规律，又需要考虑人类经济活动的反馈效果。这种类型的不确定性与"Radical Uncertainty"（激进不确定性）存在概念上的相通，即难以在合适的置信水平下得出人类经济活动与气候系统交互作用导致未来可能结果的概率分布。

人类社会经济发展的低碳转型带来全球意义上的深刻转变。经济社会如何实现净零碳排放涵盖了大量的可能性，在跨越政策、产业、技术、地缘政治、社会和个人行为的所有可能版本之间存在着无限的细微差别。消费者和企业将如何反应和适应在很大程度上是一个假设问题，而那些可能产生的最根本的财务影响是不可知的。将经济不同的发展路径与情景转化为应对气候变化低碳转型的最终影响，需要将全球范围内的所有政策选择转化为温室气体轨迹。这种深刻变革对人类社会和自然的子系统（例如，能源组合、交通系统、基础设施、农业和森林等）均带来很大的不确定性。为了实现经济低碳转型，特定领域的政策也会产生特定层次的不确定性，而最终政策结果的影响充满模糊性和复杂性。

7.1.3.2 风险折现因子的不确定性特征

风险折现因子是金融风险管理中的重要参数。从理论上讲，经济体代表性参与者的风险折现因子能够用来对未来的收益和成本进行折现分析。但在现实世界中，如何基于实际来确定所有人的风险折现因子，或者根据所有人的风险折现因子加总出代表性的风险折现因子，则充满了不确定性，且具有系统"超参数"特征。Nordhaus（2007）认为，Stern（2007）之所以呼吁采取果断行动减少温室气体排放是因为 Stern（2007）使用的折现因子相对较低，约为1.3%，而不是更现实的4%。Gollier 和 Zeckhauser（2005）及 Heal 和 Millner（2013）研究当不同的人具有不同的时间偏好时，群体应该如何对未来进行贴现，即如何将这些不同的价值判断组合成具有代表性的折现因子。一种方案是将其视为一个社会选择问题，并考虑通过投票等过程来调和这些关于价值观的分歧。在这种情况下，结果很可能是应该使用时间偏好的中值来计算折现因子。另一种方案是使用一种更为传统的经济学方法，寻求最大化不同代理人福利的加权和，同时询问是否有一个代表可以代表该群体。

风险折现因子反映金融市场对风险的态度，有助于实现跨期计算成本和收益。实现跨期分析是评估气候金融政策的一项重要任务，因为气候金融政策通常具有短期成本高，但长期收益大的特征。确定折现因子需要考虑的因素非常多，包括定性方面的经验不确定性，涵盖定量分析方面的参数设置的不确定性。经验不确定性很大程度上来源于经济未来增长率的不确定性。根据拉姆齐公式，折现因子是经济增长率的函数。折现因子分解为两部分：一部分取决于我们赋予后代福利多少权重，另一部分取决于对代际间消费不平等的厌恶程度。根据拉姆齐公式，如果未来经济增长率存在不确定性，那么如何折现未来消费的变化进而折现气候金融政策的收益也存在不确定性。Weitzman（2001）指出，不同的经济学家推荐不同的折现因子，且这些折现因子被视为基于真实基础利率的独立估计，因此这本身就是不确定的。因此 Weitzman（2001）建议将这些估计结果结合起来，对其进行加权平均。此外，对折现因子的估计需将经济增长率的经验预测与个人福利参数（他们的时间偏好和边际效用弹性）结合。福利参数的差异反映了关于如何衡量福利的根本分歧，与经验不确定性不同。这种细微的区别对我们如何计算折现因子有着重要的影响。特别地，如果人们有不同的偏好，我们需要以某种方式聚合加总，以识别总体上具有代表性的社会偏好。这种理论上的聚合式的风险折现因子的加总无法得到准确的概率分布估计，无疑增加了 CRFR 的不确定性问题。

7.1.3.3　不确定性对气候相关金融风险管理的影响

CRFR 的不确定性内生于复杂的金融系统，金融市场的反应不可预测。可以说 CRFR 的内生性是其典型特征（Battiston，2019）。与气候风险相关的冲击可以从金融体系内部产生，市场参与者的反应会对价格和市场结果产生影响，进而影响其他参与者的金融决策。面对 CRFR，传统的金融风险管理模型，比如在险价值（Value at Risk，VaR）无法对这种内生的不确定性建模，因为复杂和非线性的风险运行机制不能很容易地以确定性或概率的方式描述。

第一，增加风险管理活动的复杂性。气候变化会引发金融风险虽然在金融界已经基本达成共识，但如何理解其短期和长期的影响却时刻影响金融机构的行为方式和金融政策的制定。事实上，经济低碳转型所耗时间越长，CRFR 对金融体系的影响就越大，但问题的核心在于金融机构在多大程度上认为短期内 CRFR 会成为影响金融体系风险的主要风险因子。CRFR 的不确定性特征导致金融风险管理活动的复杂性体现在难以用概率描述事件是否发生，以及难以理解事件为什么发生，困难的核心是无法对这些不确定性进行建模，其最终结果就是未来发生什么是未知的。为了研究 CRFR，建模需要将气候变化及其经济社会影响进行结合，而在这种复杂性和多重性的耦合下，对未来将要发生的事情赋予概率权重变得不可能，特别是在长期，因为不确定性程度随着时间的推移而呈指数增长。因此，对于 CRFR 的建模，我们要深刻理解并实事求是地分析模型的真正含义和有用程度。

第二，如何解决压力测试的时长选择问题。压力测试和情景分析的使用在一定程度上意味着承认准确预测和管理 CRFR 的不可能性（Bank of England，2019）。虽如此，基于当前金融机构的资产负债表难以对长期的物理风险和转型风险进行压力场景设计。Bank of England（2019）认为，对 CRFR 进行压力测试的最大考验在于时间的跨度选择。比如，以 2020 年资产负债表为基准，对 2050 年可能出现的情景进行假设和预测，如何对预测结果进行解释是一个很大的挑战。进一步地，如果物理风险的影响时间跨度长达 50 年，那么以 2020 年资产负债表为基础进行的情景分析和压力测试，其预测意义何在。同时，这种压力测试和情景分析往往假设其他变量不变，但在如此跨度的时长范围内，该假设是否能够成立非常值得商榷。例如，1980 年以来，发达经济体银行资产负债表相对于 GDP 的总体规模翻了一番，而且它们的构成已经完全改变，大多数信贷支持家庭而不是企业（Jorda 等，2017）。这说明难以假设资产负债表在 20 年之内不发生变化。此外，快速的低碳转型可能更容易被更短的时间窗口所捕获，因此在应对气候风险过程中金融机构资产负债表的运动规律具有时变属性，如何在压力测试的长期框架下刻画这种时变特征对长期动态资产负债表的建模能力提出了挑战。

第三，情景分析的场景设计及传导机制的分析。面对 CRFR，情景分析是主要的研究方法，能够在面对多重障碍时通过设计有限场景来降低风险评估难度。但是评估特定社会经济情景的代表性和稳健性在很大程度上限制了其解释的有效性，除非愿意进行情景分析的实体有充分的理由考虑一种特定情景而不是另一种。增加情景分析的代表性和有效性的方式是增加合理性情景的数量，并确定可接受程度的边界。在选择一个特定情景之后，我们必须从气候相关风险（物理风险和转型风险）延展到企业价值链上，进一步到企业自身的内部运营，进而到其财务结果，最终到金融市场对该结果的反馈，以及与所有其他金融资产的无数可能的相互作用的传导机制。在金融机构构建投资组合及进行风险分析时，难以对这种传导机制进行建模。尽管情景方法被明确地设想为一种工具来规避这种不确定性背后的问题，但它们本身并不能解决这一复杂性问题。

　　第四，政策工具充满不确定性因素。首先，在资本监管方面，当前的资本充足率框架并没有约束商业银行对高碳行业贷款的行为，也没有为绿色信贷创造良好的信贷政策环境（D'Orazio 和 Popoyan，2019）。应对 CRFR 需要在资本充足率框架中纳入"棕色资产惩罚因子"，对高碳行业贷款要求更高的资本，进而降低对高碳行业的投入，缓解 CRFR。同时，这种高资本充足率要求也为商业银行应对转型风险提供缓冲。虽然很多学者也积极呼吁在资本充足率框架中纳入"绿色激励因子"，但在实践中往往会存在局限性，主要原因在于对如何定义"绿色"难以达成一致，但相对来讲定义"棕色"较为容易。随着技术和社会的变化，从可再生能源到核能，从负排放技术到有效的消费模式，对于"绿色"，人们的共识较少，并在不断演变（Hugues Chenet 等，2021）。欧盟侧重于制定"绿色分类法"而非碳密集资产分类的做法也存在同样的弊端。为此，在欧盟 2020 年的报告中，欧盟的技术专家组将分类方法扩展到碳密集活动。英格兰银行考虑对碳密集贷款类型施加更高的资本充足率要求，将其作为气候压力测试的潜在政策结果之一（Carney，2020）。其实，在将 CRFR 纳入资本充足率框架过程中存在的最大不确定性是没有证据表明"棕色"贷款比"绿色"贷款风险高，因此也缺少市场参与者对两类贷款的风险感知（NGFS，2020）。这说明，CRFR 难以转为市场价格。绿色企业比高碳企业更不容易违约的观点是充满不确定性的，因为高碳行业处在非常成熟的产业链和工业体系之下。绿色企业违约风险低的前提是我们处于正确的转型路径上，但什么是正确的转型路径，应该如何正确制定政策，充满了巨大的不确定性。其次，宏观审慎政策与货币政策的配合本身就充满不确定性。欧洲中央银行的资产购买计划支持了高碳企业（Colesanti Senni 和 Monnin，2020；van t Klooster 和 Fontan，2020）。Jourdan 和 Kalinowski（2019）的研究表明，欧洲中央银行的资产购买计划的 63% 来自碳排放密集行业；Gabor 等（2019）指出，英格兰银行也存在同样问题。货币政策当局会出现上述情况，主要原因是其资产购买计划依据的是债券的信用评级，而信用评级并没有考虑 CRFR 因素。ECB（2020）承认，未来欧洲中央银行要改变该行为。当欧洲中央银行的资产购买计划纳入 CRFR 时，一些高碳企业债券将会被剔除。

7.2 不确定性视域下的气候金融政策

7.2.1 政策困境：建构理性还是生态理性

评估气候变化的经济（金融）和社会影响是政策决策者面临的主要不确定性来源。人们越来越认识到，传统的气候经济学和金融风险模型立足于均衡模型，在代表性参与者假设框架及线性约束和跨期优化约束下，不能很好地刻画气候风险的特征，以及评估气候合作所带来的机遇。Heimann（1993）开创了组织失败和组织冗余需求（Need for Organizational Redundancy）领域的研究。Heimann（1993）指出了两种类型的策略错误。第 I 类错误是实施了错误的政策，第 II 类错误是没有实施正确的政策行动。前者代表的是委托错误，后者代表的是遗漏错误。在 Heimann（1993）两类错误决策的理论框架下，建构理性（Constructivist Rationality）和生态理性（Ecological Rationality）在制定和设计政策时也都有自己的位置，在不同的条件和背景下，具体接受哪种理念与可获得的信息和作出错误决策的成本有关。

7.2.1.1 建构理性与生态理性的含义

建构理性以笛卡尔逻辑为基础，主张人的理性可以通过对人的行为的有意识的塑造来演绎建构制度。笛卡尔逻辑的基础是，社会要么沿着理性原则自上而下地衍生其结构，要么通过符合社会规划者的偏好而客观地知道什么是社会的"最佳"制度。从决策者的角度来看，建构理性相对于生态理性的启示体现在所要采取的政策步骤的种类或政策行为体本身。建构理性暗示我们有足够的信息来决定什么是最优的政策策略，从而有利于进行全面的、变革性的政策变革。当然，它也可以用来证明维持现状的合理性，因为现有的政策是基于我们理解世界的信心。建构理性的合理性依赖于这样的假设，即预测模型足够精确，可以用来进行长期预测。更一般地说，它显性或隐性地假设人类有能力理解周围的世界及各种现象的复杂因果结构。

建构理性的一个替代方案是生态理性，它与有限理性的原则和假设密切相关。Smith（2003）指出，"生态理性运用理性重构，基于个体的经验和民间知识来考察个体的行为……发现我们的文化和生物遗产的规则、规范和制度中所体现的可能的智慧"。因此，生态理性是在文化和生物进化过程中，利用本身的行动原则、规范、传统和道德来产生的决策。根据生态理性的假设，决策者在决策中发展经验法则或进行启发式、探索式决策。这种方法意味着对于一个特定的问题，确定全局最优解或最大化策略是不可能的。生态理性表明，政策制定者必须更加谦逊地对待他们面对的未来。他们可能拥有信息，但他们也需要认识到世界是一个不稳定和不断变化的复杂系统，并且可能经常表现出高度非线性的行为，使预测变得困难，特别是在长期。问题的性质和程度是不确定的，行动的方向也是不确定的。首选的政策行动应是演化的、增量的和基于可获得信息的持续行为。

在 Heimann（1993）提出了不同理念下的决策矩阵（见表 7 - 1）中，建构理性与生态理性的政策含义得到充分体现。秉承生态理性的决策者希望等待时机以掌握更多信息，或者采取有限的、渐进的步骤来应对气候风险。他们对遥远的可能性持开放态度，希望在作出剧烈的政策变化之前获得额外的知识。生态理性认为，即使气候变化问题确实严重，但过于迅速和激进的应对措施可能成本过高，对经济增长的破坏性也较大。"采取激进果断政策行动"与建构主义关于气候变化的立场一致。这反映了人们对气候变化造成长期严重危害的气候学模型的高度信心，反映了只有采取果断行动才能产生足够的减缓效果，以限制全球变暖的有害影响。

建构理性下的政策失败反映了一种信念所带来的错误，即对气候变化的模拟模型保持足够的信心，以至于他们认为模型预测的各种可能结果可以被视为"风险"结果，而不接受所有可能结果的集合是不确定的观点。建构理性决策者建立了一个大的置信区间，并接受一个低显著性水平（如 P 值小于 0.10）来拒绝原假设。生态理性下的政策失败是表 7 - 1 中的 II 类错误。生态理性从奈特不确定性理论的角度出发，认为可用于决策的数据存在较大不确定性，因此无法承诺需提供大量的资源或采取激进的行动方针来寻求缓解气候变化。与生态理性相反，建构理性下的政策失败是表 7 - 1 中的 I 类错误，意味着其更愿意相信数据和模型提供的预测结果。

表 7-1　Heimann（1993）政策决策矩阵

应该采取的政策		不采取政策措施	激进果断的政策行动
	不采取政策措施	决策正确	Ⅰ类错误
	应该采取措施	Ⅱ类错误	决策正确

7.2.1.2　建构理性与生态理性的政策"两难"

在实现2℃目标的时代窗口下，迫切需要一波新的模式包含气候变化对社会经济系统影响的不确定性和复杂性。这就需要考虑影响的异质性、主体和系统响应的非线性、反馈强化和平衡的可能性，以及级联效应和政策路径依赖等问题。

一方面，气候风险所引起的经济社会影响，需要全人类立刻采取行动降低碳排放量，否则其后果不堪设想。因此金融业似乎应按照建构理性，立刻采取行动来评估、测量、监测及应对 CRFR。由 153 个国家缔结的《联合国气候变化框架公约》（*United Nations Framework Convention on Climate Change*，UNFC-CC）指出："缔约方应采取预防性措施，预测、预防或尽量减少气候变化，减轻其不利影响。在存在严重或不可逆转损害威胁的情况下，不应以缺乏充分的科学确定性作为推迟采取政策措施的理由。"Stern（2007）认为，人为引起的气候变化是一个深刻的威胁，必须立即解决，以避免未来的灾难，全球变暖必须通过旨在减少排放到大气中的二氧化碳和其他温室气体的重大政策干预来应对。碳密集型的人类生产和消费活动引起大气温室气体浓度增加，从而对人类构成广泛的威胁（Mora 等，2018）。Herring 等（2018）指出，气候变化导致 2017 年发生了 15 次极端天气事件。总之，学术界、政府部门和实务部门均认为，气候风险给经济社会带来了巨大损失，风险已经传导至金融系统，因此金融业要高度重视气候风险管理，立刻采取行动。

而另一方面，CRFR 所伴随的不确定性特征，使金融业对其建模及即刻采取政策反映的建构主义行为极容易犯 Heimann（1993）表 7-1 中的第Ⅰ类错误，即政策失误导致目标无法完全实现。行动与气候变化减缓目标之间的差距正在扩大（Allen 等，2018）。事实上，全球碳排放量在 2017 年出现企稳后再次上升，这使全球温度升高很难限制在《巴黎协定》的目标内。Coronese 等（2018）在汇总十年数据后发现，实际上气候变化导致的全球经济损失呈现右肥尾分布特征，因此，基于正态分布的统计建模将会带来错误的政策决策。此外，政策实施效果表明，气候减缓和适应方面的投资相对不足，需要更强的政策和长期投资来填补每年 2.5 万亿美元的缺口，直至 2050 年（IRENA – CPI，2018）。人们越来越意识到，仅仅依靠市场力量不可能实现《巴黎协定》目标。各国目前在启动"绿色新政"，通过出台明确、连贯和协调的金融政策刺激绿色技术的大规模投资，目前虽已被经济学家所倡导，但仍旧充满巨大争议（Lamperti 等，2018）。金融业所面临的气候风险与传统金融风险类型大不相同，会呈现出更多的无法精确计量的不确定性特征。这给气候金融政策的制定带来巨大挑战。无论是在时机、规模还是条件方面，政策的设计和实施都具有很高的不确定性，具体表现为：一些国家退出《巴黎协定》（如美国政府）；推迟取消化石燃料补贴；在国内实行绿色投资，却在低收入国家实行碳密集投资。这些行为向投资者和金融市场提供了矛盾的信号。尽管大多数国家承认《巴黎协定》，积极发布国家自主贡献度，但大多数国家的绿色投资和碳减排轨迹仍然与气候雄心相去甚远。这意味着，应对气候风险的相关金融政策极易犯错，建构理性下的迅速政策行为会遭遇挑战。

在现实中，金融政策路线似乎显现出"必要性上的建构理性与过程性的生态理性"的相矛盾状态。在波兰 Katowice 举办的 UNFCCC COP24 缔约方气候大会上，各国政府商定执行 2015 年《巴黎协定》的规则手册。然而，由于美国和巴西政府的反对，各国政府未能就保持高概率实现气候目标所需的气候政策的及时出台达成一致，也未能促成到 2050 年实现碳中和所需的激进经济转变。越来越多的研究发现，气候政策不确定性会影响投资者对气候政策的预期，从而影响投资者在政策出台后及时调整业务和投资组合策略。这意味着投资者可能暴露在低碳资产和高碳资产的价格波动性风险之下，从而最终转化为碳滞留资产（Monasterolo 等，2017；Caldecott，2018）。实证研究表明，尽管在《巴黎协定》签订后高碳指数相关风险较高，但金融市场尚未将气候风险在金融合约中进行定价（Monasterolo 和 de Angelis，2018）。这说明，金融体系对气候风险的反馈尚存被动的一面，金融市场无法对气候风险进行精确定价，这无助于全球经济的低碳转型，最终极有可能增加投资者对高碳资产的持有，进而威胁金融体系稳定。

总之，气候风险引发的 CRFR 要求金融业应立刻采取措施。一方面，金融业需应对 CRFR 中的物理风险和转型风险对金融机构资产负债表的冲击；另一方面，政策当局也应积极制定气候金融政策，引导和激励金融业有效应对CRFR，提高管理 CRFR 的主动性和积极性。这些共识性的想法似乎与建构理性相符合。但我们不可否认，当前金融业在应对 CRFR 过程中，仍旧处在传统金融风险管理的理论和实践框架下，而以精确测度风险为核心的传统金融风险管理实践在应对充满不确定性的 CRFR 时存在心有余而力不足的状况。在应对CRFR 的过程中，金融业所需要面对的是无法提供概率分布的、产生各类影响的不确定性事件，且处于经济金融系统之外，因此这种不确定性导向的表现特征使管理 CRFR 的建构理性思想面临更多的犯错误风险。具有步步为营特点的生态理性导向的政策制定虽然步伐平稳，但在应对气候风险时，政策制定也掣肘于各类不确定性事件，政策反应可能相对缓慢。因此在应对 CRFR 时，最理想的政策当然是疾风骤雨般的最有效的政策，但在无法到达理想状态时，金融业在应对 CRFR 时就需要对建构理性和生态理性进行战略折中，在保证政策制定和有效风险管理的基础上，最快地将政策和风险管理实践落实在行动上，从而提高金融业应对 CRFR 的有效性。

7.2.2　不确定性视域下气候金融政策的设计理念

事实上，超出 CRFR 认知之外的一个观点是：在必要的低碳转型政策出台以前，没有证据表明绿色贷款风险低、"棕色"贷款风险高，也没有市场参与者对气候风险定价（NGFS，2020）。事实上，CRFR 本身是以低碳转型战略为基础的。这就说明，我们必须要冒着犯 I 类错误的风险来采取行动，但政策制定和实施又面临巨大不确定性，只能探索前行，逐步实施，这似乎又偏向于生态理性。在目前的认知范围内，很难解释为什么绿色企业比碳密集企业更不容易违约。因为前者是一个潜在的增长部门，具有相当大的不确定性；而后者仍然是化石燃料能源占主导地位的成熟工业生态系统的关键部分。因此，真正缓解 CRFR 的政策应是支持低碳转型的政策，因而内生地决定 I 类错误似乎不可避免。而当我们真正处于绿色低碳转型的路径时，我们会发现有序实施、步步为营的政策似乎更为适合金融业应对气候风险。党的二十大报告也指出，"积极稳妥推进碳达峰碳中和""有计划分步骤实施碳达峰行动"。总之，气候相关金融风险的不确定性特征要求金融业在应对气候风险时既要以建构理性的方式迅速采取政策行动，又要以生态理性的方式来实施政策，实现二者的折中与融合，相互补充，互为借鉴。

第一，因势利导，以"演化式"的生态理性指导气候金融政策制定。在 Heimann（1993）的决策理论框架下，有串行决策和并行决策两类决策系统。串行决策的结构要求是存在一个决策点序列，每个"单元"在系统整体能够行动之前均已运行完毕。所有决策点相继完成决策后才能使政策向前推进。任何一个单位对任何特定的政策决定都有否决权。在并行决策系统下，即使一个或多个单元拒绝该策略，整个系统也可以执行政策。当决策者面对快速复杂多变的情景时，并行决策系统更加受政策制定者的青睐，会提供快速实施政策的机会。但 Heimann（1993）也指出，在只有两种状态（正确政策和错误政策）的情况下，并行决策系统更有可能产生错误的政策。Heimann（1993）提出了一个"三态"世界，即政策制定者犯 I 类错误、II 类错误和决策正确三种状态。在"三态"世界中，Heimann（1993）认为：串行系统是最优的，因为可减少犯 I 类错误的可能性；而并行决策系统会增加 I 类错误的概率，降低 II 类错误的概率。对于金融业来讲，面对 CRFR 必须进行回应，必须采取政策行动，因此对应于表 7-1 中的第二列。降低 I 类错误是金融业应对气候风险政策制定的主要政策目标之一。在充满不确定性的世界中，串行决策意味着试探性的前进，具有前述的生态理性导向。在制定金融业应对 CRFR 的政策进程中，我们往往面对有限理性和高度不确定性，因此一步一步地探索式前进应是最优选择。因此在面对 CRFR 时，金融政策的制定应基于"历史条件"进行演化式决策，这种决策方式在政策纠正成本高昂时无疑可以降低 I 类错误的概率。

第二，顺时施宜，以"模型化"理念提升 CRFR 的预测能力。虽然建构理性视角下的政策制定容易犯 I 类错误，但建构理性的政策理念却与 CRFR 需要立刻采取行动的需求相契合。因此，为了提升气候风险的定价能力，减少 CRFR 模型结果的不确定性，帮助市场和投资者对 CRFR 定价，我们首先需要清晰定义"绿色"。气候科学明确指出什么是化石燃料，特别指出煤炭会导致全球气候变暖，但在对"绿色"的共识方面，随着时间、技术和社会的变化，从可再生能源到核电，从负排放技术到高效的消费模式，人们的认识在不断演变。为此欧盟委员会成立了可持续金融技术专家组（Technical Experts Group on Sustainable Finance），发布绿色金融分类法和绿色债券标准，并就气候风险披露指标提出建议。管理 CRFR 应借鉴建构理性的模型化做法，提高数据搜集、存储和分析能力，增强模型的可预测性，又快又准地对 CRFR 进行测度。基于演化经济学和复杂性科学的方法可以为传统的气候经济学模型提供补充。

第三，防患未然，以"预防性"理念制定气候金融监管政策。《京都议定书》和《巴黎协定》都是典型的预防性协定，联合国政府间气候变化专门委员会（Intergovernmental Panel on Climate Change，IPCC）也非常支持预防性政策原则，欧盟委员会甚至在欧盟条约第 191 条已通过该协定。在整个欧盟范围内，预防性原则已经适用于气候变化以外的一系列不同部门的监管，包括健康与安全、生物多样性、消费者保护、化学品、新型食品、农药、纳米产品和药物。"预防性"理念强调在危机尚未爆发时采取措施。虽然无法准确地得到不确定性事件的概率分布，但对可能导致灾难性后果的人类活动却需要不惜一切代价加以预防。《联合国气候变化框架公约》Article 3.3 指出，鉴于难以量化气候变化导致的金融风险，预防性原则尤其值得重视。

审慎监管的核心在于防患于未然。气候相关金融风险具有显著不确定性特征，且同时具有系统性特征，因此审慎视角下的金融政策设计是制定气候金融政策的应有之义。在应对 CRFR 过程中，我们所面对的是大量的具有显著不确定性特征的宏观经济金融风险，因此从"建构主义"角度来讲，我们确实迫切需要一个更为宏观和具有弹性的金融政策框架体系应对 CRFR，因此宏观层面的审慎监管是管理 CRFR 的必然选择。但是在金融体系应对 CRFR 过程中，我们需要根据 CRFR 的特征与作用点，针对具体情况设计具体政策工具，而在宏观审慎政策工具箱中，多种政策工具均可以用来管理 CRFR 对金融体系的冲击，且时间维度下的宏观审慎框架又可以随着 CRFR 对金融体系冲击的走势进行时变调控，这意味着宏观审慎政策工具的实施又满足了生态理性的特征。宏观审慎政策既符合建构理性的行动力要求，又满足了生态理性的具体实践要求，因此在金融风险领域，或者说在 CRFR 领域，预防性原则的合理延展则是宏观审慎监管，因为 CRFR 所带来的金融风险具有系统性特征。CRFR 的威胁能够达到系统性规模，且不可逆转，其所附带的根本不确定性要求实施审慎导向的金融监管政策。宏观审慎监管通过监管措施改变金融机构和市场主体决策的激励结构，支持经济活动快速平稳地脱碳，主要的激励机制包括将 CRFR 引入资本充足率计算公式、在资本充足率计算方面引入"绿色支持因子"

（Green Supporting Factor）、控制流向高碳行业信贷等审慎监管工具。在"棕色"贷款额度控制方面，宏观审慎监管政策可以要求商业银行"棕色"贷款占总资产的比率，或者规定"棕色"贷款与"绿色"贷款的比率关系。这会向金融市场发出强烈的信号，迅速降低金融业的转型风险。同时，监管也可以对不同碳排放量的企业设计不同的债务融资上限，激励企业能够正确地走在转型路径中，进而增加商业银行应对转型风险的韧性。在环境立法无法直接禁止对高碳行业贷款的情况下，金融监管应使用这种预判性方式降低商业银行对高碳行业的风险敞口，这从某种意义上来说也会规避未来的环境风险。为此，金融监管当局可以制定政策指引，引导商业银行对特定行业的信贷投放。这种政策实施需要中央银行、财政部、政府、各个产业与金融监管当局紧密配合。

第四，避繁就简，以"简单化"理念指导气候金融政策的实施。应对气候相关金融风险需要启发式的、对金融市场运行的方向式思考。与传统的基于复杂模型的风险管理实践不同，面对 CRFR 的不确定性，金融业也非常需要更多的定性方法与定性分析。Kay 和 King（2020）指出，在一个极端不确定的世界中保持理性，就要忽略那些没有帮助的信息，利用经验（而不是数据）和自由裁量权，制定应对策略，并以定性的方式思考未来。在讨论商业银行计算自身资本充足率所使用的复杂模型时，英格兰银行原行长 Mervyn King 认为，"如果不确定性的本质是未知的，那么最好是大致正确而不是精确错误，并使用简单但更稳健的方式度量资本"（King，2016）。Boyer（2018）指出，"不确定性和复杂性越高，对简单叙事的需求就越迫切"。金融业必须制定政策应对 CRFR 已经成为共识。仅仅根据"经验法则"，金融机构就知晓应降低对高碳部门的信贷支持，尽管无法准确测算政策的影响。Simon（1997）提出的"有限理性"意味着金融业对 CRFR 的理解是有限的，但却需要在有限的范围内作出决策。Gollier（2001）的"干中学"思路认为，早期的政策行动可以带来关于系统反应性的"质"的有用额外信息，从而使决策更好地向前推进。因此应对 CRFR 的流程不应是"等待学习—然后行动"。总之，所有这些方法都可以帮助在金融体系面对不确定的情况下作出决策，但是由于 CRFR 复杂性而产生的高强度不确定性，金融政策制定者与其付出巨大成本来略微提升精确性，不如在对其有初步认知的情况下，采取"干中学"的策略，以建构理性的行动态度和生态理性的行为模式，主动地、积极地应对气候相关金融风险，从而最大限度地助力应对气候风险，实现经济低碳转型。

7.3 不确定性下的金融监管选择——宏观审慎监管

7.3.1 实施宏观审慎监管的必要性

气候风险的不确定性特征会产生系统性影响及低碳转型可能引致系统性金融风险是实施宏观审慎监管的核心原因。

金融系统交叉持股和共同风险敞口可能会放大气候风险，从而需要纳入全金融系统的政策应对视角。转型风险作为气候风险的一个类型，会改变信贷风险的相关性结构，降低多元化的缓释功能。气候风险的系统性层面超出了个别机构和投资者的个体风险范畴，难以被微观审慎监管覆盖，也很难被个体金融机构内部消化。宏观审慎政策的预防性特征可以确保金融系统具有足够的弹性，以应对长期的任何冲击。考虑到气候风险的不确定性，这一点非常重要。与其他政策相比，应对气候风险的宏观审慎工具可能最适合解决与高碳项目过度贷款相关的外部性问题。宏观审慎政策从全系统的角度能够应对金融机构集体贷款决策带来的风险积累，并有助于在此类贷款造成的损失出现时加强金融系统的弹性。

气候变化和减缓气候变化都将使银行业面临新的风险，这些风险具有潜在的系统性影响，但在其当前的监管框架内尚未完全涵盖。巴塞尔银行监管委员会（BCBS）和欧洲银行管理局（EBA）认为，几乎所有气候风险的驱动因素，包括物理风险和转型风险均可以归入传统的金融风险类别，如信用风险、市场风险、操作风险和流动性风险等。然而，鉴于这些风险的独特特征，目前监管框架的原则和方法可能只会间接或有限地考虑气候风险。气候相关金融风险的时间维度和路径依赖性可能会加剧银行业的系统性风险。NGFS 提出的情景强调了向绿色经济的过渡效果取决于公共政策行动和新技术的发展。不及时或无效的气候转型可能导致经济陷入无序转型。然而，气候变化政策行动的效果是有时间延迟的。向绿色经济的无序过渡可能会导致银行业在高碳排放公司和易受气候冲击的风险敞口方面遭受重大损失。随着时间的推移，加强政策和监管行动以促进向净零经济的过渡将减少碳密集活动的融资，但可能会再次加剧系统性风险的积累。

7.3.2　各国绿色宏观审慎实施现状

本部分首先使用 D'Orazio 和 Popoyan（2019）开发的绿色宏观审慎指标（Green Macroprudential Index，GMI）分析当前全球主要国家在绿色宏观审慎监管的实施及采用绿色法规方面的经验，以及这些法规是否具有强制性。GMI 指数有四类：采用强制性法规的国家；制定了自愿法规的国家；具有多项规定的国家，同时具有强制性和自愿性规定的国家；还有目前正在讨论引入此类法规的可能性的国家。

在南亚和东亚地区，中国、印度、巴基斯坦、孟加拉国、越南和印度尼西亚是强制性法规的主要实施者，其他地区的国家包括尼日利亚和巴西。欧洲国家和其他高收入国家处于相对落后的局面，因为除了法国和荷兰，在金融监管中纳入气候风险仍然停留在政策层面讨论。低收入国家和新兴经济体积极推行应对气候风险的金融政策的理由包括：第一，新兴国家和低收入国家的中央银行比高收入国家的中央银行有更广泛的目标和职能，其政策目标通常明确包括产出增长、汇率稳定和宏观审慎监管；第二，低收入国家更容易受到气候变化的影响，因此，它们必须在短期内制定出更及时、更有效的应对措施。

没有国家使用资本类型的监管工具，贷款限额是更广泛采用的工具。贷款限额工具在孟加拉国、巴西、中国、印度、印度尼西亚、尼日利亚、韩国和越南强制实施，在日本自愿实施。在压力测试方面，截至该处资料的引用时间，气候相关的压力测试只在中国实施，法国、荷兰和英国正在讨论如何实施压力测试。在气候风险评估和披露方面，印度、印度尼西亚、尼日利亚、巴基斯坦、韩国、越南等国家强制性要求披露气候风险，哥伦比亚、厄瓜多尔、法国、日本、肯尼亚、墨西哥、蒙古国、摩洛哥、尼泊尔、秘鲁、南非和土耳其等国家规定自愿披露；阿根廷、加拿大、丹麦、老挝、瑞典、瑞士和英国目前正在讨论实施这些措施的可能性。

7.3.3　气候宏观审慎工具构成

应对气候风险需要宏观审慎工具来保证金融体系的稳定。宏观审慎政策与旨在限制和适应气候变化的公共政策相互作用。转型风险及物理风险都取决于公共部门何时及如何制定旨在减少温室气体排放和适应气候变化的公共政策。任何缺乏及时公共政策行动的行为都可能增加金融系统面临（无序）的转型风险和物理风险，进而需要通过宏观审慎政策（气候相关系统性风险的"时间维度"）加持。在缓解和适应气候变化的公共政策的更广泛领域内，宏观审慎政策不能取代直接应对气候变化本身的行动。尽管如此，与应对气候风险的其他监管措施一样，宏观审慎政策也可能对整个经济体的气候风险积累产生影响，例如，减少金融机构对不符合向净零经济转型的活动的融资，从而有助于缓解气候变化。考虑采取措施的宏观审慎当局应审视现有的风险缓释政策，并认识到与这些政策的相互作用和权衡，以及公告效果的重要性。宏观审慎当局应考虑微观审慎要求，并在采取适当措施之前与微观审慎当局协调。微观和宏观审慎当局之间需要进行密切对话，以确保制定一套最有效、最连贯的政策来缓解气候相关风险。此外，当局还应考虑宏观审慎政策与危机管理和金融安全政策的相互作用。最后，在考虑宏观审慎和微观审慎政策相互作用时，公告效应可能是一个相关的考虑因素，因为一些信息是公开的，而另一些则没有公开披露。

根据国际货币基金组织和国际清算银行的相关文件，金融监管应对气候风险的主要监管工具包括以下七类。

第一，资本充足率要求。资本充足率是资本与风险加权资产的比值，旨在通过风险约束机制引导商业银行的信贷投放行为。欧盟委员会、可持续金融高级别专家组、欧洲银行协会等机构提出了绿色支持因子（Green Supporting Factors，GSF）的概念。他们强调，有必要根据绿色金融目标调整对商业银行的资本要求来引入 GSF，这有助于激励商业银行向绿色部门放贷，从而促进绿色投资。在资本监管框架中，商业银行可以根据 GSF 校准资本充足率计算，以便使低碳活动对其资产负债表施加的压力更小，从而激励它们为气候相关项目融资。绿色资产的去风险化在风险加权资产的信用风险衡量机制中尤其重要，因为绿色项目的回报期较长，通常被赋予更高的风险权重（与棕色资产相比）。因此，对于绿色资产，在计算风险加权资产时可以根据 GSF 降低其风险权重。需要注意的是，虽然该政策导向是正确的，但这种监管设计会降低绿色资产的风险监管要求，导致银行体系的不稳定，从而低估绿色资产的实际风险。政策制定者应使绿色资产分类标准及相关信息披露标准清晰化，将气候风险转化为信用风险，并要承认，对于银行业来讲，绿色资产不一定风险低。这意味着，对于绿色资产的资本监管也要有贷款损失准备金的加持。另外一个思路是，在计算风险加权资产时提高棕色资产的风险权重，增加棕色资产惩罚因子（Browning Penalizing Factor，BPF），要求商业银行在持有碳密集资产时要持有更多的资本。商业银行将对棕色资产的风险更加敏感，需要持有更多的吸收损失的资本，以抵御可能的碳泡沫或搁浅资产可能的重新定价。

第二，差异化准备金要求（Differentiated Reserve Requirements，DRRs）。准备金比率既是货币政策工具，也是宏观审慎工具。在可用于协同低碳转型和金融稳定目标的工具中，差异化的"绿色"准备金要求引起了特别关注。准备金要求（Reserve Requirements，RRs）是大多数中央银行采用的一种规定。它规定了商业银行作为客户存款和票据的对手方必须持有的最低准备金额度。RRs 除了用于公开市场操作，还用于控制货币供应。DRRs 通过放宽 RRs 激励金融机构积极参与绿色转型。DRRs 的水平取决于商业银行投资组合的构成，与商业银行绿色贷款比例有关联。与现有的统一 RRs 要求相比，绿色 DRRs 将允许商业银行针对"绿色"贷款组合持有更少的准备金。因此，DRRs 通过直接影响商业银行的货币创造能力，使商业银行贷款活动的盈利能力与气候政策目标保持一致。

DRRs 的实施有必要校准绿色因子 σ，具体表达式如式（7-1）所示：

$$R_t = \sigma \times D_t \qquad\qquad (7-1)$$

其中：D_t 是银行在 t 期间持有的存款存量；σ 作为准备金比率，应能够区分"绿色"和"棕色"，即 $\sigma \in \{\sigma_{brown}, \sigma_{green}\}$。当区分具有"绿色"和"棕色"贷款组合的商业银行时，以下成立：$0 < \sigma_{green} < \sigma_{brown}$。

第三，反周期资本缓冲（Countercyclical Capital Buffer，CCyB）。CCyB 旨在加强金融机构对系统性脆弱性积累的防御，并在信贷周期的收缩阶段充当缓冲。在国际金融危机后，CCyB 的使用有所增加。在从高碳经济向低碳经济过渡的过程中，CCyB 可用于维护金融稳定，因为它旨在帮助商业银行依碳密集行业信贷周期构建资本缓冲。缓冲区的创建遵循四个步骤：（1）碳密集信贷与 GDP 的比率必须根据银行"私营部门信贷敞口"的细分及其投资组合构成信息进行计算；（2）碳密集信贷占 GDP 的缺口为当前碳密集贷款占 GDP 的比率与其长期趋势之间的差异；（3）定义了缺口的较低（"安全"）L 阈值和较高（"危险"）H 阈值；（4）计算资本缓冲比率。当碳密集信贷与 GDP 缺口低于（"安全"）阈值 L 时，缓冲比率（以风险加权资产的百分比表示）为零。在该下限之上，缓冲区附加值随着信贷与 GDP 缺口的增加而增加，直到后者达到上限 H（"危险"）。CCyB 机制在碳密集信贷过度增长期间建立缓冲，提高资本基础，进而提高商业银行在碳密集信贷周期上升期间的弹性，起到"软"限速的作用，从而有助于"软着陆"。CCyB 吸收高碳贷款（如搁浅资产）的事后冲击，在缓解和防止与碳密集资产相关的过度信贷增长方面发挥重要作用。

第四，部门杠杆率（Sectoral Leverage Ratio，SLR）。根据《巴塞尔协议Ⅲ》，杠杆率为根据银行股权和总风险敞口之间的比率，防止表内和表外杠杆率过高。因此可以根据该逻辑，针对性地设计基于棕色资产和绿色资产的杠杆率标准，以降低银行暴露于高碳资产的敞口状况。

第五，流动性监管。根据《巴塞尔协议Ⅲ》，流动性监管旨在消除资产和资金来源之间的到期错配。流动性监管的两个主要指标是流动性覆盖率（LCR）和净稳定融资率（NSFR）。前者旨在"保护"商业银行免受短期流动性冲击；后者要求商业银行为长期资产提供至少一年到期的稳定资金。为了使流动性监管与气候风险管理的目标保持一致，欧洲银行联合会（European Banking Federation，EBF）建议在 LCR 和 NSFR 中引入精确的激励机制，以将气候相关目标纳入流动性监管框架。比如，在 NSFR 计算分母资金来源需求权重时，降低绿色资金需求权重，提升棕色资金需求权重，从而有助于激励商业银行将经营目标指向绿色领域。

第六，最低信贷下限和最高信贷上限。信贷限额机制明确，监管当局可以设定绿色贷款的最低额度和棕色贷款的最高额度。

第七，最大风险敞口限额。最大风险敞口限额旨在将商业银行在单个对手或关联对手经营倒闭的情况下可能遭受的最大损失控制在不损害商业银行偿付能力的水平。当应用于低碳转型目的时，最大风险敞口限额限制商业银行对高碳密集资产的风险敞口头寸，以宏观审慎的方式保护商业银行在转型期间免受系统性风险的影响。该工具与信贷上限非常相似，不同之处在于，信贷上限指向一组或一类资产，而最大风险敞口限额只针对特定交易对手方。最大风险敞口限额要求商业银行清晰地披露其对碳密集公司的敞口，在气候风险报告与披露方面作出努力。

7.3.4　信息披露问题

气候相关数据的可用性和可靠性是评估气候变化引起的系统性风险的核心要素。因此，信息披露是应对气候风险的宏观审慎政策的重要组成部分。然而，关键问题仍然存在于公司气候相关风险披露的覆盖范围和可比性以及第三方供应商的数据方面。来自银行和非银行的气候相关信息的可靠性最终取决于所有部门（主要包括非金融企业）的数据可用性和可靠性。

前瞻性指标披露是气候相关金融风险评估的关键要素，已被确定为金融稳定性分析的主要数据缺口。除了过去的气候绩效，前瞻性披露对于了解企业的气候绩效在多大程度上符合《巴黎协定》的目标、估计未来因暴露于气候相关风险而造成的潜在损失及描述缓释气候风险的计划行动至关重要。前瞻性指标披露可以提高市场定价透明度，从而减少资产价值大幅突然调整的可能性，这些调整可能会破坏金融市场的稳定并影响金融系统的稳定。前瞻性披露包括设定长期目标（如减排目标）、定义实现目标的机会指标（如与适应计划相关的预期资本或研发费用）及估计未来暴露和风险（如不同气候情景下因暴露于转型或物理风险而造成的预期损失）。

大多数前瞻性指标依赖于关于未来变量的情景或假设。目前可用的前瞻性信息的主要挑战之一是其披露的信息内容、使用的披露方法和披露可靠性方面存在差异。由于缺乏统一和有约束力的披露标准，公司披露的前瞻性信息很难进行比较和汇总。披露前瞻性指标的公司可能依赖于不同的气候相关情景和排放路径；情景包括不同的时间范围、基准年份及数据范围（如范围 1/2/3[①] 排放量、绝对排放量与排放强度）。用于计算类似类型指标（如气候风险价值或投资组合调整工具）的方法可能依赖于大不相同的建模假设和估计技术，导致结果存在差异。正如气候相关财务信息披露工作组（TCFD）所强调的那样，前瞻性披露缺乏透明度，因为支撑指标和目标的方法选择并不总是透明公开的。

---

① 　https：//mp. weixin. qq. com/s/SiHXS59UIs5hDFdQdrw－Ww.

　　监管当局有必要就一套关键的标准化前瞻性指标披露达成一致，并提供参考的气候情景和方法，以提高前瞻性披露的质量。关于转型风险，关键暴露指标应包括范围1/2/3排放量的绝对减排目标、中期目标和实现这些目标计划的详细说明。对于金融机构来说，贷款的排放目标可以纳入投资组合调整工具，以评估金融业务与更广泛的气候目标的兼容性。关于物理风险敞口，一个关键指标是高物理风险地区企业的预期收入和利润。

　　为了提高关键前瞻性指标的可比性，公共部门的指导至关重要。这种指导可以采取温室气体排放核算指南（特别是范围3）的形式，并提供精细的气候风险情景。这些情景将包括过渡路径（按经济部门和地区划分的排放量和GDP变化）及基于最近科学发现的物理风险热图。此外，此类公共部门指南可能涵盖企业如何在其风险评估框架中使用情景和估计方法，还可以将披露的第三方验证系统化，以提高承诺的可靠性。缺乏标准化和强制性的前瞻性信息不再仅仅被视为ESG问题，而是对未来全球金融稳定产生影响的问题。

参 考 文 献

［1］中共中央马克思恩格斯列宁斯大林著作编译局．马克思恩格斯全集（第42卷）［M］．北京：人民出版社，1979．

［2］曾林，叶永卫，王耀德．碳交易价格对企业创新的影响：基于中国上市公司的实证研究［J］．上海金融，2021（11）：61－70．

［3］陈国进，陈凌凌，金昊，等．气候转型风险与宏观经济政策调控［J］．经济研究，2023，58（5）：60－78．

［4］陈国进，郭珺莹，赵向琴．气候金融研究进展［J］．经济学动态，2021（8）：131－145．

［5］陈诗一，张建鹏，刘朝良．环境规制、融资约束与企业污染减排——来自排污费标准调整的证据［J］．金融研究，2021（9）：51－71．

［6］陈文婕，颜克高．新兴低碳产业发展策略研究［J］．经济地理，2010，30（2）：200－203．

［7］陈雨露．当前全球中央银行研究的若干重点问题［J］．金融研究，2020（2）：1－14．

［8］邓德军．我国低碳经济转型对金融稳定的影响研究［J］．湖北社会科学，2022（2）：75－82．

［9］邓周贵．基于静态与动态CoVaR方法银行系统性风险研究［D］．南京：南京大学，2017．

［10］丁宁，任亦侬，左颖．绿色信贷政策得不偿失还是得偿所愿？——基于资源配置视角的PSM－DID成本效率分析［J］．金融研究，2020（4）：112－130．

［11］高禄，车维汉，李立平．发展中国家国际债务资本开放的条件分析——基于国内债务水平的研究［J］．国际金融研究，2019（4）：77－86．

[12] 高睿，王营，曹廷求. 气候变化与宏观金融风险——来自全球 58 个代表性国家的证据 [J]. 南开经济研究，2022（3）：3-20.

[13] 顾海峰，卞雨晨. 绿色信贷能否缓解银行系统性风险——基于中国 22 家上市银行的证据 [J]. 经济理论与经济管理，2022，42（11）：42-56.

[14] 郭峰，王靖一，王芳，等. 测度中国数字普惠金融发展：指数编制与空间特征 [J]. 经济学（季刊），2020，19（4）：1401-1418.

[15] 郭娜，张骏，陈东晖. 金融科技、银行风险容忍度与流动性囤积 [J]. 金融论坛，2023，28（4）：60-69.

[16] 郭品，沈悦. 互联网金融、存款竞争与银行风险承担 [J]. 金融研究，2019（8）：58-76.

[17] 郭新明. 气候风险对金融稳定与货币政策目标实现的影响及应对 [J]. 金融纵横，2020（1）：3-13.

[18] 郭晔，房芳. 新型货币政策担保品框架的绿色效应 [J]. 金融研究，2021（1）：91-110.

[19] 郭晔，未钟琴，方颖. 金融科技布局、银行信贷风险与经营绩效——来自商业银行与科技企业战略合作的证据 [J]. 金融研究，2022（10）：20-38.

[20] 韩国文，樊呈恒. 企业碳排放与股票收益——绿色激励还是碳风险溢价 [J]. 金融经济学研究，2021，36（4）：78-93.

[21] 郇庆治. 21 世纪以来的西方生态资本主义理论 [J]. 马克思主义与现实，2013（2）：108-128.

[22] 蒋海，唐绅峰，吴文洋. 数字化转型对商业银行风险承担的影响研究——理论逻辑与经验证据 [J]. 国际金融研究，2023（1）：62-73.

[23] 蒋海，易扬. 干旱冲击与银行绩效——基于绿色信贷视角的实证研究 [J]. 金融论坛，2023，28（7）：35-46.

[24] 雷禹，王钰娜. 经济转型与资本市场的关系——对日本和美国经济转型的经验总结 [J]. 经济问题，2014（3）：41-46.

[25] 李建军，姜世超. 银行金融科技与普惠金融的商业可持续性——财务增进效应的微观证据 [J]. 经济学（季刊），2021，21（3）：889-908.

[26] 李金辉，刘军. 低碳产业与低碳经济发展路径研究 [J]. 经济问题，

2011（3）：37－40＋56.

［27］李松洋．碳中和下中欧蓝碳金融合作的法律障碍与应对［J］．上海金融，2021（11）：34－43.

［28］李学峰，杨盼盼．银行金融科技与流动性创造效率的关系研究［J］．国际金融研究，2021（6）：66－75.

［29］李增福，冯柳华，麦诗琪，李岸瑶．绿色信贷抑制了碳排放吗？——基于中国省级面板数据的研究［J］．上海金融，2022（1）：2－12.

［30］梁方，赵璞，黄卓．金融科技、宏观经济不确定性与商业银行主动风险承担［J］．经济学（季刊），2022，22（6）：1869－1890.

［31］林峰，邓可斌．"双重赤字"联动的政府债务作用［J］．金融研究，2018（6）：1－21.

［32］林曦，王仁曾．金融科技对金融市场复杂性的影响研究——基于系统性金融风险视角［J］．证券市场导报，2023（10）：68－79.

［33］刘波，王修华，李明贤．气候变化冲击下的涉农信用风险——基于2010—2019年256家农村金融机构的实证研究［J］．金融研究，2021（12）：96－115.

［34］刘莉亚，杜通，陈瑞华．存款保险制度变革与银行流动性创造［J］．财经研究，2020，47（1）：94－108.

［35］刘莉亚，余晶晶，杨金强，等．竞争之于银行信贷结构调整是双刃剑吗？——中国利率市场化进程的微观证据［J］．经济研究，2017，52（5）：131－145.

［36］刘孟飞，张晓岚，张超．我国商业银行业务多元化、经营绩效与风险相关性研究［J］．国际金融研究，2012（8）：59－69.

［37］刘孟飞．金融科技与商业银行系统性风险——基于对中国上市银行的实证研究［J］．武汉大学学报（哲学社会科学版），2021，74（2）：119－134.

［38］刘铭，乔桂明，程然．基于Logit模型的新兴经济体主权债务危机预警研究［J］．国际金融研究，2020（3）：55－64.

［39］刘信群，刘江涛．杠杆率、流动性与经营绩效——中国上市商业银行2004—2011年面板数据分析［J］．国际金融研究，2013（3）：88－95.

［40］刘行，建蕾，梁娟．房价波动、抵押资产价值与企业风险承担［J］．金融研究，2016（3）：107－123．

［41］刘妍，曾刚，宫长亮．宏观审慎监管下银行资本充足率对流动性创造的影响［J］．投资研究，2020，39（2）：4－24．

［42］刘珍英．生态资本主义及其根源［J］．理论视野，2014（4）：32－35．

［43］刘忠璐．互联网金融对商业银行风险承担的影响研究［J］．财贸经济，2016（4）：71－85＋115．

［44］鲁明川．生态资本主义是否可能？——兼论资本与生态相统一的制度基础［J］．浙江工商大学学报，2018（3）：84－92．

［45］罗煜，崔书言，旷纯．数字化与商业银行经营转型——基于传统业务结构变迁视角［J］．国际金融研究，2022（5）：34－44．

［46］吕明晗，徐光华，沈弋．货币政策与企业环保投资行为——我国重污染行业上市公司的证据［J］．经济管理，2019，41（11）：55－71．

［47］马骏，程琳．转型金融如何支持碳中和［J］．中国银行业，2021（9）：36－39．

［48］马理，文程浩．美国利率调整和税率调整的影响与我国应对措施研究［J］．经济研究，2021（1）：172－190．

［49］马拥军．生态资本主义与生态社会主义的政治经济学批判［J］．思想理论教育，2017（6）：33－39．

［50］倪娟，孔令文．环境信息披露、银行信贷决策与债务融资成本——来自我国沪深两市 A 股重污染行业上市公司的经验证据［J］．经济评论，2016（1）：147－156＋160．

［51］潘冬阳，陈川祺，Michael Grubb．金融政策与经济低碳转型——基于增长视角的研究［J］．金融研究，2021（12）：1－19．

［52］潘家华，张莹．中国应对气候变化的战略进程与角色转型：从防范"黑天鹅"灾害到迎战"灰犀牛"风险［J］．中国人口·资源与环境，2018（10）：1－8．

［53］潘敏，刘红艳，程子帅．极端气候对商业银行风险承担的影响——来自中国地方性商业银行的经验证据［J］．金融研究，2022（10）：

39 – 57.

［54］邱晗，黄益平，纪洋.金融科技对传统银行行为的影响——基于互联网理财的视角［J］.金融研究，2018（11）：17 – 29.

［55］邱煜，潘攀."一带一路"倡议与沿线国家债务风险：效应及作用机制［J］.财贸经济，2019（12）：96 – 111.

［56］萨拉·萨卡.生态社会主义还是生态资本主义［M］.济南：山东大学出版社，2012：148.

［57］邵传林，闫永生.绿色金融之于商业银行风险承担是"双刃剑"吗——基于中国银行业的准自然实验研究［J］.贵州财经大学学报，2020（1）：68 – 77.

［58］申宇，佘楷文，许闲.气候风险与银行盈余管理——基于金融监管的视角［J］.金融研究，2023（7）：116 – 133.

［59］盛天翔，范从来.金融科技、最优银行业市场结构与小微企业信贷供给［J］.金融研究，2020（6）：114 – 132.

［60］宋敏，周鹏，司海涛.金融科技与企业全要素生产率——"赋能"和信贷配给的视角［J］.中国工业经济，2021（4）：138 – 155.

［61］苏冬蔚，连莉莉.绿色信贷是否影响重污染企业的投融资行为？［J］.金融研究，2018（12）：123 – 137.

［62］孙光林，王颖，李庆海.绿色信贷对商业银行信贷风险的影响［J］.金融论坛，2017，22（10）：31 – 40.

［63］孙红梅，姚书淇.商业银行经营风险与财务绩效——基于绿色业务影响的视角［J］.金融论坛，2021，26（2）：37 – 46.

［64］谭林，高佳琳.气候变化风险对金融体系的作用机理及对策研究［J］.金融发展研究，2020（3）：13 – 20.

［65］唐松，伍旭川，祝佳.数字金融与企业技术创新——结构特征、机制识别与金融监管下的效应差异［J］.管理世界，2020，36（5）：52 – 66 + 9.

［66］王博，宋玉峰.气候变化的转型风险对宏观经济和金融稳定的影响——基于存量流量一致性模型视角［J］.经济学动态，2020（11）：84 – 99.

［67］王道平，刘杨婧卓，徐宇轩，等.金融科技、宏观审慎监管与我国银行系统性风险［J］.财贸经济，2022，43（4）：71 – 84.

[68] 王定祥，许瑞恒. 中国股票市场发展对经济增长的门槛效应研究——基于省级面板数据的实证分析 [J]. 东岳论丛，2019（8）：50 - 61 + 191 - 192.

[69] 王宏涛，曹文成，王一鸣. 绿色金融政策与商业银行风险承担：机理、特征与实证研究 [J]. 金融经济学研究，2022，37（4）：143 - 160.

[70] 王建琼，董可. 绿色信贷对商业银行经营绩效的影响——基于中国商业银行的实证分析 [J]. 南京审计大学学报，2019，16（4）：52 - 60.

[71] 王晓明，夏洪涛，李建伟，等. 碳减排约束、转型风险与宏观审慎政策 [J]. 南方金融，2023（8）：22 - 40.

[72] 王信，杨娉，张薇薇. 将气候变化相关风险纳入中央银行政策框架的争论和国际实践 [J]. 清华金融评论，2020（9）：21 - 25.

[73] 王奕婷，罗双成. 金融科技与商业银行经营绩效——基于风险承担的中介效应分析 [J]. 金融论坛，2022，27（4）：19 - 30.

[74] 王周伟，吕思聪，茆训诚. 基于风险溢出关联特征的 CoVaR 计算方法有效性比较及应用 [J]. 经济评论，2014（4）：148 - 160.

[75] 吴强，唐明知，肖丹然，等. 绿色金融、碳减排与金融风险——基于碳减排情景与风险缓释的视角 [J]. 经济研究参考，2023（8）：45 - 62.

[76] 夏益国，张一鸣，刘丽萍. 极端气候与商业银行风险承担：基于中国 152 家区域性商业银行实证研究 [J]. 保险研究，2023（6）：15 - 31.

[77] 谢平，段兵. 气候变化风险溢价研究 [J]. 金融研究，2010（8）：16 - 32.

[78] 徐枫，马佳伟. 中国商业银行执行环境风险管理政策对其经营绩效的影响——以赤道原则为例 [J]. 宏观经济研究，2019（9）：14 - 26.

[79] 于孝建，梁柏淇. 商业银行气候相关金融风险与管理研究 [J]. 南方金融，2020（10）：3 - 12.

[80] 于孝建，詹爱娟. 基于碳税冲击的我国商业银行气候转型风险压力测试分析 [J]. 南方金融，2021（6）：20 - 33.

[81] 骆小平. 资本主义生产方式：生产环境与生态环境双重危机的根源——访美国共产党主席约翰·巴切特尔 [J]. 马克思主义研究，2015（6）：16 - 22.

［82］张剑．生态社会主义的新发展及其启示［J］．马克思主义研究，2015（4）：126－134.

［83］张然，平帆，汪荣飞．线上销售与未来股票收益［J］．金融研究，2022（6）：189－206.

［84］张帅，陆利平，张兴敏，等．金融系统气候风险的评估、定价与政策应对：基于文献的评述［J］．金融评论，2022，14（1）：99－120＋124.

［85］赵红军．中国历史气候变化的政治经济学——基于计量经济史的理论与经验证据［M］．上海：格致出版社，2019.

［86］郑挺国，刘堂勇．股市波动溢出效应及其影响因素分析［J］．经济学（季刊），2018，17（2）：669－692.

［87］中国人民银行研究局课题组．气候相关金融风险——基于央行职能的分析［R］．中国人民银行工作论文，No. 2020/3.

［88］中国信息通信研究院．中国数字经济发展报告（2022年）［R］.2022.

［89］钟凯，刘一寒，王玥元．金融科技对绿色信贷的影响研究——来自商业银行的经验证据［J］．外国经济与管理，2023，45（11）：3－18.

［90］周程．利率冲击、主权债务违约与宏观经济后果——基于小型开放经济体的模拟分析［J］．金融经济学研究，2018（1）：48－59.

［91］朱红兵，张兵．价值性投资还是博彩性投机？——中国 A 股市场的 MAX 异象研究［J］．金融研究，2020（2）：167－187.

［92］邹建军，张宗益，秦拯．GARCH 模型在计算我国股市风险价值中的应用研究［J］．系统工程理论与实践，2003（5）：20－25＋135.

［93］ANDREAS SCHRIMPF, HYUN SONG SHIN, VLADYSLAV SUSH-KO. Leverage and margin spirals in fixed income markets during the Covid－19 crisis［R］. BIS Bulletin series, 2020.

［94］EICHENGREEN B, HAUSMANN R. Exchange rates and financial fragility, in New Challenges for Monetary Policy［R］. 1999.

［95］EGEMEN EREN, ANDREAS SCHRIMPF, VLADYSLAV SUSHKO. US dollar funding markets during the Covid－19 crisis－the money market fund turmoil［R］. BIS Bulletin, 2020.

[96] Hong Kong Monetary Authority (HKMA). The double – edged sword of foreign participation in local currency government bond markets [R]. Research Memorandum, 2019.

[97] HOFMANN B, SHIM I, SHIN H S. Emerging market economy exchange rates and local currency bond markets amid the Covid – 19 pandemic [R]. BIS Bulletin series, 2020.

[98] HOFMANN B, SHIM I, SHIN H S. Bond risk premia and the exchange rate [EB/OL]. BIS Working Papers, 2019.

[99] PETER HÖRDHL, ILHYOCK SHIM. EME bond portfolio flows and long – term interest rates during the Covid – 19 pandemic [EB/OL]. BIS Bulletin, 2020.

[100] STEFAN AVDJIEV, EGEMEN EREN, PATRICK MCGUIRE. Dollar funding costs during the Covid – 19 crisis through the lens of the FX swap market [R]. BIS Bulletin series, 2020.

[101] SETSER B. How Asia's life insurers could "shelter – in – place" [J]. Follow the Money, 2020.

[102] YAVUZ ARSLAN, MATHIAS DREHMANN, BORIS HOFMANN. Central bank bond purchases in emerging market economies [R]. BIS Bulletin, 2020.

[103] AVDJIEV S, EREN E, MCGUIRE P. Dollar funding costs during the Covid – 19 crisis through the lens of the FX swap market [R]. BIS Bulletin, 2020.

[104] Basel Committee on Banking Supervision (BCBS). Overview of Pillar 2 supervisory review practices and approaches [R]. 2019.

[105] BORIO C, FURFINE C, LOWE P. Procyclicality of the financial system and financial stability: Issues and policy options [R]. in "Marrying the macro – and micro – prudential dimensions of financial stability", BIS Papers, 2001.

[106] BORIO C, F RESTOY. Reflections on regulatory responses to the Covid – 19 pandemic [R]. FSI Briefs, 2020.

[107] Federal Reserve Board. Federal Reserve Board approves rule to simplify

its capital rules for large banks, preserving the strong capital requirements already in place [R]. Press release, 2020.

[108] MATHIAS DREHMANN, MARC FARAG, NIKOLA TARASHEV, KO-STAS TSATSARONIS. Buffering Covid – 19 losses – the role of prudential policy [R]. BIS Bulletin, 2020.

[109] PAOLO CAVALLINO, FIORELLA DE FIORE. Central banks' response to Covid – 19 in advanced economies [R]. BIS Bulletin, 2020.

[110] ULF LEWRICK, CHRISTIAN SCHMIEDER, JHUVESH SOBRUN, ELÖD TAKÁTS. Releasing bank buffers to cushion the crisis – a quantitative assessment [R]. BIS Bulletin, 2020.

[111] ABID M. Does economic, financial and institutional developments matter for environmental quality? A comparative analysis of EU and MEA countries [J]. Journal of Environmental Management, 2017, 188: 183 – 194.

[112] ACHARYA V, ENGLE R, RICHARDSON M. Capital Shortfall: A New Approach to Ranking and Regulating Systemic Risks [J]. American Economic Review: Papers and Proceedings, 2012, 102 (3): 59 – 64.

[113] ACHARYA, VIRAL V, ROBERT F, ENGLE, MATTHEW RICHARDSON. Capital Shortfall: A New Approach to Ranking and Regulating Systemic Risks [J]. American Economic Review: Papers and Proceedings, 2012, 102 (3): 59 – 64.

[114] ACKERMAN, FRANK, DECANIO STEPHE J, HOWARTH RICHARD B. Limitations of integrated assessment models of climate change [J]. Climatic Change, 2009, 95 (3): 297 – 315.

[115] ADDOUM J. M. , NG D. T. , ORTIZ – BOBEA, A. Temperature Scocks and Establishment Sales [J]. Review of Financial Studies, 2019: 1011 – 1023.

[116] ADRIAN T, BRUNNERMEIER M K. CoVaR [J]. American Economic Review, 2016, 106 (7): 1705 – 1741.

[117] AGGARWAL N. , FLORIDI L. . The Opportunities and Challenges of Blockchain in the Fight against Government Corruption [R] //19th General Activity Report (2018) of the Council of Europe Group of States against Corruption (GRE-

CO), Council of Europe, Strasbourg, 2019: 16 – 19.

[118] AL MAMUN M. , BOUBAKER S. , NGUYEN D. K. Green finance and decarbonization: evidence from around the world [J]. Finance Research Letters, 2022.

[119] ALLEN M. , et al. Global Warming of 1. 5 °C. An IPCC Special Report on the Impacts of Global Warming of 1. 5 °C above Pre – industrial Levels and Related Global Greenhouse Gas Emission Pathways, in the Context of Strengthening the Global Response to the Threat of Climate Change, Sustainable Development, and Efforts to Eradicate Poverty [R]. 2018.

[120] AN Y. , ZHOU D. , YU J. , SHI X. , WANG Q. Carbon emission reduction characteristics for China's manufacturing firms: implications for formulating carbon policies [J]. Journal of Environmental Management, 2021.

[121] ANDREA SCHAPPER. Climate justice and human Rights [J]. International Relations, 2018, 32 (3): 275 – 295.

[122] ANDREASSON KIM. *Digital Divides: the New Challenges and Opportunities of EInclusion* [M]. CRC Press, 2015: 15 – 24.

[123] ANTHOFF D. , R. S. J. Tol. The uncertainty about the social cost of carbon: A decomposition analysis using FUND [J]. Climatic Change, 2013, 117 (3): 515 – 530.

[124] ANTONAKAKIS N , CHATZIANTONIOU I , GABAUER D . Refined Measures of Dynamic Connectedness based on Time – Varying Parameter Vector Autoregressions [J]. Journal of Risk and Financial Management, 2020, 13 (4): 1 – 23.

[125] ANTONAKAKIS N. , CHATZIANTONIOU, I. , GABAUER, D. Refined measures of dynamic connectedness based on time – varying parameter vector autoregressions [J]. Journal of Risk and Financial Management, 2020, 13 (4): 84.

[126] APERGIS N. , PAYNE J. E. Per capita carbon dioxide emissions across U. S. states by sector and fossil fuel source: evidence from club convergence tests [J]. Energy Economics, 2017, 63: 365 – 372.

［127］ ASCUI F, COJOIANU T F. Implementing Natural Capital Credit Risk Assessment in Agricultural Lending ［J］. Business Strategy and the Environment, 2019, 28 (6): 1234 – 1249.

［128］ AUFFHAMMER, MAXIMILIAN. Quantifying Economic Damages from Climate Change ［J］. Journal of Economic Perspectives, 2018, 32 (4): 33 – 52.

［129］ BACHNER G, BEDNAR – FRIEDL B, KKNITTEL N. How does Climate Change Adaptation Affect Public Budgets? Development of an Assessment Framework and a Demonstration for Austria ［J］. Mitigation and Adaptation Strategies for Global Change, 2019, 24: 1325 – 1341.

［130］ BAI C. , FENG C. , YAN H. , YI X. , CHEN Z. , WEI W. Will income inequality influence the abatement effect of renewable energy technological innovation on carbon dioxide emissions?   ［J］. Journal of Environmental Management, 2020.

［131］ BAKER S. R. , BLOOM N. Does uncertainty reduce growth? Using disasters as natural experiments ［C］. The National Bureau of Economic Research Working Paper, 2013.

［132］ BALACHANDRAN B. , NGUYEN J. H. Does carbon risk matter in firm dividend policy? Evidence from a quasi – natural experiment in an imputation environment ［J］. Journal of Banking & Finance, 2018, 96: 249 – 267.

［133］ BALINT T, LAMPERTI F, MANDEL A, NAPOLETANO M, ROVENTINI A, SAPIO A. Complexity and the Economics of Climate Change: A Survey and a Look Forward ［J］. Ecological Economics, 2017, 138 (8): 252 – 265.

［134］ Bank for International Settlements. The green swan ［R］. 2020.

［135］ Bank of England. The impact of climate change on the UK insurance sector ［R］. 2015.

［136］ Bank of England. The 2021 Biennial Exploratory Scenario on the Financial Risks from Climate Change — Discussion Paper ［C］. London, 2019.

［137］ Bank of England. Corporate Bond Purchase Scheme: Eligibility and Sectors ［R］. 2016.

［138］ Bank of England. Transition in thinking: The impact of climate change on the UK banking sector [R]. 2018.

[139] BANSAL R. , OCHOA M. Temperature, aggregate risk, and expected returns [C]. Cambridge, MA: National Bureau of Economic Research, 2012.

[140] BANSAL R. , OCHOA M. , KIKU D. Climate Change and Growth Risks [J]. National Bureau of Economic Research, 2017.

[141] BARRAGE L. Optimal Dynamic Carbon Taxes in a Climate – economy Model with Distortionary Fiscal Policy [J]. Review of Economic Studies, 2020, 87 (1): 1 – 39.

[142] BARUCCA P, BARDOSCIA M, CACCIOLI F, D'ERRICO M, VOSEN-TIN G, CALDARELLI G, BATTISTON S. Network Valuation in Financial Systems [J]. Mathematical Finance, 2020, 30 (4): 1181 – 1204.

[143] BARUNÍK J. , KŘEHLÍK T. Measuring the frequency dynamics of financial connectedness and systemic risk [J]. Journal of Financial Economics, 2018, 16 (2), 271 – 296.

[144] BASSI A, COLACITO R, FULGHIERI P, SOLE MIO O. An experimental analysis of weather and risk attitudes in financial decisions [J]. Review of Financial Studies, 2013 (26): 1824 – 1852.

[145] BATTEN S, SOWERBUTTS R, TANAKA M. Climate Change: Macroeconomic Impact and Implications for Monetary Policy [M] //T. WALKER, D. GRAMLICH, M. BITAR, P. FARDNIA (Eds.), In Ecological, Societal, and Technological Risks and the Financial Sector. London: Palgrave Macmillan, 2020: 13 – 38.

[146] BATTISTON S, DAFERMOS Y, MONASTEROLO I. Climate Risks and Financial Stability [J]. Journal of Financial Stability, 2021, 54 (6): 100867.

[147] BATTISTON S, MANDEL A, MONASTEROLO I, SCHÜTZE F, VISENTIN G. A Climate Stress – test of the Financial System [J]. Nature Climate Change, 2017, 7 (4): 283 – 288.

[148] BATTISTON S, MONASTEROLO I. How could the ECB's Monetary Policy Support the Sustainable Finance Transition? [R]. University of Zurich, Mimeo, 2019.

[149] BATTISTON S, PULIGA M, KAUSHIK R, TASCA P, CALDARELLI G. Debtrank: Too Central to Fail? Financial Networks, the Fed and Systemic Risk [J]. Scientific Reports, 2012, 2 (1): 1 –6.

[150] BATTISTON S. The importance of being forward – looking: Managing financial stability in the face of climate risk [J]. 2019.

[151] BATTISTON S. , MANDELl A. , MONASTEROLO I. , SCHÜTZE F. , VISENTIN G. A climate stress – test of the financial system [J]. Nature Climate Change, 2017, 7: 283 –288.

[152] BAUDINO P, SVORONOS J P. Stress – Testing Banks for Climate Change: A Comparison of Practices [R]. Bank for International Settlements, Financial Stability Institute, 2021.

[153] BAUMANN T. Assessment Report of the Climate Chain Coalition Membership [R]. Climate Chain Coalition Report, 2019.

[154] BEIRNE J, RENZHI N, VOLZ U. Feeling the Heat: Climate Risks and the Cost of Sovereign Borrowing [J]. International Review of Economics & Finance, 2021, 76 (11): 920 –936.

[155] BELLO M. O. , SOLARIN S. A. , YEN, Y. Y. The impact of electricity consumption on CO_2 emission, carbon footprint, water footprint and ecological footprint: the role of hydropower in an emerging economy [J]. Journal of Environmental Management, 2018, 219: 218 –230.

[156] BERGER ALLEN N. , BOUWMAN CHRISTA H. S. Bank Liquidity Creation [J]. Review of Financial Studies, 2009, 22 (9): 3779 –3837.

[157] BERGH V D, JEROEN C J M. Policies to Enhance Economic Feasibility of a Sustainable Energy Transition [J]. Proceedings of the National Academy of Sciences, 2013, 110 (7): 2436 –2437.

[158] BERNILE G. , DELIKOURAS S. , Korniotis G. , Kumar, A. Geography of firms and propagation of local economic shocks [C]. 2015.

[159] BERNSTEIN A. , GUSTAFSON M. T. , LEWIS R. Disaster on the horizon: The price effect of sea level rise [J]. Journal of Financial Economics, 2019, 134 (2): 253 –272.

[160] BINSTED M. , IYER G. , EDMONDS J. , et al. Stranded asset implications of the Paris Agreement in Latin America and the Caribbean [J]. Environmental Research Letters, 2020, 15 (4) .

[161] BIS Innovation Hub. A vision for technology – driven green finance [R]. 2021.

[162] BIS Innovation Hub. Smart Contract – based Carbon Credits attached to Green Bonds [R]. 2022.

[163] BOLTON P, DESPRES M, PEREIRA D S L A, et al. The Green Swan: Central Banking and Financial Instability in the Age of Climate Change [R]. Basel: Bank of International Settlements, 2020: 50 – 60.

[164] BOLTON P, KACPERCZYK M T. Do Investors Care about Carbon Risk? [J]. Journal of Financial Economics, 2021, 142 (2): 517 – 549.

[165] BOLY M , COMBES J L , MENUET M, et al. Can Public Debt Mitigate Environmental Debt? Theory and Empirical Evidence [J]. Energy Economics, 2022, 111 (7): 105895.

[166] BOS K. , Gupta J. Climate change: The risks of stranded fossil fuel assets and resources to the developing world [J]. Third World Quarterly, 2018, 39 (3): 436 – 453.

[167] BOVENBERG A L, SMULDERS S A. Transitional Impacts of Environmental Policy in an Endogenous Growth Model [J]. International Economic Review, 1996, 37 (4): 861 – 893.

[168] BOYER R. Expectations, narratives, and socio – economic regimes. In: Beckert, J. , Bronk, R. (Eds.), Uncertain Futures: Imaginaries, Narratives, and Calculation in the Economy [M]. Oxford: Oxford University Press, 2018.

[169] BREEDEN S. Avoiding the storm: Climate change and the financial system [C]. Official Monetary & Financial Institutions Forum, London, 2019.

[170] BREIDBACH C. F. , KEATING B. W. , LIM C. Fintech: research directions to explore the digital transformation of financial service systems [J]. Journal of Service Theory and Practice, 2020, 30: 79 – 102.

[171] BROWNLEES C, ENGLE F R. SRISK: A Conditional Capital Shortfall

Measure of Systemic Risk [J]. Review of Financial Studies, 2017, 30 (1): 48 - 79.

[172] BRUNETTI C, DENNIS B, GATES D, et al. Climate Change and Financial Stability [R]. FEDS Notes, 2021.

[173] BUCHNER B, STADELMANN M, WILKINSON J, et al. The global landscape of climate finance 2014, 2014.

[174] BUNTEN D. M. , KAHN M. E. The impact of emerging climate risks on urban real estate price dynamics [C]. National Bureau of Economic Research Working Paper Series, 2014.

[175] BURKE M. , HSIANG S. M. , MIGUEL E. Global non - linear effect of temperature on economic production [J]. Nature, 2015, 527 (7577): 235 - 239.

[176] CALDECOTT B. L. Stranded Assets and the Environment: Risk, Resilience, and Opportunity [M]. London: Routledge, 2018.

[177] Cambridge Institute of Sustainability Leadership. Unhedgeable risk: How climate change sentiment impacts investment [R] . University of Cambridge, 2015.

[178] CAMILO M. , RANDI L. R. , KATIE T. , et al. Bitcoin emissions alone could push global warming above 2℃ [J]. Nature Climate Change, 2018, 8 (11): 931 - 933.

[179] CAMPIGLIO E, DAFEROMS Y, PIERRE M P, et al. Climate Change Challenges for Central Banks and Financial Regulators [J]. Nature climate change, 2018, 8: 462 - 468.

[180] CAMPIGLIO E, MONNIN P, VON JAGOW A. Climate Risks in Financial Assets [R]. Pierre Monnin Council Economic. Policies, 2019, 11.

[181] CAMPIGLIO E. Beyond carbon pricing: The role of banking and monetary policy in financing the transition to a low - carbon economy [J]. Ecological Economics, 2016, 121 (1): 220 - 230.

[182] CAMPIGLIO E. , DAFERMOS Y. , MONNIN P. , et al. Climate change challenges for central banks and financial regulators [J]. Nature Climate Change, 2018, 8: 462 - 468.

［183］ CANTELMO A, MELINA G, PAPAGEORGIOU C. Macroeconomic Outcomes in Disaster – prone Countries ［R］. Washington, DC: IMF Working Paper, 2019, 217: 5 –6.

［184］ CANTOR R , PACKER F . Determinants and Impact of Sovereign Credit Ratings ［J］. The Journal of Fixed Income, 1996, 6 (10): 37 –53.

［185］ CAO M, WEI J. Stock market returns: a note on temperature anomaly ［J］. Journal of Banking & Finance, 2005: 1559 –1573.

［186］ CAPASSO G, GIANFRATE G, SPINELLI M. Climate Change and Credit Risk ［J］. Journal of Cleaner Production, 2020, 266: 121634.

［187］ CAPELLE – BLANCARD G, CRIFO P, DIAYE M A, OUEGHLISSI R, SCHOLTENS B. Sovereign Bond Yield Spreads and Sustainability: an Empirical Analysis of OECD Countries ［J］. Journal of Banking & Finance, 2019, 98 (1): 156 –169.

［188］ Carbon Tracker. Mind The Gap: The $ 1.6 Trillion Energy Transition Risk ［R/OL］. 2018. https: //www. carbontracker. org/reports/mind – the – gap/.

［189］ CARNEY M. Breaking the Tragedy of the Horizon – Climate Change and Financial Stability ［C］. London: Speech Given Lloyd's Lond, 2015.

［190］ CARNEY M. Capital Rules and Brown Penalising Factors — Letter to the UK Parliament's Treasury Select Committee Chair ［EB/OL］. 2020. https: // publications. parliament. uk/pa/cm5801/cmselect/cmtreasy/correspondence/Mark – Carney – BoE – to – Chair –270220. pdf.

［191］ Centre for Sustainable Finance. Climate Change and Sovereign Risk ［R］. 2021, 93.

［192］ CERES. Investing in the clean trillion: Closing the clean energy investment gap ［R］. Ceres Report, Boston, 2014.

［193］ CEVIK S, JALLES J T. This Changes Everything: Climate Shocks and Sovereign Bonds ［J］. Energy Economics, 2022, 107 (3): 105856.

［194］ CHANG T, NIEH C, YANG M J, YANG T Y. Are stock market returns related to the weather effects? Empirical evidence from Taiwan, Physica A: Statistical Mechanics and its Applications ［R］. 2006, 364: 343 –354.

[195] CHARITOU, ANDREAS, KARAMANOU, IRENE, LAMBERTIDES, NEOPHYTOS. Analysts to the rescue? [J]. Journal of Corporate Finance, 2019, 56: 108 –128.

[196] CHATZIANTONIOU I, AIKINS ABAKAH E J, GABAUER D, AVI-RAL KUMAR TIWARI. Quantile Time – Frequency Price Connectedness Between Green Bond, Green Equity, Sustainable Investments and Clean Energy Markets [J]. Journal of Cleaner Production, 2022, 361: 132088.

[197] CHATZIANTONIOU I. , GABAUER D. , STENFORS A. Interest rate swaps and the transmission mechanism of monetary policy: A quantile connectedness approach [J]. Economics Letters, 2021, 204: 109891.

[198] CHAUDHRY S. M. , AHMED R. , SHAFIULLAH M. , DUC HUYNH T. L. The impact of carbon emissions on country risk: evidence from the G7 econo-mies [J]. Journal of Environmental Management, 2020, 265: 110533.

[199] CHAVA S. Environmental externalities and cost of capital [J]. Man-agement Science, 2014, 60: 2223 –2247.

[200] CHEN J H, LAI C C, SHIEH J Y. Anticipated Environmental Policy and Transitional Dynamics in an Endogenous Growth Model [J]. Environmental & Resource Economics, 2003, 25: 233 –254.

[201] CHEN D. Utility of the Blockchain for Climate Mitigation [J]. Journal of the British Blockchain Association, 2018, 1 (1): 75 –80.

[202] CHENET H. , RYAN – COLLINS J. , LERVEN F. V. Finance, cli-mate – change and radical uncertainty: Towards a precautionary approach to financial policy [J]. Ecological Economics, 2021, 183: 106957.

[203] CHENET, HUGUES. Climate Change and Financial Risk [J]. SSRN Electronic Journal, 2019.

[204] CHIU Y , LEE C . Effects of financial development on energy consump-tion: The role of country risks [J]. Energy Economics, 2020, 90: 104833.

[205] CHOI D. , GAO Z. , JIANG W. Attention to global warming [J]. Re-view of Financial Studies, 2020, 33: 1112 –1145.

[206] CHRISTOPHERS B. Climate Change and Financial Instability: Risk

Disclosure and the Problematics of Neoliberal Governance [J]. Annals of the American Association of Geographers, 2017, 107 (5): 1108 – 1127.

[207] CIPLET D, ROBERTS JT. Climate change and the transition to neoliberal environmental governance [J]. Global Environmental Change, 2017, 46: 148 – 156.

[208] CIPLET D, ROBERTS JT, KHAN M. The politics of international climate adaptation funding: justice and divisions in the greenhouse [J]. Global Environmental Politics, 2013, 13: 49 – 68.

[209] CLEMEN R. , Winkler R. Combining economic forecasts [J]. Journal of Business & Economic Statistics, 1986, 4 (1): 39 – 46.

[210] CŒURÉ B. Monetary Policy and Climate Change [EB/OL]. [2018 – 11 – 08]. https://www. ecb. europa. eu/press/key/date/2018/html/ecb. sp181108. en. html.

[211] COLACITO R, HOFFMANN B, PHAN T, et al. The Impact of Higher Temperatures on Economic Growth [R]. FRB Richmond Economic Brief , 2018.

[212] COLESANTI SENNI, C. , MONNIN, P. Central Bank Market Neutrality is a Myth [R]. 2020. https://www. cepweb. org/central – bank – market – neutrality – is – a – myth.

[213] COMBES J L, COMBES M P, MINEA A, VILLIEU P. Deforestation and Seigniorage in Developing Countries: A Tradeoff? [J]. Ecological Economics, 2015, 116 (8): 220 – 230.

[214] COMERFORD D, SPIGANTI A. The Carbon Bubble: Climate Policy in a Fire – sale Model of Deleveraging [J]. The Scandinavian Journal of Economics, 2023, 125 (3): 655 – 687.

[215] CORONESE M. , CHIAROMONTE F. , LAMPERTI F. , ROVENTINI A. Natural disaster risk and the distributional dynamics of damages [C]. Scuola Superiore Sant'Anna LEM Working Paper Series, 2018.

[216] CorpWatch. Bali principles of climate justice [R]. 2002. https://corpwatch. org/article/bali – principles – climate – justice.

[217] COVINGTON H. , THAMOTHERAM. R. The Case for Forceful Stew-

ardship（Part 1）：The Financial Risk from Global Warming［C］. 2015.

［218］CRIFO P, DIAYE M A, OUEGHLISSI R. The Effect of Countries' ESG Ratings on Their Sovereign Borrowing Costs［J］. The Quarterly Review of Economics and Finance, 2017, 66（11）：13 – 20.

［219］CRUTZEN J. , STEFFEN W.. How Long Have We Been in the Anthropocene Era?［J］. Climatic Change, 2003, 61（3）：251 – 257.

［220］CURRAN G.. Divestment, energy incumbency and the global political economy of energy transition：The case of Adani's Carmichael mine in Australia［J］. Climate Policy, 2020, 20（8）：949 – 962.

［221］CURTIN J. , MCINERNEY C. , O' GALLACHOIR' B. , HICKEY C. , DEANE P. , DEENEY P. Quantifying stranding risk for fossil fuel assets and implications for renewable energy investment：A review of the literature［J］. Renewable and Sustainable Energy Reviews, 2019, 116.

［222］D' ORAZIO P. , POPOYAN L.. Fostering green investments and tackling climaterelated financial risks：which role for macroprudential policies?［J］. Ecological Economics, 2019, 160：25 – 37.

［223］DAFERMOS Y, GABOR D, NIKOLAIDI M, et al. Decarbonising is Easy Beyond Market Neutrality in the ECB's Corporate QE［R］. New Economics Foundation Working Paper, 2020.

［224］DAFERMOS Y, NIKOLAIDI M, GALANIS G. Climate Change, Financial Stability and Monetary Policy［J］. Ecological Economics, 2018, 152：219 – 234.

［225］DELIS M. D. , DE GREIFF K. , ONGENA S.. Being stranded with fossil fuel reserves? In：Climate Policy Risk and the Pricing of Bank Loans［N］. Swiss Finance Institute Research Paper, 2019.

［226］DESSAINT O. , MATRAY A.. Do managers overreact to salient risks? Evidence from hurricane strikes［J］. Journal of Financial Economics, 2017, 126：97 – 121.

［227］DETLEF P V, EDMONDS J, KAINUMA M, et al. The representative concentration pathways：an overview［J］. Climatic Change, 2011, 109：5 – 31.

[228] DIAZ D, MOORE F. Quantifying the Economic Risks of Climate Change [J]. Nature Climate Change, 2017, 7 (11): 774 – 782.

[229] DIDIA D. Debt – for – nature Swaps, Market Imperfections, and Policy Failures as Determinants of Sustainable Development and Environmental Quality [J]. Journal of Economic Issues, 2001, 35 (2): 477 – 486.

[230] DIEBOLD F X, YILMAZ K. Measuring Financial Asset Return and Volatility Spillovers, with Application to Global Equity Markets [J]. Economic Journal, 2009, 119 (534): 158 – 171.

[232] DIEBOLD F. X., YILMAZ K.. Better to give than to receive: Predictive directional measurement of volatility spillovers [J]. International Journal of Forecasting, 2012, 28 (1): 57 – 66.

[233] DIEBOLD F. X., YILMAZ K.. On the network topology of variance decompositions: Measuring the connectedness of financial firms [J]. Journal of Econometrics, 2014, 182 (1): 119 – 134.

[234] DIETZ S, BOWEN A, DIXON C, GRADWELL P. Climate Value at Risk' of Global Financial Assets [J]. Nature Climate Change, 2016, 6 (7): 676 – 679.

[235] DOGAN E., MADALENO M., TASKIN D., TZEREMES P.. Investigating the spillovers and connectedness between green finance and renewable energy sources [J]. Renewable Energy, 2022, 197: 709 – 722.

[236] DOMENICO C, IGOR G, DAVID V. Climate Change and Financial Systemic Risk: Evidence from US Banks and Insurers [J]. Journal of Financial Stability, 2023, 66: 101132.

[237] DONGMIN KONG, ZHIYANG LIN, YANAN WANG, JUNYI XIANG. Natural disasters and analysts' earnings forecast [J]. Journal of Corporate Finance, 2021, 66: 101860.

[238] DRAGHI M. Committee on Economic and Monetary Affairs Monetary Dialogue with Mario Draghi, President of the European Central Bank [EB/OL]. Brussels, 2018.

[239] EBERHARDT M, PRESBITERO A F. Public Debt and Growth: Heter-

ogeneity and Non – linearity ［J］. Journal of International Economics, 2015, 97 (1): 45 –58.

［240］ECB. Financial Stability Review ［R］. 2019.

［241］ECB. ECB to accept sustainability – linked bonds as collateral. In: ECB to Accept Sustainability – Linked Bonds as Collateral — Press Release — 22 September 2020. 2020. https: //www. ecb. europa. eu/press/pr/date/2020/html/ ecb. pr200922 ~482e4a5a90. en. html.

［242］Economist Intelligence Unit. The Cost of Inaction: Recognising the Value at Risk from Climate Change ［EB/OL］. London, 2015.

［243］EDMONDS J. , H. PITCHER, N. ROSENBERG, T. Wigley. Design for the Global Change Assessment Model ［R］. 1994.

［244］ENGLE R F. Dynamic Conditional Beta ［J］. Journal of Financial Econometrics, 2016, 14 (4): 643 –667.

［245］ERDOGAN S. , YILDIRIM S. , YILDIRIM D. Ç. , GEDIKLI A. . The effects of innovation on sectoral carbon emissions: evidence from G20 countries ［J］. Journal of Environmental Management, 2020, 267: 110637.

［246］ESRB. Positively green: Measuring climate change risks to financial stability ［R］. 2020.

［247］European Commission High – level Expert Group on Sustainable Finance. Financing a Sustainable European Economy ［R］. 2018.

［248］European Systemic Risk Board. Too late, too sudden: Transition to a low – carbon economy and systemic risk ［R］. 2016.

［249］EVE BRATMAN . Passive Revolution in the Green Economy: Activism and the Belo Monte Dam ［J］. International Environmental Agreements, 2015, 15 (1): 61 –77.

［250］FARBOTKO C. Global Financial Stability, Rapid Transition to a Low – Carbon Economy and Social Justice: can Climate – related Financial Risk Disclosure do it all? ［J］. Australian Geographer, 2019, 50 (3): 273 –278.

［251］FENG DONG, MENGYUE HU, YUJIN GAO, YAJIE LIU, JIAO ZHU, YULING PAN. How does digital economy affect carbon emissions? Evidence from global 60 countries [J]. Science of the Total Environment, 2022, 852: 158401.

[252] FERNANDEZ – CUESTA' C., CASTRO P., TASCON' M. T., CASTA-NO F. J.. The effect of environmental performance on financial debt. European evidence [J]. Journal of Cleaner Production, 2019, 207: 379 – 390.

[253] Financial Stability Board. Report on Promoting Climate – Related Disclosures [R]. 2021.

[254] Financial Stability Board. Stocktake of financial authorities' experience in including physical and transition climate risks as part of their financial stability monitoring [R]. 2020.

[255] Financial Stability Board. The Implications of Climate Change for Financial Stability [R]. 2020.

[256] FINCK M.. Blockchains and Data Protection in the European Inion [N]. Max Planck Institute for Innovation and Competition Research Paper, 2018.

[257] FODHA M, SEEGMULLER T, YAMAGAMI H. Environmental Tax Reform Under Debt Constraint [J]. Annals of Economics and Statistics, 2018, 129 (3): 33 – 52.

[258] FODHA M, SEEGMULLER T. Environmental Quality, Public Debt and Economic Development [J]. Environmental &Resource Economics, 2014, 57 (4): 487 – 504.

[259] FREDERICK S, LOEWENSTEIN G, O' DONOGHUE T. Time discounting and time preference [J]. Journal of Economic Literature, 2022: 351 – 401.

[260] FRIED, STEPHIE, KEVIN NOVAN, WILLIAM PETERMAN. The Green Dividend Dilemma: Carbon Dividends versus Double – Dividends [EB/OL]. 2019.

[261] GABOR, DANIELA, DAFERMOS, et al. Finance and climate change: A progressive green finance strategy for the UK [EB/OL]. 2019. https: //labour. org. uk/wp – content/uploads/2019/11/12851 _ 19 – Finance – and – Climate – Change – Report. pdf.

[262] GAI P, KAPADIA S. Contagion in Financial Networks [J]. Proceed-

ings of the Royal Society , 2010, 466: 2401 – 2423.

[263] GARBARINO N, GUIN B. High Water, No Marks? Biased Lending after Extreme Weather [J]. Journal of Financial Stability, 2021, 54: 100874.

[264] GATFAOUI H.. Diversifying portfolios of U. S. stocks with crude oil and natural gas: a regime – dependent optimization with several risk measures [J]. Energy Economics, 2019, 80: 132 – 152.

[265] GIGLIO S, MAGGIORI M, RAO K, STROEBEL J, WEBER A. Climate Change and Long – run Discount Rates: Evidence from Real Estate [J]. The Review of Financial Studies, 2021, 34 (8): 3527 – 3571.

[266] GIL – ALANA L. A. , ABAKAH E. J. A. , ROJO M. F. R.. Cryptocurrencies and stock market indices. Are they related? [J]. Research in International Business and Finance, 2020, 51: 101063.

[267] GINGLINGER E. , MOREAU Q.. Climate Risk and Capital Structure [EB/OL]. 2019. https: //ssrn. com/abstract = 3327185.

[268] Global Footprint Network. 2017 Annual report [R]. 2017: 7.

[269] GOETZMANN W. N, KIM D, KUMAR A, WANG Q. Weather – induced mood, institutional investors, and stock returns [J]. Review of Financial Studies, 2015, 28: 73 – 111.

[270] GOLLIER C.. Should we beware of the precautionary principle? [J]. Econ. Policy, 2001, 16 (33): 302 – 327.

[271] GOLLIER C. , ZECKHAUSER R.. Aggregation of heterogeneous time preferences [J]. Journal of Political Economy, 2005, 113 (4): 878 – 896.

[272] GOODFELLOW C, SCHIERECK D, VERRIER T. Does screen trading weather the weather? A note on cloudy skies, liquidity, and computerized stock markets [J]. International Review of Financial Analysis, 2010, 19: 77 – 80.

[273] GOODFREIND M. Central Banking in the Credit Turmoil: An Assessment of Federal Reserve Practice [J]. Journal of Monetary Economis, 2011, 58 (1): 1 – 12.

[274] GOODKIND A. L. , JONES B. A. , BERRENS R. P.. Cryptodamages: Monetary value estimates of the air pollution and human health impacts of cryptocur-

rency mining [J]. Energy Research & Social Science, 2020, 59: 101281.

[275] GÖRGEN M, JACOB A, NERLINGER M, RIORDAN R, ROHLEDER M, WILKENS M. Carbon risk [R]. SSRN Working Paper, 2020. https: // www. semanticscholar. org/paper/ Carbon – Risk – G% C3% B6rgen – Jacob/ dbe4149bb688133161618206825c601d6d625244.

[276] Government of India. Climate change finance, analysis of a recent OECD report: some credible facts needed [R]. 2015.

[277] GRASSO M. Justice in funding adaptation under the international climate change regime [M]. Springer, Dordrecht, 2010.

[278] Green Climate Fund (GCF). Portfolio Dashboard [R]. Green Climate Fund Report, 2019.

[279] HALL D C, BEHL R J. Integrating economic analysis and the science of climate instability [J]. Ecological Economics, 2006, 57 (3): 442 –465.

[280] HAMMOUDEH S. , AJMI A. N. , MOKNI K. . Relationship between green bonds and financial and environmental variables: a novel time – varying causality [J]. Energy Economics, 2020, 92: 104941.

[281] HAWKINS E. , SUTTON R. . The potential to narrow uncertainty in regional climate predictions [R]. Bulletin of the American Meteorological Society, 2009, 90: 1095 –1107.

[282] HE L. , LIU R. , ZHONG Z. , WANG D. , XIA Y. . Can green financial development promote renewable energy investment efficiency? A consideration of bank credit [J]. Renewable Energy, 2019, 143: 974 –984.

[283] HEAL G. , Millner A. . Discounting under disagreement [C]. NBER Working Paper, 2013: 18999.

[284] HEIMANN C. Understanding the Challenger Disaster: Organizational Structure and the Design of Reliable Systems [J]. American Political Science Review, 1993, 87 (2): 421 –435.

[285] HELEN B , FLORENCIO L , ARMIN S . Fintech and access to finance [J]. Journal of Corporate Finance, 2021, 68: 101941.

[286] HENRY He HUANG, JOSEPH KERSTEIN, CHONG WANG. The im-

pact of climate risk on firm performance and financing choices: An international comparison [J]. Journal of International Business Studies, 2018, 49: 633 – 656.

[287] HERRING S. C., CHRISTIDIS N., HOELL A., HOERLING M. P., STOTT P. A.. Explaining Extreme Events of 2017 from a Climate Perspective [R]. Bulletin of the American Meteorological Society (BAMS), 2018.

[288] HIRSHLEIFER D, SHUMWAY T. Good day sunshine: stock returns and the weather [J]. Journal of Finance, 2003, 58: 1009 – 1032.

[289] HOCHRAINER S.. Assessing the macroeconomic impacts of natural disasters: Are there any? [C]. World Bank Policy Research Working Paper, 2009.

[290] HONG H., LI F. W., Xu J.. Climate risks and market efficiency [J]. Journal of Econometrics, 2019, 208: 265 – 281.

[291] HOPE C.. The social cost of CO_2 from the PAGE09 model [C]. Working Paper, Judge Business School, Cambridge University, 2011.

[292] HOSONO K, MIYAKAWA D, UCHINO T, HAZAMA M, ONO A, UCHIDA H, UESUGI I. Natural Disasters, Damage to Banks, and Firm Investment [J]. International Economic Review, 2016, 57 (4): 1335 – 1370.

[293] HOWARTH C, MONASTEROLO I. Understanding Barriers to Decision Making in the UK Energy – food – water Nexus: The Added Value of Interdisciplinary Approaches [J]. Environmental Science & Policy, 2016, 61: 53 – 60.

[294] HSBC Global Research. Coal and carbon stranded assets: assessing the risk [R]. 2012.

[295] HUANG J., XU N., YU H.. Pollution and performance: do investors make worse trades on hazy days? [J]. Management Science, 2020, 66: 4455 – 4476.

[296] HUGUES CHENET, JOSH RYAN – COLLINS, FRANK VAN LERVEN. Finance, climate – change and radical uncertainty: Towards a precautionary approach to financial policy [J]. Ecological Economics, 2021, 183: 106957.

[297] IEA. World Energy Outlook [EB/OL]. 2016.

[298] IEA. World Energy Outlook 2021 [EB/OL]. 2021. www. iea. org/weo.

[299] Intergovernmental Panel on Climate Change (IPCC). Climate Change

2014: Impacts, Adaptation, and Vulnerability. Contribution of Working Group II to the Fifth Assessment Report of the Intergovernmental Panel on Climate Change [M]. Cambridge: Cambridge University Press, 2014.

[300] Intergovernmental Panel on Climate Change. Climate Change 2014: Synthesis Report. Contribution of Working Groups I, II and III to the Fifth Assessment Report of IPCC [R]. Geneva, Switzerland, 151, 2014.

[301] Intergovernmental Panel on Climate Change. Climate Change 2021 [R]. 2021: 4 - 9.

[302] International Energy Agency. Global Energy & CO_2 Status Report 2018 [R]. 2019: 9.

[303] IPCC. Climate Change 2021: The Physical Science Basis. Contribution of Working Group I to the Sixth Assessment Report of the Intergovernmental Panel on Climate Change [M]. Cambridge University Press, 2021.

[304] IPCC. A call for action —Climate change as a source of financial risk [R]. April, 2019.

[305] IPCC. Global warming of 1.5℃, Summary for Policymakers [R]. 2018.

[306] IRENA, CPI. Global Landscape of Renewable Energy Finance [R]. International Renewable Energy Agency, Abu Dhabi, 2018.

[307] IRENA. Stranded Assets and Renewables: How the Energy Transition Affects the Value of Energy Reserves, Buildings and Capital Stock [R]. Abu Dhabi: International Renewable Energy Agency (IRENA), 2017.

[308] ITF. Decarbonising transport ITF [R]. 2019.

[309] JAGERS SC, DUUS - OTTERSTRÖM G. Dual climate change responsibility: on moral divergences between mitigation and adaptation [J]. Environmental Politics, 2008, 17: 576 - 591.

[310] JAVADI S, MASUM A A. The impact of climate change on the cost of bank loans [J]. Journal of Corporate Finance, 2021 (3): 102019.

[311] JIANDA WANG, KANGYIN DONG, XIUCHENG DONG, FARHAD TAGHIZADEH - HESARY. Assessing the digital economy and its carbon - mitigation

effects: The case of China [J]. Energy Economics, 2022, 113: 106198.

[312] JORDA 'O. ,' SCHULARICK M, TAYLOR A. M. . Macrofinancial history and the new business cycle facts [R]. NBER Macroecon. Annu. 2017, 31 (1): 213 - 263.

[313] JOURDAN S. , KALINOWSKI W. . Aligning Monetary Policy with the EU's Climate Targets, Veblen Institute for Economic Reforms, Positive Money Europe [EB/OL]. 2019. https: //www. veblen - institute. org/IMG/pdf/aligning_ monetary_ policy_ with_ eu_ s_ climate_ targets. pdf.

[314] JUNG H, ROBERT E, RICHARD B. Climate Stress Testing [R]. FRB of New York Staff Report, 2022, 977.

[315] JUNG H, SANTOS JOÃO A C , SELTZER L. U. S. Banks' Exposures to Climate Transition Risks [R]. Federal Reserve Bank of New York Staff Reports, 1058, 2023.

[316] JUNG HYEYOON, ROBERT ENGLE, RICHARD BERNER. Climate Stress Testing, FRB of New York Staff Report [R]. 977, 2022.

[317] JUSTIN HUNG NGUYEN, HIEU V. PHAN. Carbon risk and corporate capital structure [J]. Journal of Corporate Finance, 2020, 64: 101713.

[318] JUSTIN M, MATTHEW S, JOSE S. Is the risk of sea level rise capitalized in residential real estate? [J]. Review of Financial Studies, 2020, 33 (3): 1217 - 1255.

[319] KAHN J R, MCDONALD J A. Third - world Debt and Tropical Deforestation [J]. Ecological Economics, 1995, 12 (2): 107 - 123.

[320] KANG LUO, YAOBIN LIU, PEI - FEN CHEN, MINGLI ZENG. Assessing the impact of digital economy on green development efficiency in the Yangtze River Economic Belt [J]. Energy Economics, 2022, 112: 106127.

[321] KANIE N. , BIERMANN F. . Governing through Goals: Sustainable Development Goals as Governance Innovation [M]. MIT Press, Cambridge, MA, 2017.

[322] KARSTEN SCHULZ, MARIAN FEIST. Leveraging blockchain technology for innovative climate finance under the Green Climate Fund [J]. Earth System

Governance, 2021, 7 (3): 100084.

[323] KARYDAS C, ZHANG L. Green Tax Reform, Endogenous Innovation and The Growth Dividend [J]. Journal of Environmental Economics and Management, 2019, 97 (9): 158 – 181.

[324] KAY J. , KING M. . Radical Uncertainty: Decision – Making for an Unknowable Future [M]. The Bridge Street Press, London, 2020.

[325] KECHICHIAN E. , PANTELIAS A. , REEVES A. , HENLEY G. , LIU J. . A Greener Path to Competitiveness: Policies for Climate Action in Industries and Products [R]. World Bank Group, Washington, DC, 2016.

[326] KHAN MA, SHAMSUDDOHA M, HELAL AA, et al. Climate change mitigation approaches in Bangladesh [J]. Journal of Sustainable Development, 2013, 6: 59.

[327] KHAN MR, ROBERTS JT. Towards a binding adaptation regime: three levers and two instruments [J].//MOSER SC, BOYKOFF MT (eds) Successful adaptation to climate change: linking science and policy in a rapidly changing world. Routledge, Oxon, 132 – 148, 2013.

[328] KILIAN L. , VIGFUSSON R. J. . The role of oil price shocks in causing US recessions [J]. Journal of Money, Credit and Banking, 2014, 49 (8): 1747 – 1776.

[329] KIM D. H. , WU Y. C. , LIN S. C. . Carbon dioxide emissions and the finance curse [J]. Energy Economics, 2020, 88: 104788.

[330] KIM T. , XU Q. . Financial Constraints and Corporate Environmental Policies [EB/OL]. 2018. https: //ssrn. com/abstract = 3028768.

[331] KINATEDER H. , CAMPBELL R. , CHOUDHURY T. . Safe haven in GFC versus COVID – 19: 100 turbulent days in the financial markets [J]. Finance Research Letters, 2021, 43: 101951.

[332] KING M. . The End of Alchemy: Money, Banking and the Future of the Global Economy [M]. WW Norton & Company, London, 2016.

[333] KLING G, VOLZ U, Murinde V, Ayas S. The Impact of Climate Vulnerability on Firms' Cost of Capital and Access to Finance [J]. World Development,

2021, 137 (1): 105131.

[334] KLOMP J. Financial Fragility and Natural Disasters: An Empirical A-nalysis [J]. Journal of Financial Stability, 2014, 13: 180 – 192.

[335] KNUTTI R. , SEDLACEK J. . Robustness and uncertainties in the CMIP5 climate model projections [J] . Nature Climate Change, 2013, 3: 369 – 373.

[336] KOETSIER J. The Fiscal Impact of Natural Disasters [R]. Utrecht: U-trecht University School of Economics Tjalling C. Koopmans Research Institute Dis-cussion Paper, 2017: 36 – 39.

[337] KOMMEL K. A. , SILLASOO M. , LUBLOY 'A. '. Could crowdsourced financial analysis replace the equity research by investment banks? [J]. Finance Research Letters, 2019, 29: 280 – 284.

[338] KONG. Geneva: The Economist Intelligence Unit Limited [EB/OL]. https: //www. eiuperspectives. economist. com/sites/default/files/The% 20cost% 20of% 20inaction_ 0. pdf.

[339] KOOP G. , PESARAN M. H. , POTTER S. M. . Impulse response analy-sis in nonlinear multivariate models [J]. Journal of Econometrics, 1996, 74 (1): 119 – 147.

[340] KRIEGLER E. , WEYANT J. , BLANFORD, G. J. , V. KREY, L. CLARKE, J. EDMONDS, A. FAWCETT, G. LUDERER, K. RIAHI, R. RICH-ELS, S. K. ROSE, M. TAVONI, D. P. VAN VUUREN. . The role of technology for achieving climate policy objectives: Overview of the EMF 27 study on global tech-nology and climate policy strategies [J] . Climatic Change, 2014, 123: 353 – 367.

[341] KROGSTRUP S, OMAN W. Macroeconomic and Financial Policies for Climate Change Mitigation: A Review of the Literature [R] . IMF Working Papers, 2019.

[342] KRUEGER P. , SAUTNER Z. , STARKS L. T. . The importance of cli-mate risks for institutional investors [J]. Review of Financial Studies, 2020, 33 (3): 1067 – 1111.

［343］KRUTTLI M. , TRAN ROTH, WATUGALA S. W B. . Pricing Posei-
don: extreme weather uncertainty and firm return dynamics ［R］. EBRD Working.
Paper, 2021.

［344］LAMPERTI F. , MAZZUCATO M. , ROVENTINI A. , SEMIENIUK
G. . The green transition: public policy, finance and innovation, ISIGrowth European
policy brief ［EB/OL］. http: //www. isigrowth. eu/ wp – content/uploads/2018/
06/ISIGrowthPolicy_ brief_ Clima. pdf.

［345］LANFEAR M G, LIOUI A, SIEBERT M G. Market anomalies and dis-
aster risk: evidence from extreme weather events ［J］. Journal of Financial Markets,
2019, 46: 100477.

［346］LANGLEY P. , BRIDGE G. , BULKELEY H. , VAN VEELEN B. . De-
carbonizing capital: Investment, divestment and the qualification of carbon assets
［J］. Economy and Society, 2021, 50 (3): 494 – 516.

［347］LAWSON T. . Uncertainty and economic analysis ［J］. Econ. J. ,
1985, 95 (380): 909 – 927.

［348］LE T. N. L. , ABANKAH E. J. A. , TIWARI A. K. . Time and frequency
domain connectedness and spill – over among fintech, green bonds and cryptocurren-
cies in the age of the fourth industrial revolution ［J］. Technological Forecasting and
Social Change, 2021, 162: 120382.

［349］LEE I. , SHIN Y. J. . Fintech: ecosystem, business models, investment
decisions, and challenges ［J］. Business Horizons, 2018, 61: 35 – 46.

［350］LEI Z, SHCHERBAKOVA A V. Revealing Climate Change Opinions
Through Investment Behavior: Evidence from Fukushima ［J］. Journal of Environ-
mental Economics & Management. 2015, 70: 92 – 108.

［351］LEITER A. M. , OBERHOFER H. , RASCHKY P. A. . Creative disas-
ters? Flooding effects on capital, labour and productivity within European firms ［J］.
Environmental and Resource Economics, 2009, 43: 333 – 350.

［352］LENSSEN N J L, SCHMIDT G A, HANSEN J E, MENNE M J, PERS-
IN A, RUEDY R, ZYSS D. Improvements in the GISTEMP Uncertainty Model ［J］.
Journal of Geophysical Research: Atmospheres, 2019, 124 (12): 6307 – 6326.

[353] LENTON T M , HELD H , KRIEGLER E , et al. Tipping elements in the Earth's climate system [J]. Proceedings of the National Academy of Sciences of the United States of America, 2008, 105 (6): 1786 – 1793.

[354] LEVINE R. , LIN C. , WANG Z. , XIE W.. Bank Liquidity, Credit Supply, and the Environment [R]. National Bureau of Economic Research Working Paper, 2018: 24375.

[355] LEWIS M. C. , VOISIN S. , HAZRA S. , MARY S. , WALKER R.. Stranded assets, fossilised revenues [R]. Kepler Cheuvreux, 2014.

[356] LI S, PAN Z. Climate Transition Risk and Bank Performance: Evidence from China [J]. Journal of Environmental Management, 2022, 323: 116275.

[357] LONG Y. , YOSHIDA Y. , DONG L.. Exploring the indirect household carbon emissions by source: analysis on 49 Japanese cities [J]. Journal of Cleaner Production, 2017, 167: 571 – 581.

[358] LU S, BAI X, ZHANG J, et al. Impact of Virtual Water Export on Water Resource Security Associated with the Energy and Food Bases in Northeast China [J]. Technological Forecasting and Social Change, 2022, 180 (7): 121635.

[359] LUO N.. The impact of disasters on global stock market: The case of the Japanese 2011 earthquake (Master Research Project) [R]. Saint Mary's University, 2012.

[360] MALIK A. , BERTRAM C. , DESPRES J. , EMMERLING J. , FUJIMORI S. , GARG A. , KRIEGLER E. , LUDERER G. , MATHUR R. , ROELFSEMA M. , VISHWANATHAN S. , VRONTISI Z.. Reducing stranded assets through early action in the indian power sector [J]. Environmental Research Letters, 2020, 15 (9) .

[361] MARCHEWKA – BARTKOWIAK K. Sovereign Climate Debt Management – a New Approach to Reducing Fiscal Risk [C]. The Article Presented at the Wolpertinger 2021 Conference in Banking and Finance, Cracow, September, 2021.

[362] MARK CARNEY. Breaking the Tragedy of the Horizon – Climate

Change and Financial Stability [EB/OL]. https：//www. bis. org/review/r151009a. pdf. 2015.

[363] Market Data Forecast. The FinTech Market [EB/OL]. 2022. https：// www. marketdataforecast. com/market – reports/ fintech – market.

[364] MARKUS B, LORENZO G, CONSTANTINE Y, JOSÉ S. Does climate change affect real estate prices? Only if you believe in it [J]. Review of Financial Studies, 2020, 33 (3)：1256 – 1295.

[365] MARRASSO E. , ROSELLI C. , SASSO M. . Electric efficiency indicators and carbon dioxide emission factors for power generation by fossil and renewable energy sources on hourly basis [J]. Energy Conversion And Management, 2019, 196：1369 – 1384.

[366] MARTINEZ – ALIER J. The environmentalism of the poor：a study of ecological conflicts and valuation [R]. Edward Elgar, Cheltenham and Northampton, 2002.

[367] MASSON D. , KNUTTI R. . Spatial – scale dependence of climate model performance in the CMIP3 ensemble [J]. Journal of Climate, 2011, 24 (11)：2680 – 2692.

[368] MATIKAINEN S, CAMPIGLIO E, ZENGHELIS D. The Climate Impact of Quantitative Easing [R]. Policy Paper for Grantham Research Institute on Climate Change and the Environment, 2017.

[369] MATIKAINEN SINI. What Are Stranded Assets? [EB/OL]. The Grantham Research Institute on Climate Change and the Environment. 2018. http：// www. lse. ac. uk/GranthamInstitute/faqs/what – are – stranded – assets/.

[370] MATSUMURA E. M. , PRAKASH R. , VERA – MUÑOZ S. C. . Firm – value effects of carbon emissions and carbon disclosures [J]. The Accounting Review, 2013, 89：695 – 724.

[371] MCCOLLUM D, NAGAI Y, RIAHI K, MARANGONI G, CALVIN K, PIETZCKER R, VAN VLIET J, VAN DER ZWAAN B. Energy investments under climate policy：a comparison of global models [J]. Climate Change Economics, 2014, 4 (4)：1340010.

[372] MCGLADE C. , EKINS P.. The geographical distribution of fossil fuels unused when limiting global warming to 2 degrees [J]. Nature, 2015, 517: 187 - 190.

[373] MCGLADE CHRISTOPHE, Paul Ekins. The Geographical Distribution of Fossil Fuels Unused When Limiting Global Warming to 2°C [J]. Nature, 2015, 517 (7533): 90 - 187.

[374] McKinsey Global Institute. Digital Finance for all: Powering Inclusive Growth in Emerging Economies [R]. 2016.

[375] MECHLER R.. Disasters and economic welfare: Can national savings help explain post - disaster changes in consumption? [R]. World Bank Policy Research Working Paper, 2009.

[376] MERCURE J. F. , POLLITT H. VIÑUALES J. E. , N. R. EDWARDS P. B. HOLDEN U. CHEWPREECHA, P. SALAS I. SOGNNAES A. LAM, F. KNOBLOCH. Macroeconomic Impact of Stranded Fossil Fuel Assets [J]. Nature Climate Change, 2018, 8 (7): 588 - 593.

[377] MEYER T.. The world trade organization's role in global energy governance [M] //VAN DE GRAAF T. , SOVACOL B. K. , GHOSH A. , KERN F. , KLARE M. T. (Eds.), The Palgrave Handbook of the International Political Economy of Energy. Palgrave Macmillan UK, London, 2016: 139 - 171.

[378] MICHAEL BOURDEAU - BRIEN, LAWRENCE KRYZANOWSKI. The impact of natural disasters on the stock returns and volatilities of local firms [J]. The Quarterly Review of Economics and Finance, 2017, 63: 259 - 270.

[379] MICHEAL B, WILLIAM B, LARS H, HARRISON H. Pricing uncertainty induced by climate change [J]. Review of Financial Studies, 2020, 33 (3): 1024 - 1066.

[380] MICHEL A, ETIENNE E. Climate and finance systemic risks, more than an analogy? The climate fragility hypothesis [R]. CEPII Working Paper, 2016.

[381] MONASTEROLO I, BATTISTON S, JANETOS A C, ZHENG Z. Vulnerable Yet Relevant: the Two Dimensions of Climate - related Financial Disclosure [J]. Climatic Change, 2017, 145 (3): 495 - 507.

［382］MONASTEROLO I, DE ANGELIS L. Blind to Carbon Risk? An Analysis of Stock Market Reaction to the Paris Agreement ［J］. Ecological Economics, 2020, 170: 106571.

［383］MONASTEROLO I, ROVENTINI A, FOXON T J. Uncertainty of Climate Policies and Implications for Economics and Finance: An Evolutionary Economics Approach ［J］. Ecological Economics, 2019, 163: 177－182.

［384］MONASTEROLO I. Climate Change and the Financial System ［J］. Annual Review of Resource Economics, 2020, 12 (1): 299－320.

［385］MONASTEROLO I. , BATTISTON S. , JANETOS, A. C. , Zheng Z. Vulnerable yet relevant: the two dimensions of climate － related financial disclosure ［J］. Clim. Chang. , 2017, 145 (3－4): 495－507.

［386］MONASTEROLO I. , DE ANGELIS L. Are Financial Markets Pricing Carbon Risks after the Paris Agreement? An Assessment of Low － carbon and Carbon － intensive Stock Market Indices ［R］. Working Paper, SSRN, bit. ly/ 2RLPeND. 2018.

［387］MORA C. , SPIRANDELLI D. , FRANKLIN E. C. , LYNHAM J. , KANTAR M. B. , MILES W. , SMITH C. Z. , FREEL K. , MOY J. , LOUIS L. V. , Barba E. W. Broad threat to humanity from cumulative climate hazards intensified by greenhouse gas emissions ［J］. Nature Climate Change, 2018, 8: 1062－1071.

［388］MORANA C, SBRANA G. Climate Change Implications for the Catastrophe Bonds Market: An Empirical Analysis ［J］. Economic Modelling , 2019, 81: 274－294.

［389］MORI A. How do incumbent companies' heterogeneous responses affect sustainability transitions? Insights from China's major incumbent power generators ［J］. Environmental Innovation and Societal Transitions, 2021, 39: 55－72.

［390］MORIN J. － F. , JINNAH S. . The untapped potential of preferential trade agreements for climate governance ［J］. Environ. Polit, 2018, 27 (3): 541－565.

［391］MUHLACK N, SOOST C, HENRICH C J. Does weather still affect the stock market? [J]. Schmalenbach Journal of Business Research, 2022, 74: 1 - 35.

[392] MUKANJARI S, STERNER T. Do Markets Trump Politics? Evidence from Fossil Market Reactions to the Paris Agreement and the US Election [R]. University of Gothenburg Working Paper, 2018, 728.

[393] NAKAJIMA J. Time - varying parameter VAR model with stochastic volatility: An overview of methodology and empirical applications [J]. Monetary and Economic Studies, 2011, 29: 107 - 142.

[394] NAKAJIMA J., KASUSY M., WATANABE T. Bayesian analysis of time - varying parameter vector autoregressive model for the Japanese economy and monetary policy [J]. Journal of the Japanese and International Economies, 2011, 25 (3): 225 - 245.

[395] NAKAMURA E., STEINSSON, J., BARRO R., URSÚA J. Crises and recoveries in anempirical model of consumption disasters [J]. American Economic Journal: Macroeconomics, 2013, 5: 35 - 74.

[396] NARAIN U, MARGULIS S, ESSAM T. Estimating costs of adaptation to climate change [J]. Climate Policy, 2011, 11: 1001 - 1019.

[397] NASIR M. A., DU M.. Integration of financial markets in post global financial crises and implications for British financial sector: analysis based on a panel VAR model [J]. Journal of Quantitative Economics, 2018, 16: 363 - 388.

[398] NELSON D, SHRIMALI G. Finance mechanisms for lowering the cost of renewable energy in rapidly developing countries [R]. Climate Policy Initiative, 2014.

[399] Network for Greening the Financial System. First progress report [R]. 2018: 3.

[400] Network for Greening the Financial System (NGFS). Climate Change and Monetary Policy: Initial Takeways [R]. Network for Greening the Financial System Technical Document, 2020.

[401] NEUHOFF K., ACWORTH, W., ANCYGIER, A., BRANGER F., CHRISTMAS I., HAUSSNER M., et al. Carbon Control and Competitiveness Post

2020: The Steel Report. No Place: Climate Strategies [R]. 2014.

[402] New Climate Economy. Better growth better climate: The new climate economy report [R]. Global Commission on the Economy and Climate, 2014, 978.

[403] New Climate Economy. Seizing the Global Opportunity – Partnerships for Better Growth and A Better Climate [R]. 2015.

[404] NGFS. NGFS First Comprehensive Report [R]. A Call for Action: Climate Change as a Source of Financial Risk, 2019.

[405] NGFS. A Status Report on Financial Institutions' Experiences from Working with Green, Non Green and Brown Financial Assets and a Potential Risk Differential —Technical Document [EB/OL]. 2020. https: //www. ngfs. net/sites/default/files/medias/documents/ngfs_ status_ report. pdf.

[406] NGFS. NGFS First Progress Report [R]. 2018. https: //www. ngfs. net/en/firstprogress – report.

[407] NGFS. Guide to climate scenario analysis for central banks and supervisors [R]. 2020.

[408] NGUYEN THI HOA HONG, PHAM THI MAI HUONG, NGUYEN YEN LINH. Does weather anomaly still affect the emerging stock market under the unexpected event? New evidence from the COVID – 19 pandemic [J]. Heliyon, 2023, 9: e18665.

[409] NICOLA G, BENJAMIN G . High water, no marks? Biased lending after extreme weather [R]. Bank of England Staff Working Paper, 856, 2020.

[410] NORDHAUS W. D. A Review of the Stern Review on the Economics of Climate Change [J]. Journal of Economic Literature, 2007, 45: 686 –702.

[411] NORDHAUS W. D. Geography and macroeconomics: New data and new findings. Proceedings of the National Academy of Sciences of the United States of America, 2006, 103 (10): 3510 –3517.

[412] NORDHAUS W. D. After Kyoto: Alternative mechanisms to control global warming [J]. American Economic Review , 2006, 96 (2) : 31 –34.

[413] NORDHAUS W. D. Climate change: The ultimate challenge for economics [J]. American Economic Review, 2019, 109 (6): 1991 –2014.

[414] NORDHAUS W. D. Estimates of the social cost of carbon: concepts and results from the DICE – 2013R model and alternative approaches [J]. Journal of the Association of Environmental and Resource Economists, 2014, 1 (1/2): 273 – 312.

[415] NORDHAUS W. D. How fast should we graze the global commons? [J]. American Economic Review , 1982: 72 (2): 242 – 246.

[416] NORDHAUS W. D. Integrated economic and climate modeling. In Handbook of Computable General Equilibrium Modeling, ed. Peter B. Dixon and Dale W. Jorgenson [M]. Oxford: North – Holland, 2013.

[417] NORDHAUS W. D. The challenge of global warming: economic models and environmental policy [M]. Yale University Press, 2007.

[418] O' DWYERT K. J. , MALONE D. Bitcoin Mining and Its Energy Footprint [R]. IET Conference Publications. Institution of Engineering and Technology, 2014: 280 – 285.

[419] OBERGASSEL W. , ARENS, C. , BEUERMANN C. , HERMWILLE L. , KREIBICH N. , OTT H. E. , SPITZNER M. Time for Action – Blocked and Postponed [C]. A Preliminary Assessment of COP25 in Madrid, 2019.

[420] OBERTHÜR, S. , BODLE R. Legal Form and Nature of the Paris Outcome [J]. Climate Law, 2016, 6 (1 – 2): 40 – 57.

[421] OECD. Climate fund inventory: a report to the G20 climate finance study group [R]. 2019.

[422] OECD. Climate finance in 2013 – 14 and the USD 100 billion goal [R]. 2015.

[423] OECD . Climate finance from developed to developing countries: public flows in 2013 – 2017 [R]. 2018.

[424] OLOVSSON C. Is Climate Change Relevant for Central Banks? [R]. Sveriges Riksbank Economic Commentaries, 2018.

[425] ORESKES N. , SHRADER – FRECHETTE K. , BELITZ K. Verification, validation, and confirmation of numerical models in the earth sciences [J]. Science, 1994, 263: 641 – 646.

[426] OSHIRO K. , FUJIMORI S. Stranded investment associated with rapid

energy system changes under the mid – century strategy in Japan [J]. Sustainability Science, 2021.

[427] PANKRATZ. N. , BAUER R. , DERWALL J. Climate change, firm performance, and investor surprises [J]. Management Science, 2019.

[428] PAPOUTSI M, PAZZESIL M, SCHNEIDER M. How Unconventional is Green Monetary Policy? [R]. JEEA – FBBVA Lecture at ASSA, 2021.

[429] PARDO A, VALOR E. Spanish stock returns: where is the weather effect? European Financial Management [J]. 2003, 9: 117 – 126.

[430] PAUL G. HARRIS, ALICE S. Y. CHOW, RASMUS KARLSSON. China and Climate Jusitce: Moving beyond Statism [J]. International Environmental A-greements, 2013, 13 (3): 293 – 301.

[431] PESARAN, H. H. , SHIN Y. Generalized impulse response analysis in linear multivariate models [J]. Economics Letters, 1998, 58 (1): 17 – 29.

[432] PETER NEWELL. Race, Class and the Global Politics of Environmental Inequality [J]. Global Environmental Politics, 2005, 5 (3): 70 – 94.

[433] PHILIPP K, ZACHARIAS S, LAURA S, ANDREW K. The importance of climate risks for institutional investors [J]. Review of Financial Studies, 2019, 33 (3): 1067 – 1111.

[434] PINDYCK R. Climate change policy: What do the models tell us? [J]. Journal of Economic Literature , 2013 , 51 (3): 860 – 872.

[435] PINZON A, ROBINS N, MCLUCKIE M, THOUMI G. The Sovereign Transition to Sustainability [C]. In Understanding the Dependence of Sovereign Debt on Nature. London: Grantham Research Institute on Climate Change and the En-vironment, London School of Economics and Political Science, and Planet Tracker, 2020.

[436] POLZIN F. , SANDERS M. . How to finance the transition to low – car-bon energy in Europe? [J]. Energy Policy, 2020, 147: 111863.

[437] PRIMICERI G. E. . Time varying structural vector autoregressions and monetary policy [J] . The Review of Economics Studies, 2005, 72 (3): 821 – 852.

［438］PUSCHMANN T. , HOFFMANN C. H. , KHMARSKYI V.. How green Fintech can alleviate the impact of climate change—the case of Switzerland ［J］. Sustainability, 2020, 12: 1 − 28.

［439］PWC. Financial Trends Report ［R］. 2017.

［440］RAHMAN M L, TROSTER V, UDDIN G S, YAHYA M. Systemic Risk Contribution of Banks and Non − Bank Financial Institutions Across Frequencies: The Australian Experience ［J］. International Review of Financial Analysis , 2022, 79: 101992.

［441］RAMELLI S, Wagner A F, ZECKHAUSER R, ZIEGLER A, et al. Stock Price Rewards to Climate Saints and Sinners: Evidence from the Trump Election ［R］. National Bureau of Economic Research, 2018.

［442］RAN TAO, CHI − WEISU, BUSHRA NAVI, SYED KUMAMOTO ABBAS RIZVI. Can Fintech development pave the way for a transition towards low − carbon economy: A global perspective ［J］. Technological Forecasting & Social Change, 2022, 174: 121278.

［443］RAUSCH S. Fiscal Consolidation and Climate Policy: An Overlapping Generations Perspective ［J］. Energy Economics, 2013, 40 （S1）: 134 − 148.

［444］REBOREDO J. C.. Green bond and financial markets: co − movement, diversification and price spillover effects ［J］. Energy Economics, 2018, 74: 38 − 50.

［445］REHSE D. , RIORDAN R. , ROTTKE N. , ZIETZ J. The effects of uncertainty on market liquidity: evidence from hurricane Sandy ［J］. Journal of Financial Economics, 2019, 134: 318 − 332.

［446］REILLY J. , MELILLO J. , CAI Y. , D. KICKLIGHTER, A. GURGEL, S. PALTSEV, T. CRONIN, A. SOKOLOV, A. SCHLOSSER. Using land to mitigate climate change: Hitting the target, recognizing the tradeoffs ［J］. Environmental Science and Technology, 2012, 46 （11）: 5672 − 5679.

［447］REINHART C M, ROGOFF K S. Growth In a Time of Debt ［J］. American Economic Review, 2010, 100 （2）: 573 − 578.

［448］RETEMAL C. , RAZO − ZAPATA I. , LOPEZ A. . Accounting for Climate Finance［J］// FUESSLER, JUERG（Ed.）, Navigating Blockchain and Climate Action: an Overview. Climate Ledger Initiative, 2018: 39 - 44.

［449］REUTEMANN T.. Disintermediating the Green Climate Fund［M］. In: MARKE, ALASTAIR（Ed.）, Transforming Climate Finance and Green Investment with Blockchains. *Academic Press, Cambridge*, 2018: 153 - 163.

［450］RIAHI K, DETLEF P V, KRIEGLER E, et al. The shared socioeconomic pathways and their energy, land use, and greenhouse gas emissions implications: an overview［J］. Global Environmental Change, 42（1）: 153 - 168.

［451］RIAHI, K., KRIEGLER E., JOHNSON N., C. BERTRAM, M. DEN ELZEN, J. EOM, M. SCHAEFFER, J. EDMONDS, M. ISAAC, V. KREY, T. LONGDEN, G. LUDERER, A. ME'JEAN, D. L. MCCOLLUM, S. MIMA, H. TURTON, D. P. VAN VUUREN, K. WADA, V. BOSETTI, P. CAPROS. Locked into Copenhagen pledges—Implications of short - term emission targets for the cost and feasibility of long - term climate goals［J］. Technological Forecasting and Social Change, 2015, 90（Pt A）: 8 - 23.

［452］ROBERTS JT, WEIKMANS R. Postface: fragmentation, failing trust and enduring tensions over what counts as climate finance［J］. International Environmental Agreements: Politics, Law and Economics , 2017, 17: 129 - 137.

［453］ROBINSON S - A . Climate change adaptation in small island developing states: insights and lessons from a meta - paradigmatic study［J］. Environmental Science & Policy, 2018, 85: 172 - 181.

［454］ROBINSON S - A , DORNAN M. International financing for climate change adaptation in small island developing states［J］. Regional Environmental Change, 2017, 17: 1103 - 1115.

［455］ROBINSON J. , GLEAN A. , MOORE W.. How does news impact on the stock prices of green firms in emerging markets?［J］. Research in International Business and Finance, 2018, 45: 446 - 453.

［456］ROGELJ J. , SCHAEFFER M. , FRIEDLINGSTEIN P. , GILLETT N. P. , VUUREN D. P. V. , RIAHI K. , ALLEN, M.. Differences between carbon budget estimates unraveled［J］. Nature Climate Change, 2016, 6: 245 - 252.

[457] RONCORONI A, BATTISTON S, LUIS O L E F, et al. Climate Risk and Financial Stability in the Network of Banks and Investment Funds [J]. Journal of Financial Stability, 2021, 54: 100870.

[458] ROSELLA C. Climate – related financial risks: exploring the known and charting the future [J]. Current Opinion in Environmental Sustainability, 2023, 65: 101385.

[459] ROUWENHORST K G. Local Return Factors and Turnover in Emerging Stock Markets [J]. The Journal of Finance, 1999, 54 (4): 1439 – 1464.

[460] SAM BARRETT. Local Level Climate Justice? Adaptation Finance and Vulnerability Reduction [J]. Global Environmental Change, 2013, 23: 1819 – 1829.

[461] SAUNDERS E M. Stock prices and Wall Street weather [J]. American Economic Review, 1993, 83: 1337 – 1345.

[462] SAYGIN D., RIGTER J., CALDECOTT B., WAGNER N., GIELEN D. Power sector asset stranding effects of climate policies [J]. Energy Sources, Part B: Economics, Planning and Policy, 2019, 14 (4): 99 – 124.

[463] SCHINCKUS C., NGUYEN C. P., LING F. C. H.. Crypto – currencies trading and energy consumption [J]. International Journal of Energy Economics and Policy, 2020, 10: 355 – 364.

[464] SCHNABERL I. When Markets Fail – the Need for Collective Action in Tackling Climate Change [EB/OL]. [2020 – 09 – 28]. https: //www. ecb. europa. eu/press/key/date/2020/html/ecb. sp200928_ 1 ~268b0b672f. en. html.

[465] SCHOENMAKER D. Greening Monetary Policy [J]. Climate Policy, 2021, 21 (4): 581 – 592.

[466] SCHULER P, OLIVIERA L E, MELE G, ANTONIO M. Managing the Fiscal Risks Associated with Natural Disasters [M]. Washington, DC: elibrary. worldbank, 2018: 133 – 153.

[467] SCHULZ, K., FEIST M.. Leveraging Blockchain Technology for Innovative Climate Finance under the Green Climate Fund [J]. Earth System Governance, 2021, 7 (3): 1 – 10.

[468] SCHWANITZ VALERIA JANA . Evaluating integrated assessment models of global climate change [J]. Environmental Modelling & Software, 2013, 50: 120 – 131.

[469] SEMIENIUK G, CAMPIGLIO E, MERCURE J F, VOLZ U, EDWARDS N R. Low – Carbon Transition Risks for Finance [J]. Wiley Interdisciplinary Reviews: Climate Change, 2021, 12 (1): 678.

[470] SEN S. , VON SCHICKFUS M. – T. . Climate policy, stranded assets, and investors' expectations [J]. Journal of Environmental Economics and Management, 2020, 100.

[471] SHAFI K, MOHAMMADI A. Too gloomy to invest: weather – induced mood and crowdfunding [J]. Journal of Corporate Finance, 2020, 65: 101761.

[472] SHAHID S, POUR S H, WANG X, SHOURAV S A, MINHANS A, ISMAIL T B. Impacts and Adaptation to Climate Change in Malaysian Real Estate [J]. International Journal of Climate Change Strategies & Management, 2017, 9 (1): 87 – 103.

[473] SHARFMAN M. P. , FERNANDO C. S. . Environmental risk management and the cost of capital [J]. Strategic Management Journal , 2008, 29: 569 – 592.

[474] SHIMBAR A. Environment – related stranded assets: An agenda for research into value destruction within carbon – intensive sectors in response to environmental concerns [J] . Renewable and Sustainable Energy Reviews, 2021, 144: 111010.

[475] SHIVE S. , FORSTER M. . Corporate Governance and Pollution Externalities of Public and Private Firms [R]. University of Notre Dame (Working Paper), 2019.

[476] SHLEIFER A. , VISHNY R. W. . The limits of arbitrage [J]. Journal of Finance, 1997, 52 (1): 35 – 55.

[477] SIDDIQUE M. A. , AKHTARUZZAMAN M. , RASHID A. , HAMMAMI H. . Carbon disclosure, carbon performance and financial performance: international evidence [J]. International Review of Financial Analysis, 2021, 75: 101734.

[478] SIMON H. A.. Models of Bounded Rationality: Empirically Grounded Economic Reason [M]. MIT Press, 1997.

[479] SOKOŁOWSKI M. M. , HEFFRON R. J. . Defining and conceptualising energy policy failure: The when, where, why, and how [J]. Energy Policy, 2021: 161.

[480] SOMMER J M, RESTIVO M, SHANDRA J M. The United States, Bilateral Debt – for – Nature Swaps, and Forest Loss: A Cross – National Analysis [J]. Journal of Development Studies, 2020, 56 (4): 748 – 764.

[481] SONG X, FANG T. Temperature Shocks and Bank Systemic Risk: Evidence from China [J]. Finance Research Letters, 2023, 51: 103447.

[482] Standard & Poor's Ratings Services. Climate Change is a Global Mega – Trend with an Impact on Sovereign Creditworthiness [EB/OL]. (2014 – 06 – 13) [2024 – 09 – 05]. https://blogs. law. columbia. edu/climatechange/2014/06/13/sp – climate – change – is – a – global – mega – trend – with – an – impact – on – sovereign – creditworthiness/.

[483] STERN N. Stern review on the economics of climate change [J]. Her Majesty's Treasury, London, 2006.

[484] STERN N. The Economics of Climate Change: The Stern Review [M]. Cambridge: Cambridge University Press, 2007.

[485] STERN N.. Why are we waiting? The logic, urgency, and promise of tackling climate change [M]. Lionel Robbins Lectures: The MIT Press, 2015.

[486] STIASSNY A.. A spectral decomposition for structural VAR models [J]. Empirical Economics, 1996, 21 (4): 535 – 555.

[487] STOLBOVA V, MONASTEROLO I, BATTISTON S. A Financial Macro – Network Approach to Climate Policy Evaluation [J]. Ecological Economics, 2018, 149: 239 – 253.

[488] STORK M. , DE BEER J. , LINTMEIJER N. , DEN OUDEN B. . Chemistry for climate: acting on the need for speed. Roadmap for the Dutch chemical industry towards 2050 [M]. Utrecht: Ecofys, 2018.

[489] STROBL E. . The economic growth impact of hurricanes: Evidence

from U. S. coastal counties [J]. Review of Economics and Statistics, 2011, 93: 575 –589.

[490] SUN Y, ZHANG X, DING Y, CHEN D, QIN D, ZHAI P. Understanding Human Influence on Climate Change in China [J]. National Science Review, 2022, 9 (3): b113.

[491] Sustainable Digital Finance Alliance. Digital Technologies for Mobilizing Sustainable Finance: Applications of Digital Technologies to Sustainable Finance [R]. 2018.

[492] TANG D. Y. , ZHANG Y.. Do shareholders benefit from green bonds? [J]. Journal of Corporate Finance, 2020, 61: 101427.

[493] Task Force on Climate –related Financial Disclosures, Phase I Report of the Task Force on Climate –Related Financial Disclosures [R]. 2016.

[494] TOL RSJ. Estimates of the damage costs of climate change: part I. Benchmark estimates [J]. Environmental and Resource Economics, 2002, 21: 47 –73.

[495] TUCKER P. Pristine and Parsimounious Policy: Can Central Banks ever Get Back to it and Why the Should Try [C] // P. HARTMANN, H. HUANG , D. SCHOENMAKER (eds) . The Changing Fortunes of Central Banking, Cambridge University Press, 2018: 48 –64.

[496] TUNYI A. A, MACHOKOTO M. The impact of weather – induced moods on M& A performance [J]. Economics Letters, 2021, 207: 110011.

[497] UMAR M, JI X, MIRZA N, et al. Carbon Neutrality, Bank Lending, and Credit Risk: Evidence from the Eurozone [J]. Journal of Environmental Management, 2021, 296: 113156.

[498] UMAR M. , JI X. , KIRIKKALELI D. , Xu Q.. COP21 Roadmap: do innovation, financial development, and transportation infrastructure matter for environmental sustainability in China? [J]. Journal of Environmental Management, 2020, 271: 111026.

[499] UMAR M. , JI X. , MIRZA N. , RAHAT B.. The impact of resource curse on banking efficiency: evidence from twelve oil producing countries [J]. Resouce. Policy, 2021, 72: 102080.

［500］ UNCTAD. Environmental Vulnerability and Debt Sustainability in the Caribbean: Do We Have Enough Tools to Address Catastrophic Risk? ［C］. In: UN Conference on Trade and Development Report, 2017.

［501］ UNEP. Towards a green economy: Pathways to sustainable development and poverty eradication ［R］. United Nations Environment Programme, Nairobi, 2011.

［502］ United Nations Climate Change. Cop26 the Glasgow climate pact ［R］. 2021. https: //ukcop26. org/wp – content/uploads/2021/11/COP26 – Presidency – Outcomes – The – Climate – Pact. pdf.

［503］ United Nations Conference on Trade and Development. Trade and Development report 2019: Financing a global green new deal ［R］. Geneva, Switzerland: United Nations Conference on Trade and Development, 2019: 20.

［504］ United Nations Environment Programme (UNEP). Fintech and Sustainable Development Assessing the Implications ［R］. 2016b.

［505］ United Nations Environment Programme (UNEP). The Adaptation Finance Gap Report ［R］. United Nations Environment Programme, 2016a.

［506］ United Nations. Report of the UN Secretary – General's High – Level Panel on Digital Cooperation: the Age of Digital Interdependence ［R］. United Nations, New York, 2019.

［507］ United Nations. UN Secretary – General's Strategy on New Technologies ［R］. United Nations, New York, 2018.

［508］ VAN DER PLOEG F, REZAI A. Stranded Assets in the Transition to a Carbon – Free Economy ［J］. Annual Review of Resource Economics, 2020, 12: 281 – 298.

［509］ VAN T KLOOSTER J. , FONTAN C. . The myth of market neutrality: a comparative study of the European Central Bank's and the Swiss National Bank's corporate security purchases ［J］. New Political Economy, 2020, 25 (6): 865 – 879.

［510］ VANDERHEIDEN S . Globalizing responsibility for climate change ［J］. Ethics & International Affairs, 2011, 25: 65 – 84.

［511］ VERMEULEN R, SCHETS E, LOHUIS M, et al. An energy transition risk stress test for the financial system of the Netherlands [R]. DNB Occasional Studies, 2018.

[512] VICTOR D. G. , GEELS F. W. , SHARPE S.. Accelerating the Low Carbon Transition : the case for stronger, more targeted and coordinated international action [R]. London, Manchester, San Diego, 2019.

[513] WANG L. , KUTAN A. M. . The impact of natural disasters on stock markets: Evidence from japan and the US [J]. Comparative Economic Studies, 2013, 55: 672 -686.

[514] WANG R. , MIRZA N. , VASBIEVA D. G. , ABBAS Q. , XIONG D.. The nexus of carbon emissions, financial development, renewable energy consumption, and technological innovation: what should be the priorities in light of COP 21 Agreements? [J]. Journal of Environmental Management, 2020, 271: 111027.

[515] WEIDMANN J. Reforms for recovery and resilience [R]. Speech at the Bank of Latvia Economic Conference 2014, Riga, 2014.

[516] WEIDONG XU, XIN GAO, HAO XU, DONGHUI LI. Does global climate risk encourage companies to take more risks? [J]. Research in International Business and Finance, 2022, 61: 101658.

[517] WEITZMAN L. On modeling and interpreting the economics of catastrophic climate change [J]. The Review of Economics and Statistics, 2009, 91 (1): 1 -19.

[518] WEITZMAN M. L. On modeling and interpreting the economics of catastrophic climate change [J]. Review of Economics and Statistics, 2009, 91: 1 -19.

[519] WEITZMAN M. L. Gamma discounting [J]. American Economic Review, 2001, 91 (1): 260 -271.

[520] WEITZMAN. Determining benefits and costs for future generations [J]. Science, 2013, 341: 349 -350.

[521] WEYANT JOHN. Some Contributions of Integrated Assessment Models of Global Climate Change [J]. Review of Environmental Economics and Policy, Association of Environmental and Resource Economists, 2017, 11 (1): 115 -137.

[522] WEYANT J. P. A critique of the Stern Review's mitigation cost analyses and integrated assessment [J]. Review of Environmental Economics and Policy, 2008, 2: 77 –93.

[523] World Bank. World Bank Group Announcements at One Planet Summit [C]. World Bank, 2017.

[524] World Bank. State and Trends of Carbon Pricing 2018 [R]. The World Bank, Washington DC, 2018.

[525] World Bank. Simulation on Connecting Climate Market Systems [R]. The World Bank, Washington DC. Summary Report, 2019.

[526] WORTHINGTON A. C.. The impact of natural events and disasters on the Australian stock market: A GARCH – M analysis of storms, floods, cyclones, earthquakes and bushfires [J]. Global Business and Economics Review, 2008, 10: 1 –10.

[527] WORTHINGTON A. C., VALADKHANI A. Measuring the impact of natural disasters on capital markets: An empirical application using intervention analysis [J]. Applied Economics, 2004, 36: 2177 –2186.

[528] WRIGHT H., HOLMES I., BARBE R.. Greening Financial Flowse what Progress Has Been Made in the Development Banks? [R]. E3G, London, 2017.

[529] WU P., GUO F., CAI B., WANG C., LV C., LIU H., HUANG J., HUANG Y., CAO L., PANG L., GAO J.. Co – benefits of peaking carbon dioxide emissions on air quality and health, a case of Guangzhou, China [J]. Journal of Environmental Management, 2021, 282: 111796.

[530] WUERMELING J. Prospects for Monetary Policy Implementation [EB/OL]. [2018 –06 –02]. Speech at the 2018 Banking Evening at the Deutsche Bundesbank's Regional Office in Baden – Wurttemberg, Stuttgart, https: // www. bundesbank. de/en/press/ speeches/prospects – for – monetary – policy – implementation –711598.

[531] XIAODI QIN, HAITAO WU, RONGRONG LI. Digital finance and household carbon emissions in China [J]. China Economic Review, 2022,

76: 101872.

[532] XIAOQIANG CHENG , DINGJUN YAO, YUANYUAN QIAN, BIN WANG, DELIANG ZHANG . How does fintech influence carbon emissions: Evidence from China's prefecture – level cities [J]. International Review of Financial Analysis, 2023, 87: 102655.

[533] YANWEI LYU, WENQIANG WANG, YOU WU, JINNING ZHANG. How does digital economy affect green total factor productivity? Evidence from China [J]. Science of the Total Environment, 2023, 857: 159428.

[534] ZENIOS S A. The Risks From Climate Change to Sovereign Debt in Europe [R]. Policy Contributions Bruegel , 2021: 10 – 12.

[535] ZHANG X. M. , ZHANG S. , LU L. P. . The banking instability and climate change: Evidence from China [J]. Energy Economics, 106: 105787.

[536] ZHAO, J. , SHAHBAZ, M. , DONG, X. , DONG, K. . How does financial risk affect global CO_2 emissions? The role of technological innovation [J]. Technological Forecasting & Social Change, 2021, 168: 120751.

[537] ZHAO Y. , LEE J. P. , YU M. T. . Catastrophe risk, reinsurance and securitized risk – transfer solutions: a review [J]. China Finance Review International, 2021, 11: 449 – 473.

[538] ZHENG X. , WANG R. , DU Q. . How does industrial restructuring influence carbon emissions: city – level evidence from China [J]. Journal of Environmental Management, 2020, 276: 111093.

[539] ZIEGLER A. , SCHRODER'M. . What determines the inclusion in a sustainability stock index?: a panel data analysis for european firms [J]. Ecological Economics, 2010, 69: 848 – 856.